Sander L. Gilman
JUREK BECKER

Sander L. Gilman

JUREK BECKER

Die Biographie

Aus dem Amerikanischen
von Michael Schmidt

Ullstein

Deutsche Originalausgabe

Der Ullstein Verlag ist ein Unternehmen der
Econ Ullstein List Verlag GmbH & Co. KG, Berlin und München

Umschlaggestaltung: Büro Jorge Schmidt, München
Umschlagfoto: © Isolde Ohlbaum, München
Der Verlag hat sich bemüht, die Rechteinhaber der Fotos ausfindig zu machen. Sollten darüber hinaus Ansprüche bestehen, bitten wir um freundliche Nachricht.
Gesetzt aus: Sabon
Satz: LVD GmbH, Berlin
Druck und Bindung: Ebner & Spiegel, Ulm
ISBN: 3-550-07559-6

Für Stanley Fish,
der Biographien nicht traut

Inhalt

Einleitung 9

Erstes Kapitel

Jurek Becker in Łodz (1937–1939) 15

Zweites Kapitel

Rumkowski, der König des Ghettos,
und Jurek Becker, das jüdische Kind (1939–1945) 25

Drittes Kapitel

Jurek Becker in der Sowjetzone (1945–1949) 38

Viertes Kapitel

Jurek Becker, der junge Kommunist, in der
Deutschen Demokratischen Republik (1949–1960)

1. Was ist ein »Opfer des Faschismus«? 53
2. Was ist ein Jude? 59
3. Was ist ein Deutscher? 62

Fünftes Kapitel

Jurek Becker alias Georg Nikolaus schreibt für
den Film (1960–1974)

1. Das Erlernen des Handwerks 73
2. Jüdische Filme 86

3. *Jakob der Lügner* – der Roman 95
4. Ruhm 102
5. *Irreführung der Behörden* 113
6. *Jakob der Lügner* – der Film 122

SECHSTES KAPITEL

Der »Lügner« schließt sich der Opposition an und geht nach Amerika (1974–1978)
1. *Der Boxer* 131
2. Die Biermann-Affäre und ihre Folgen 142
3. *Schlaflose Tage* 161
4. Westliches Intermezzo 184

SIEBTES KAPITEL

Jurek Becker in Westberlin (1978–1989)
1. Die Übersiedelung in den Westen 192
2. Das Leben in Westberlin und *Aller Welt Freund* 207
3. Eine neue Familie – *Bronsteins Kinder* 217
4. *Liebling Kreuzberg* 231
5. Das Ende des Kalten Krieges und Martin Walser 238

ACHTES KAPITEL

Jurek Becker in einem neuen Deutschland (1989–1997)
1. Das Ende der DDR und ein Neubeginn 245
2. Eine neue Geschichte und ein neues Haus 263
3. *Amanda herzlos* 269
4. Die Neonazis und (noch einmal) Martin Walser 279
5. Wieder in Amerika und diesmal mit Familie 283
6. Letzte Episoden 290

ANMERKUNGEN 296

Einleitung

Aller Anfang ist schwer. Kompliziert wird es, wenn man eine Biographie über jemanden schreibt, den man kannte und mochte. Ich hatte Jurek Becker in den späten sechziger Jahren in Ostberlin kennen gelernt. 1984 war er mein Gast, als er an der Cornell University mein vierwöchiges Seminar über seine Werke begleitete. Später schrieb er mir, die Aufgaben des Kritikers unterschieden sich doch sehr von denen des Schriftstellers: Ich war der Ornithologe, er der Vogel.

Aber ich war und bin eher Vogelbeobachter. Mich reizt es, zu beobachten und zu spekulieren, statt zu etikettieren und zu klassifizieren. Und Jurek Becker war ein *rara avis*. Er hatte als Kind Ghetto und KZ überlebt. Später spielte er eine wichtige Rolle im Kulturleben beider deutscher Staaten. Aufgrund seiner Jugend war das polnisch jüdische Kind in der Deutschen Demokratischen Republik ein kritischer Deutscher geworden. Nach 1977 war er eine der herausragenden Persönlichkeiten der Literatur- und Medienszene in Westberlin, und nach 1991 war er im neuen wiedervereinigten Deutschland zu Hause, soweit er dies vermochte.

Als Kulturkritiker und Literarhistoriker hatte ich mich mit der Person Becker und seinem Werk beschäftigt, unter anderem in meiner Studie *Jewish Self Hatred* (1982), die zehn Jahre später auf Deutsch beim Jüdischen Verlag in

Frankfurt am Main erschien (*Jüdischer Selbsthass*, 1992). Nach seinem Tod wollte ich sein Leben und sein Werk weiter ergründen. Die Bedeutung seines Werkes beruht auf Romanen, die in der deutschen Nachkriegsliteratur einzigartig sind. Im heutigen Deutschland ist er besonders als Drehbuchautor der Serie *Liebling Kreuzberg*, einer der erfolgreichsten und anspruchsvollsten Fernsehserien, die je in Deutschland zu sehen war, bei einem großen Publikum beliebt geworden. An seiner ungewöhnlichen Biographie – als Jude, Pole und Ostdeutscher, als oppositioneller Schriftsteller und Sprachrohr eines wiedervereinigten Deutschland, als Romancier und Drehbuchautor – lassen sich viele der Fragen über Identität und Kultur in Mitteleuropa von den dreißiger bis zu den neunziger Jahren des 20. Jahrhunderts festmachen. Um ihnen nachzugehen, hielt ich es für unabdingbar, sein Leben wie seine Texte so gründlich wie möglich zu erschließen. Das war etwas, wovor er sich wirklich fürchtete. Er wollte nicht, dass man seine Werke auf die »biographischen Quellen« reduzierte, nach denen Kritiker so gern suchen.[1] In diesem Buch versuche ich auf Aspekte seines Lebens zu verweisen, die in die Romane eingeflossen sind. Es sind Geschichten aus seinem Leben, die Jurek in seinen Romanen, seinen Filmen und in seiner Fernsehserie erzählt. Keineswegs ziehe ich irgendeines von Jurek Beckers Werken heran und behaupte: Hier ist eine Wahrheit über sein Leben. Doch hoffe ich, dass es mir gelungen ist, anhand der Geschichten, die er über sein Leben erzählte, anschaulich darzulegen, wie sehr sie Teil seiner schöpferischen Welt werden.

Jurek Becker hatte allen Grund, Menschen zu fürchten, die in seinem Leben herumstöberten. Seine Kindheit war ihm ein Rätsel. Jede Nachforschung würde die alten Wunden wieder aufreißen. Die Berichte über sein frühes Leben sind nicht nur fragmentarisch, sondern in sich widersprüchlich. Als Erwachsener wurde er Gegenstand einer gänzlich anders gearteten Neugier. Als einer der wortgewandtesten Befürworter von Reformen in der Deutschen Demokratischen Republik erregte er die Aufmerksamkeit des Staatssicherheitsdienstes der DDR, der ihn über zwei Jahrzehnte lang bespitzelte. Die Geheimdienste von Westdeutschland taten das Gleiche. Ihre Geheimnisse sind nach wie vor wohl gehütet – ihr Staat existiert noch immer und gewährt keinen Zugang zu den entsprechenden Akten.

Die Überwachung Jurek Beckers stellte ein Eindringen in sein Privatleben und in seine Psyche dar. Und während ich das facettenreiche Leben eines Menschen erkunde, den ich bewundere, kann ich oft nicht umhin, es mit den Augen jener zu tun, die ihn beschatteten. Um die frühesten Dokumente über Jurek Beckers Leben heranzuziehen, musste ich einen Kontext herstellen; um die Stasi-Dokumente auszuwerten, musste ich sichergehen, dass sie Sinn und Substanz von Beckers Leben tatsächlich widerspiegelten. Zu diesem Zweck führte ich intensive Gespräche mit praktisch allen Menschen, die in den Stasi-Dokumenten zitiert werden, einschließlich jenen Leuten, die Berichte als »Inoffizielle Mitarbeiter« der Stasi schrieben. Becker hatte ihre Namen entschlüsselt. An Berichten über seine Affären war ich nur insofern interessiert, wenn diese Beziehungen Teil des Gewebes seiner schöpferischen Arbeit wurden. Erst dann fühlte ich mich verpflichtet, die Geschichten, die man mir erzählte, wiederzugeben.

Die in dieser Biographie zitierten zahlreichen Berichte bedürfen der Interpretation. Bei der Benutzung der Stasi-Berichte als Beweismittel drängt sich die Frage auf: Sind sie »wahr«, dass heißt enthalten sie genaue Informationen über reale Ereignisse, die unmittelbar, nachdem sie stattfanden, festgehalten wurden? Während dies im Allgemeinen zutreffen mag, lässt sich die Frage, warum irgendein Bericht überhaupt geschrieben wurde, nur schwer oder gar nicht beantworten. Existiert er, weil Becker das primäre

Objekt der Beschattung war oder weil er, wie zu Beginn seiner schriftstellerischen Karriere, nur eine sekundäre Rolle spielte? Wusste Becker, dass er bespitzelt wurde, wie dies eindeutig Mitte der siebziger Jahre der Fall war, als man ihm ganz offen folgte, um ihm Angst zu machen? Er machte sich auch den Umstand, dass sein Telefon abgehört wurde, zu Nutze, um die Behörden zu bestimmten Reaktionen zu veranlassen. So forderte er 1976 einen Westdeutschen, der Schwierigkeiten hatte, ein Interview mit Hermann Kant, dem damaligen Vizepräsidenten des DDR-Schriftstellerverbandes, zu bekommen, einfach auf, ihn anzurufen und zu bitten, ihn an Stelle von Kant interviewen zu dürfen. Zwei Tage später bekam der Journalist sein Interview mit Kant.[2] Der Wahrheitsgehalt dieses Materials muss relativiert werden, wenn man weiß, wer die Berichterstatter waren. Praktisch alle Stasi-Akten waren verschlüsselt, aber Becker hat eine fast vollständige Liste der Personen erstellt, die seiner Meinung nach die Berichte verfasst hatten. Ich habe von diesen Informationen nur dann Gebrauch gemacht, wenn ich sie verifizieren konnte. Außerdem wäre es nötig, die Motive der Informanten zu überprüfen. Oft ziehe ich dieses Material heran, um auf bestimmte Einstellungen statt auf Fakten zu verweisen. Da ich bei meiner Arbeit über Bertolt Brecht als einer der Ersten nach der Freedom of Information Act Zugang zu FBI-Akten hatte, weiß ich, wie problematisch solche Quellen sind.[3] Sie müssen von anderen Quellen bestätigt werden, und dazu gehören auch Interviews mit den in den Akten zitierten Personen, und selbst dann sind sie fragwürdig.

Nützlich für mein Vorhaben waren auch unumstrittene Quellen wie zahlreiche veröffentlichte Interviews mit Jurek Becker. Viele hat er selbst redigiert. Oder es handelte sich um schriftliche Antworten. Richard Zipsers langes Interview von 1977 ist ein solches Beispiel.[4] In anderen Fällen handelt es sich um gründlich überarbeitete Abschriften von Interviews mit ihm, wie etwa bei dem langen Artikel von Wolfram Schütte und Axel Vornbäumen in der *Frankfurter Rundschau* vom 28. August 1995, der am Ende seiner gesammelten Essays abgedruckt ist.[5] Zu Beckers großartigsten Begabungen gehörte es, Dialoge schreiben zu können, die wie gesprochen wirken. Dies ist unabdingbar für einen Drehbuchautor und ein großer Vorteil für einen Romancier. An diesen Interviews fällt auf, dass die Antworten sorgfältig durchdacht und wunderbar formuliert sind. Beckers Freund, der Künstler Willi Moese, hat zu mir gesagt, Jurek Becker sei einer der wenigen ihm bekannten Menschen gewesen, der wie gedruckt sprach. Als ich vor vielen Jahren I. B. Singer interviewte,[6] waren seine Antworten brillant, aber es stellte sich heraus, dass sie zu einem Antwortenfundus gehörten, aus dem er schöpfte, wenn er Interviews gab. Es waren also Texte, die ihrerseits einer Interpretation bedurften. Nicht anders gehe ich mit den Interviews mit Becker um – oft dienen sie mir dazu, die Widersprüche aufzudecken, die seine Darstellungen seines Lebens, seiner Werke und seiner Ansichten im Laufe der Zeit aufweisen.

Zahlreiche Menschen waren bereit, sich von mir über Beckers Werk und Leben befragen zu lassen. Ich habe die Gespräche in diesem Buch weder im Text gekennzeichnet noch die Informationen, die sie mir lieferten, in den Anmerkungen nachgewiesen. Fast immer bestätigten sie, was ich geschrieben habe. Die Archivquellen sind in den Anmerkungen aufgeführt. Vorbild war für mich James Atlas' außergewöhnliche Biographie von Saul Bellow, die erschien, als ich dieses Buch abschloss. Aber das Endergebnis ist meine Interpretation von Jurek Beckers Leben. Es ist die Interpretation eines Vogelbeobachters, den das Gefieder des *rara avis* fasziniert.

Die »Becker-Papiere« wurden der Berliner Akademie der Künste übergeben, nachdem ich die Arbeit an diesem Manuskript beendet hatte. Ich konnte sie alle verwenden, ebenso die Archivunterlagen in zahlreichen deutschen Institutionen. Alle Angehörigen der Becker-Familien sowie die meisten seiner Kollegen und Freunde opferten überaus großzügig ihre Zeit, um oftmals widersprüchliche Fragen zu beantworten. Seine Witwe, Christine Becker, war bereit, das Manuskript dieses Buches zu lesen und zu kommentieren. Nikolaus Becker hat die Aufnahme der Photographien ermöglicht. François Guesnet unterstützte mich bei der Rekonstruktion von Jurek Beckers Leben in Polen. Alle Fehler und Fehldeutungen gehen zu meinen Lasten.

Mit dieser Biographie fühle ich mich ebenso dem Gedenken an Jurek Becker verpflichtet wie meinen Freunden und Kollegen in Deutschland und in den USA, die sich ernsthaft mit dem Studium der jüdischen Kultur im heutigen Deutschland befassen. Denn das jüdische Leben in all seiner Komplexität ging in Deutschland nach der Shoah weiter. Jurek Becker gehört zur jüngsten Generation der Überlebenden. Eine frühe Fassung dieses Buches wurde 1997 anlässlich der alljährlichen Mertes Prize Lecture am German Historical Institute in Washington, D. C., und bei der Heinz Bluhm Memorial Lecture am Boston College vorgetragen. Die Arbeit daran wurde fortgesetzt, als ich Preisträger der Humboldtstiftung war und mit Hartmut Steinecke zusammenarbeitete, und in den Jahren 2000 und 2001 fertig gestellt, als ich als Berlin Prize Fellow ein Jahr an der American Academy in Berlin verbrachte. Meine Lektorin Krista Maria Schädlich hat mit ihren kritischen Eingriffen das Buch lesbarer gemacht. Der Akademie und insbesondere Gary Smith möchte ich an dieser Stelle für ihre Gastfreundschaft danken, Anke Pinkert, Astrid Kurth und Robyn Schiffman für ihre Mitarbeit an diesem Buch.

Erstes Kapitel

Jurek Becker in Łodz (1937–1939)

Jurek Becker, der Kosename von Jerzy Bekker (oder Beker), später in der Deutschen Demokratischen Republik laut offiziellem Eintrag Georg Becker, kam am 30. September 1937 im polnischen Łodz auf die Welt.[1] Wie vieles aus seiner Kindheit ist selbst dieses Datum fraglich. Doch der kleine Jurek wurde in eine Zeit hinein und an einem Ort geboren, die wir allenfalls in ihren Widersprüchen erfassen können. Er kam als Jude und als Pole in eine Stadt, die zugleich die modernste und die jüdischste Stadt in Polen war.

Im Guten wie im Bösen war Łodz eine Stadt, die ihre Bewohner definierte und wiederum von ihnen definiert wurde. Łodz war das »polnische Jerusalem«, wie der polnisch-jiddische Romancier Israel Joshua Singer in den späten 30er Jahren des 20. Jahrhunderts schrieb.[2] Doch es war der ironische Spitzname »Das gelobte Land«, der die beiden Seiten der Modernität in Polen einfing. *Das Gelobte Land* war der Titel eines 1887/98 erschienenen Romans des polnischen Nobelpreisträgers von 1924, Wladyslaw Reymont. Darin beklagte er die unaufhaltsame Industrialisierung in Łodz und den damit einhergehenden Niedergang des polnischen Bauerntums. Zeitgenössischen Historikern zufolge galt Łodz als Zentrum der Textilherstellung, als »Manchester Polens«. Ebenso wie Manchester, die zweite Heimat von Friedrich Engels, war Łodz ein Zentrum revolutionärer Umtriebe, insbesondere unter den jüdischen Sozialisten. Für Jureks polnische Zeitgenossen war es kurz die »złe miasto«, die böse Stadt: zu neu, zu modern, zu kapitalistisch, zu revolutionär, zu jüdisch.

Nicht alle indes profitierten von den Früchten der Industrialisierung. So herrschte am Ende des ökonomischen Spektrums Armut unter den polnischen Arbeitern und den jüdischen Webern. Den Bekkers ging es in den 30er Jahren eher vergleichsweise gut. Die ułica Sródmeijska, in der sie wohnten, lag in einem relativ wohlhabenden Viertel, in dem Juden und Polen sowie Juden lebten, die gerade Polen wurden.[3] Die Bekkers – ein guter jiddischer Name übrigens, der »Bäcker« bedeutet – waren vor der Geburt ihres einzigen Kindes aus der ułica Piotrkowska 189 dorthin gezogen. Das war die Hauptstraße von Łodz, die vom Marktplatz im Norden über etliche Kilometer bis in den Süden der Stadt verlief, wo viele von den großen Textilfabriken ansässig waren. Vor dem Zweiten Weltkrieg war der obere Abschnitt der ułica Piotrkowska die eleganteste Straße in der Stadt, wo es teure Läden und große Hotels neben den Wohnhäusern der jüdischen und christlichen Bourgeoisie gab.[4] Jerzy Bekker, von jetzt an »Jurek« gerufen, war der Augenstern seiner Eltern. Er war ihr Erstgeborener, das männliche Kind, das ihrer alljährlich nach ihrem Tod mit einem Kaddisch gedenken würde, dem jüdischen Heiligungsgebet. Seine Eltern, der siebenunddreißigjährige Mieczysław (sein polnischer Kosename lautete Mjetek) und seine fünfunddreißigjährige Ehefrau mit dem eleganten polnischen Namen Anette, geborene Lewin, waren nichtreligiöse Juden in der widersprüchlichen Welt des modernen Polen, des modernen Łodz .[5] Jureks Geburt war für sie eine Verheißung, dass ihr sehr bürgerliches Leben in der nächsten Generation fortdauern würde.

Mieczysław und Anette hatten sich schon lange vor Jureks Geburt in Łodz eingelebt. Ihre Muttersprache, ihre *mame loschen,* war zwar Jiddisch gewesen, aber von Jureks Geburt an sprach man zu Hause Polnisch. Mieczysław und Anette wollten ihr Kind modern erziehen, denn als Polnisch sprechender Jude würde er in der polnischen Gesellschaft weniger auffallen. Polnisch zu sprechen hieß, dem neuen Polen anzugehören. Mieczysław und Anette wollten Jurek das Beste ihrer Welt vermitteln – einer Welt, die jüdisch und polnisch war, aber nicht zu viel von beidem hatte.

In der Textilfabrik seines Onkels, wo er Prokurist war, verfiel Mieczysław oft ins Jiddische, wenn er mit seinen jüdischen Kollegen sprach,[6] doch die jüdischen Rituale bestimmten immer weniger ihr Leben. Jurek war zwar acht Tage nach seiner Geburt beschnitten worden, aber Mieczysław selbst ging nur selten in die Synagoge und oft nur, um sich mit Kollegen aus anderen Fabriken zu treffen. Die urbanisierten, polnisierten Juden seiner Generation waren »Drei-Tage-Juden«. An den beiden Tagen von Rosch haSchana und eine Woche später von Jom Kippur ging man in die Synagoge, um der Toten zu gedenken und um seine Eltern zu ehren. Aber im Prinzip lebte er das Leben eines polnischen Angestellten und nicht das der stereotypen Juden in Warschau, die in einem selbstauferlegten Ghetto mit ihren Wunderrabbis wohnten. Später sagte er zu seinem erwachsenen Sohn: »Wenn es keinen Antisemitismus geben würde – denkst du, ich hätte mich auch nur eine Sekunde lang als Jude gefühlt?«[7]

Anette war bis zu ihrer Ehe Näherin in einer der zahllosen Bekleidungsfabriken gewesen. In Łodz musste man sein Geld in den Textilfabriken verdienen, selbst nach der fürchterlichen Wirtschaftskrise nach dem Ersten Weltkrieg, in der die Textilindustrie praktisch zusammengebrochen war. Der jüdische Unternehmer Abraham Prussak hatte 1859 die Dampfmaschine in Łodz eingeführt. Große Fabriken verdrängten in den 90er Jahren des 19. Jahrhunderts die Handwebereien. Die Welt von Łodz – das war die Welt dieser jüdischen Fabrikanten, deren Güter in ganz Europa von ihren mehrsprachigen Vertretern verkauft wurden.

Die beliebteste Familiengeschichte, eine der komischsten Kurzgeschichten von Jurek Becker (entstanden Ende der 1970er Jahre), erzählt von einem Juden in dieser Welt der Textilherstellung im Vorkriegspolen.[8] Es ist die Geschichte von Gideon, dem Onkel des Erzählers – er »war schon ein sehr alter Mann, als sie ihn nach Maidanek brachten«. Der Erzähler stellt sich selbst als Überlebender einer »unüberschaubaren« weitverzweigten jüdischen Familie aus Lublin vor, einer Industriestadt in Ostpolen, in der es vor dem Krieg 40 000 Juden gab – ein paar Kilometer außerhalb befand sich das Todeslager Maidanek.

Gideons Geschichte, die in der Zeit vor dem Ersten Weltkrieg spielt, wurde immer dann vorgetragen, wenn die Geburt eines neuen Familienmitgliedes gefeiert wurde. Ihr Inhalt ist folgender: Onkel Gideon reiste nicht gern. Und bislang war er immer nur sehr kurz fort gewesen, geschäftlich in Lemberg und Krakau und im Urlaub in Zopot. Doch einmal muss er nach London fahren, um für seine Strumpffabrik zwei Strickmaschinen zu kaufen. Nachdem er sich ein Zimmer in einem Hotel gemietet hat, macht er sich auf die Suche nach einem koscheren Restaurant; da er keins findet, lebt er von Tee und Kuchen. Nach dem Abschluss seiner Geschäfte wird er von seinem britischen Verhandlungspartner zu einem Kostümfest eingeladen, für das er sich als trauriger Clown verkleidet. Aber es gibt gar kein Fest. Er ist der einzige Kostümierte. Vielleicht, denkt er, stellen sich diese Engländer vor, dass die armen Juden in Galizien immer so angezogen wären. Er verabschiedet sich, kehrt in sein Hotel zurück und fährt wieder nach Hause.

Jureks Geschichte über das Polen vor der Shoah beschwor das Leben des polnischen Judentums der Mittelschicht herauf, wie er es sich in den 1970er Jahren vorstellte. Aber im Mittelpunkt stand das Erzählen von Geschichten, wie die von Onkel Gideon. Für den erwachsenen Jurek Becker wird seine Geschichte auf Deutsch erzählt, aber seinen Lesern wird nie klar, ob das Deutsch für das Polnische oder das Jiddische oder tatsächlich für die Sprache der gebildeten Juden in Polen steht. Denn Onkel Gideon verständigt sich in London auf Deutsch. Seine Phantasievorstellung einer säkularen polnisch-jüdischen Welt gehört zu den Geschichten, die er über das Geschichtenerzählen erzählt. Dies ist das Erbe, das der erwachsene Autor als Vermächtnis der verlorenen Welt des Polnisch sprechenden Judentums verstand.

1937 lebten in Łodz unter 700 000 Einwohnern etwa 233 000 Juden, also ein Drittel. Doch nicht alle Juden waren Teil einer monolithischen Kultur. Selbst unter den Juden von Łodz gab es Konflikte. Die nichtreligiösen Juden wurden von den religiösen Juden verurteilt, die traditionellen orthodoxen Juden aus Litauen von den frommen, chassidischen Juden aus Polen. Juden aus Russland und Litauen, heißt es bei I. J. Singer, »verachteten ... die polnischen Juden mit ihren langen Kaftanen, ihren Scheitelkäppchen, ihrem breiten Jiddisch und ihrer Frömmigkeit. Sie wiederum wurden von den polnischen Juden als Intriganten, Halsabschneider und halbe Gojim verabscheut.«[9] Łodz war eine Stadt, in der die verschiedenen Ströme des europäischen Judentums aufeinander prallten.[10]

Nichtreligiöse Juden spielten eine wichtige ökonomische und politische Rolle in dieser modernsten Stadt Polens, einer Industriestadt aus dem 19. Jahrhundert in einem primär von der Landwirtschaft geprägten Teil des Russischen Reiches, dem sie bis 1915 politisch angehörte. Im Ersten Weltkrieg besiegten die Deutschen die Russen und machten Łodz zu einer »deutschen« Stadt. Bis weit in die 1870er Jahre sprach die Mehrheit der Bevölkerung Deutsch und an der deutschen Kultur wurde gemessen, wer sich für modern hielt.

Juden, die in eine allgemeinere Kultur integriert zu werden wünschten, entschieden sich dafür, »Deutsche« oder – falls sie durften – »Russen« zu werden, und sprachen Deutsch oder Russisch als erste Sprache. Wie in Deutschland während des 19. Jahrhunderts ermöglichten erst die Industrialisierung und die Einführung einer polnischen Verfassung unmittelbar nach dem Ersten Weltkrieg die Idee einer polnisch-jüdischen Identität, parallel zu einer deutsch-jüdischen säkularen Identität. »Jüdisch zu sein« war nicht mehr nur eine Frage der Religion.

Vor dem Ersten Weltkrieg definierte die deutsche Kultur noch die Kultur von Mitteleuropa. I. J. Singer schrieb, dass »im Herzen von Polen Russisch und Deutsch gesprochen wurde, und man vernahm kaum ein Wort Polnisch. Die russischen Offiziere sahen auf die eroberte Rasse herab. Die russischen Bankiers verachteten das hochtrabende Gehabe von Beamten und Offizieren und der Aristokratie. Die deutschen Industriellen lächelten ironisch über die Russen, Polen und Juden.«[11] Nach der Konferenz von Versailles, auf der Europa nach dem Krieg neu geordnet wurde, gab es wieder einen polnischen Staat. Ein neues, demokratisches Polen entstand und definierte sich gegen den russischen Staat, der es regiert hatte, gegen die deutsche Armee, die es besetzt hatte, aber auch gegen die Millionen Juden, die in ihm lebten. Das Echo des »Krokusliedes«, das die polnischen Legionäre auf dem Weg zum Massaker an den Juden von Lemberg im Jahre 1919 gesungen hatten, hallte in den dreißiger Jahren noch durch die Straßen von Polen:

Der General Roja führt uns in die Schlacht.
Wir Krokusse stürmen voran mit Macht,
Die Russkis werden totgeschossen,
Und dann wird unser Sieg begossen.
»Ai wai!« schreien Itzig und Genossen.

Der Antisemitismus war in Polen tief verwurzelt. Beeinflusst von der Haltung der Kirche gegenüber den Juden, glaubten die Polen, dass die Juden eine nicht zu assimilierende Bevölkerungsgruppe waren, die dem Ideal Polens nicht entsprach. Eine Integration der Juden, wie sie im 19. Jahrhundert relativ rasch in den deutschsprachigen Ländern oder in Ungarn vollzogen worden war, begann in Polen erst zu Beginn des 20. Jahrhunderts. Viele nichtreligiöse Juden wollten polnische Staatsbürger werden, um so dem polnischen Antisemitismus zu entkommen. Sie hielten nichts von Zionismus, der ihnen dringend nahelegte, nach Palästina auszuwandern, oder vom jüdischen Sozialismus, der einen neuen kommunistischen Staat befürwortete. Vielen Juden von Łodz erging es so, wie I. J. Singer es geschildert hat: »Die polnischen Nationalisten … beschuldigten sie …, Spione und Verräter und mit den Deutschen im Bunde zu sein.«[12] Für jiddische Schriftsteller wie Singer definierte der Antisemitismus die polnische nationale Identität nach dem Ersten Weltkrieg.

Polen war nur formal demokratisch, und auch das nur für kurze Zeit.[13] Rasch geriet es unter die autoritäre Herrschaft von Marschall Jósef Piłsudski, der 1926 durch einen Staatsstreich an die Macht gekommen war. Piłsudski sprach sich für eine ältere Tradition der polnischen romantischen Religionstoleranz aus, was rasch der Tatsache zugeschrieben wurde, dass seine Frau Jüdin war. 1930 löste Piłsudski den Sejm, das polnische Parlament, auf, ließ Oppositionsführer im ganzen Land verhaften und errichtete einen autoritären Staat. Seit langem schon galt der Antisemitismus als Instrument zur Manipulation der Massen durch die Nationaldemokraten und die anderen Parteien der äußersten Rechten. Persönlich glaubte Piłsudski offenbar nicht an die Verschwörungstheorien, denen zufolge die Juden eine Bedrohung für den polnischen Staat darstellten. Sein Polen war ein Staat, der in seine antisemitische Politik auch nationale Minderheiten wie die Ukrainer einbezog. Doch 1931 wurden viele gesetzliche Einschränkungen für Juden aufgehoben. Unter Piłsudskis autoritärem Regime gab es zaghafte Versuche, die bürgerlichen Rechte der Juden in Polen zu sichern, besonders der Polnisch sprechenden Juden wie Mieczysław Bekker. Dies gestaltete sich äußerst schwierig angesichts des anscheinend tief verwurzelten religiösen Antijudaismus, der zum polnischen Selbstverständnis in der neuen Welt nach dem Ersten Weltkrieg gehörte.

Mieczysław Bekker spürte den alltäglichen Antisemitismus in Łodz. Er erkannte, dass eine wachsende Tendenz zur Gewalt gegen Juden sein »normales« Leben in Polen in den 1930er Jahren beeinträchtigte. Nachdem Polnisch sprechenden Juden einige der gleichen bürgerlichen und ökonomischen Rechte wie anderen Polen eingeräumt wurden, loderte der Antisemitismus besonders unter polnischen Intellektuellen auf. Im Oktober 1931 kam es an der Universität Krakau zu Ausschreitungen gegen Juden. Um 1934 wurden Lager errichtet, etwa bei Bereza, in denen all jene eingesperrt wurden, die »eine Bedrohung für die öffentliche Ordnung, anarchische Elemente waren, meist jüdischer Herkunft«.[14] Die Gleichsetzung der Juden mit einem der Feinde, wenn nicht gar dem Feind gegen alles Polnische, nahm in den 1930er Jahren zu. Dies geschah, während immer mehr polnische Juden wie die Bekkers sich langsam (zumindest durch ihre Kinder) mit der polnischen Sprache und ihren nationalen Ansprüchen identifizierten. Konnte man trotz des Antisemitismus jüdisch und polnisch sein?

Nach Piłsudskis Tod im Mai 1935 schwappte eine Welle des Antisemitismus über das Land. Die Juden in Łodz spürten die Veränderung: »Nachdem er gestorben war, kam eine ganz antisemitische Regierung und zwang die Menschen, auch am Samstag zu arbeiten, denn eine Fünftagewoche reichte nicht aus, um sich seinen Lebensunterhalt zu verdienen.«[15] Eine neue nationale Verfassung verhalf im Mai 1935 einem diktatorischen, elitären System an die Macht, das die Scheindemokratie, die Piłsudski außer Kraft gesetzt hatte, abschaffte. 1936 kam es im ganzen Land zu Ausschreitungen. Der Antisemitismus wurde Teil der Ideologie der Mehrheitspartei, die sich der politischen Ideologien der Nazis bemächtigte – einer Ideologie, die sich bald gegen sie richten würde. Die polnischen Politiker sprachen sich dafür aus, den Juden die bürgerlichen Rechte zu entziehen, sie von jeder wirtschaftlichen Tätigkeit und vom kulturellen Leben fernzuhalten und schließlich physisch aus Polen zu entfernen.

Im Januar 1937 trug Józef Beck, der polnische Außenminister, dieses Anliegen vor dem Sejm vor. Polen hätte nur Platz für maximal eine halbe Million Juden. Drei Millionen müssten das Land verlassen. Polen hatte sich für eine Erweiterung der Auswanderungsquoten für Palästina ausgesprochen und wollte einen jüdischen Staat errichten. Somit schienen die Zionisten und die polnischen Nationalisten das gleiche Ziel zu verfolgen. Und doch war der Gedanke einer Zwangsaussiedlung für die Zionisten in Polen und auf der ganzen Welt ein Gräuel. Dr. Stephen Wise vom American Jewish Congress sprach sich entschieden gegen die Zwangsaussiedlung polnischer Juden aus.[16] Auch der Zwölfte Kongress der Zionistischen Organisation in Polen vom März 1937 war gegen die Vertreibung der Juden aus Polen. Die Bundisten, die jüdischen Sozialisten, verurteilten diese Idee und erklärten, die Regierung habe sich die Nazi-Ideologie zu Eigen gemacht.

1937, kurz nach Jurek Beckers Geburt, sprach Adam Koc, der Gründer der neuen faschistischen Partei OZON, zu polnischen Bauern und behauptete, ihre Probleme ließen sich nur lösen, wenn sie sich der Industrie in den Kleinstädten bemächtigten und die Juden vertrieben. Wie schon in Wien und Berlin waren die Juden auch in den Großstädten von Polen tagtäglich gewalttätigen Übergriffen ausgesetzt. Am 30. Januar 1937 wurde an der Universität Warschau ein »judenfreier Tag« verkündet. Auf einem Flugblatt stand unter anderem: »Wenn ihr einen Juden seht, schlagt ihm die Zähne aus. Zögert nicht, auch wenn es eine Frau ist. Ihr braucht keine Angst zu haben. Bedauerlich ist nur, dass ihr nicht hart genug zugeschlagen habt ...«[17] Lange vor dem Einmarsch der Deutschen im Jahr 1939 (so wie in Frankreich vor dessen Niederwerfung) gehörte in Polen der Antisemitismus zum Alltag der Juden.

Von 1937 bis 1939 war Łodz eine Stadt in Aufruhr. Der Antisemitismus auf den Straßen machte Jurek Beckers Eltern nur noch bewusster, dass sie ihr Kind beschützen mussten. Auch die Assimilation der polnischen Juden in jüdische Polen hätte zu Jureks Erbe gehört, aber dieses Erbe sollte er nicht antreten. Polen war dabei, nach weniger als zwei Jahrzehnten als unabhängiger Staat zu verschwinden, und auch die Stadt Łodz würde verschwinden, aufgehen in der Welt des Terrors.

Zweites Kapitel

Rumkowski, der König des Ghettos, und Jurek Becker, das jüdische Kind (1939–1945)

Jäh endete der Frieden in Łodz, und an Jurek Bekkers zweitem Geburtstag herrschte Krieg. Der Sommer 1939 war von zunehmenden Spannungen überschattet. Im April war der polnisch-deutsche Nichtangriffspakt unterzeichnet worden. Niemand in Łodz glaubte, dass dies das Ende der zahllosen Forderungen der Deutschen, territorial und die Stellung deutscher Staatsbürger in Polen wie in der freien Stadt Danzig betreffend, wäre. Angesichts des deutschen Antisemitismus und der antipolnischen Gefühle identifizierten sich junge polnisierte Juden in Łodz und anderswo im Land entschieden mit dem neuen Slogan der polnischen Regierung: »Wir sind stark, einig und bereit!« Als sie diesen Kampfesruf vernahmen, zeichneten Tausende von Juden Staatsanleihen für die Nationale Verteidigung. Polen, dem Staat mit dem weltweit größten jüdischen Bevölkerungsanteil, drohte der Einmarsch einer Staatsmacht, deren Antisemitismus inzwischen Gesetz und bereits ohne große Schwierigkeiten nach Böhmen und Österreich exportiert worden war.

Am 1. September 1939 überquerten deutsche Soldaten die deutsch-polnische Grenze. Der Nazi-Staat, der das Rheinland besetzt, die Tschechoslowakei geteilt und ein williges Österreich okkupiert hatte, marschierte zur »Selbstverteidigung« in Polen ein. Am 23. August 1939 hatten sich Joachim von Ribbentrop, der deutsche Außenminister, und sein sowjetischer Kollege Wjatscheslaw Molotow auf einen Nichtangriffspakt geeinigt und Polen unter sich aufgeteilt. Die Sowjetunion half den Nazis bei der Zerstückelung Polens, indem sie am 19. September 1939 einmarschierte.

Für den zweijährigen Jurek Bekker und die anderen Juden in Łodz wurde das besetzte Polen das Polen der Ghettos und der Lager. Für die Deutschen spielte es keine Rolle, ob man ein Polnisch sprechender Jude der Mittelschicht oder Arbeiter war – man wurde festgenommen und ins Ghetto gebracht. Die Juden ereilte das gleiche Schicksal wie die kulturell assimilierten Juden in Deutschland, Böhmen und Österreich.[1]

Die deutsche Armee hatte Łodz am 8. September besetzt. Anfang September hatten sich viele junge Juden wie ihre nichtjüdischen polnischen Landsleute bereit erklärt, als Freiwillige gegen die Deutschen zu kämpfen. Aber die Katastrophe war unaufhaltsam, und das wussten die Polen dank einem der besten Geheimdienste in Europa. Bei Hitlers erstem »Blitzkrieg« wurde Łodz überrollt, wobei massive Truppen- und Panzerbewegungen an mehreren Fronten aus der Luft unterstützt wurden. Plötzlich war diese modernste polnische Stadt mit ihren Textilfabriken und der Kleinindustrie nicht mehr polnisch, sondern wieder einmal deutsch. Sie wurde in den »Reichsgau Wartheland« eingegliedert, eine neue Verwaltungseinheit des Dritten Reiches, die die »deutschen« Ländereien ersetzte, welche den Polen nach dem Ersten Weltkrieg zurückgegeben worden waren. Nun brauchte Łodz nur noch einen neuen Namen – vom 11. April 1940 an hieß es Litzmannstadt, zu Ehren von Karl Litzmann (1850–1936), einem deutschen General, der 1915 die Schlacht bei Łodz gewonnen hatte.[2]

Zunächst beabsichtigten die Deutschen, den Reichsgau Wartheland von allen Juden zu säubern, wobei sie dem polnischen Vorschlag folgten, den Juden die bürgerlichen

Rechte abzuerkennen und sie schließlich auszubürgern. Viele Juden flohen oder wurden bis Februar 1940 ins »Generalgouvernement« deportiert, dem Rumpfteil Polens, der unter deutscher militärischer Besatzung blieb und von dem brutalen Antisemiten Hans Frank kontrolliert wurde.

Die Ghettoisierung der Juden in Łodz begann am 21. September 1939, zwei Wochen nach der Einnahme der Stadt durch die Deutschen. Sie verlangten im November 1939, dass alle Juden von Łodz den Judenstern trugen. Bis zum 30. April 1940 wurden immer mehr Juden ins Ghetto gezwungen, das von der übrigen Stadt hermetisch abgeriegelt war. Schon bald befanden sich dort 160 000 Juden. Es gab keine Kanalisation. Karren fuhren täglich durch die Straßen, um menschliche Exkremente nach Marischin zu schaffen, dem Friedhof des Ghettos. Die »Häuser« waren meist Baracken, die regelmäßig abbrannten. Nur 757 der 30 000 Gebäude hatten fließendes Wasser.

Die Juden im Ghetto hatten oder bekamen von den Nazis »jüdische« Namen. Aus Mieczysław wurde Mordeha (Mordechai), aus Anette Chana. Jerzy, der kleine Jurek, behielt seinen polnischen Namen Jerzy. In der Meldeliste des Ghettos wurde er als Bekker, Jerzy geführt, mit der Berufsbezeichnung »Kind«. Am 7. März 1940 wurden die drei Bekkers gezwungen, aus ihrer hellen und luftigen Wohnung in der ułica Sródmeijska in ein Zimmer ohne Küche und Toilette in die Hanseatenstraße 27 umzuziehen, in dem fünf Menschen hausten. Sie waren in dieses Gebäude eingewiesen worden, da es sich in der Nähe der Zentrale der Schneiderorganisation im Ghetto (Nr. 45) befand, wo Mieczysław arbeitete. Im November 1940 gelang es den Bekkers, ihre Lage zu verbessern. Sie zogen aus diesen beengten Verhältnissen in eine Einzimmerwohnung im selben Gebäude, die sie zumindest allein bewohnten.[3] Sie teilten mit zwei anderen Familien einen Garten, in dem sie Kartoffeln und Gemüse zogen, ein Luxus im Ghetto.

Schließlich wohnten sie in der ulica Dworska 1 (von den Deutschen in Matrosengasse umbenannt), und damit gleich um die Ecke vom jüdischen Polizeirevier und praktisch im Zentrum des jüdischen Ghettos.[4]

Das Ghetto von Litzmannstadt wurde von einer jüdischen Selbstverwaltung geleitet, die auf Anweisung von Reinhard Heydrich eingesetzt worden war, um dem Ganzen einen Anschein von Autonomie zu verleihen. In Wirklichkeit war Litzmannstadt den deutschen Behörden völlig ausgeliefert. Der Vorsitzende des »Judenrats« war der »König des Ghettos«, Mordechai Chaim Rumkowski, Versicherungsvertreter und ehemaliger Direktor des jüdischen Waisenhauses von Łodz. Er war ein älterer, vornehm aussehender Mann, der es als seine Mission verstand, so viele Juden wie möglich zu retten.[5] Um dies zu erreichen, wandelte er das Ghetto in einen Ort der »produktiven Arbeit« um. Wenn die Juden des Ghettos arbeiteten, behauptete er, widersprächen sie dem Klischee der Nazis (und der Polen) vom Juden, der nie etwas von Wert produziere und sich vor Arbeit scheue, ganz gleich, ob es sich um körperliche Arbeit auf dem Feld oder in Fabriken oder um Kriegsdienst handelte. Vor diesem Hintergrund war es nur folgerichtig, dass Juden aus der Welt der Wirtschaft entfernt werden konnten, ohne dem Wohl aller anderen zu schaden – ganz im Gegenteil. Rumkowski spielte mit dem Bild vom unproduktiven Juden und erklärte, das Ghetto müsse als wertvoll für die deutsche Kriegführung gelten.[6] In Litzmannstadt musste jeder arbeiten, laut Rumkowskis Motto »Überleben durch Arbeitsstrategie«[7], und so wurde Łodz das Zentrum der Textilindustrie für die deutsche Kriegsproduktion, das die Uniformen für General Rommels Afrikakorps herstellte. Das verhinderte jedoch nicht, dass die Sterblichkeitsrate in Łodz sich zwischen 1941 und 1942 verdoppelte, ungezählt der Zehntausenden, die regelmäßig in den Osten deportiert und ermordet wurden.[8]

Im April 1940 waren Rumkowskis Parolen auf Plakaten an allen Wänden des Ghettos und in der jiddischen *Ghetto-Zeitung* zu lesen. »Unser einziger Weg heißt Arbeit!«, »Gute Arbeit wird überall geachtet!«, »Das Ghetto Litzmannstadt ist ein Produktionsbetrieb!«, »Alle Arbeitsfähigen müssen arbeiten!«, »Die Arbeit ist unser Ruhepass!«.[9]

Rumkowski war ein Mann, dem übermenschliche Macht über Leben und Tod selbst von denen zugeschrieben wurde, die nicht glaubten, dass er sie besaß. Ungeachtet Rumkowskis Gebaren, seinem Verlangen, die polnische Vorkriegsgesellschaft nachzuahmen, seinem Auto mit Chauffeur und seinen selbstverherrlichenden Erklärungen in seiner Zeitung, wussten die meisten, dass er die Dinge nicht wirklich unter Kontrolle hatte. Dennoch hatten viele den Wunsch, ein Mitglied der »Sondergruppe« unter Rumkowski zu werden. Denn die Sondergruppe verteilte das Essen und die Medikamente, gab Tausenden eine Chance, an Güter und Dienstleistungen heranzukommen, die dem Ghetto nur selten zur Verfügung standen.

Die Bekkers arbeiteten, um den Deutschen (und Rumkowski) zu beweisen, wie wertvoll sie waren. Anette war eine von den 10 000 Juden, die für den Judenrat in einem seiner vielen Büros tätig waren. Mieczysław versuchte, weiterhin in der Textilindustrie zu arbeiten, die nun im Dienste deutscher Kriegführung und der »Heimatfront« stand. Im Laufe der Zeit wurde ihre Lage immer gefährlicher, auch für Jurek. Kinder unter zehn Jahren galten als unproduktiv. Jurek musste arbeiten – er stopfte Zigaretten in einer kleinen, feuchten Wohnung. Zurück blieb ihm im wesentlichen die Erinnerung an die Eintönigkeit und Langeweile des Lebens im Ghetto. Doch es war nötig, dass er mitverdiente. Zehn Mark kostete zum Beispiel ein Kilo Kartoffeln, die man mit den im Ghetto in Umlauf befindlichen Markscheinen, auf denen Judensterne und Menoras abgebildet waren[10], kaufen konnte (falls es welche gab).

Sein Tagesablauf war so ganz anders als früher geworden.[11] Als er als Erwachsener Fotografien von Mendel Grossmann aus dem damaligen Ghetto Litzmannstadt betrachtet, fällt ihm auf, dass alle Kinder auf den Fotos Jungen sind: »Keine Mädchen auf den Fotos, nur Jungen, Jungs über Jungs, wie kommt das?«[12] Denn Jungen und Mädchen unterschieden sich nicht mit ihrer zerlumpten Kleidung, ihren ausgemergelten Gesichtern, ihren geschorenen Köpfen. Es war ihm, als erblicke er sich selbst in den Fotografien.

Am 16. Juli 1941, kurz vor dem Überraschungsangriff der Nazis auf ihre sowjetischen Verbündeten, wurde den deutschen Behörden im Ghetto klar, dass es einfach nicht genug Lebensmittel für den Winter gab. Die Reaktion der Deutschen bestand darin, dass sie »sie durch ein rasch wirkendes Mittel als der menschlichsten Lösung erledigten«.[13] Von Dezember 1941 an wurden 20 000 Juden »zur Arbeit außerhalb des Ghettos« zum Todeslager Kulmhof (Chełmno), etwa 55 Kilometer nördlich der Stadt transportiert. Und immer häufiger befanden sich Kinder darunter. In seiner Ansprache vom 4. September 1942 erklärte Rumkowski, 25 000 Juden unter zehn Jahren und über 65 müssten »umgesiedelt« werden.[14] Es traf alle, die klein waren oder die zu viele graue Haare hatten. Im Sommer 1942 wurden 20 517 Kinder nach Kulmhof deportiert und ermordet.[15]

Im Ghetto von Litzmannstadt herrschte Panik. Rumkowskis Ghettopolizei wie die deutschen Behörden versuchten die verschiedenen Formen des Widerstands gegen die Deutschen zu brechen. Dieser Widerstand äußerte sich in Arbeits- und Hungerstreiks, und noch radikaler in der Verbreitung von Nachrichten – genauer: von Gerüchten.[16] Gerüchte waren buchstäblich das tägliche Brot im Ghetto – »von Mund zu Mund werden phantastische Informationen verbreitet. Sie wärmen und ernähren die gequälten

Menschen.«[17] Gerüchte ermöglichten es den Bewohnern des Ghettos, sich den ständig sich verändernden Umständen anzupassen.[18] Denn keine Welt war so unbeständig wie die des Ghettos.

Es gab zwei Arten von Gerüchten. Die finsteren, wenn »man überall das Gleiche hörte – man sucht bei einem anderen Menschen Trost und findet ihn nicht. Das hat alle mit Apathie und grenzenlosem Pessimismus erfüllt.« Auch Glück verheißende Gerüchte zirkulierten, wie etwa, dass Juden aus Litzmannstadt gegen Deutsche aus Amerika ausgetauscht würden.[19] Gerüchte waren auch eine Form der Satire oder Kritik, ja sogar des Humors, womit man die Deutschen wie die Ghettobehörden bekämpfen konnte.[20] »Echte« Nachrichten lieferte die *Getto-Zeitung*, das offizielle Blatt der Rumkowski-Verwaltung. Die *Litzmannstädter Zeitung* aber, deren Lektüre verboten war, war für die Bewohner des Ghettos eine zuverlässige Informationsquelle, da sie für die deutschen Bewohner der Stadt herausgegeben wurde. Aber auch diesen Berichten konnte man nicht trauen.

Das Radio stellte die beste Verbindung zur Außenwelt dar und war daher von den deutschen Behörden streng verboten. Besitz und Benutzung hatten ernste Folgen. Trotz des hohen Risikos wurden Besitzer eines Radios von anderen Ghettobewohnern versteckt. Erst durch Menschen, die im Besitz eines Radios waren, wie Chaim Widowsky, erfuhr man vom Schicksal der Juden, die von Łodz gen Osten deportiert wurden. Diese Nachrichten verbreiteten sich wie ein Lauffeuer im Ghetto.[21] Am häufigsten hörte man den polnischen Untergrundsender *Swit*. Er war zwar in England stationiert, aufgrund der präzisen Berichterstattung glaubten die Deutschen jedoch, er sende aus Polen. Auch die Nachricht vom Überlaufen des Hitler-Vertrauten Rudolf Hess verbreitete sich rasch im Ghetto. »Die Nachricht schien die Juden des Ghettos plötzlich zu beseelen. In allen

Werkstätten arbeiteten die Arbeiter plötzlich langsamer und flüsterten einander zu: ›Vielleicht ist es so weit, vielleicht werden wir nun endlich befreit?‹ Mir fehlen einfach die Worte, um die Freude zu beschreiben, die es auf einmal gab.«[22] Briefe und Dokumente aus dieser Zeit, die 1943 vergraben und nach dem Krieg wieder entdeckt wurden, enthüllen, dass diese so oft erwähnte »Nachrichtenübermittlung« nicht Quelle der Information, sondern der Hoffnung war, denn die meisten der »Radioberichte« erwiesen sich als falsch.[23]

1944 fuhren regelmäßig Züge mit Transporten von 10–20 000 Juden gen Norden nach Kulmhof. Im Mai 1944 erging der Beschluss, das Ghetto zu eliminieren. Am 16. Juni 1944 forderte Rumkowski zur »freiwilligen Meldung zur Arbeit außerhalb des Ghettos« auf. Die heimlichen Historiker im Ghetto schrieben in ihrer »Chronik des Ghettos Łodz«, das »wahre Ziel sind mehrfache, großangelegte Transporte von Arbeitern außerhalb des Ghettos«.[24] Von Monat zu Monat, ja tagtäglich verschlechterte sich die Lage. Immer mangelte es an Lebensmitteln, auch die Arbeit änderte daran nichts. Im Mai 1944 war die Situation katastrophal. Am 23. Juni 1944 fanden die letzten Deportationen nach Kulmhof statt. Danach wurden die Juden aus Litzmannstadt nach Auschwitz deportiert und dort vergast und verbrannt.

Vom 3. bis 6. August 1944 sprach der deutsche Ghettoleiter Hans Biebow mit dem »Judenrat«, um die letzten 68 000 Juden dazu zu bewegen, sich widerstandslos zur »Arbeit ins Reich« schicken zu lassen. 65 000 Bewohner kamen schließlich nach Auschwitz-Birkenau, kleinere Transporte in die Konzentrationslager bei Berlin. In den Augen der Deutschen war das »ein großes Privileg«, denn diese Lager waren keine Todeslager, und wer dorthin geschickt wurde, bekam daher die Chance, ein wenig länger zu leben.

Im Februar 1944 wurden Anette und Jurek Bekker in

einem Viehwaggon ins Frauenkonzentrationslager Ravensbrück gebracht.[25] Man hatte ihnen erlaubt, ein kleines Bündel Kleidung und ein paar Lebensmittel zu packen.[26] Nach Ravensbrück statt nach Auschwitz transportiert zu werden galt ebenfalls als »Privileg«, das Mutter und Kind, nunmehr von Mieczysław getrennt, vielleicht aufgrund von Anettes Arbeit im Büro des »Judenrats« genossen. Mieczysław blieb als Arbeitskraft im Ghetto und wurde mit den anderen als einer der letzten nach Auschwitz deportiert, und als Auschwitz geräumt wurde, brachte man ihn schließlich ins Konzentrationslager Sachsenhausen, wo ihn am Tor auch wieder das Motto »Arbeit macht frei« empfing.[27] Ende August 1944 kam auch Rumkowski mit einem speziellen Schutzbrief von den Deutschen nach Auschwitz. In Litzmannstadt ging das Gerücht um, die Deutschen hätten sich nicht einmal die Mühe gemacht, ihn zu vergasen. Sie hätten ihn lebendig in die Verbrennungsöfen geworfen.

Jurek und Anette Bekker befanden sich nun also im Frauenlager Ravensbrück, nur fünfzig Kilometer vom Konzentrationslager Sachsenhausen (bei Oranienburg) und neunzig Kilometer von Berlin entfernt. Es war eines der ersten deutschen Konzentrationslager, in denen Widerstandskämpfer untergebracht werden sollten. Das erste dieser Lager war 1933 außerhalb von Dachau errichtet worden; Ravensbrück, das Frauenlager, war 1938 entstanden. Ravensbrück unterschied sich insofern von den anderen Lagern, als Frauen ihre Kinder mitnehmen durften. Abgesehen von Kindern wie Jurek, die mit ihren Müttern kamen, wurden etwa 870 Kinder in Ravensbrück geboren. Fast keines von ihnen überlebte.

Die Kinder mussten neue Verhaltensmuster erlernen und eine neue Sprache; die subtile Sprache des Todes, die des Ghettos und der Lager.

Die Frage nach Jureks »Muttersprache« ist schwer zu beantworten. War es wirklich das Polnisch, das er als Kind gesprochen hatte? War es das auch von seinen Eltern gesprochene Jiddisch, das im Ghetto gesprochen wurde? Oder war es die »Lagersprache«, die lingua franca der Lager, die nach dem Tod der Mutter verloren ging? Er erinnerte sich, Polnisch gesprochen zu haben, nicht die Sprache der Lager, in die sich das Deutsch der Wachen mischte. Im Gedächtnis blieben ihm jedenfalls die ersten deutschen Worte, die er im Lager hörte, Worte, die zum Überleben notwendig waren: »Alles alle«, »Antreten – Zählappell!« und »Dalli-dalli«. Selbst das Wort »Lagersprache« signalisiert die Probleme eines Juden, der nach der Shoah Deutsch sprechen wollte. Der erwachsene Jurek Becker sagte später, er habe, als sein Vater ihn 1945 fand, Polnisch wie ein Vierjähriger und nicht wie ein Achtjähriger gesprochen, »denn in diesem Alter war ich Umständen ausgesetzt, in denen Sprache so gut wie überflüssig war«.[28] Lebenswichtig für die Bewohner der Lager und der Ghettos war das Beherrschen der »Lagersprache«.

Auch viele andere Juden wurden um die Zeit, als Anette und Jurek Bekker eintrafen, von Litzmannstadt nach Ravensbrück gebracht. Im Dezember 1944, zu Heiligabend, wurden die Kinder ins Jugendlager geholt. Das »Weihnachtsfest« war eine Inszenierung für die Beobachter vom Internationalen Roten Kreuz.

Nach der Befreiung lebten noch 500 Kinder in Ravensbrück.[29] Von ihnen waren die meisten schwer krank und unterernährt.

Ende März 1945 war Ravensbrück evakuiert worden. 24 500 Gefangene, Männer und Frauen, wurden auf die Straße geschickt und mussten einen Todesmarsch antreten, ein Versuch der SS, die Massenmorde zu vertuschen. Um seine politische Lage zu verbessern, hatte Fritz Suhren, der Lagerkommandeur von Ravensbrück, Anfang April 500 weibliche Gefangene dem schwedischen und dem dänischen Roten Kreuz übergeben, woraufhin 2 500 weibliche deutsche Gefangene freigelassen wurden. In der Nacht vom 29. auf den 30. April erreichten Truppen der 49. Sowjetarmee Ravensbrück, wo sie etwa 3 000 kranke Frauen vorfanden, um die sich andere Gefangene kümmerten.[30] Die 47. Armee der Sowjetunion hatte Sachsenhausen am 22. April 1945 befreit, und Teile des Lagers wurden in ein Krankenhaus für jene umgewandelt, die dringend ärztlicher Hilfe bedurften. Ende April und Anfang Mai 1945 verlegte die Rote Armee rund 300 schwer kranke Insassen von Ravensbrück nach Sachsenhausen. Unter den Evakuierten befanden sich auch Anette und Jurek Bekker.

Anette Bekker starb, wie viele andere, an Unterernährung und wurde am 2. Juni 1945, nur wenige Wochen nach der Befreiung des Lagers durch die Russen, auf dem Friedhof von Sachsenhausen beerdigt.[31] Anfang Juni konnten die Letzten das Lager verlassen, und es wurde geschlossen. Jurek Becker hatte immer das Gefühl, er habe auf Kosten seiner Mutter überlebt, »die mir im Lager ihr bisschen Essen gegeben hat. Sie ist verhungert, ich nicht.«[32] Gewissheit erhielt er eines Tages durch eine Begegnung am Kurfürstendamm, als er eine Zeitung kaufte. Die Frau im Kiosk erkannte ihn und sagte, sie habe seine Mutter und ihn in Ravensbrück gekannt. Sie fragte ihn, ob er wisse, wie seine Mutter gestorben sei. Sie sei verhungert, sagte sie dann. Aber ob er auch wisse, warum, fuhr sie fort. Als er schwieg, sagte sie: »Um Sie zu ernähren.«

Von Anette Bekker blieb eine vage Erinnerung: »Es [ein Bild von Picasso] erinnert mich an jemanden aus meiner Kindheit, an eine Frau mit zwei kleinen Händen, die sie nach vorn hielt und mich durch sanfte Auf- und Abbewegungen beschwichtigte, wenn ich zu aufgeregt war: ›Ruhig, mein Lieber, ist ja gut.‹«[33] In seiner Erinnerung werden die Worte auf Deutsch gesprochen, der Sprache, in der er seine Mutter in seinen Träumen sprechen hörte.

Jurek Becker überlebte. Das wenige Deutsch, das er

sprach, war Teil des Vermächtnisses dieser Lager. Als er später richtig Deutsch lernte, musste er die Sprache der Lager vergessen.

Für ein Kind zwischen zwei und sechs Jahren hinterließ die Existenz im Ghetto und in den Lagern nur wenige detaillierte Erinnerungen.[34] Er behauptete, er habe die Erinnerung daran vollständig verloren. »Als ich zwei Jahre alt war, kam ich in dieses Ghetto, mit fünf verließ ich es wieder in Richtung Lager. Ich kann mich an nichts erinnern. So hat man es mir erzählt, so steht es in meinen Papieren, so war folglich meine Kindheit. Manchmal denke ich: Schade, dass dort nicht etwas anderes steht. Jedenfalls kenne ich das Ghetto nur vom dürftigen Hörensagen.«[35] Überlebt zu haben und die Tatsache seiner Rettung nach Kriegsende verstärkten das Gefühl des Besonderen, dass ihn von Kleinauf umgab – ein über alles geliebter einziger Sohn nicht mehr ganz junger Eltern, die ihn beschützten, so gut es ging. Doch das Gefühl der Verlassenheit nach dem Tod der Mutter konnte er nie verlieren, und es spiegelt sich in all seinen Werken wider.[36]

Nach seiner Befreiung suchte Mieczysław Bekker verzweifelt nach seiner Familie über die JOINT, die American Jewish Joint Distribution Organization, die seinen Sohn für ihn ausfindig machte. Die UNRRA (United Nations Relief and Rehabilitation Administration), der Hilfs- und Wiederaufbauausschuss der UNO zur Versorgung und Rückführung von nichtdeutschen Flüchtlingen, hatte nach der Befreiung die Kontrolle über das Lager Sachsenhausen übernommen und verteilte Lebensmittel und Medikamente. Mieczysław Bekker erfuhr, dass seine Frau gestorben war, aber dass sein Sohn lebte und sich im provisorischen Krankenhaus von Sachsenhausen befand. Jurek war sieben, aber klein für sein Alter und so schwach, dass er nicht mehr gehen konnte. Die Krankenhausbetten waren die Doppelstockbetten aus dem Lager, man hatte sie auseinander gesägt. Als Mieczysław ins Zimmer trat, hob eine Krankenschwester Jurek aus dem Bett, um ihn seinem Vater zu übergeben. Dabei stieß ein Bein des Jungen an den Bettpfosten und die Haut riss auf. »Es tat mörderisch weh, und ich schrie, und mein Vater stürzte sich auf diese arme Frau, weil die sein Kind so quälte.«[37] Der Junge erkannte seinen Vater nicht. Er war ausgemergelt, und sein Haar war weiß geworden. Auch er hatte Mühe, seinen kleinen, unterernährten Sohn wiederzuerkennen. Schließlich strich er dem Jungen über die Stirn, schob sein Haar zurück und erkannte kleine Muttermale wieder. Erst da wusste er, dass dieser Junge sein Sohn war. Die Anwesenheit seines Vaters verband Jurek Becker nicht mit der Welt der Geborgenheit aus frühen Kindheitstagen und auch nicht mit deren Verlust, sondern mit der Wirklichkeit des Alltags, in der ein Jude in einem Deutschland nach der Shoah einen Sohn allein aufzog. Pubertäre Konflikte und das Gefühl des Alleinseins prägten seine Erinnerungen an seinen Vater – ebenso wie das Schweigen über ihr gemeinsames Leben im Ghetto und im Lager. Das Schweigen seines Vaters wie das der DDR über die Shoah ist auch Thema vieler seiner Werke und filterte seine Erinnerungen an die Vergangenheit. Es war ein Schweigen, das er sich wünschte. Nie bat er seinen Vater, über seine Erlebnisse in den Lagern zu erzählen. Erst nach dessen Tod wurde ihm klar, dass auch sein Vater dieses Schweigen gebraucht hatte.

Jurek Becker erinnerte sich nicht an seine Erlebnisse oder an die Sprache, in die sie gekleidet waren – sein literarisches Werk erinnert sie für ihn.

Jurek Becker in der Sowjetzone (1945–1949)

Mieczysław und Jurek Becker hatten überlebt, Anette war gestorben. Vater und Sohn hatten ihr Überleben weder ihrer Intelligenz noch ihrem Geschick, noch guten Beziehungen zu verdanken, – sie hatten einfach Glück gehabt.

Vater und Sohn Bekker gehörten zur She'erit Hapleyta, rund 200 000 geretteten Juden Mitteleuropas. In den verschiedenen Lagern und Ghettos hatte es vor den Todesmärschen nach Westen etwa 500 000 gegeben – 60 Prozent davon starben auf diesen Märschen.[1] Dieser kleine Bruchteil des einst so blühenden jüdischen Lebens in Mitteleuropa verlor sich 1946 in den etwa sechs bis neun Millionen »Displaced Persons« (DPs), den Zwangsvertriebenen und Flüchtlingen. Sie setzten sich zusammen aus Deutschen aus Polen und Böhmen, Zwangsarbeitern aus ganz Europa, russischen Soldaten, die für die Deutschen gekämpft hatten, Menschen, die der Krieg vertrieben hatte und die nun vor der Roten Armee nach Westen zogen.[2] (Offiziell gab es in der Sowjetischen Besatzungszone keine »Displaced Persons«, da sich die Bezeichnung nur auf die westlichen Zonen bezieht.[3] Doch in Wirklichkeit war dies ganz anders.)

Antisemitismus herrschte auch unter den DPs in Deutschland. Nicht selten kamen Menschen zu Tode.[4] Nach 1945 gelangte ein versprengter Teil der polnischen Juden nach Berlin durch die Brichah-Bewegung, die alle in Polen verbliebenen Juden zu retten und schließlich in das unter britischem Mandat stehende Palästina zu bringen versuchte.[5] Als polnischer Jude in Deutschland hatte man mit ernsten Schwierigkeiten zu kämpfen. Man war staatenlos, genau wie jene polnischen Juden in Deutschland, die 1938 nach der »Kristallnacht« in Zügen nach Osten transportiert wurden. Um in Berlin weniger aufzufallen, änderte Mieczysław Bekker seinen Namen zunächst in Max Becker. Seine polnisch-jüdischen Freunde in Ostberlin nannten ihn weiterhin Mjetek. Genauso rasch wurde aus Jerzy Bekker Georg Becker. (Selbst Anette Lewin wurde in Jureks OdF [Opfer des Faschismus]-Rentenantrag von 1953 wie in seinem Aufnahmeantrag für die Universität von 1955 zu Anja.[6] Entsprechend ändern sich die Namen in Jureks Darstellung seiner Kindheit und seiner Familiengeschichte.)

Als Max 1945 nach Berlin kam, fand er nur eine provisorische Bleibe. Im August gab es einige Privatpensionen, in denen man ein Bett bekommen konnte, sowie das Nötigste für den Lebensunterhalt.[7] Jeder DP bekam täglich 300 g Brot und einen halben Liter Suppe, einmal pro Woche eine Tomate und anderthalb Block Margarine. Im UNRRA-Lager am Teltowerdamm war es nicht viel besser, aber immerhin gab es hier wie in Sachsenhausen eine Pflegestelle für seinen kranken Sohn.[8]

Am 10. Oktober 1945 hatten die Alliierten die Gründung einer Jüdischen Gemeinde in Berlin angeregt, die »Displaced Persons«, wie Max und Jurek Becker »auf der Durchreise«, vorübergehend helfen sollte. Von 1945–1949 wies die Kartei in der Verwaltung der Jüdischen Gemeinde Berlin 11 139 Karten mit Namen von DPs auf, so auch die von Max und Jurek Becker. Im Herbst 1946 befanden sich in Deutschland 112 013 Juden in DPs-Lagern sowie 44 692 außerhalb von ihnen.[9]

Am 4. Dezember 1945 stellte Max Becker bei der Jüdischen Gemeinde einen Antrag auf eine Unterkunft für sich und seinen Sohn, der bis zum Jahresende im provisorischen Krankenhaus in Sachsenhausen blieb. Nachdem Max Becker ihn aus Sachsenhausen geholt hatte, blieb Jurek bis zum 7. Januar 1946 im Kinderheim der Jüdischen Gemeinde, das sich in der Moltkestraße 8–11 in Berlin-Niederschönhausen befand. In Sachsenhausen war er offiziell als Opfer des Faschismus anerkannt worden, was bedeutete, dass er sofort medizinisch versorgt wurde und eine etwas höhere Lebensmittelration bekam. Sein Gesundheitszustand blieb labil, auch wenn er dank der Medikamente allmählich wieder zu Kräften kam. Doch ganz erholte er sich nie.

Max und Jurek Becker wurde schließlich ein möbliertes Zimmer im Vorderhaus Prenzlauer Allee 226 in Prenzlauer Berg zugewiesen, einem der ärmsten Stadtteile im Sowjetsektor von Berlin, und beide gehörten zu den 1 170 297 Menschen, die in diesem Sektor lebten. So lautete denn das Resümee, das Jurek Becker aus der Lebensgeschichte seines Vaters 1946 zog, folgendermaßen: »Die Faschisten folterten ihn und steckten ihn in ein Konzentrationslager und ermordeten seine Familie, und die Kommunisten befreiten ihn.«[10] Dass sie im russischen Sektor von Berlin lebten, war ein Zufall – hier war eine Wohnung für sie gefunden worden.

Während Jurek langsam genas, begann Max Becker sich in einen anderen Menschen zu verwandeln. Die Daten seines Lebens schienen sich zu verschieben. Plötzlich war er sechs Jahre jünger. Laut seiner Aussage von 1946 war er am 3. November 1906 geboren. Er färbte sich das Haar und war nun erst 40 Jahre alt – er holte sich die im Ghetto und in den Lagern verlorenen sechs Jahre zurück.

In Max' Akte stand auch, er sei wegen eines Radios und »mündlicher Propaganda« (sprich: Gerüchte) gegen die Deutschen deportiert worden.[11] Wie korrekt diese Behauptung war, ist fraglich. Nach dem Krieg wollte praktisch jeder »dagegen gewesen« sein, und zwar nicht nur diejenigen, die tatsächlich echten Widerstand geleistet hatten – ob sie nun in den Lagern, in den Ghettos oder an der Heimatfront gewesen waren. Elie Wiesel, der Auschwitz überlebt hatte, bemerkte in einem Gespräch mit dem ehemaligen Resistanceführer Jorge Semprun, einem Überlebenden von Buchenwald, »Angehörige der Resistance wurden geliebt, wer deportiert worden war, wurde gemieden … Niemand wollte uns, wir lösten Scham aus, wir störten.«[12] Ein Radio besessen zu haben, wäre so ein Zeichen von Widerstand gewesen. In der DDR hätte ein Besitz noch größere Bedeutung gehabt, da dieser Staat geradezu die Existenz eines jüdischen Widerstands gegen die Nazis leugnete und nur den kommunistischen Widerstand gelten ließ.

Als Max Becker sich am 28. Dezember 1945 in Berlin als Opfer des Faschismus registrieren ließ, tat er dies als ein neuer Mensch.[13] Und als er später eine Geburtsurkunde für Jurek benötigte, schrieb er einfach in den Antrag, dass sein Sohn Georg am 30. September 1937 geboren wurde. Gehorsam schrieb Jurek: »Hiermit erkläre ich an Eides statt, dass ich nach Angaben meines Vaters am 30. 9. 1937 in Łodz geboren bin. Meine Mutter ist im Konzentrationslager gestorben.«[14] Das Dokument wurde abgestempelt und im Archiv des Amtsgerichts Berlin-Mitte aufbewahrt.

Max Becker war auf einmal nicht nur jünger. Als seinen Geburtsort nannte er Fürth in Bayern. Damit war er nicht Pole (und Jude), sondern Deutscher (und Jude). Recherchen ergaben, dass er sich für Fürth entschieden hatte, weil das dortige Rathaus bei einem Bombenangriff völlig zerstört worden war. Durch seine sich selber angeeignete deutsche Abstammung bekam auch Jurek außer einem neuen Geburtsdatum eine neue Identität – als Sohn eines Deutschen war er selbst Deutscher. Denn nach dem 1913 im Deutschen Reich erlassenen Abstammungsgesetz waren Vater und Sohn als Deutsche definiert. Daraus ergab sich ein weiterer Vorteil, denn in der neu gebildeten Berliner Jüdischen Gemeinde waren die Funktionäre deutsche Juden, während die Ostjuden eine Minderheit darstellten. Zwietracht und Hochmut, die vor dem Krieg zwischen diesen Gruppen geherrscht hatten, machten sich in Berlin erneut bemerkbar. Nach 1945 hatten die Ostjuden in Berlin an der gesamten jüdischen Bevölkerung nur einen Anteil von 29,6 Prozent, in ganz Deutschland lag er etwa bei 50 Prozent (in Bayern bei über 90 Prozent).[15] Max Becker gehörte beiden Gruppen an: als gebürtiger Deutscher der politischen Mehrheit in der Jüdischen Gemeinde, als Jiddisch und Polnisch sprechender Jude der Minderheit.

Um unter solchen Umständen überleben zu können, musste man Geschichten erfinden, besonders wenn es galt, die konkreten Fragen zu beantworten, die Max Becker gestellt wurden: Wer sind Sie? Wie lautet Ihr Name? Woher sind Sie? Was machen Sie hier? Nach seiner Ankunft in Berlin war er ganz versessen darauf, Geschichten zu erzählen, so wie Onkel Gideon in Jurek Beckers Erzählung aus dem Vorkriegspolen.

Wie sein Sohn später feststellte, wurde er »nach dem Krieg auf Erzählen getrimmt ... Ich war von Kindheit an eigentlich in einem Erzählwettbewerb. Wenn ich uninteressant war, hat man mir das deutlich zu spüren gegeben ... Da war keine große Gemeinde, der ich angehört hätte, in der das so gang und gäbe gewesen wäre. Aber mein Vater und seine Freunde, die nach Hause kamen zu uns, waren ähnlichen Gewohnheiten und Traditionen verfallen. Das mündliche Erzählen spielte für mich, seit ich ein Kind war, eine Rolle. Und ich erinnere mich auch, dass ich manchmal eine Geschichte erzählt habe und nicht zufrieden war mit der Resonanz und darüber nachgedacht habe, woran das lag: ›An der Geschichte kann's nicht liegen, die ist gut, das weiß ich, sonst hätte ich sie ja nicht erzählt, oder sonst hätte der, der sie mir erzählt hat, nicht so einen Erfolg bei mir gehabt; also muss ich daran etwas tun.‹.«[16] In einem Fernsehinterview in den neunziger Jahren erklärte er, dass er als Kind von seinem Vater nie für eine Geschichte gelobt worden sei. Vielmehr habe der ihn angefahren: »Das nennst du eine Geschichte?« Jurek Becker sah sich also gezwungen, so lange an seinen Geschichten zu feilen, bis sein Vater ihm zuhörte und sie ihm glaubte.[17]

Max Becker war »offiziell« Jude, weil er der Jüdischen Gemeinde beitrat, und zwar nicht aus religiösen Gründen, sondern um Menschen mit gemeinsamer Vergangenheit zu finden. Er kam mit ihnen in der Synagoge der Sowjetzone in der Oranienburger Straße 28 zusammen – in den Ruinen der großen Neuen Synagoge aus dem 19. Jahrhundert. In sein Aufnahmeformular für die Berliner Jüdische Gemeinde hatte er geschrieben, dass er als Jude geboren und Jude geblieben war.

Am 13. Februar 1946 zogen die Beckers in eine geräumigere Wohnung in der Lippehner Straße 5 – sie blieben also im sowjetischen Sektor. In eine Wohnung über ihnen zog Irma Kautsch, zu der Max Becker eine Beziehung eingegangen war, mit ihren zwei Söhnen, die etwas älter als Jurek waren – Geschwister, die Jurek nie gehabt hatte, und eine Mutter, die nicht seine eigene war. Irma überredete Max Becker, Jurek mit ihren Söhnen zu ihren Eltern aufs Land außerhalb Berlins zu schicken, um ihn aufzupäppeln. Zum ersten Mal, seit er gefunden worden war, war Jurek ohne seinen Vater. Irmas Vater machte ihm Angst, mit seinem Humor konnte er nichts anfangen. Er wurde für ihn zum Inbegriff des bösen Deutschen, vor dem er gerettet worden war. Er fühlte sich erneut verlassen.

Zurück in Berlin, war er zwar ein wenig kräftiger geworden, aber er hatte das Gefühl, dass es in dieser Welt Dinge gab, die er nicht begriff. Erst als Max Becker und Irma

Kautsch sich trennten, war Jurek wieder der Mittelpunkt im Leben seines Vaters.

Am 18. Juni 1948 entstand durch die Währungsreform in den westlichen Zonen eine neue und getrennte Wirtschaftseinheit. Die Sowjets reagierten darauf, indem sie ihre neue Währung in der Ostzone am 24. Juni einführten. Nur einen Tag zuvor versuchten sie die westlichen Alliierten aus den Kontrollzonen durch eine Landblockade hinauszudrängen. Die westlichen Alliierten errichteten eine »Luftbrücke« zum Flughafen Tempelhof, um die Stadt aus der Luft zu versorgen. Max Becker muss sich darüber im Klaren gewesen sein, dass die Sowjets im Osten mit starker Hand regierten. Mit dem Beginn des Kalten Krieges galt es, sich zwischen den westlichen Alliierten, die den Berlinern halfen, und einer antifaschistischen Sowjetmacht zu entscheiden, die das Alltagsleben kontrollierte. Da Max Becker im Sowjetsektor lebte, setzte er sein Vertrauen in die Sowjets und entschied sich, ein Deutscher zu werden, wie er in der Sowjetzone definiert war.

Immer wieder erklärte er seinem Sohn, dass er sich in einem besiegten und geteilten, von der Roten Armee besetzten Deutschland einfach wohler fühlen könne. Seiner Meinung nach wurde die deutsche Schande durch die Aufteilung Deutschlands in Besatzungszonen der Nation eintätowiert. »Schließlich sind es ja nicht die polnischen Antisemiten, die den Krieg verloren haben.«[18] Er sprach aus Erfahrung. In Kielce, einer Kleinstadt südlich von Warschau, die 50 000 polnische und 350 jüdische Einwohner hatte (1939 waren es noch 25 000 gewesen), gab es im Juli 1946 ein Pogrom. Nachdem sich die uralte blutige Verleumdung verbreitet hatte, Juden hätten christliche Kinder geschlachtet, ermordeten Polen 42 Juden, darunter Frauen und Kinder. Bis April 1946 wurden über 1 000 Juden in Polen ermordet. Ein jüdischer Arzt, der aus Łodz geflohen war, erklärte: »Die Regierung ist hundertprozentig für uns, das Volk hundertprozentig gegen uns.«[19] Nach Polen zurückzukehren, war für Max Becker unvorstellbar. Vielleicht entschloss er sich auch, in Deutschland zu bleiben, weil er einfach zu müde war, um wegzugehen.[20] Allerdings blieb er nicht wie so viele DPs einfach in einem besiegten Deutschland, weil er keine andere Wahl hatte. Das von den Alliierten besetzte Land bot auch Zuflucht vor der Vergangenheit und der Gegenwart.

Außer nach Polen zurückzukehren, blieben Max und Jurek Becker nicht viele Möglichkeiten. Für viele DPs war Palästina keine Option, da die Briten gegen die Übersiedlung der Juden in den Nahen Osten waren. Man konnte nur illegal und mit einem persönlichen Risiko dorthin gelangen. Mit einem kleinen, kranken Kind war das kaum möglich. Erst nach dem Ende des britischen Mandats in Palästina am 14. Mai 1948 gingen viele DPs dorthin. Die USA waren vielleicht ein ideales Ziel, aber auch das wäre für die Beckers mit Schwierigkeiten verbunden gewesen. Nach der (erst 1948 verabschiedeten) Displaced Persons Act durfte Max Becker zwar in die USA einreisen, aber nicht Jurek, denn in den amerikanischen Einwanderungsgesetzen seit Beginn des Jahrhunderts war festgelegt, dass alle Einwanderer gesund sein mussten. Die Präsenz der Amerikaner in Berlin hingegen war nach dem 1. Juli 1945 unübersehbar. Zusammen mit den Russen, den Engländern und den Franzosen waren sie ein Garant der Sicherheit. In Jureks Erinnerung zog es ihn stark zu den Amerikanern hin. Später würde er eine Tante erfinden, die die Shoah überlebt hatte und in den Vereinigten Staaten lebte.

Die sowjetischen Soldaten hatten zwar keinen so guten Ruf wie die Amerikaner mit ihren Zigaretten und ihrer Schokolade, aber ihre Anwesenheit bedeutete, dass Max und Jurek Becker vor Pogromen wie denen in Polen sicher sein konnten.

Für Juden wie Max Becker war das Leben in Berlin unmittelbar nach dem Krieg genauso hart wie für jeden anderen Bürger. Sie hatten nur unwesentliche Vorteile, wenn es um die Beschaffung von Wohnraum, Lebensmitteln und Kleidung ging, und führten wirtschaftlich eine Randexistenz. Praktisch alle beteiligten sich am Tauschhandel auf dem schwarzen Markt, als die Besatzungswährung instabil oder unerwünscht war. Aber die DPs, besonders die Juden, galten als Ursache für den ungesunden und undeutschen schwarzen Markt. In einem Fall wurde sogar die Abkürzung »DP« mit »Deutschlands Parasiten« übersetzt. Die Berliner Zeitung *Der Tagesspiegel* wies im Februar 1946 darauf hin, dass der Antisemitismus in Berlin eine Folge des schwarzen Marktes sei, und druckte einen entsprechenden antisemitischen Leserbrief: »Wir leiden alle und sind alle arm geworden. Wenn sich unsere jüdischen Mitbürger allen anderen gleichstellen, wird auch die antisemitische Stimmung in Berlin nachlassen, soweit sie noch vorhanden ist.«[21] Die Juden, wie sie sich der Briefschreiber vorstellte, waren die ausländischen Juden, vorwiegend aus dem Osten, die Berlin »besetzten«.[22]

Natürlich war der schwarze Markt illegal, und Max Becker wusste das auch. Wie viele DPs in Berlin verstand Max Becker sich als »Gast«, als Mensch, der ständig unterwegs ist. Er fühlte sich keinerlei ethischen Maßstäben irgendeiner Gemeinschaft verpflichtet, besonders nicht angesichts seiner Erfahrungen im Ghetto und in den Lagern. Um Jurek für seine Erfahrungen zu entschädigen, suchte Max Becker nach Dingen, die etwas Besonderes in dessen Leben darstellten. Diese Dinge waren nur auf dem schwarzen Markt zu bekommen. Eines Tages brachte er ihm ein Fahrrad mit, ein Zeichen von Wohlstand. Doch es war viel zu groß für ihn, und deshalb schob es Jurek durch ihr Viertel, um zu zeigen, wie gut sein Vater ihn versorgen konnte. Doch Deutscher zu werden hieß vor allem, Deutsch sprechen zu lernen. Als Jurek acht Jahre alt war, hörte Max Becker von einem Tag auf den anderen auf, mit ihm Polnisch zu sprechen. Er ging davon aus, dass Jurek in der Lage wäre, augenblicklich Deutsch zu lernen. Doch Jurek vergaß das Polnische rascher, als er die neue Sprache erlernte. Eine Zeitlang lebte er buchstäblich zwischen den Sprachen.[23] Mit dem Polnischen verschwand auch die Assoziation des Deutschen mit der Lagersprache. Sprache und Erinnerung gingen gleichzeitig verloren.[24]

Als er in den 1980er Jahren einen deutschen Journalisten besuchte, dessen Frau Polin war, zog er ein ihm vertrautes Buch aus einer Kiste mit polnischen Kinderbüchern. Er, der damals weder lesen noch schreiben konnte, konnte es nicht gelesen haben, zumal es im Ghetto und in den Lagern fast keine Bücher gab. Es musste daher eine Erinnerung aus der Zeit vor dem Krieg, aus seiner Kindheit in Łodz sein, als es ihm von seinen Eltern vorgelesen worden ist. »Und plötzlich habe ich so ein langes Gedicht aus diesem Buch auf Polnisch erzählt. Ich wusste gar nicht, was es bedeutet, ich kannte nur die Klänge … und ich war wirklich selber erschüttert, wie das da so rauskam.«[25] Das wenige Polnische, das er sprechen konnte, stammte aus frühesten Kindheitserinnerungen, Erinnerungen aus der Wohnung in der ulica Srodmeijska Nr. 20.

Deutsch war für Jurek eine »Vatersprache«. Max Becker brachte ihm das Lesen und Schreiben in einer Sprache bei, die er selbst nicht wirklich beherrschte.[26] Sein Akzent hat ihn immer verraten. Für ihn war Jiddisch »schlechtes Deutsch«, und Polnisch war die Sprache der Antisemiten.[27] Jurek sollte ein guter Deutscher werden, indem er Deutsch sprach, wie er ein guter Polnisch sprechender Pole geworden wäre, wären die Zeiten und Umstände anders gewesen. Folglich entwickelte Jurek eine starke emotionale Bindung an das Deutsche, die er später als »Perversion« bezeichnete.[28] Als Erwachsener war ihm nur zu bewusst, was dieser Sprachwechsel für seine Rolle als »deutscher« Autor bedeutete.

Der Ostberliner jüdische Philologe Victor Klemperer hat die Korrumpierung des Deutschen in seiner 1947 erschienenen Studie über die Sprache der Nazionalsozialisten brillant veranschaulicht. Dass Klemperer, damals Professor an der Humboldt-Universität in der Sowjetzone, seine Studie – einen Auszug aus seinen unveröffentlichten Tagebüchern – publizieren konnte, zeigte, wie notwendig es war, das Deutsch zu säubern, das Jurek erlernte.[29] Eine neue literarische und kulturelle Sprache entwickelte sich in der Sowjetzone als Reaktion auf die Korrumpierung, die Gelehrte wie Klemperer aufdeckten.

1948 traf Max Becker ein Abkommen mit seinem Sohn: Wenn du in die nächste Klasse versetzt wirst, bekommst du von mir alles, was du willst! Dieses Versprechen konnte er nur dank seiner Beziehungen auf dem schwarzen Markt einlösen. Jurek wünschte sich und bekam sein erstes Radio. Er hörte sich Sendungen über Roald Amundsen am Nordpol an, über die Boxkämpfe von Max Schmeling, Science-Fiction-Romane von Jules Verne, Hörspiele, wie er sie in den späten 1970er Jahren zu schreiben versuchte.[30] Ende der vierziger Jahre war das Radio sein erstes Fenster zu einer deutschsprachigen Kultur.

In seinen Frankfurter Poetikvorlesungen von 1989 begann sich der erwachsene Jurek Becker ein anderes Szenarium für sich auszudenken (und damit für andere überlebende Kinder, die die Sprache wechseln und literarisch schreiben). Für ihn verbarg sich hinter dem Erlernen einer neuen Sprache der Wunsch zu gefallen, keine Fehler zu machen. Er sprach von dem Spiel, dass sein Vater mit ihm gespielt hatte: Er gab ihm fünfzig Pfennig für jede sauber geschriebene Seite, aber für jeden Fehler zog er fünf Pfennig ab.[31] Einer der oft von Juden selbst verinnerlichten Mythen des Antisemitismus in Mitteleuropa war der Glaube, dass immer etwas »Jüdisches« an der Art und Weise wäre, wie sie eine Sprache gebrauchten, und das sie sie als Juden verriet, ganz gleich, wie gut sie eine Sprache erlernten, die nicht ihre eigene war: Deutsch, Französisch oder Polnisch.[32] Selbst Juden, die nur eine Sprache sprachen und keine Ahnung von Jiddisch oder Hebräisch hatten, litten unter dieser Vorstellung. Damit sollte das kulturelle Anderssein des Juden betont werden, selbst dort, wo es ein solches Anderssein gar nicht gab. Doch für Jurek Becker existierte es durchaus. Er hatte tatsächlich einmal eine Sprache gesprochen, die ihn als Juden abgestempelt hatte: die Lagersprache. Seine Angst, dass andere Menschen aus der Art und Weise, wie er Deutsch sprach, ihre Schlussfolgerungen über ihn ziehen könnten, war die Angst, als Jude zu gelten.

Zugehörigkeit war nun das zentrale Thema in Jurek und Max Beckers Leben, und die deutsche Sprache war die einzige Möglichkeit, Zugehörigkeit zu erlangen.

Mit zehn Jahren wurde Jurek endlich eingeschult. Er war viel größer als seine sechsjährigen Mitschüler; konnte aber viel weniger als sie, und das führte natürlich zu Hänseleien. Für seine viel kleineren Mitschüler war er einfach dumm. Von da an lernte Jurek wie besessen, so dass er nach einem Jahr in die dritte Klasse wechseln konnte. Doch auch hier fiel er noch wegen seines gebrochenen Deutsch auf.[33] Rasch lernte er seine Lektion. Je schneller er die Fehler beseitigte, desto seltener würden andere merken, dass er ein Fremder war. »Und wenn die Fehler ganz und gar aufhörten, würden sie mich eines Tages, wenn auch fälschlicherweise, sogar für einen der ihren halten.«[34]

Die Sprache wurde eine Möglichkeit, der Gruppe anzugehören. Jurek wollte nicht als »Ausländer« und als »Jude« gebrandmarkt sein. Während andere Kinder sich für das interessierten, was ihrem Alter entsprach, spielte er mit Wörtern und Sätzen. In dieser intensiven Beschäftigung mit Sprache erblickte er die einzige Möglichkeit, sich dem Spott seiner Altersgenossen zu entziehen. Und da Deutsch zu schreiben ihm erheblich mehr Mühe bereitete, als es zu sprechen und zu verstehen, schrieb er nie eine Zeile mehr, als man von ihm verlangte.[35]

1949, als Jurek zwölf Jahre alt war, wurden aus den vier Besatzungszonen zwei neue deutsche Staaten. Die Zonen der Amerikaner, Briten und Franzosen im Westen wurden am 7. Juni 1948 zu einem westdeutschen Teilstaat zusammengeschlossen, und am 7. September 1949 hatte sich die Bundesrepublik Deutschland (BRD) konstituiert. Aus der Sowjetzone wurde am 7. Oktober 1949 die Deutsche Demokratische Republik (DDR). Im Unterschied zur BRD, wo jede Art von offenem Patriotismus automatisch mit der Nazi-Vergangenheit in Verbindung gebracht wurde, förderte die DDR in ihrem neuen Status als erster deutscher sozialistischer Staat die traditionelle patriotische Leidenschaft ihrer Jugend.

Jurek Becker war ein Bürger des neuen Staates. Aber er war auch ein »Opfer des Faschismus«, und mit dieser Bezeichnung hatte er Probleme. Für ihn hieß das nur wieder, ihn als Juden abzustempeln. Sein Opferstatus wurde von den Beamten überprüft, mit denen sich Jurek auseinanderzusetzen hatte. Als schließlich ein »Hauptamt für die Opfer des Faschismus« in der DDR eingerichtet wurde, bat man am 6. März 1950 das »Ravensbrück Komitee« um Mitteilung, »ob sich bei dem Transport aus Łodz im Februar 1944 nach Ravensbrück ein Kind Jurek Becker ... mit seiner Mutter befand«.[36] Am 16. März 1950 bestätigte Herbert Rosenberg vom Auschwitz Komitee, dass ihm diese Tatsache »persönlich bekannt« sei. Jurek bekam als von seinem Vater Abhängiger eine Rente bis zum August 1953 und von da an seine eigene Rente als »Opfer des Faschismus«. Sie betrug 1953 30 Prozent einer vollen Rente für einen Erwachsenen oder etwa 45 Mark im Monat.

In dieser Zeit zog Jureks Vater mit seiner langjährigen Lebensgefährtin Dora (»Dorchen«) Großpietsch zusammen. Wie Irma war sie eine Nichtjüdin, die Max nie heiratete. Doch sie blieb, so lange er lebte, bei ihm. Als er immer mehr trank und Depressionen bekam, hielt sie zu ihm. Sie überlebte ihn und stand seinen Enkeln, die sie Oma nannten, sehr nahe, auch nachdem Jurek Becker die DDR 1977 verlassen hatte. Die Beziehung zwischen Max Becker und seinen beiden Freundinnen Irma und Dora diente als eines der Vorbilder für Arons gescheiterte Beziehungen zu Frauen in *Der Boxer* (1976), Jurek Beckers Roman über den Kampf eines Überlebenden in der DDR. Doch Max Beckers langes, wenn auch schwieriges Verhältnis mit Dorchen lässt vermuten, dass er mehr dazu fähig war, dauerhafte Beziehungen einzugehen, als es der erwachsene Schriftsteller dem Überlebenden zugestehen wollte.[37]

Max Beckers große Leidenschaft war neben dem Billardspiel der Fußball. Diese Sportbegeisterung teilte Jurek mit seinem Vater. Er träumte sogar davon, Fußballer zu werden, bis eine Verletzung im Knie diesem Traum ein Ende setzte.[38] Fußball war etwas Unmittelbares, über das Vater und Sohn miteinander reden konnten. Ihre Begeisterung nahm sie völlig in Anspruch, so dass sie nicht über ihr vergangenes oder gar über ihr gegenwärtiges Leben sprechen mussten. 1950 trat Jurek dem Deutschen Sportverband bei, um Boxen zu lernen. Außerdem tat er sich im Tischtennis hervor und gewann lokale und regionale Meisterschaften. Seine Titelehrungen trug er sogar in seine Anmeldeformulare für die Universität ein.

Die Leidenschaft für den Sport gehörte zu einer deutschen Tradition, die im 19. Jahrhundert verwurzelt war und auf dem Glauben an die Verbindung zwischen nationaler Identität und körperlicher Gesundheit basierte. Zu Beginn des 20. Jahrhunderts empfahlen frühe Zionisten wie Max Nordau die Umformung des kranken jüdischen Körpers, der das Ergebnis von »2000 Jahren im Ghetto« war, in den des gesunden »Muskeljuden«. Dieser Jude würde der neue zionistische Bürger werden. In der Weimarer Republik führte dieses Interesse an der Selbstvervollkommnung zur Bildung jüdischer Sportorganisationen mit breit gefächerten politischen Verbindungen. In Deutschland wurde der Sport das Mittel zur Anpassung an eine Gruppe, die die Ideale einer neuen nationalen Identität betonte. Nach dem Krieg gab es in Deutschland 170 jüdische Sportvereine.[38] In der jungen DDR wurde dem Sport, als Zeichen der Zugehörigkeit zum neuen Staat, eine große Bedeutung beigemessen und Jurek Becker wollte sich beweisen.

VIERTES KAPITEL

Jurek Becker, der junge Kommunist, in der Deutschen Demokratischen Republik (1949–1960)

1. Was ist ein »Opfer des Faschismus«?

Max Becker hatte darauf bestanden, dass sein Sohn vor dem Ende der achten Klasse der Freien Deutschen Jugend beitrat, der offiziellen Jugendorganisation der Deutschen Demokratischen Republik. Jahrzehnte später stellte er fest, dass er nicht aus Überzeugung Mitglied geworden war, sondern weil sein Vater es unbedingt wollte. Er hatte ihm eindringlich klargemacht, wie wichtig es für einen jungen Menschen sei, sich am Leben des neuen Staats zu beteiligen.[1]

Der neue Staat entwickelte seine eigenen Rituale, um zu verdeutlichen, wie man ein neuer Deutscher wurde, und genau das war es, was der junge Jurek Becker mehr als alles andere wollte: »... ich wollte aufhören, ein ›anderer‹ zu sein, was schwer genug war. Ich ... wollte durchschnittliche Sitten und Verhaltensformen entwickeln, so unauffällig wie möglich.«[2]

Ab März 1955 wurden Jugendliche der Deutschen Demokratischen Republik in die sozialistische Gemeinschaft nicht durch eine Bar Mizwa oder Konfirmation aufgenommen, sondern durch die Jugendweihe, bei der sie einen Gemeinschaftseid auf den Staat, den Sozialismus und die ewige Freundschaft mit der UdSSR ablegten.

Doch nach wie vor fand Jurek Becker nur schwer Anschluss. Immer wieder fehlte er längere Zeit in der Schule, weil er sich Behandlungen unterziehen musste, doch die anderen Schüler erfuhren, dass er in den Lagern gewesen war. Max Becker ließ nichts unversucht, Jureks Gesundheit zu stabilisieren. Er stopfte ihn so mit Essen vom schwarzen Markt voll, dass aus dem ausgemergelten Kind aus dem UNRRA-Waisenheim ein pummeliger Junge wurde. (Seine Klassenkameraden in der Oberschule gaben ihm den von ihm gehassten Spitznamen »Paffi«, nach einem Schweinchen in ihrem Englischlehrbuch.)

Um 1953 war Max Becker als »Geschäftsmann im Interzonenhandel« tätig: er kaufte im Westen, was es im Osten nicht gab, und verkaufte es wieder. Seine Freizeit verbrachte er meistens in einer Bar in der Danziger Straße, wo er mit seinen jüdischen Freunden Billard spielte. Je mehr er trank, desto komischer fanden ihn alle – außer sein Sohn, für den die zunehmende Alkoholabhängigkeit seines Vaters immer unerträglicher wurde. Signalisierte sie ihm doch, dass sein Vater die Kontrolle über sein Leben verlor.

Da es Max Becker nicht gelang, in der neuen Welt zu funktionieren, überschüttete er Jurek mit materiellen Dingen, statt mit ihm einmal aufrichtig über seine Vergangenheit und über seine Gefühle zu sprechen. Jurek Becker hielt sich selbst für ein »Monstrum« – sein Vater (»ein einfacher Mann«) habe Mühe gehabt, »mir gewachsen zu sein. In seinen Augen war ich ein Mittelding zwischen Intelligenzbestie und Kindskopf. Es muss aber auch an seiner Erziehung gelegen haben, dass ich rechthaberisch war, dass ich mein ganzes Glück darin sah, mich in der Diskussion durchzusetzen, dass ich ein großer Argumententüftler war.«[3] In seinem Zeugnis aus der elften Klasse steht die »Allgemeine Beurteilung«: »Betragen gab häufig Anlass zu Klagen. Seine Überheblichkeit, die einer gewissen Unreife entspringt, muss er ablegen.«[4] Je besser Jurek Becker die Sprache erlernte, je mehr er sich bemühte, wie alle anderen zu werden, desto stärker wurde sein Selbstwertgefühl. Ihm wurde klar, dass er wie sie werden konnte, sie aber waren dazu verurteilt, unbewusst nur sie selbst zu sein. Somit war er sogar ein besserer Deutscher als sie.

Trotz allem ging es Jurek Becker gut. Er hatte immer Taschengeld. Zu Hause gab es ein Klavier, und er besaß eine teure Kamera mit einem Teleobjektiv. Vor allem hatte er eine Schreibmaschine. Wenn er als Kind gefragt wurde, was er einmal werden wolle, antwortete er: »Schriftsteller.«[5] Schreibend würde er seinen Weg in diese neue Gesellschaft gehen. Doch noch war er ein »passives Mitglied« in der FDJ. Als Oberschüler wurde er ein leidenschaftlicher Fan von Westernfilmen und begab sich oft heimlich über die offene Grenze in den amerikanischen Sektor, um dort ins Kino zu gehen. Damit verstieß er gegen die Vorschriften der FDJ-Führung, die ihren Mitgliedern den Kontakt zu westlicher Kultur streng untersagte.[6]

In den letzten Jahren auf der Oberschule wurden seine Noten, besonders in Deutsch, Geschichte und Gegenwartskunde, erheblich besser. Er engagierte sich bei der FDJ und wurde Mitglied der Schulgruppenleitung an der Käthe-Kollwitz-Schule. Als Organisator ihrer politischen Aktivitäten wurde er sogar Vorbild für die jüngeren Schüler.

Seine Lehrer hielten ihn noch immer für zu lebhaft und waren der Ansicht, sein »gutes politisches Bewusstsein« müsse »noch konsequenter werden«. Die Zulassung zum Germanistikstudium an der Universität wurde besonders befürwortet, auch wegen seines Status als »Opfer des Faschismus«: »Die ihm eigene mangelnde Konzentrationsfähigkeit findet ihre Entschuldigung in seiner ungewöhnlich harten Kindheit, die er im Ghetto und im KZ verbrachte. Er hat sich trotz damaliger schwächster Gesundheit äußerst positiv entwickelt. Zu beachten ist, dass Jurek erst seit dem 10. Lebensjahr die Schule besucht und trotzdem den Anschluss gut gefunden hat.«[7] Auch wenn Jurek Becker behauptete, er habe alle Einzelheiten seines frühen Lebens vergessen, seine Lehrer mussten an ihn als »Opfer des Faschismus« denken, wenn sie ihn beurteilten.

Jurek Beckers DDR wurde von Heimkehrern erschaffen.

Die politischen Führer der Sowjetzone und der DDR kamen aus Moskau, Mexico City und Los Angeles zurück – alle waren sie Kommunisten; einige von ihnen waren nichtreligiöse Juden[8] – unwesentlich für die meisten, aber im Nachkriegsdeutschland war das durchaus von Bedeutung. Jeder in der DDR wusste, wer »jüdisch« war: Leute wie Hermann Axen, ein Mitglied im Politbüro der SED, oder Intellektuelle wie Stefan Heym, Stephan Hermlin oder Jürgen Kuczynski. Unter den jüngeren Landsleuten von Jurek Becker waren Juden wie Wolf Biermann und Thomas Brasch. Andere wie Peter Kirchner waren religiös und das schloss jede politische oder ethnische Identität aus.

In den fünfziger Jahren wurden die Juden in den neuen sozialistischen Staaten zunehmend als die fünfte Kolonne betrachtet, die den Staat zu unterhöhlen drohte.[9] 1952 wurden alle kleinen jüdischen Gemeinden in der DDR (anfangs außer der Viermächtestadt Berlin) offiziell in der Organisation Jüdischer Gemeinden zusammengefasst, und so unter zentrale Kontrolle gestellt.

1952 wurde in Prag der Schauprozess gegen den »zionistischen Agenten« Rudolph Slansky inszeniert, um die Kommunistische Partei von »antistalinistischen« Elementen zu säubern, und auch die Nachbeben der sogenannten Verschwörung der jüdischen Ärzte gegen Stalin führten 1953 zu Säuberungen.[10] Der Prozess gegen Paul Merker (der nicht selber Jude war) vor dem Obersten Gericht in Ostberlin im März 1955 war eine Parallele zu den Prozessen in Prag und Moskau und bedeutete eine Gefährdung der jüdischen Identität in der DDR.[11] In diesem Prozess, der ein breites Presseecho fand, wurde eine Verpflichtung der DDR zum politischen Gedenken an die Shoah eindeutig abgelehnt. Merker war aus dem Exil mit der Überzeugung zurückgekehrt, dass der Kampf gegen den Antisemitismus und die Erinnerung an die Shoah bei der Gestaltung eines neuen sozialistischen Staates in Deutschland von zentraler

Bedeutung sein müsste. Diese Forderung widersprach der Politik der DDR-Regierung, Merker wurde verhaftet und beschuldigt, ein Agent der Amerikaner und der Zionisten zu sein, ein »deutscher Slansky«. Am 30. März 1955 verurteilten ihn die Richter des Obersten Gerichts der DDR zu acht Jahren Gefängnis. Ironischerweise beriefen sie sich dabei auf ein Gesetz das ein Wiederaufleben des Nazismus im Nachkriegsdeutschland verhindern sollte.

Jüdisch zu sein war das öffentliche und politische Zeichen einer »doppelten Loyalität« in einer Welt, in der nur die Identifikation mit dem neuen sozialistischen Staat zulässig war. Nach dem Tod Stalins wurden die jüdischen Ärzte im April 1953 rehabilitiert, und der Druck auf die Juden in der DDR wurde geringer. Die DDR hatte sich von allen »destruktiven« und »kosmopolitischen« Kräften innerhalb und außerhalb der SED gesäubert.[12] Sie hatte die jüdischen Gemeinden so »organisiert«, dass sie zu Ablegern des Staats und der Parteiideologie wurden, und damit waren sie von ihren westlichen Landsleuten eindeutig isoliert. Und indem sie den Antizionismus diskutabel machte, lieferte sie eine Rechtfertigung für diejenigen, die noch immer an eine »Verschwörung des internationalen Judentums« glaubten. Jude in der DDR zu sein, wie auch immer man dies definierte, war nicht nur nicht positiv, sondern sogar gefährlich.[13]

Zwischen Stalins Tod 1953 und den frühen sechziger Jahren verlagerte sich der Schwerpunkt der antisemitischen Rhetorik in der DDR von stalinistischen Attacken gegen »Juden« als »Kosmopoliten« hin zu Angriffen auf »Zionisten« als »Repräsentanten des Kapitalismus«[14]. Sein Glaube, es habe im Berlin seiner Jugend keinen Antisemitismus gegeben, beruhte auf dem Gefühl, dass es eine klare Linie zu ziehen galt zwischen jenen, die durch den Zufall der Geburt jüdisch waren, und denen, die bewusst diese Aspekte ihrer Identität betonten.[15] Letztere waren eindeutig die Mitglieder der Gemeinschaft, die sich selbst vielleicht für religiöse Juden hielten, offiziell aber als »Werkzeuge des Zionismus« betrachtet wurden. So wurde die offizielle antizionistische Rhetorik zur akzeptablen Maske für den Antisemitismus. Antiisraelisch zu sein schien zwar ein Reflex der Außenpolitik, war aber ebenso sehr gegen die Juden in der DDR gerichtet.

Max Becker war von den Vorzügen des Staatssozialismus nie so überzeugt wie sein Sohn.[16] Niemals ging er zu irgendeinem der »offiziellen« Treffen, die ständig in der DDR abgehalten wurden. Er behauptete einfach, sein schlechtes Deutsch mache ihm die Teilnahme daran unmöglich.[17]

Jurek wurde zusehends zu einem aktiven Mitglied der ersten Generation junger DDR-Bürger. 1953 besuchte Jurek Becker einen Freund in Hamburg. Später berichtete er, er habe nur »schreckliche Armut« und nicht die »versprochenen schönen Häuser« gesehen. Im Hafen erblickte er an den Wänden kommunistische Parolen. Bei seiner Rückkehr nach Berlin hielt er es für seine »Pflicht, den Lügen über den Westen zu widersprechen ... und dem Guten zum Sieg zu verhelfen«.[18] Als er sich zwei Jahre später an diese Reise erinnerte, fühlte er sich bemüßigt, davon etwas heroischer zu berichten. Plötzlich hatte er von den Angriffen gegen die DDR gehört, die im Westen verbreitet wurden, und empfand »das Einsetzen der ganzen Persönlichkeit für den Sieg der Gerechtigkeit« als »lebenswichtigen Ernst«.[19] Nun erzählte der junge Jurek die Geschichten über seine Erlebnisse im Westen nur deshalb, um seine Zugehörigkeit zum neuen Staat zu betonen und seine Wandlung vom passiven Mitglied der FDJ zum Aktivisten der DDR zu demonstrieren. Und doch wurde seine Rolle als junger Kommunist nur als Maske betrachtet. Jeder, der ihn beurteilte oder erblickte, sah in ihm das »Opfer des Faschismus«, den Überlebenden, den Juden.

Jurek Becker begriff erst viel später den Unterschied zwischen dem Leben seines Vaters in »Deutschland« und seinem eigenen neuen Leben in der DDR. Als Schüler begann er sich von der Bezeichnung »Jude« zu distanzieren – das war etwas, das nur auf Max Becker zutraf. Nach 1949 sprach dieser nur von »den Deutschen« – etwa wenn er seinen Sohn fragte: »Wie behandeln dich die Deutschen in der Schule?«[20] Er und sein Vater galten offiziell als »Heimkehrer«, da Max Becker behauptet hatte, er sei in Deutschland geboren. Diese erfundene Herkunft relativierte indes niemals Jurek Beckers Gefühl, ein Außenseiter zu sein. Sein Vater schärfte ihm ein: »Lass sie ruhig spüren, dass du nicht zu ihnen gehörst.«[21] Dieses Gefühl der Zugehörigkeit und zugleich der Nichtzugehörigkeit, ein Deutscher und doch aufgrund des Verlusts seiner Vergangenheit unwiderruflich anders zu sein – dieses Gefühl hat Jurek Becker als deutschen Schriftsteller geprägt.

Die Frage der Identität ist ein Motiv, das sich durch Jurek Beckers literarisches Werk zieht. »Was ist ein Jude?«, fragt eine Figur in seinem Roman *Der Boxer* (1976). Schon in seinem ersten großen Roman *Jakob der Lügner* (1969) lässt er einen polnischen Juden agieren, Dr. Kirschbaum aus Krakau, dessen Identität eindeutig eher polnisch als jüdisch ist: »Kirschbaum hat nie einen Gedanken daran verschwendet, dass er Jude ist, schon sein Vater war Chirurg, was ist das schon, jüdische Herkunft, sie zwingen einen, Jude zu sein, und man selbst hat gar keine Vorstellung, was das überhaupt ist. Jetzt sind um ihn herum lauter Juden, zum erstenmal in seinem Leben nichts als Juden, er hat sich den Kopf über sie zerbrochen, er wollte herausfinden, was es ist, wodurch sie sich alle gleichen, vergeblich, sie haben untereinander nichts Erkennbares gemein, und er mit ihnen schon gar nicht.«[22]

Im Roman *Der Boxer* entdeckt der Titelheld, ein KZ-Überlebender, seinen siebenjährigen Sohn in einem Waisenheim und holt ihn nach Berlin, wo er als junger Deutscher aufgezogen wird. Der Vater ändert seinen Namen – aus dem sehr jüdischen Aron wird der sehr deutsche Arno. Und er ist unfähig, mit seinem Sohn über seine Erlebnisse in den Lagern zu sprechen. Als der Sohn erwachsen wird, hat er keine Ahnung, wer er ist und was er tun darf. Während des Sechs-Tage-Krieges verschwindet dieser junge Kommunist und geht nach Israel, um den jüdischen Staat zu verteidigen. Dabei stirbt er. Der von seinem Kummer überwältigte Vater kann nur darüber spekulieren, was aus seinem Sohn einen Juden gemacht hat.

Der letzte Abschnitt von Jurek Beckers kommerziell erfolgreichstem Roman, *Amanda herzlos* (1992), handelt von den Versuchen Amandas, die DDR zu verlassen, um ihren westlichen Geliebten zu heiraten. Beide können nicht ahnen, dass sie praktisch unmittelbar vor dem Zusammenbruch der DDR weggehen wollen. Das Paar wendet sich an einen Anwalt namens Colombier, der ihnen dabei behilflich ist, die DDR zu verlassen. Amanda fragt Columbiers Frau, ob er von Hugenotten abstamme.

»Sie meinen, wegen des Namens? O nein, wir sind keine Hugenotten, wir sind Juden. Wir sind nicht Juden, wir sind jüdischer Herkunft. Sie hören den Unterschied? Wir essen nicht koscher, wir haben keine Ahnung von Gebeten, unsere beiden jüngsten Söhne sind nicht einmal beschnitten. Wenn Sie Katholik sind und aus der Kirche austreten, dann sind Sie eben kein Katholik mehr. Bei den Juden ist das leider anders. Deswegen habe ich der Einfachheit halber auch geantwortet: Wir sind Juden. Egal, bis zu unserer Emigration nach Frankreich hießen wir Tauber.«[23]

Sie wählten einen neuen Namen, eine neue Herkunft, blieben aber Juden – oder zumindest jüdischer Herkunft, sogar in der DDR nach ihrer Rückkehr. Das heißt, je mehr man seine Identität als Jude für verborgen hält, desto öffentlicher ist sie tatsächlich. Und das galt besonders in der DDR.[24]

Jüdisch zu sein in der jungen DDR heißt für das eigene Selbstverständnis nichts anderes, als dass man als anders entlarvt wird. Das sollte sich nie ändern, nicht einmal in der Wiederherstellung dieser Identitäten in seinen Romanen und Erzählungen. Die Ansicht, dass die Unsichtbarkeit einer jüdischen Identität sie um so sichtbarer mache, veranschaulicht die folgende Anekdote von 1986. Als Jurek Beckers zweite Frau Christine ihm vorschlug, das Kind, das sie erwartete, Aron zu nennen, erwiderte er, das »käme mir dann mein ganzes Leben lang so vor, als hätte ich vergessen, den Hosenschlitz zuzumachen.«[25]

Becker habe die »Gesellschaft oder Bekanntschaft von Juden … nie gesucht und nie gemieden. Ob einer, mit dem ich es zu tun bekam, Jude war oder nicht, erfuhr ich, wenn überhaupt, nur zufällig. Wenn jemand mich ausdrücklich darauf aufmerksam machte, ging mir immer die Frage durch den Kopf: Wozu sagt der mir das? Vielleicht war ich sogar ein wenig befremdet. Weil mir schien, als erwarte der betreffende Mensch von mir, dass ich mich nach der Preisgabe seines Judentums anders zu ihm verhalte, als ich es normalerweise getan hätte.«[26] Im Laufe der Zeit wird »die Heimlichkeit der gleichen seelischen Identität«, um Sigmund Freuds Definition der hervorstechenden Eigenschaft des Juden zu verwenden, von ihm akzeptiert.[27] In einem Fernsehinterview von 1996 hat Jurek Becker Freud beinahe paraphrasiert, als er bemerkte, er sei unzähligen Einflüssen ausgesetzt gewesen, und ihre Kombination sei das, was er unter jüdisch verstehe. Wenn er gefragt werde, sage er stets, dass seine Eltern Juden waren, aber nie »Ich bin ein Jude.«[28] Und doch bemerkte er in seinem letzten Interview, das er kurz vor seinem Tod gab: »Ich würde mit Ihnen zunächst über die Frage streiten, ob ich Jude bin oder nicht … Ich bin mir bewusst, dass das, was Sie Jude-Sein nennen, also jüdische Kultur, in hunderterlei Beziehung für mich eine Rolle gespielt hat.«[29]

3. Was ist ein Deutscher?

In der Zeit von 1949 bis 1955 wurde Jurek Becker ein »Deutscher«. Nach dem Abitur 1955 beschloss er, zwei Jahre lang freiwillig bei der Kasernierten Volkspolizei (KVP) zu dienen, einer neuen Polizeieinheit, die erst im Oktober 1952 von der DDR gegründet worden war. Max Becker war sehr unglücklich über diese Entscheidung und wandte sich an die Lehrer und Schulleiter. Sein Sohn war im Februar 1955 für das Germanistikstudium an der Humboldt-Universität mit dem erklärten Berufsziel »Schriftsteller« zugelassen worden, und Max Becker war der Meinung, das sei viel besser, als einer quasi militärischen Einheit beizutreten. Sein Sohn hatte diese Entscheidung vielleicht auch deshalb getroffen, weil sein Vater seit Dezember 1954 nur noch zu Hause war. Er war aufgrund seines Gesundheitszustandes durch die Lagerzeit für arbeitsunfähig erklärt worden.[30]

Aber man hatte ihm nicht nur klar gemacht, dass er mit dem Dienst bei der KVP nach dem Abitur nur seine Pflicht gegenüber dem Staat erfüllen würde[31], im Juni 1955 wurde Jurek Becker auch als »Kandidat« in die Sozialistische Einheitspartei Deutschlands (SED) aufgenommen.

Am 1. September 1955 trat er seiner Einheit bei. Die drei Monate Grundausbildung in Ludwigsfeld waren hart – »sie verlangte den ganzen Kerl. Manchmal sogar noch mehr.«[32] Anschließend wurde er dem Wachschutz im Zentralkomitee der SED in Berlin zugeteilt, was nur Parteimitgliedern vorbehalten war. Während die meisten Volkspolizeieinheiten in Kasernen stationiert und ständig im

Dienst waren, arbeitete der Wachschutz nur schichtweise und wohnte zu Hause.

Jurek Becker trug eine schwarze Uniform und bewachte anfangs ein Gebäude am Schönhauser Tor. Einmal erhielt er Besuch von seinem Schulfreund Helge Braune, während er das Zentralkomitee der SED »bewachte«. Er erzählte ihm, er lese im Dienst genauso viel wie sonst wo.

Das Leben bei der KVP war reglementiert und langweilig. Er berichtete, dass jeder Tag aus einer endlos langen Reihe unnützer und überflüssiger Aufgaben bestand. In dieser Zeit habe er eine Abneigung gegen »blinden Gehorsam« entwickelt. Seiner Meinung nach hatte er während dieser Zeit zu denken gelernt – das Denken war die einzige Möglichkeit, die Langeweile zu überwinden. Auch habe er zum ersten Mal den Drang zu schreiben verspürt, oder zumindest den Wunsch, Gedanken so genau wie möglich zu formulieren.[33] Seine Vorgesetzten beurteilten ihn als »pünktlich und verantwortungsbewusst ... Genosse Becker verfolgt mit großer Konsequenz die Ziele der Partei und ist offen und aufrichtig in seinem Verhalten.«[34] Seine Belohnung: eine dreiwöchige Studienreise in die Sowjetunion im Juli und August 1956.[35] Was er in dieser Zeit las, prägte seine Vorstellung davon, welche Art von Schriftsteller er einmal werden wollte. In Max Beckers Wohnung gab es eine Menge Bücher. Nach Jurek Beckers Einschätzung mochte es zwar an vielem gefehlt haben, doch Bücher waren immer da.[36] Max Becker ermunterte seinen Sohn, sowohl die »wichtigen« Bücher als auch Unterhaltungsromane zu lesen. Die Lektüre reichte vom sozialistischen Realismus, mit dem er sich in der Schule befasste, bis zur deutschen Literatur aus der Zeit vor dem Krieg. Im Bücherschrank seines Vaters fand er die russischen Klassiker wie Gogol, Dostojewski und Gorki, die Romane von Karl May, die Krimis von Edgar Wallace und Rex Stout. Er las Jean-Paul Sartres *Die Fliegen* ebenso wie die Romane von Ernest Hemingway. Er prahlte sogar damit Bücher zu lesen, die in der DDR verboten waren.[37] Aber erst durch Max Frisch und besonders durch dessen Roman *Stiller* (1954) wurde ihm klar, dass der Grat zwischen tiefem Ernst und Lächerlichem schmal war und »dass Bestürzung nicht unbedingt den schwarzen Anzug tragen muss und der Spaß nicht immer nur das Sporthemd«.[38] Von den deutschsprachigen jüdischen Schriftstellern erregte nur Franz Kafka seine Aufmerksamkeit. Kafka hatte seine Texte selbstbewusst von allen Anspielungen auf Jüdisches befreit.[39] Jurek Becker erblickte bei Kafka ein Gespür für die Details des Lebens, und das war für ihn wichtiger als jede Genauigkeit der Darstellung. Kafka war in den sozialistischen Ländern verboten, und ihm wurde ein besonderer Platz im »Pantheon der verbotenen Schriftsteller« zuteil. Als Jude und moderner Autor war Kafka in der DDR gefürchtet und verdächtig, besonders nach dem »Prager Frühling« von 1968.[40] Wie Kafka begann Becker damit, seine Identität in den Büchern, die er las, und in der Art und Weise, wie er gegen den Strich zu lesen meinte, wiederzuerkennen.

Noch während seiner Dienstzeit bei der Volkspolizei lernte Jurek Becker 1956 in einer Bar den jungen Manfred Krug kennen. In dem Club der jungen Künstler, der Ende der fünfziger Jahre von einer Gruppe FDJ-Mitglieder unter Führung des späteren Reformpolitikers Hans Modrow gestürmt und geschlossen wurde, verkehrte die »alternative« Szene Ostberlins.[41] Die beiden bummelten durch das nächtliche Berlin, redeten und erzählten einander Geschichten, und weil keiner Papier dabei hatte, kritzelte Manfred Krug Beckers Adresse mit einem Bleistiftstummel an die Wand einer Ruine. Am nächsten Tag ging er wieder hin, schrieb sich die Adresse ab und wusste, wo er seinen neuen Freund finden konnte.[42]

Im Laufe der nächsten vier Jahrzehnte sollte Manfred Krug Jurek Beckers bester Freund und künstlerischer Mitarbeiter werden. Beide waren fast gleich alt. Manfred Krug war 1937 in Duisburg geboren, das nach 1945 zur britischen Besatzungszone gehörte. Nach der Scheidung seiner Eltern wurde Krug 1949 von seinem Vater, der ab 1951 das Stahlwerk Brandenburg leitete, nach Leipzig geholt. Nach einer Lehre als Stahlarbeiter wurde er als jüngster Facharbeiter in den Stahlwerken in Brandenburg angestellt und besuchte die Abendschule. 1954 schrieb sich Krug an der staatlichen Schauspielschule in Ostberlin ein, von der er aber nach anderthalb Jahren wegen »disziplinarischer Schwierigkeiten« verwiesen wurde. Mit seiner bärenhaften Figur war der über einen Kopf größere Krug das genaue Gegenteil von Jurek Becker.

Auch in ihrem Auftreten konnten zwei Menschen nicht unterschiedlicher sein: Krug mit seiner kompromisslosen Art, Becker mit seinem subtilen Humor.

Schon damals hatte Becker die Fähigkeit, gnadenlos zu sezieren ohne jemals seine Menschlichkeit zu verlieren. Jeder, der mit Becker in Berührung kam, wusste von seiner präzisen Beobachtungsgabe und seiner geradezu unbändigen Kraft, bei allem Ernst die Komik von Situationen nicht zu vergessen – auch ein Grund dafür, dass er eigentlich nicht reglementierbar war.

Krug spielte, nachdem er die Bühnenreifeprüfung abgelegt hatte, kleinere Rollen am Brechtschen Berliner Ensemble. 1956 bekam er seine erste Filmrolle in *Mazurka der Liebe,* einer Verfilmung der Operette *Der Bettelstudent,* und 1957 sah man ihn zum ersten Mal im Fernsehen – in Karl-Heinz Biebers *Gefährliche Wahrheiten* spielte er einen jugendlichen Delinquenten in der BRD. Nachdem Manfred Krugs und Jurek Beckers Freundschaft unzertrennlich geworden war, beschlossen sie 1959 gemeinsam eine »Wohnung« zu nehmen. Die Wohnung war eigentlich ein ehemaliger Kolonialwarenladen in der Cantianstraße. (In seinem in der DDR verbotenen Roman *Schlaflose Tage* (1978) findet sich diese Wohnung in der Beschreibung des Protagonisten Simrock wieder.)[43]

Wegen ihrer wilden Partys, sogenannter »Orgien«, wurde Jurek Becker einmal zu einer Geldstrafe von 50 Mark verurteilt.[44] Die enge Männerfreundschaft war suspekt und ein Stasi-Ermittler verdächtigte sie, »homosexuell veranlagt« zu sein.[45] Später hat Jurek Becker seine enge Freundschaft mit Krug so beschrieben: »Kaum waren wir uns begegnet, zogen wir zusammen. Wären wir Mann und Frau gewesen, hätte man das Liebe auf den ersten Blick nennen können, eine heftige Sympathie von Anfang an war es aber auf jeden Fall.«[46] Problematisch für Jurek Becker war Krugs enges Verhältnis zu Max Becker. Krug, der sich seinem eigenen Vater entfremdet hatte, konnte Max Becker stundenlang zuhören, wenn er über sein Leben vor und nach dem Krieg sprach. Je unabhängiger Jurek wurde und je mehr er um seine eigene Identität rang, desto näher kamen sich die beiden.

Über Krug lernte Jurek Becker auch Wolf Biermann, der eine wichtige Rolle in seinem Leben spielen sollte, kennen. Er war etwas älter als Becker, und Krug kannte ihn aus der Theaterwelt von Berlin. Biermanns Vater war Hafenarbeiter in Hamburg gewesen und hatte dem kommunistischen Untergrund angehört, bevor er 1943 in Auschwitz ermordet wurde. Biermann wuchs bei seiner jüdischen Großmutter auf. Er war eines der wenigen Arbeiterkinder, die in Hamburg auf die Oberschule gingen. Nachdem er 1953 in die DDR gekommen war, schrieb er sich 1959 an der Humboldt-Universität ein, wo er bis 1963 Mathematik und Philosophie studierte. Von 1957 bis 1959 war er Regieassistent am Berliner Ensemble. Als Jude in der DDR bekam er den Antisemitismus zwar nicht persönlich zu spüren, aber er war sich als Heranwachsender doch bewusst, dass es nicht unbedingt als positiv galt, jüdisch zu sein.[47]

1957 immatrikulierte sich Jurek Becker erneut für die Fächer Philosophie und Jura. In seinem Semester waren nur etwa 30 Studenten zum Philosophiestudium zugelassen. Als er später gefragt wurde, warum er nicht Germanistik studiert habe, erwiderte er, er hätte kein Literarhistoriker werden wollen, sondern Schriftsteller. Philosophie hieß natürlich marxistisch-leninistische Philosophie. Der Marxismus-Leninismus lieferte die Argumentationsregeln, die in der Gesellschaft, in der er lebte, akzeptabel waren. Ein Marxist zu werden hieß, diese Regeln zu erlernen und zu verinnerlichen und sich in ihrem Sinne zu entwickeln. Argumentiere wie ich, sagt die Gesellschaft, und du gehörst dazu.[48] Jurek fiel an der Universität auf. Am liebsten trug er eine Lederjacke, und das in einer Zeit, in der solche Dinge eindeutig mit »westlichem« Geld bezahlt wurden. Das Geld stammte jedoch aus seiner Rente als »Opfer des Faschismus«.

Seinen eigenen Aussagen zufolge war er kein guter Student. Wenn ihn ein Thema nicht interessierte (und das war offenbar häufig der Fall), rührte er keinen Finger.[49] Er behauptete, er habe Seminare mehr oder weniger nach Lust und Laune besucht. Als er zwei Jahrzehnte später die DDR verließ, befand sich unter dem wenigen, das er mitnahm, eine Mappe mit Aufsätzen – »Arbeiten an der UNI« –, die er als Philosophiestudent an der Humboldt-Universität geschrieben hatte. Darunter befanden sich Anmerkungen zu Marx' Ansichten über Hegels Rechtsphilosophie, eine Untersuchung über die Entstehung der kartesianischen Philosophie (geschrieben im vierten Semester), ein ausführlicher Aufsatz über das »Wesen des physikalischen Idealismus« und eine Studie über den »reaktionären Gehalt der platonischen Staatstheorie«. All diese Aufsätze verraten, dass hier ein junger und ernsthafter Student innerhalb der Grenzen des marxistisch-leninistischen Erziehungssystems gearbeitet hatte.[50] Becker lernte, das System zu benutzen, während er an die abstrakten Werte glaubte, die ihm durch die Theorien vermittelt wurden. Doch seine Kommilitonen an der Humboldt-Universität verpassten ihm sofort das Etikett »Ghetto-Kind«.[51] Er war eben noch immer ein »Opfer des Faschismus«.

Nicht anders erging es einer Reihe seiner Professoren an der Humboldt-Universität. Jeder wusste, wer von ihnen Jude war, ohne dass darüber gesprochen wurde. Die Philosophiehistorikerin Marie Simon ebenso wie der Rechtstheoretiker Peter Alfons Steininger, deren Vorlesungen er in seinem ersten Jahr an der Universität hörte, waren Juden. Aufgrund der Nürnberger Rassengesetze hatten sie ihre akademische Laufbahn beenden müssen und sie erst nach der Neugründung der Humboldt-Universität nach 1946 wieder aufnehmen können. Einer von Jurek Beckers guten Freunden an der Universität war Hans Bergmann, der uneheliche Sohn von Ernst Fischer, dem bedeutenden österreichisch-jüdischen kommunistischen Theoretiker.

In seiner fiktiven Darstellung des Studentenlebens, *Irreführung der Behörden* (1973), schildert Jurek Becker detailliert einen seiner Juraprofessoren: »Bis das Dritte Reich ausbrach, soll er ein Strafverteidiger mit Zukunft gewesen sein, dann steckten sie ihn ins Konzentrationslager, weil seine Abstammung nicht den Notwendigkeiten entsprach«[52]. Das Vorbild für den jüdischen Strafrechtler war höchstwahrscheinlich Klaus Zweiling, der ihn vor der Zulassung zum Philosophiestudium mündlich geprüft hatte.

Während des Studiums hatte Becker begonnen für das Studentenkabarett Gedichte oder Knittelverse zu schreiben. Durch seine Freundschaft zu Krug und Biermann bekam er die Chance, für das bedeutendste politische Kabarett in Ostberlin, »Die Distel«, zu schreiben. Neben der öffentlichen Aufmerksamkeit, die eine solche Tätigkeit mit sich brachte, erhielt er pro Text zwischen achtzig und hundertfünfzig Mark, die er als Student gut gebrauchen konnte. »Die Distel« war am 2. Oktober 1953 von Erich Brehm gegründet worden, um subventionierten Westberliner Kabaretts wie den »Stachelschweinen« Paroli zu bieten. Als Bürger des »Arbeiter- und Bauernstaats« war sich Jurek darüber im Klaren, dass die Möglichkeit, für ein breites

Publikum zu schreiben, nichts anderes hieß, als die Grenzen zu akzeptieren, die auch der politischen Satire in einem sozialistischen Staat gesetzt waren.

Über zwanzig Sketche und Gedichte befinden sich unter den wenigen Papieren, die er 1977 in den Westen mitnahm. Es sind fast ausschließlich komische und satirische Szenen, in denen sich auch sein Gefühl für die Alltagssprache in der DDR widerspiegelt, und zwar nicht nur im Gebrauch des Dialekts, sondern vor allem in der Verwendung des politischen Jargons von Ost und West.[53]

Als geradezu süchtiger Kinogänger ging Jurek Becker als Student auch in die westberliner Kinos. Wenn Studenten aus der DDR ihren Ausweis zeigten, durften sie im Westen Kinokarten zum Kurs von eins zu eins kaufen. Für die westlichen Demokratien war dies eine der effizientesten Möglichkeiten, die Jugend des Ostens zu verführen. Aber Jurek Becker sah sich auch die offiziellen DEFA-Filme und die Filme der »sozialistischen Bruderländer« an. Die DEFA (Deutsche Film AG) war das staatliche Filmstudio der DDR, das zwischen 1946 und 1992 über 750 Spielfilme und zahllose Dokumentar- und Kurzfilme produzierte. Bedeutende Regisseure wie Slatan Dudow, Wolfgang Staudte, Kurt Maetzig, Konrad Wolf sowie Frank Beyer arbeiteten für die DEFA.

1956 begannen die Studenten der Humboldt-Universität eine Zeitschrift herauszugeben, die sie in den Westsektoren vor allem an Universitäten verteilten. Sie trug den Titel *tua res,* nach dem Horaz-Zitat »tua res agitur«, einem Aufruf zum Engagement für die Sache des Nächsten. Bis 1959 wurde sie von Hermann Kant herausgegeben, der später eine wichtige Rolle im Literaturbetrieb der DDR spielte und ein politischer Gegner von Becker wurde. Er schrieb Kolumnen unter dem Pseudonym »Lola Ramon«, das Kant ihm gegeben hatte und über das er sehr unglücklich war.[54] Bei einem dieser »Westeinsätze« wurde Jurek Becker von der Westberliner Polizei verhaftet.[55] In *Irreführung der Behörden* beschrieb er dieses Erlebnis in der Szene, in der sich der Protagonist gegen einen Westberliner Polizisten zur Wehr setzt, indem er ihn einfach niederschlägt – und dann darüber staunt, dass ihm dies so »reibungslos« gelingt wie in den Filmen, die er gesehen hat.[56]

In *tua res* schrieb Jurek Becker über die Filmpolitik von Westberlin. Seine Position war eindeutig sozialistisch und konträr zur öffentlichen Filmpolitik der westdeutschen Regierung. Ganz nach der offiziellen marxistischen Linie war Kritik für ihn nicht negativ, sondern konstruktiv, der Umerziehung dienend. In der westdeutschen Kritik hingegen sah er nichts weiter als leicht durchschaubare resignative Nörgelei: »Es ist etwas Komisches an Meinungen, die man nur exakt wiederzugeben braucht, um sie umzukippen.«[57] Die beste Kritik sei eben einfach die genaue Wiedergabe unfundierter Argumente, eine Ansicht, wie sie schon von Kritikern wie Karl Kraus vertreten worden war.

Für Becker war der künstlerische wie der kreative Prozess im Engagement für den Staat verwurzelt: »Der wahre Künstler muss also einen Weg suchen, um seine individuellen Monomanien ungestört betreiben zu können. Mit anderen Worten, das Bündnis soll Mittel sein, die Schizophrenie zu verbergen. Aber gerade in dem Bündnis tritt sie ja deutlich zutage!«[58] Erst die Stimme des Künstlers artikuliere die Wünsche des Kollektivs. Aber für welches Kollektiv kann der Künstler sprechen? Für den sozialistischen Staat, in dem jede Kunst als ebenbürtig galt, oder nur für ältere Kollektive, wie das, in das er als »Opfer des Faschismus« durch die Geschichte gestellt worden war? Später tat Jurek Becker diese frühen kritischen Versuche ab – er habe »vor allem um meinetwillen und nicht im Interesse der zur Debatte stehenden Filme« kritisiert.[59]

1960 wurde Jurek Becker von der Universität lange vor seinen Abschlussprüfungen wegen etlicher Vorfälle, die für ihn wie für die Behörden eindeutig inakzeptabel waren, relegiert. Ungeachtet seines Wunsches, ein guter Student zu werden, hatte er eine Reihe von Auseinandersetzungen mit den Universitätsbehörden gehabt. Er war wie viele andere Studenten aufs Land geschickt worden, um bei der Ernte zu helfen. Eines Tages, nachdem er Kartoffelsäcke am Bahnhof Buch verladen hatte, wollte er vom Feld im Führerhaus eines Lastwagens zurückfahren, damit er nicht vom Regen durchnässt wurde. Der Fahrer befahl ihm, auszusteigen. Als er den Fahrer fragte, warum, erwiderte dieser: »Weil ich das so sage!« Jurek Becker antwortete, er könne ihm den Buckel runterrutschen. Der Fahrer stieg aus und zerrte ihn aus dem Führerhaus. Becker setzte sich hinten auf die offene Ladefläche, und als sie zum Bahnhof kamen, ging der Fahrer zum Einsatzleiter und beschwerte sich über ihn. Becker erklärte, er solle sich überlegen, was er sage. Als der Fahrer ihn einen »Strolch« nannte, schlug Becker ihm ins Gesicht. Er wurde festgehalten, und der Fahrer verpasste ihm ein blaues Auge. In seiner offiziellen Darstellung des Tatbestandes räumte Jurek ein, dass sein Verhalten eines sozialistischen Studenten und Parteimitgliedes nicht würdig gewesen sei. Er erklärte, dass er sich »dem Disziplinarverfahren nicht zu unrecht ausgesetzt« sehe.[60] Doch sein Gerechtigkeitsgefühl war durch den Fahrer wie durch die Maßnahmen der Universität gestört.

Ein andermal befand er sich auf dem Land in Zechin und wurde Zeuge der repressiven Maßnahmen gegen jene Bauern, die sich der Kollektivierung widersetzten. Er brach seine Arbeit als Erntehelfer ab, »weil unsere Aktion nichts mit dem zu tun hatte, was ich für richtig hielt«.[61] Er wusste, dass Professor Walter Besenbruch ihn in der Philosophieprüfung fragen würde, warum die Bauern in die LPG eintreten sollten. In seiner langen und ausführlichen schriftlichen Erwiderung, die er bei seinen Universitätspapieren aufbewahrte, konzentrierte er sich auf die positiven und negativen Aspekte eines Eintritts in die LPG.[62] In der mündlichen Prüfung wurde er dann gefragt, wenn er schon die Theorie kenne, warum er dann nicht wisse, wie sie in die Praxis umzusetzen sei? Jurek blickte auf seine dreißig Fragen, die er beantworten sollte, und erwiderte, diese Frage befinde sich nicht auf der Liste. Besenbruch maßregelte ihn und Becker hatte Glück, dass er die Prüfung überhaupt bestand. Man muss allerdings wissen, dass Besenbruch 1958 selbst offiziell verwarnt worden war. Ihm wurde der Vorwurf gemacht, er gebe den Studenten die besten Noten, die Feinde des sozialistischen Aufbaus und Revisionisten seien, und dass er eine Trennung zwischen Politik und Philosophie toleriere.[63] Im Mai 1960 bestand er seine Vorprüfung im Fach Historischer Materialismus mit einem Befriedigend.

Noch im selben Jahr verließ er die Universität. Der stellvertretende Direktor des Instituts für Philosophie hielt in einer Mitteilung an die »Studienabteilung II« fest, der Student Jurek Becker habe »sich oftmals Disziplinverstöße zuschulden kommen lassen und eine Haltung gezeigt, die der eines Studenten einer sozialistischen Universität nicht entspricht«.[64] Die »Grundorganisation der SED (Studenten)« warf ihm »Überheblichkeit und Selbstgefälligkeit« sowie »ideologische Unklarheiten in Grundfragen« vor.[65] Eine der Ursachen für sein Versagen erblickte man auch »in der ungenügenden Verarbeitung seiner Vergangenheit (Aufenthalt im KZ)«. Jureks zorniges, »cholerisches« Wesen – ein Begriff, den er später selbst verwendete, um sich zu beschreiben – wurde als Merkmal des »Opfers des Faschismus« verstanden, das zu beschädigt sei, um Teil der Gemeinschaft zu werden.[66] In gewissem Sinne war das gar nicht so weit von der Wahrheit entfernt. Sein Gefühl, anders zu sein, gehörte zu seiner Einstellung gegenüber jeder Autorität. Für ihn bedeutete dieses Anderssein, dass er jenen überlegen war, die ihn als Abweichler bezeichneten.

Fünftes Kapitel

Jurek Becker alias Georg Nikolaus schreibt für den Film (1960–1974)

1. Das Erlernen des Handwerks

Am 29. Juni 1960 wurde Jurek Becker die zweijährige Beurlaubung vom Studium an der Humboldt-Universität gewährt, um die er gebeten hatte. Ob er wieder zugelassen wurde, hing von seinem Verhalten ab, denn er hatte sich genau zu der Zeit exmatrikulieren lassen, als er relegiert werden sollte.[1] Die Universitätsverwaltung hatte empfohlen, ihn für mindestens ein Jahr bei der Montage von Fernsehgeräten in der Elektronikfabrik der Humboldt-Universität einzusetzen.[2] Stattdessen belegte er 1960 einen Halbjahreskurs an der Staatlichen Film- und Fernsehhochschule in Babelsberg.[3] Dieser Kurs war für angehende Autoren für Film und Fernsehen in der DDR eingerichtet worden. Die Sketche, die er fürs Kabarett geschrieben hatte, waren schon erste Fingerübungen gewesen. Darunter befinden sich tatsächlich Entwürfe, die Drehbuchcharakter hatten. Sie sind witzig, knapp und beschreiben das Alltagsleben von Individuen in einem sozialistischen Staat. Alle tragen den Autorennamen »Jurek Becker«.

Für den Film zu schreiben war eine angesehene oder zumindest lukrative Beschäftigung. Jurek Becker selbst bezeichnete sich später als »Schriftsteller und Drehbuchautor«. Letzteres, erklärte er, sei nicht weniger wichtig als Ersteres. Nachdem er seinen ersten Roman geschrieben hatte und dieser auch noch mit einhelliger Begeisterung von der nationalen wie internationalen Kritik aufgenommen worden war, sah Jurek Becker sich als »Schriftsteller« von ernsthaften Romanen und Essays. Auch andere namhafte Autoren wie Günter Kunert, Gerhard Wolf und Ulrich Plenzdorf schrieben für die DEFA.[4]

Doch wer für den Film schreibt, wird nie ganz ernst genommen, und erst später in seinem Leben überwand Becker diese Unsicherheit. In seinem Roman *Irreführung der Behörden* (1973) porträtierte er den Zusammenbruch der moralischen Autorität des Möchtegernschriftstellers Gregor Bienek, der sich auf die Kompromisse einließ, die die DDR-Filmindustrie verlangte. Aber immer war da die Sehnsucht, ein »echter« Schriftsteller zu werden. So stellt Gregor Bienek fest, »daß er auch deswegen einen Roman schreiben will, weil er endlich einmal sein eigener Regisseur, sein eigener Hauptdarsteller und sein eigener Kameramann sein will, weil er nicht ständig abhängen will vom Vermögen anderer«.[5] Jurek Becker nahm alles ernst, was er schrieb, ob als hoch geschätzter Romanautor oder als erfolgreicher Drehbuchschreiber. Es wäre keine Katastrophe, sagte Becker einmal über seine Arbeit fürs Fernsehen, wenn er statt tausend Lesern eine Million Zuschauer hätte – Hauptsache, er würde nicht vergessen, was richtig sei.[6]

Ironisch hat Jurek Becker festgestellt, der einzige Beruf, den er tatsächlich »erlernt« habe, sei der des Drehbuchautors. 1960 betrachtete er das Erlernen des Drehbuchschreibens als »Handwerk«[7], bei dem der »Autor stets wissen muss, dass sein Produkt nie wirklich abgeschlossen wurde, sondern nur halb produziert ist«.[8] Das sei vielleicht nicht »das Werk eines Schriftstellers, aber eine Möglichkeit, die Zeit zu überbrücken«.[9] Doch für ihn stand fest, dass das Schreiben für den Film ihn zu einem »Filmmann« gemacht hatte.[10] Zum ersten Mal hatte er auch ein richtiges Einkommen. Drehbücher für die DEFA brachten bis zu 20 000 Mark ein, und das war das für einen dreiundzwanzigjährigen Schriftsteller nicht zu verachten.[11] »Ich schreibe wie von einer Infektionskrankheit befallen, zum erstenmal habe ich das Gefühl, über einer lohnenden Arbeit zu sitzen.«[12], lässt Jurek Becker seinen Protagonisten Gregor Bienek sagen.

1953 hatte die DEFA ein lose Reihe satirischer Kurzfilme mit dem Titel »Stacheltier« begonnen, die regelmäßig in den DDR-Kinos liefen. Diese Serie war ein Experiment und sollte eine filmische Ergänzung des Kabaretts darstellen. Sie ging auf eine Idee des deutsch-jüdischen Rückkehrers Georg Honigmann zurück, dem Regisseur der »Distel«, die als Vorbild der Serie diente. Die Filme sollten sich an das Publikum wenden, das sich von der zeitgenössischen politischen Satire in den Kabaretts angezogen fühlte.[13] 1961 fing Becker an für die Serie zu schreiben, und Krug sollte in einigen Kurzfilmen singen.[14] Bereits ein Jahr nach seiner Exmatrikulation wurde sein erster Film *Mit der NATO durch die Wand* (1961, Regie Peter Ulbrich) für Honigmanns »Stacheltier«-Serie produziert.[15] Er spielt in der Lüneburger Heide und erzählt die Geschichte des Bauern Schade (gespielt von Siegfried Kilian), dessen Scheune bei einem Manöver von einem westdeutschen Panzer beschädigt wird. Er beschwert sich darüber bei jedem, der ihm zuhört, vom Bürgermeister bis zur Lokalzeitung. Und jeder erklärt ihm, alle müssten eben für Freiheit und Sicherheit Opfer bringen. Als der Vertreter der Bundeswehr ihn aufsucht, um mit ihm über die Erstattung der Reparaturkosten für die Scheune zu verhandeln, erinnert auch der den Bauern daran, dass jeder für das Gemeinwohl Opfer bringen müsse. Während er dies sagt, sieht er, wie sein eigenes Auto von einem Panzer überrollt wird. Der Film sollte am 11. November 1961 in die Kinos kommen, erhielt aber keine offizielle Freigabe. Seither ist er verschwunden.[16]

Nachdem Jurek Becker mehr oder weniger freiwillig der Universität den Rücken gekehrt hatte, stand er unter Bewachung des Ministeriums für Staatssicherheit.[17] Die 1955 gegründete Stasi, nach 1957 unter dem Befehl von Erich Mielke, beschäftigte auf dem Höhepunkt ihrer Tätigkeit 100 000 hauptamtliche Spione und fast zweimal so viele »Inoffizielle Mitarbeiter« (IM), die über die Aktivitäten der etwa 17 Millionen DDR-Bürger Bericht erstatteten.[18] (Die Gestapo der Nazis hatte eine Bevölkerung von über 80 Millionen Deutschen durch etwa 45 000 Mitarbeiter ausspionieren lassen.) Praktisch jeder war betroffen, ob als Opfer oder »Gegenstand« des Interesses oder als Agent. Jurek Becker bildete da keine Ausnahme. Zunächst war er aufgefallen, weil er die Universität verlassen hatte. Doch bald interessierte sich die Stasi für seinen Freundeskreis, zu dem auch der Dichter Heinz Kahlau zählte. Kahlau gehörte seit den fünfziger Jahren dem so genannten Donnerstagskreis an, einer Gruppe von Schriftstellern und Schauspielern. Ein Stasi-Mitarbeiter berichtete im Detail über Beckers Treffen mit Kahlau am 14. April 1961. Dabei entging dem Beobachter auch nicht eine attraktive junge Frau in Beckers Begleitung. »Personenbeschreibung von ›Reni‹: Scheinbares Alter: 20–25 Jahre, Größe: 1,65 m, schlanke Figur, kastanienbraunes Haar; Bekleidung: grauer Rock, braune Schuhe, blauer Popelinemantel (dreiviertellang)«.[19] Jurek Becker hatte Erika Hüttig – »Rieke«, wie er sie nannte – wieder getroffen, kurz nachdem er mit Manfred Krug zusammengezogen war. Rieke und Jurek waren auf dieselbe Schule gegangen, hatten aber nicht viel miteinander zu tun gehabt, weil er zwei Klassen über ihr war. Aufgefallen war er ihr eigentlich hauptsächlich wegen seiner tiefschwarzen Haare. Sie begegneten sich zufällig wieder. Da stand er in einem auffallenden Habit: Blue Jeans, die kaum einer in der DDR zu dieser Zeit besaß, ein knallrotes Leinenhemd – ein blaues Auge, das Ergebnis seiner Auseinandersetzung aus dem Ernteeinsatz. Zu der ersten Verabredung im »Presseclub« nahm Rieke einen Freund mit, der notfalls eingreifen sollte. Aber sie war beeindruckt von dem jungen, unkonventionellen Mann, der auch wie kein zweiter auf dem Klavier seines Vaters Max, mit dem Rieke bald ein herzliches Verhältnis verband, Boogie-Woogie spielen konnte.

Auch Manfred Krug und Jurek Becker waren fast unzertrennlich geworden. Zum Spaß gaben sie sich sogar als Brüder aus und wenn ihr Äußeres zu Zweifeln führte, behaupteten sie einfach, sie hätten zwei verschiedene Väter. Doch die ausgelassenen Feste in ihrer gemeinsamen Ladenwohnung wurden von der Stasi argwöhnisch beobachtet. Manfred Krug galt als jemand, mit dem rechtschaffene FDJ-Mitglieder den Kontakt meiden sollten. Der Grund war bezeichnend: »In den Pausen zwischen den Aufnahmen verschwand er hinter den Kulissen, um sich sexuellen Vergnügungen mit den Schauspielerinnen hinzugeben«[20], hieß es in einem Stasi-Bericht. Das war eine schwerwiegende Anschuldigung, denn Amoralität galt als Zeichen potenzieller politischer Unzuverlässigkeit. Der Vorwurf der Amoralität gegenüber dem Kreis um Becker und Krug tauchte immer wieder auf, und oft war er mit einem nicht gerade subtilen Antisemitismus verbunden. In einem offiziellen Stasi-Bericht vom 9. September 1972 informiert IM »Riese« die Stasi über den Ausbruch einer Geschlechtskrankheit unter Schauspielern und Schauspielerinnen in den Babelsberger DEFA-Studios. Krug und Becker wie dessen Freund Armin Mueller-Stahl gehörten dieser unter Beobachtung stehenden Gruppe an. Der Autor dieses Berichts verweist anschließend auf einen Streit zwischen Becker und Krug über die Finanzierung ihres geplanten Landhauses. IM »Riese« vermerkt, es wäre gut, wenn sie sich zerstritten, damit Krug sich »Beckers zionistischem Einfluss« entziehen könne.[21] Sex, Geld und Juden werden frei assoziiert in diesem Bericht, der mit der Beschreibung von sexuellen Eskapaden beginnt und mit der Einschätzung politischer Unzuverlässigkeit endet.

Die frühen sechziger Jahre waren für Jurek Becker eine Zeit, in der er wirklich daran glaubte, er würde durch seine neue Rolle als Schriftsteller dazu beitragen, den Sozialismus aufzubauen und ihn in eine neue, positive Richtung zu verändern. Das waren die Jahre, in denen die DDR, zumindest aus Sicht ihrer jungen Intellektuellen, noch den Ruf genoss, der »gute« deutsche Staat, der »antifaschistische« deutsche Staat zu sein.[22] In der BRD hingegen, so Beckers Meinung, wären noch immer ehemalige Nazis an der Macht.

Am 13. August 1961 ließ Walter Ulbricht mit Unterstützung der Sowjetunion die Mauer um Westberlin errichten, den »antifaschistischen Schutzwall«. Ulbricht sah darin das einzige Mittel, die Abwanderung Ostdeutscher (und anderer Bürger der sozialistischen Nachbarstaaten) in den Westen zu beenden, während die offizielle Erklärung lautete, die Mauer diene dem Schutz der DDR gegen die Infiltration faschistischer Agenten aus dem Westen. Berlin war und blieb der Brennpunkt des spannungsgeladenen Ost-West-Konflikts. Wann immer sich der Kalte Krieg in Europa zuspitzte, musste Berlin zittern. Als die Mauer errichtet wurde, war Becker 23 Jahre alt. Plötzlich konnte er sich nicht mehr in den Westteil der Stadt begeben, aber nur selten hatte er »das Gefühl von Eingeschlossensein«.[23] Anders seine Freunde. Sein Schulfreund Helge Braune verließ die DDR 1961 kurz nach dem Bau der Mauer. Eines Abends war er in Beckers Wohnung mit einer Hand voll geliebter Schallplatten erschienen, die er stillschweigend liegen ließ. Am nächsten Tag kroch er durch die Kanalisation nach Westberlin.

Die Mauer hatte symbolischen Wert für Becker. Er hatte den Glauben seines Vaters verinnerlicht, das Einzige, was die Deutschen in Schach halten würde, sei die Macht, die vom kommunistischen Staat (lies: von der Sowjetunion) über sie ausgeübt würde. Nach dem Fall der Mauer erklärte

Jurek Becker am 4. Mai 1993 vor der Enquete-Kommission des deutschen Bundestages, er habe »nach Argumenten gesucht, die den Mauerbau rechtfertigten – für mich. Ich sagte mir, na ja, man kann Sozialismus nicht mit Leuten bauen, die aus der Retorte kommen; man kann Sozialismus nur mit den vorhandenen in die Wege leiten. Das sind solche, die nicht so lange Zeit zuvor zu ihrem größten Teil am Straßenrand gestanden und ›Heil Hitler‹ geschrien haben. Die müssen irgendwie unter Kontrolle gebracht werden.«[24] Das Gefühl, die Mauer sei eine angemessene Reaktion auf die Nazi-Vergangenheit, teilten etliche Schriftsteller, die nach den sechziger Jahren in Deutschland publizierten. Für den deutschen Juden Edgar Hilsenrath war die Mauer eine Verkörperung der Schändung der Stadt durch die Nazis, ein Trauma, das sie in den vierziger Jahren erlebt hatten und das sich erst in den sechziger Jahren ein Symptom erschuf.[25]

Dass der Bau der Berliner Mauer Jurek Becker nicht aus dem Gleichgewicht brachte, hing mit einem entscheidenden Ereignis zusammen: zwei Tage später heiratete er Rieke, die junge Frau, die die Aufmerksamkeit der Stasi erregt hatte. Rieke, geboren am 13. April 1939, hatte bei ihren Eltern in Beckers altem Viertel in der Lippehner Straße 6 gewohnt, und nach dem Abitur als Dekorateurin in einem HO-Laden gearbeitet.

Als Rieke im Frühjahr 1961 schwanger geworden war, ein Wunschkind für beide, zog sie mit Jurek in eine feuchte Ladenwohnung in der Hufelandstraße, praktisch um die Ecke von Maxens Wohnung in der Braunsberger Straße. Obgleich für Jurek und Rieke eine Heirat trotz des Babys nicht im Vordergrund stand, rückte mit der Nähe des Geburtstermins auch eine Hochzeit in immer größere Wahrscheinlichkeit. Am 15. August 1961 wollten sie sich auf dem Standesamt nach einem möglichen Termin erkundigen und bekamen die überraschende Antwort: entweder in zwei Stunden oder erst wieder in zwei Monaten. Viel Zeit zum Überlegen blieb nicht. Also kamen Jurek und Rieke nach zwei Stunden mit ihren Trauzeugen zurück und heirateten. Nur wenige Tage später, am 23. August 1961, wurde ihr erster Sohn Nikolaus (Nicki) geboren.

Im Laufe des nächsten Jahres zogen die Beckers in ein etwas schöneres Haus mit Garten in der Argenauer Straße, wo Max Becker seinen ersten Enkel so oft es möglich war besuchte. Knapp vier Jahre später, am 24. Mai 1964, kam der zweite Sohn Leonard (Lonny) zur Welt. Obgleich Max Becker Mitglied der Jüdischen Gemeinde war, gab es in seiner und seines Sohnes Welt kein Gefühl für eine religiöse Identität. Eine Beschneidung seiner Söhne nach jüdischem Ritual wurde nicht in Betracht gezogen.

Im Frühjahr 1968 zog die Familie Becker in ein Einfamilienhaus in Mahlsdorf-Süd. Das Geld für den Hauskauf stammte von Riekes Mutter in Hamburg. Da der Vater in der DDR nur eine geringe Rente bezogen hatte und seine Schwester und deren Mann pflegebedürftig geworden waren, waren die Eltern noch vor dem Bau der Mauer legal nach Hamburg übergesiedelt. Nach dem Tod des Vaters verkaufte Riekes Mutter das Haus in Hamburg und sah sich mit dem Geld, das sie über die Grenze schmuggelte, in der Lage, ein eigenes Zuhause für die Familie ihrer Tochter zu finanzieren.

Becker, für den Leben Schreiben hieß, zog sich viel in sein Zimmer zurück, um zu arbeiten. Es war nicht einfach, den Rhythmus des Familienlebens einem Schreibprozess anzupassen. Deshalb wurde den Söhnen schon früh klar gemacht, dass ihr Vater nicht wie andere Väter aus dem Haus zur Arbeit ging, sondern hier das Geld verdiente. Beckers Zurückgezogenheit wurde von Nicki und Lonny von früh an akzeptiert. Für sie war es normal, den Vater nicht bei der Arbeit zu stören. Rieke kümmerte sich hauptsächlich um die Kinder, aber alle waren immer wieder verblüfft, wie sehr Becker doch am Familienleben Anteil nahm, obgleich es oft so schien, als bemerke er ihre Probleme gar nicht.

Seine innerliche Abwesenheit versuchte er durch gemeinsame Unternehmungen wettzumachen. Immer war er bemüht, die Familie nicht zu kurz kommen zu lassen, obgleich die Erlebnisse aus seiner Kindheit ihn nicht gerade für ein Zusammenleben prädestiniert hatten.

Die Familie verbrachte die Ferien regelmäßig auf dem Land oder in Urlaubsorten der »Bruderländer«, oft zusammen mit den Krugs. Auch Manfred Krug hatte geheiratet und eine Familie gegründet. Von 1962 bis 1976 schrieb Jurek Becker eine Reihe von Drehbüchern für Film und Fernsehen, Filme, die auch produziert wurden und bei denen er im Nachspann genannt wurde.[26] Einige dieser Drehbücher verfasste er zusammen mit Klaus Poche unter dem Namen Georg Nikolaus. Aus Georg, seinem deutschen Passnamen, und dem Namen seines Sohnes bildete er ein Pseudonym, das er für seine weniger seriösen Arbeiten verwendete. »Georg Nikolaus« ist seine letzte Maske. Nachdem er auch diese abgelegt hatte, schrieb er nur noch unter »Jurek Becker«.

1967 schrieb er unter Georg Nikolaus eine mehrteilige Komödie für das DDR-Fernsehen über die Familie Nowak und ihre Großväter, Opa »Eddy« Günther (gespielt von Walter Lendrich) und Opa Paul Kuhnke (gespielt von Walter Richter-Reinick). Sie handelte von den komischen Abenteuern der Enkel und ihrer Großväter, nach dem Motto »So jung können ältere Menschen sein«. Die Episoden trugen die Titel *Immer um den März herum*, *Mit 70 hat man noch Träume* und *Urlaub*. Die Kritik nannte sie »unterhaltsam und amüsant, aber ohne ernsten Hintergrund oder tiefere Bedeutung«.[27] Doch all diese Filme setzten »den Opas der DDR ein literarisches und elektronisches Denkmal« – Großvätern, die Jurek nie hatte.[28]

1964 schrieb Jurek Becker seinen ersten richtigen DEFA-Film, eine Sittenkomödie mit dem Titel *Ohne Pass in fremden Betten* (zusammen mit Kurt Belicke, Regie Vladimir Brebera, 1965). Ein Kritiker nannte sie »witzig – ohne moralischen Anspruch«.[29] In dieser nach dem Bau der Berliner Mauer spielenden Farce entdeckt die Hauptfigur Václav Jelínek (gespielt von dem tschechischen Schauspieler Miroslav Hornicek) plötzlich in Ostberlin, dass er seinen Pass im Zug nach Prag liegen gelassen hat. Bei seinen Abenteuern in Ostberlin kommt er in Kontakt mit einer Reihe Berliner Originale, unter anderem mit Wilhelm Kabuffke (gespielt von Gerhard Bienert), auf dessen Riesenrad er festsitzt, und so seinen Zug verpasst. Alle Menschen, die er in Berlin kennen lernt, helfen ihm, ohne lange zu fragen. Während das Leben besser ist, »wenn die Papiere in Ordnung sind«, wie eine Figur feststellt, entpuppt sich Václav Jelínek, wie sein Freund Kabuffke gegenüber seiner Frau bemerkt, als eine Art Schwejk. Er scheint einfach Glück zu haben mit allem, was er tut, aber in seiner Simplizität hat er von der Welt, in die er zufällig hineingeraten ist, eine klarere Vorstellung als alle anderen Figuren.

Ostberlin scheint der Ort zu sein, an dem jeder dem Ausländer hilft. Alle Amtspersonen sind gütig: der Schaffner, der Václavs Pass und Koffer im Zug findet und sicherstellt, der Verkehrspolizist, der ihn zum Bahnhof fährt, der Kriminalbeamte, der schließlich alles in Ordnung bringt und ihm dabei hilft, seinen Zug nach Prag noch zu ereichen. Die Wirklichkeit sah anders aus. Im Film gibt es einen ironischen Moment, in dem die potenziell negative Macht des Staates sichtbar wird. Als alle behaupten, jemand anderes zu sein, wendet sich einer der Polizisten (Werner Lierck) an die versammelte Gruppe und erklärt, die »Irreführung der Behörden ist ein Verbrechen« und werde bestraft.

Irreführung der Behörden lautet Jurek Beckers Titel für seinen zweiten Roman über den Werdegang eines Drehbuchautors in der DDR. Es ist zugleich ein Leitmotiv in seinem damaligen Verständnis vom Wesen des Staates: Man muss die Behörden irreführen, aber innerhalb der Grenzen, die sie selbst setzen. Nichts anderes tun Schriftsteller. Ja, dies ist sogar die Pflicht des Schriftstellers, der sich der zulässigen Grenzen des kritischen Schreibens in der DDR bewusst ist. Und im Genre des Komischen kann eine kritische Stimme sich am leichtesten Gehör verschaffen.

Bis Mai 1965 arbeitete Becker noch mit Georg Honigmanns Kabarett »Die Distel« zusammen. Doch seine Interessen hatten sich verlagert, er hatte sich bereits dem Kino zugewandt und konnte sein Talent für satirische Dialoge, für ein besseres Endprodukt und für ein viel größeres Publikum einsetzen.

Jurek Becker hat nur einmal versucht, einen klassischen deutschen Text – Heinrich von Kleists Komödie *Der zerbrochene Krug* – für den Film zu adaptieren. Das Drehbuch schrieb er gemeinsam mit dem Regisseur Günter Reisch; der DEFA-Film *Jungfer, Sie gefällt mir* kam 1968 in die Kinos.

Nachts sind alle Kater grau – so der Arbeitstitel des Drehbuchs – verlegte die Handlung des Stücks aus einem kleinen holländischen in ein sächsisches Dorf während der Kriege gegen französische Revolutionäre und deutsche Jakobiner nach 1789. Jurek Becker durchzog die Mischung aus provinziellen sexuellen Abenteuern und Ausbeutung mit einer antifeudalistischen Kritik. Er wollte die Geschichte nicht aus der Perspektive der Mächtigen erzählen, sondern aus der der Bauern, und sie »durch reale historische Bezüge anreichern«.[30] Bei Kleist ist der Dorfrichter Adam (gespielt von Wolfgang Kieling) einfach auf ein sexuelles Abenteuer mit Eve Rull (Monika Gabriel) aus. Im Film wird aus ihm ein Deserteur aus der preußischen Armee, der mit der Regimentskasse durchbrennt, bevor er die Rolle des Dorfrichters übernimmt.

Becker fügte auch eine merkwürdige Wiederholung der Verführungsszene hinzu, in der der bewusste Krug zerbricht, und zwar in der Manier des Schlusses von Mozarts *Hochzeit des Figaro*. In der Reprise versucht der Gerichtsrat Walter (Horst Schnitzer) erneut, Eve zu verführen. Ihr Liebhaber Ruprecht Tümpel (Jan Spitzer) schlägt Walter den Ersatzkrug auf den Kopf. Doch war Walter drauf und dran, seine eigene Frau zu verführen, die an Eves Stelle ins Bett geschlüpft war. Ähnlich wie Graf Almaviva vom Figaro, verkörpert Walter die Figur des Unterdrückers. In Kleists Stück wiederum hatte Adam Eve gedroht, ihren Liebhaber als Rekrut nach Ostindien zu schicken, sollte sie ihn verraten. Walter löste den Konflikt, indem er Adam vom Dienst suspendierte. In Jurek Beckers Version hingegen verteidigt Walter Adam gegen den Vorwurf der Dorfbewohner, er sei dafür verantwortlich, dass der Krug zerbrochen sei, indem er ihre Anschuldigungen als Versuche abtut, »die Behörden irrezuführen«.

Beckers Drehbuch war eine für die DDR typische Uminterpretation des »preußischsten« Dichters Heinrich von Kleist in eine Stimme des Klassenkampfes und der revolutionären Ideale. In komischer Form kam der historische Verlauf zum Ausdruck, der vorgeblich direkt von der französischen Revolution bis zur gegenwärtigen DDR geführt habe. Der korrupte deutsche Feudalstaat, im Film von Adam und Walter repräsentiert, wird von der DDR abgelöst, einem Staat mit einer neuen, revolutionären Beglaubigung. Und als Walter das Dorf verlässt, ruft er den Massen zu: »Macht euern Dreck alleene!« – und zitiert damit den berühmten Ausspruch des sächsischen Königs Friedrich August III. bei seiner Abdankung nach der Novemberrevolution von 1918. Sogar in der Komödie erweist sich das »Erbe« der deutschen Kultur als fruchtbar für die Vermittlung politischer Überzeugungen. Die *National-Zeitung* in der BRD entrüstete sich über diesen Versuch, den Klassenunterschied als zentrales Thema von Kleists Werk darzustellen.[31] Und sogar die in der DDR erscheinende *Berliner Zeitung* nahm Anstoß an dem »schauspiel-stilistischen Tohuwabohu«.[32] Es war politische Unterhaltung – ein merkwürdiges Genre, das aber in der DDR bekannt war.

Im März 1964, ein halbes Jahr nach dem Bergwerksunglück von Lengede in Westdeutschland am 24. Oktober 1963, schrieb Becker *Zu viele Kreuze,* ein von Ralph J. Boettner für das DDR-Fernsehen inszeniertes Dokudrama über die Katastrophe.[33] Das Drehbuch stellte detailliert die Verschwörung zwischen Kapital und Presse dar, die die Schrecken des Bergwerksunglücks verfälschen sollte. Die Verwendung von dokumentarischem Material vermittelte dieser eigentlich konventionellen Geschichte über kapitalistische Ausbeutung einen Anschein von »Realismus«. Das Gewissen von Dr. Wieland, dem Grubendirektor (gespielt von Otto Mellies), enthüllt in Form von Begleitkommentaren sein Wissen um die eigene Komplizenschaft. Zur Zeit des Unglücks ist er im Skiurlaub in Österreich. Zu Beginn des Films bemerkt der Erzähler: 129 Bergleute wurden im Bergwerk eingeschlossen, aber nicht ein einziges Mitglied des Vorstands. Der Film dokumentiert die Bemühungen der Bergleute, ihre Kameraden zu befreien, und das Grauen, unter Tage eingeschlossen zu sein. Die Debatten der Arbeiter über Gott und den Tod mussten in den Ohren der Kritiker in der DDR falsch klingen, aber der Film bewies, dass Jurek Becker packende Dialoge schreiben konnte.

1963 hatte es noch eine ganz andere »Katastrophe« gegeben, einen ideologischen Richtungswechsel in der DDR. Im Januar fand in Ostberlin der 6. Parteitag der SED statt, die zu dieser Zeit bereits 1,5 Millionen Mitglieder zählte. Walter Ulbricht verkündete die Entwicklung des ersten offiziellen Parteiprogramms, in dem das Modell des Sowjetkommunismus für die DDR übernommen werden sollte. Mit der Umbildung des Staatsapparats erhielt Kurt Hager noch mehr Machtbefugnisse zur Kontrolle des kulturellen Lebens in der DDR. Hager, 1912 geboren und 1945 aus dem Exil in England zurückgekehrt, war seit 1955 Sekretär des SED-Zentralkomitees für Kultur und Wissenschaft und damit der führende Kulturideologe in der SED. 1963 wurde er Mitglied des Politbüros der SED. Hager war außerdem Professor für Philosophie an der Humboldt-Universität, wo Jurek Becker im Frühjahr 1958 seine Vorlesung über »Geschichte der marxistischen Philosophie« besuchte. In der kulturellen Landschaft von 1963 spielte Jurek Becker kaum eine Rolle. Er war noch einer von vielen jüngeren Schriftstellern, die Filme und Fernsehsendungen in der DDR produzierten. Von 1962 bis 1977, dem Jahr, in dem er die DDR verließ, schrieb er vierzehn Drehbücher, wovon sieben fürs Fernsehen und sechs für die DEFA verfilmt wurden. Sie trugen ihm in zunehmendem Maße den Ruf ein, ein Meister des Dialogs und des Plots zu sein und entsprachen den Anforderungen der ostdeutschen Medien.[34] Doch jetzt wandte er sich dem Thema zu, das ihn von Anfang an beschäftigt hatte und das ein Tabu in der DDR war: dem Mord an den Juden Europas.

2. Jüdische Filme

Jetzt, da er eine eigene Familie hatte, wollte Jurek Becker mehr über seine Vergangenheit wissen. Sein Vater sprach über seine Erlebnisse kaum. Damit war er nicht alleine, denn die meisten Überlebenden der Shoah sprachen nicht, schon gar nicht mit ihren Kindern. Dieses Schweigen hat, so weiß man inzwischen aus vielen Publikationen, die nachgeborene Generation tief verunsichert und in eine große Leere gestürzt. Auf der Suche nach Spuren, die seine Familie hinterlassen haben konnte, unternahm er 1961 seine erste Reise nach Polen. Er entdeckte ihre Namen in einigen Archivunterlagen des Ghettos von Litzmannstadt und ließ diese kopieren. Nach der Rückkehr aus Łodz keimte in ihm eine Idee für ein Drehbuch.

Der Vater hatte ihm immer wieder die vom Hörensagen an ihn herangetragene Geschichte erzählt, jemand hätte im Ghetto ein Radio besessen. Er sollte doch mal die Geschichte eines Mannes schreiben, der sein Leben riskierte, indem er ein Radio versteckte und seinen Freunden neuen Lebensmut gab. Jurek Becker antwortete seinem Vater: »Weißt du, ich habe schon viel über diesen Helden gelesen, es gibt so viele Bücher über ihn, dass ich keinen Sinn darin sehe, auch noch eine Geschichte über ihn zu schreiben.«[35] Dies sei für ihn der Anstoß gewesen, so Becker, *Jakob der Lügner* zu schreiben. Viel später, als Jurek Beckers Roman schon ein Erfolg geworden war, hat sein Vater zu ihm gesagt: »Den blöden Deutschen kannst du erzählen, wie's im Ghetto zugegangen ist, mir nicht, ich war dabei. Ich bin ein Zeuge. Mir kannst du solche lächerlichen Geschichten nicht erzählen. Ich weiß, dass es anders war.«[36]

Jurek Becker wollte anders über den Holocaust schreiben, als es in den DDR-Werken üblich war, in denen immer die Sowjets über den Faschismus triumphierten. Es brauchte lange, bis ihm die Idee kam: Was wäre, wenn derjenige gar kein Radio hätte. 1963, als Jurek Becker sich diesem Thema zuwandte, kam Frank Beyers Film *Nackt unter Wölfen* heraus, eine Adaption des gleichnamigen Romans von Bruno Apitz, der 1958 erschienen war. Unter den Schauspielern befanden sich Erwin Geschonneck, Armin Mueller-Stahl und Gerry Wolf. Das Buch erzählt die Geschichte der Rettung eines vierjährigen jüdischen Kindes (gespielt von Jürgen Strauch) durch die Gefangenen von Buchenwald.[37] Apitz, selbst ein Überlebender von Buchenwald, hatte eine tatsächliche Begebenheit aufgegriffen, und sein Roman sorgte bei Erscheinen für Aufsehen. Im Mittelpunkt von Apitz' Buch stand der kommunistische Widerstand; das jüdische Kind war das Opfer, das gerettet werden musste. Mitte der sechziger Jahre gab es in der DDR nur sehr wenige solcher Darstellungen über die Erlebnisse der Juden in der Shoah.

Als Jurek Becker über die Shoah zu schreiben begann, hatte sich vor ihm noch niemand an dieses Thema aus der Sicht der Juden herangewagt. Am 1. Oktober 1963 legte er der DEFA seine erste Fassung des Drehbuchs vor: *Jakob der Lügner*.[38] Sie spielt im Sommer 1944 in einem von den Deutschen bewachten Ghetto im Osten. Jakob Heym, der ehemalige Besitzer eines kleinen Bistros, das Kartoffelpuffer verkaufte, hört, während er sich auf dem deutschen Polizeirevier befindet, eine Nachricht im deutschen Rundfunk über die Stellung der sowjetischen Truppen. Die Figur des Heym ist eine Variante des *shlamazel,* der klassischen Figur des Pechvogels, die durch die Geschichten geistert, mit denen Max Becker seine Freunde unterhielt (und die auf eine traurige Weise er selbst war). Jakob Heym ist aufgrund einer Laune eines deutschen Wachpostens wegen angeblicher Übertretung der Sperrstunde im Ghetto zum Revier geschickt worden. Einer der Wachhabenden stellt fest, dass die Sperrstunde noch gar nicht angebrochen ist, und schickt ihn nach Hause, statt ihn erschießen zu lassen. Am nächsten Tag gibt Jakob die gehörte Nachricht an einen Freund weiter, um ihn an einem Ausbruch zu hindern, der gleichbedeutend mit Selbstmord wäre. Doch sein Freund glaubt ihm die Geschichte nicht – niemand hat jemals das Revier lebend verlassen. In seiner Verzweiflung behauptet Jakob, er habe ein Radio. Und Radios sind im Ghetto verboten!

Die Existenz von Jakobs Radio erfüllt die Ghettobewohner mit Optimismus. Doch es ist eine falsche Hoffnung. In dieser frühen Fassung zerstört einer der Ghettobewohner, Mjetek Frankfurter, sein echtes Radio, das zu benutzen er sich nicht getraut hat, als er erfährt, dass auch Jakob eines besitzt.

Später änderte Becker den Namen der Figur – »Mjetek« verschwand aus dem Drehbuch. Mjetek war Max Beckers Spitzname. Jakob gelingt es, die Ghettobewohner aufzurütteln. Mjetek Frankfurter meint, er sei »nicht so ein Held« wie Jakob, der offenbar sein Radio dazu benutzt, um etwas über die Welt außerhalb des Ghettos zu erfahren. Frankfurters Tochter Rosa ist in Mischa verliebt, dem Jakob mit seiner Geschichte vom Radio das Leben gerettet hat. Ihre Liebesgeschichte ist die wichtigste Nebenhandlung. Becker baute sie ein, um die Kraft »normaler« Gefühle wie Liebe in schweren, traumatischen Zeiten zu betonen.

Das Wissen um das Radio wirft einen Hoffnungsstrahl ins Ghetto. Die Selbstmorde hören plötzlich auf. Die Rettung scheint nah.

In Beckers erster Fassung stehen die osteuropäischen Juden im Mittelpunkt. Das Ende diese Entwurfs entspricht jedoch ganz dem Geschichtsbild, das in der DDR über die Shoah vermittelt wurde. Am Ende ist Jakob tot, ein Selbstmörder, der dem Ghetto zu entfliehen suchte, und ein sowjetischer Soldat, der Lina, ein Kind, das seine Eltern zurücklassen mussten, als von den Nazis nach Osten deportiert wurden, gerettet hat, hält sie an der Hand. Doch die Sowjets hatten nie ein Ghetto befreit, da die Nazis zuvor alle geräumt hatten.[39] Die Geschichte von *Jakob der Lügner* ist zwar Fiktion, dennoch müssen alle historischen Details überzeugen, um dem Zuschauer das Gefühl zu vermitteln, dass alles »wirklich passiert sein könnte«. Das falsche Pathos am Ende von Beckers erster Fassung machte das Schicksal Jakobs bedeutungslos. Warum sollte man sich über Widerstand oder Opfer Gedanken machen, wenn die Sowjets einen retten würden?

In den nächsten beiden Jahren schrieb Becker das Drehbuch um. Im Herbst 1965 war eine zweite Fassung fertig und wurde am 15. Dezember 1965 dem Studio vorgelegt, einen Tag vor Beginn des XI. Parteitags der SED, auf dem die Kulturpolitik der DDR zu einem stalinistischen Modell zurückgeführt wurde.[40] Zuvor hatte Becker die Genehmigung bekommen, nach Westberlin zu fahren, um im Archiv der Jüdischen Gemeinde weiteres dokumentarisches Material einzuarbeiten. Er wohnte bei seinem alten Schulfreund Helge Braune, der mittlerweile in Westberlin lebte.

In der zweiten Drehbuchfassung gibt es keine spezifischen historischen Bezüge mehr. Weder Zeit noch Ort werden erwähnt. Die Deutschen, die in der ersten Fassung die stereotypen »bösen« Nazis der DDR-Filme waren, sind nun differenzierter dargestellt. Ein Wachhabender repräsentiert nun den Typus des gebildeten Deutschen, nicht mehr nur die ignoranten und brutalen Lagerwachen – auch wenn ihn seine Bildung nicht daran hindert, seine Pflicht zu tun. Andere Veränderungen sind scheinbar geringfügig, zeigen jedoch, dass Becker seine und seines Vaters polnisch-jüdische Herkunft in die Handlung einfließen lässt, sich aber gleichzeitig von ihr distanziert. Aus Mjetek Frankfurter wird »Felix« – ein deutscher Jude.

Das Märchen, das Jakob Lina über sein Radio erzählt, wird zur Kerngeschichte: das Märchen von der »Prinzessin mit dem Judenstern«. Lina hört die Geschichte von der kranken Prinzessin, die um eine Wolke für ihre Heilung bittet. Nachdem es keinem gelungen ist, ihr eine Wolke zu bringen, sucht ein Gärtnerjunge sie auf und fragt sie, woraus denn Wolken seien (Antwort: »aus Watte«) und wie groß sie seien (»so groß wie mein Kissen«). Und dann gibt er der kranken Prinzessin eine »Wolke«. Sie ist geheilt und tanzt mit ihm davon in ihrem Nachthemd, auf das ein Judenstern genäht ist.

Der Schluss des Drehbuchs greift den der ersten Fassung auf. Doch nun bleibt Jakobs Tod an der Ghettomauer nicht ungesühnt. Nachdem ihn die Wachen erschossen haben, sind wie ein Echo Schüsse von außerhalb des Ghettos zu hören. Der Soldat, der Jakob erschoss, bricht zusammen. Becker will noch immer ein edles Ende finden. Genau wie in der ersten Fassung geht der Sowjetsoldat in der Schlussszene mit Lina aus dem Bild.

Am 9. Februar 1966 legte die DEFA die zweite Drehbuchfassung Wilfried Maaß, dem Stellvertreter des Ministers für Kultur, zur Genehmigung vor, die am 22. Februar 1966 erteilt wurde.[41] In der beigefügten Stellungnahme des Ministeriums hieß es, »bei dem vorliegenden Stoff« handle es sich »um eine künstlerisch außerordentlich gelungene Fabel, die von tiefem humanistischen Geist erfüllt ist, ohne jedoch die Spezifik des sozialistischen Realismus auch nur anzudeuten«.[42] In einer weiteren Stellungnahme wurde erwartet, dass Becker bei der Bearbeitung des Drehbuchs »die Spezifik des sozialistischen Realismus sichtbar« machen werde, die »die Darstellung der gesellschaftlich vorwärts weisenden Kräfte in sich einschließt«.[43] Schon beim Einreichen des Drehbuchs hatte die Künstlerische Arbeitsgruppe »Heinrich Greif« der DEFA angemerkt, der Schluss müsse »hinsichtlich der historischen Konkretheit und Wahrheit noch einmal überprüft und bearbeitet werden«.[44]

Frank Beyer, der als Regisseur von Becker gewünscht war, wollte eine möglichst authentische Kulisse haben. Er beschloss, in Krakau zu drehen, wo Steven Spielberg Jahrzehnte später *Schindlers Liste* (1993) verfilmen sollte. Nachdem das Drehbuch Anfang 1966 zur Produktion angenommen worden war, fuhr Beyer mit Becker nach Polen, um nicht nur den Drehort ausfindig zu machen, sondern auch herauszufinden, was an Beckers Drehbuch Erinnerung und was Phantasie war. Im Mai besuchten sie Kazimierz, das Armenviertel von Krakau, das zum Nazighetto geworden war. Die Reise löste bei Jurek Becker keine Erinnerungen aus – *Jakob der Lügner* gab die emotionale Welt des Überlebenden und nicht Beckers verlorene Erinnerungen an die Shoah wieder. Als Deutscher war Beyer nun der Ansicht, er sei, wenn schon nicht durch Beckers

Erinnerungen, so doch durch seine Anwesenheit autorisiert, einen Film über die Shoah zu drehen.

Anfang 1966 definierten die so genannten »Kaninchenfilme« – nach Kurt Maetzigs *Das Kaninchen bin ich* benannt –, was die Filmkultur in der DDR *nicht* sein durfte.[45] Diesen Filmen, die sich mit den Konflikten im DDR-Alltag befassten, wurde von dem Parteiideologen Kurt Hager vorgeworfen, sie würden die Jugend der DDR verderben, indem sie Zweifel, Skepsis und negative Gedanken vermittelten. Hagers konservativer, ja stalinistischer Vorstellung einer angemessenen DDR-Kultur widersprach einer der modernsten und schwierigsten Filme, die je in der DDR gedreht wurden: Frank Beyers *Spur der Steine* (1966). Dieser Film zeichnete ein außergewöhnliches Bild vom Leben der Arbeiter. Beyer hatte 1963 mit dem von der Kritik begeistert aufgenommenen Film *Nackt unter Wölfen* eine Alternative zum obligatorischen Antifaschismus der DDR geboten. Sein neuer Film basierte auf Erich Neutschs Roman von 1963, der seinerseits nur unter großen Schwierigkeiten erschienen war. Beyer besetzte die Rolle des ironischen Antihelden Hannes Balla mit Manfred Krug. Ballas Rivale um die Gunst der jungen Ingenieurin Kati Klee (Krystyna Stypulkowska) ist der örtliche Parteisekretär Horrath (Eberhard Esche). Klee wird schwanger von dem verheirateten Horrath, und damit wird ihr »Fall« Gegenstand eines Parteiverfahrens. Beyers mit Spannung erwarteter und stark beworbener Film wurde schon vor der Premiere ein Skandal: über Nacht verschwanden die Plakate, es kam zu einigen Scheinpremieren, in denen bestellte »Bürger« gegen den Film Stimmung machten, weil er »die politische und moralische Kraft der Partei« verzerrt darstellte.[46] Nach einer Reihe von inszenierten Protesten wurde der Film verboten.

Jurek Becker war, wie so viele andere Prominente, bei

der Premiere des Films am 30. Juni 1966 im Kino »International« dabei. Als ein beauftragter Zuschauer zu stören begann, stand Becker auf und schrie: »Was kriegt'n der eigentlich bezahlt dafür?« Ein Tumult brach los, den er in seinem verbotenen Roman *Schlaflose Tage* (1978) festhielt. Der Protagonist Simrock geht mit seiner Frau in eine Vorstellung von *Spur der Steine,* und seine Frau fragt ihn, »ob er nicht auch den Eindruck habe, im Saal herrsche eine irgendwie merkwürdige Atmosphäre«. Etwa in der Mitte des Films ruft jemand, »wie lange man sich das noch mitansehen müsse«. Ein anderer Mann schreit, »der erste Rufer solle sein bezahltes Maul halten«, es kommt zu Tumulten, aber Simrock »wundert sich, warum zwei Männer, die doch offenbar einer Meinung sind, so laut miteinander reden«. Als der Film schon verboten ist, erklärt ein Kollege auf einer Lehrerversammlung, er »sei auf empörte Ablehnung bei der Bevölkerung gestoßen ..., und Simrock hat nicht den Mut, ihn einen Lügner zu nennen«.[47] Die Passivität des fiktiven Publikums war das genaue Gegenteil des realen Zorns, den Becker empfand.

Wolf Biermann, der ebenfalls anwesend war, meinte, es wäre klug zu gehen, bevor er verhaftet würde. Beckers Zorn war echt und richtete sich vor allem gegen die blinde Dummheit der Behörden.[48] Kati Klees letzter Satz »Ich möchte ganz neu anfangen« wurde ein Motto für die DDR-Opposition. Doch der Verursacher des »Skandals«, der Regisseur Beyer, wurde für zwei Jahre ans Dresdener Staatstheater versetzt und durfte anschließend acht Jahre lang nur fürs DDR-Fernsehen arbeiten.[49]

Die vom Ministerium genehmigte zweite Drehbuchfassung von *Jakob der Lügner* blieb von dieser Kampagne unberührt. Angesichts des ausgesprochen konventionellen Endes stellte wohl nur die jüdische Thematik ein Problem dar. Das Drehbuch war weder formal innovativ noch stellte es (oberflächlich betrachtet) das gegenwärtige Leben in der DDR in Frage. Der Film hatte daher einen festen Platz im Jahresplan der DEFA für 1966.

Anfang Juli 1966 teilten die polnischen Behörden der DEFA mit, dass der Studioplatz zur Verfügung stehe, und der Film konnte in die Planung aufgenommen werden.[50] Drei Wochen später ließen die Behörden in Polen die DEFA-Produzenten plötzlich wissen, die Produktionsmöglichkeiten des Studios seien ausgeschöpft, da man sich für zwei Produktionen der Sowjetunion vertraglich verpflichtet habe. In der Zwischenzeit hatte man allerdings Beckers Drehbuch gesehen. Später bemerkte Frank Beyer, ein Film wie *Jakob der Lügner* über die Juden im Osten sei einfach undenkbar gewesen im kommunistischen Polen, einem Land, in dem in den sechziger Jahren der Antisemitismus in Form des Antizionismus herrschte.[51]

Am 27. Juli 1966 wurde der Film *Spur der Steine* abgesetzt. Frank Beyer ging nach Dresden. Becker wurde für das Drehbuch bezahlt, aber es wurde aus dem Plan gestrichen. Das war nicht unüblich. Doch Becker wollte die Dinge im Griff behalten, besonders bei dieser Geschichte. Er setzte sich hin und tat, was andere Schriftsteller in der DDR taten, wenn ihre Drehbücher abgelehnt wurden und sie der Meinung waren, sie hätten eine Geschichte zu erzählen: Er schrieb einen Roman. Romane und Erzählungen galten als weniger »gefährlich«. So würde auch Ulrich Plenzdorf, Beckers Kollege bei der DEFA, sein abgelehntes Drehbuch in eine der radikalsten Erzählungen der siebziger Jahre umschreiben – *Die neuen Leiden des jungen W.* (1972).

Zornig und hoch konzentriert schrieb Becker seinen Roman *Jakob der Lügner*, den bedeutendsten deutschen Roman eines Überlebenden der Shoah.

3. *Jakob der Lügner* – der Roman

Jurek Becker musste die Geschichte von Jakob Heym und seinem nicht existierenden Radio aufschreiben. Er musste seinem Publikum in der DDR von der Shoah erzählen, aber er musste daraus auch eine Geschichte machen, die wegen ihrer erzählerischen Qualitäten gelobt würde.

Die Kraft von *Jakob der Lügner* beruht auf seiner außergewöhnlichen Erzählkonstruktion.[52] Diese Konstruktion bricht mit der Vorstellung von »Authentizität«, die durch alle früheren Bemühungen um die Geschichte geistert – sie stellt gerade den Akt des Geschichtenerzählens in Frage. Anders als in den ersten beiden Drehbuchfassungen, in denen wir die Figuren allmählich kennen lernen, während sich ihre Geschichte entfaltet, werden wir in den Roman von einer Erzählerstimme eines Überlebenden des Ghettos eingeführt. Diese Stimme erzählt die Geschichte von Jakob und seinem nicht existierenden Radio.

In einem Interview von 1974 spricht Becker – »nur ungern« – über den Inhalt seines Romans *Der Boxer* (1976): »Ein Mann, Jude, durch Vergangenes psychisch kaputt, muss sich im Heutigen einrichten. Mich beschäftigt schon länger die Frage, inwiefern ein Mensch nach durchlebten oder zugefügten Leiden das Recht darauf hat, dass ihm gegenüber Toleranz geübt wird. Inwiefern hat er ein Recht, zwar nicht auf Kritiklosigkeit, aber doch auf Toleranz. Ich selbst bin gar nicht sehr tolerant, muss ich gestehen. Aber gewisse Ursachen verbieten Unduldsamkeit, glaube ich.«[53]

Diese Aussage verweist auf die Emotionen, die in der Konstruktion von *Jakob der Lügner* versteckt sind. Aus einer gewissen Distanz kann er über seine »zornige, voreingenommene, sture« Haltung lachen, darüber, dass er »immer Recht haben muss«.[54] Spiegelte sich in seiner Darstellung des Überlebenden seine Ansicht über das Schweigen seines Vaters wider? Oder befürchtete er, dass der Umstand, ein

Überlebender in der DDR zu sein, ihn auf eine Weise prägte, die er nicht beeinflussen konnte?

Im Roman beginnt der namenlose Erzähler von den Bäumen in seinem Leben zu sprechen, von dem Baum, unter dem er geliebt hat, von dem Baum, unter dem seine Frau Chana hingerichtet wurde.[55] Und plötzlich scheint Max Becker in Jureks Erzählungen einzustimmen. Von zentraler Bedeutung ist hier die Schwierigkeit, Geschichten über die Vergangenheit zu erzählen, da niemand richtig zuhört: »Ich habe schon tausendmal versucht, diese verfluchte Geschichte loszuwerden, immer vergebens. Entweder es waren nicht die richtigen Leute, denen ich sie erzählen wollte, oder ich habe irgendwelche Fehler gemacht. Ich habe vieles durcheinandergebracht, ich habe Namen verwechselt, oder es waren, wie gesagt, nicht die richtigen Leute. Jedesmal, wenn ich ein paar Schnäpse getrunken habe, ist sie da, ich kann mich nicht dagegen wehren.« Dies ist ein Erzähler, der weiß, dass die Geschichten wahr sind, aber nie richtig wiedergegeben werden, und doch ist er gezwungen, diese Geschichten zu erzählen. »Ein paar Worte nur über fragwürdige Erinnerungen, ein paar Worte über das flinke Leben … Ich lebe, das ist ganz unzweifelhaft. Ich lebe, und kein Mensch kann mich zwingen, zu trinken und mich an Bäume zu erinnern und an Jakob und an alles, was damit zu tun hat. Im Gegenteil, man bietet mir schon etwas, ich soll mir ein paar schöne Tage machen …«

Die Geschichten, die er erzählt, sind in emotionaler Hinsicht so real wie Jakobs Radio. Von wesentlicher Bedeutung ist, dass Becker sich der direkten Rede bedient. Was dem Erzähler das Erzählen seiner Geschichte so schwer macht, ist der notwendige Neubeginn seines Lebens nach der Shoah. Wie lebt man nach so einer Erfahrung, wenn man »normal« werden möchte und doch von dieser Erfahrung geprägt ist? Als er die Geschichte erzählt, 1967, ist der 1921 geborene Erzähler 46 Jahre alt. Er ist ein Überlebender. Als er mit einer Frau geschlafen hat, fragt sie ihn:

»›Sag mal, stimmt es eigentlich, dass du …‹ Weiß der Teufel, wer es ihr erzählt hat, ich höre das Mitleid in ihrer Stimme und werde verrückt. Ich gehe ins Bad, setze mich in die Wanne und fange an zu singen, damit ich nicht etwas tue, wovon ich genau weiß, dass es mir nach fünf Schritten leid tut.« Seine Geschichte ist ihm ins Gesicht geschrieben, sein Körper, seine Sprache, offenbaren sie selbst dann, wenn er sie verdrängen möchte.

Der Überlebende als Erzähler gestaltet die Geschichte: »Jakob ist tot, und außerdem erzähle ich nicht seine Geschichte, sondern eine Geschichte. Er hat zu mir gesprochen, aber ich rede zu euch, das ist ein großer Unterschied, denn ich bin dabeigewesen … Einiges weiß ich noch von Mischa, aber dann gibt es ein großes Loch, für das einfach keine Zeugen aufzutreiben sind. Ich sage mir, so und so muss es ungefähr gewesen sein, oder ich sage mir, es wäre am besten, wenn es so und so gewesen wäre, und dann erzähle ich und tue so, als ob es dazugehört. Und es gehört auch dazu, es ist nicht meine Schuld, dass die Zeugen, die es bestätigen könnten, nicht mehr aufzutreiben sind.«

Die Stimme des Erzählers ist letztlich von entscheidender Bedeutung für den Erfolg des Buches. Der Erzähler repräsentiert die Gegenwart. Seine Stimme ist die eines Überlebenden, dessen Identität von seinen Erlebnissen definiert wird und der damit fertig wird, indem er Geschichten über sie erzählt. Und weil Geschichten variieren, wenn man sie wiedererzählt, bietet der Erzähler zwei Möglichkeiten für einen Schluss an. Jakob stirbt oder begeht Selbstmord, um sich aus dem Lügennetz zu befreien, das er gesponnen hat, indem er versucht, ein Loch in den Stacheldraht zu schneiden, der das Ghetto umgibt. Die Leute stehen um seine Leiche herum und fragen sich, warum er das getan hat. Sie flüstern sich zu, er habe doch ein Radio gehabt. Die Russen greifen an, und die überlebenden Ghettobewohner werden gerettet. Aber dieses »erfundene« Ende ist nicht das »blasswangige und verdrießliche, das wirkliche und einfallslose Ende«. Im zweiten Schluss wird das Ghetto geräumt, und Lina und Jakob werden mit dem Zug nach Majdanek oder Auschwitz transportiert, ein Schicksal, dem sie zu entrinnen glaubten, weil Jakob doch versprochen hatte, dass die Befreiung nahe wäre: »Wer jetzt noch erschossen wird, so kurz vor Schluss, der hat plötzlich eine Zukunft verloren …« In der Schlussszene ist der Erzähler zum ersten und einzigen Mal mit Jakob beisammen. Zusammengepfercht befinden sie sich mit Lina und allen anderen in einem Güterwaggon. Der Roman endet damit, dass Jakob den Erzähler fragt, warum er nicht endlich schlafen will. »Lass mich noch ein bisschen stehen«, sage ich. »Aber du siehst doch gar nichts mehr«, höre ich ihn sagen. »Doch. Denn ich sehe noch die Schatten von Bäumen, und schlafen kann ich nicht, wir fahren, wohin wir fahren.« Das ist die letzte Zeile des Romans – der Erzähler hat das letzte Wort. Er weiß, dass sein Überleben reiner Zufall war. Dies lässt seine Seele nicht mehr los.

Beckers Darstellung legt Wert auf ein beliebiges, unheroisches Ende. Geschichten, selbst die besten Geschichten, befriedigen den Erzähler in *Jakob der Lügner* nicht. Der Selbstmord von Dr. Kirschbaum, der den Nazikommandanten nach dessen Herzinfarkt behandeln soll, lässt sich nicht aus irgendwelchen Ghettogeschichten rekonstruieren. Der Erzähler muss hierfür Zeugen unter den deutschen Wachen ausfindig machen. Einige Zeit nach dem Krieg fährt der Erzähler wieder ins Ghetto. Dort sucht er das Gebäude auf, in dem Jakob gelebt, das Revier, auf dem er das Radio gehört hatte. Am vorletzten Tag seines Urlaubs geht er in die russische Kommandantur und erkundigt sich nach den deutschen Soldaten, die Kirschbaum an jenem Tag begleitet hatten. Vom diensthabenden Offizier, einer Frau, erfährt er, dass einer überlebt habe und nun in Berlin lebe, wo jetzt auch der Erzähler wohnt.

»›Sie sind in Deutschland geblieben?‹, fragte sie verwundert. ›Warum denn?‹

›Ich weiß auch nicht‹, sagte ich wahrheitsgemäß. ›Es hat sich so ergeben.‹«

Die Frau gibt ihm die Adresse des ehemaligen Soldaten und warnt ihn, »keine Dummheiten« zu machen. Er sucht diesen Soldaten in Westberlin auf. Als er ihm sein Anliegen vortragen will, legt ihm der andere seine Entnazifizierungsurkunde vor, um seinem Besucher zu beweisen, dass er nicht »so einer« ist. Ausführlich erzählt er dann dem Erzähler alles, was dieser über Kirschbaums Tod wissen will. Kirschbaum habe ihm sogar eine seiner Gifttabletten als Mittel gegen Sodbrennen angeboten – er hätte ja auch sterben können. Überdies erfährt der Erzähler, dass es noch einen anderen Zeugen gibt, den Fahrer, der inzwischen in Köln lebt. Die Unterhaltung endet damit, dass der Erzähler dem ehemaligen Ghettowachposten Angst einzujagen versucht, indem er behauptet, er habe seine Adresse vom englischen Geheimdienst erfahren.

Während Becker an dem Roman schrieb, wandelten sich seine Ansichten über den Staatssozialismus in der DDR. Seit dem 5. Januar 1968 war Alexander Dubček der Erste Sekretär der tschechischen KP, der Verfechter einer Reformbewegung, die sich durch eine kulturelle Freizügigkeit auszeichnete, wie es sie bis dahin im Ostblock nach dem Zweiten Weltkrieg nicht gegeben hatte. Die größere Meinungsfreiheit, die die tschechoslowakischen Medien in den ersten Monaten des Jahres 1968 genossen, machte die Unterdrückung in der DDR besonders evident. Der Einmarsch der Russen in die Tschechoslowakei stellte für Becker »eine Art Zäsur in meinem Verhältnis zur DDR« dar.[56] Dass die Truppen der DDR die Grenze nicht überschritten, weil die Sowjets Angst hatten, die Erinnerung an den Nazi-Einmarsch wieder lebendig werden zu lassen, spielte kaum eine Rolle. Plötzlich hielt er sich für einen

Außenseiter im sozialistischen Staat, der ihm einst eine starke Identität als DDR-Bürger verheißen hatte. In seinen Augen war die DDR nicht mehr der exemplarische antifaschistische Staat.

Ein Stasi-Bericht vom 26. August 1968 hielt fest, dass Jurek Becker und seine Frau sich am 23. August »über die Ereignisse in der ČSSR« mit einer »inoffiziellen Quelle« unterhielten, die von dieser Unterhaltung detailliert berichtete.[57] Die »Quelle« war ganz erstaunt über die entschiedene Wende in Beckers politischen Ansichten: »Diese politische Einstellung von Becker kam überraschend, da er bisher immer sehr richtig gesprochen hatte.« Seine Ansichten wurden in dem Bericht deutlich zum Ausdruck gebracht und entsprechen seiner eigenen späteren Darstellung. So äußerte er, der Einmarsch in die Tschechoslowakei markiere den Anfang vom Ende des Warschauer Paktes, da er glaube, dass Rumänien als nächstes den Austritt aus dem Warschauer Pakt erklären werde. »Die Sowjetunion hätte mit diesen Maßnahmen die kommunistische Weltbewegung zerschlagen« und würde damit den Feinden des Kommunismus in die Hände arbeiten. Becker glaubte, dass der Einmarsch das politische Selbstbestimmungsrecht des Volkes verletzt habe. Das Volk stehe hinter Dubček, im Unterschied – wollte er damit indirekt sagen – zur Haltung der DDR-Bürger gegenüber Ulbricht (der übrigens kurz vor dem Einmarsch doppelzüngigerweise mit Dubček zusammengekommen war. Ganz im Sinne der antizionistischen Sprachregelung in der DDR stellte er die Frage, wie man Israel und die Amerikaner in Vietnam verurteilen solle, »wenn man selbst eine Aggression begeht«. Er sei zwar ein Bürger der DDR, aber »wir müssen uns zukünftig, wenn wir in die ČSSR fahren, eine andere Staatsbürgerschaft anschaffen, als DDR-Bürger kann man sich nicht mehr sehen lassen«.

Er empfand es als Hohn, als Walter Ulbricht behauptete,

in der DDR gebe es keine Pressezensur, und kündigte sein Abonnement des offiziellen Parteiorgans *Neues Deutschland*. Um sich über das Weltgeschehen zu informieren, sah und hörte er westliche Fernseh- und Rundfunksender. Auch seine Kinder waren davon nicht ausgeschlossen. Seinem Sohn Nicki erklärte er, wenn er »in der Schule danach gefragt wird, soll er nicht lügen, sondern es offen sagen.«

Plötzlich machte sich Becker Gedanken darüber, was die Mauer wirklich bedeutete. Die Mauer um das Ghetto in *Jakob der Lügner* erzeugte eine Isolation, die für die Bewohner fatale Folgen hatte. Er empfand die DDR plötzlich als eine Art riesiges Ghetto, in dem man Westsender sah und hörte, um zu erfahren, was in der unmittelbaren Nachbarschaft geschah. Und wenn man Bescheid wusste über das, was in der Welt vorging, war man verpflichtet, darüber keine Lügen zu verbreiten. Aus dem Radio erfuhr Jakob die Position der sowjetischen Truppen, im Westradio hörten Becker und seine Familie vom Einmarsch der Sowjetarmee 1968 in die Tschecheslowakei.

Jurek Becker brachte sein Mitgefühl in einem Kondolenzbuch zum Ausdruck, das in der tschechoslowakischen Botschaft für sympathisierende DDR-Bürger auslag. Ende August sprach er sich – neben Stephan Hermlin – auf einer Vorstandssitzung des Schriftstellerverbandes offen gegen die geforderte Solidaritätserklärung für den Einmarsch der Warschauer Pakt-Truppen aus.[58] Als »Opfer des Faschismus« nahm er innerhalb der intellektuellen Opposition eine gesonderte Stellung ein, ähnlich der der jüdischen Rückkehrer Stephan Hermlin und Paul Wiens.[59] Einige der herausragendsten Autoren in der DDR, wie die deutsch-jüdische Rückkehrerin Anna Seghers, blieben einfach der Sitzung fern, auf der ihre Solidaritätserklärung erwartet wurde. Doch Jurek Becker, eines der neuesten Mitglieder, kam und verweigerte seine Unterschrift.

Während Jurek das Drehbuch von *Jakob der Lügner* zum

Roman umarbeitete, vollzog er einen politischen Reifeprozess. Er wurde ein Schriftsteller, der bereit war, sich gegen den Staat zu stellen, wenn er der Meinung war, dass dieser Unrecht hatte und tat.

Genau in dieser Zeit wurde auch seine Beziehung zu seinem Vater immer schwieriger. Die Stimme des Erzählers in seinem Roman war in keinem geringen Maße die Stimme, die Becker von seinem Vater hatte hören wollen, die Stimme, die ihm von der Vergangenheit erzählte. Doch Max Becker vermochte immer weniger, mit ihm zu reden. Becker zürnte seinem Vater wegen seiner Trinkerei. Dass Max Becker sich in den Alkohol flüchtete, um mit seinen Erlebnissen fertig zu werden, war für den hochdisziplinierten Jurek keine Entschuldigung. Körperlich geschwächt, verschlechterte sich Max Beckers Zustand. Er starb am 3. April 1972 an den Folgen einer Lungenentzündung und wurde auf dem großen jüdischen Friedhof in Weißensee begraben. Jurek Becker ist nie zu Beerdigungen gegangen, auch nicht, als sein Vater zu Grabe getragen wurde. Das Grab seines Vaters hat er nie besucht, aber die Gründe hierfür liegen jenseits des Vater-Sohn-Verhältnisses.

4. Ruhm

Nach 1968 war Beckers Verhältnis zur Regierung der DDR gestört. Das System schien ihn immer mehr zu enttäuschen. Immer wieder kam dies in Zornesausbrüchen zum Ausdruck, so zum Beispiel, als seine Schwiegermutter im Juni 1973 zu einem längeren Besuch aus Westberlin kam, wohin sie nach dem Tod ihres Mannes gezogen war und die Familie besuchen wollte. Becker musste die Volkspolizei davon unterrichten, dass sie bei ihnen wohnen würde. Als er seinen Ausweis, der sich in »schlechtem Zustand« befand, vorzeigen musste, erklärte ihm die Volkspolizistin, das Dokument sei wegen dieser Mängel ungültig. Jurek platzte der Kragen, worauf die Polizistin eine Ermittlung wegen »Staatsverleumdung« gegen »Georg Becker« einleitete, wie der Name in seinem Ausweis lautete. Jurek Becker wurde beschuldigt, »die VP-Angehörige beleidigt zu haben, in dem er äußerte, dass sie dämlich, nicht normal und eine blöde Kuh sei«. Der Sekretär des Schriftstellerverbandes musste den Behörden mitteilen, dass man Jurek Becker wegen seines Verhaltens zur Rechenschaft ziehen werde. Am 16. August 1973 stellte die Staatsanwaltschaft Lichtenberg das Verfahren ein.[60] Der Vorfall kam erst Ende 1974 wieder zur Sprache, als Becker immer mehr mit einer Opposition in Verbindung gebracht wurde.

Vor dem Sommer 1968 reichte Becker seinen Roman *Jakob der Lügner* beim Aufbau-Verlag ein, dem renommiertesten DDR-Verlag. Sein Zorn über die Weigerung, den Film zu drehen, wurde durch die positive Aufnahme des Romans von seiner Lektorin Ursula Emmerich besänftigt. Ihr internes Gutachten ging von dem biographischen »Fakt« aus, dass Becker »sechs Jahre seiner Kindheit in einem osteuropäischen Ghetto« verbracht habe. Becker schrieb also als »Opfer des Faschismus«.

Emmerich erläuterte, dass der Autor »aus jüdischen Einzelschicksalen ... ein Bild vom Leben der Menschen im Ghetto« zeichne und mit »Gestalten wie dem Herzspezialisten Kirschbaum und Rechtsanwalt Schmidt ... die Klassenfrage« andeute. Der Unterschied zwischen den Juden hinsichtlich ihrer jüdischen Identität wird als klassenspezifisch interpretiert: Assimilierte Juden gehören der Oberschicht, orthodoxe Juden der Unterschicht an. Das Klasseninteresse definiert die religiöse Identität, nicht umgekehrt. Emmerich betont, dass die individuellen, positiven Beziehungen wie die Liebesgeschichte zwischen Mischa und Rosa trotzdem ein Zeichen dafür seien, dass normale menschliche Werte durch das Erleben des Holocaust nicht ausgehöhlt wurden. Die Deutschen blieben im Roman »weitgehend anonym« und seien als nicht besonders brutal dargestellt – eine positive Qualität des Romans für die Gutachterin. Das polnische Kleinstadtmilieu sei gut eingefangen: »Sparsam verwandte jiddische Wörter geben Kolorit.« Die Qualität der in der Rahmenerzählung ebenso wie in den Dialogen in der Romanhandlung verwendeten gesprochenen Sprache ist immer für eine der größten Stärken des Romans gehalten worden. Für einen deutschen Leser ist es ein »jüdischer« Roman. Und genau diesen Eindruck wollte Jurek Becker erwecken.

Am doppelten Schluss des Romans hatte ein Außengutachter des Verlags Kritik geübt – seiner Meinung nach stellten der Selbstmord und die utopische Befreiung der Ghettos die Rolle der Sowjets in Frage und ließen den echten Schluss als zu ironisch erscheinen. Auch Emmerich hielt den ersten Schluss für zu lang. Und mit dem historischen Problem, nämlich dass die Sowjets nie ein Ghetto befreit hätten, werde sich der Klappentext befassen müssen. Allerdings entging der bewusste Antirealismus der Gutachterin. Erneut wird die von Jurek Beckers Biographie ausgelöste Frage nach der Authentizität gestellt – sogar bei einem Text, in dem das Problem des Geschichtenerzählens im Mittelpunkt steht! So sehr er sich um distanzierte Darstellung bemüht – er bleibt ein Jude, der über seine eigenen Erfahrungen in der Shoah aussagt.

Die positive Reaktion führte dazu, dass Becker 1968 noch vor dem offiziellen Erscheinen des Romans in den Schriftstellerverband aufgenommen wurde. Der Schriftstellerverband der DDR hatte die Aufgabe, Diskussionen zu den Parteientscheidungen über Literatur anzuregen, öffentliche literarische Ereignisse zu unterstützen und sich beim Staat für die Schriftsteller einzusetzen. Außerdem konnte er seinen Mitgliedern finanziell helfen und ermöglichte ihnen Reisen ins Ausland, besonders in den Westen. Die Aufnahme Beckers war ein wichtiger Schritt in seinem Leben als Schriftsteller.

Jakob der Lügner erschien 1969 und war der erste Roman nach 1945, der die Shoah aus einer »komischen« Perspektive darstellte, oder zumindest der erste Roman, der sich mit den Ermordeten der Shoah nicht mit schlichtem Pathos befasste.[61] Rückblickend meinte Becker, dass die Thematik von *Jakob der Lügner* für einen ersten Roman gut genug gewesen sei. So habe er die Geschichte vom Ghetto und der Verfolgung der Juden nicht mit tränenerstickter Stimme, sondern in einem komischen Ton erzählen können.[62] Der Roman war ein Erfolg. Die Kritiker überschlugen sich. Werner Neuberts offizielle Rezension im *Neuen Deutschland* tönte: »Jurek Beckers Buch kann sich zweifellos mit den besten Werken unserer antifaschistischen Literatur über die faschistische Schreckenszeit von vor einem Vierteljahrhundert messen.«[63] Im Westen erwarb die Lektorin Elisabeth Borchers die westdeutschen Rechte für den Luchterhand Verlag. Sie wurde Beckers genaueste und unerschütterlichste westliche Lektorin. *Jakob der Lügner* sollte der erste Titel in einer neuen und überaus erfolgreichen Reihe werden, der Sammlung Luchterhand.[64] Am 1. September 1970 wurden 2300 Exemplare an den westdeutschen Buchhandel ausgeliefert, und nun setzte die positive Reaktion im Westen ein.[65]

Schwärmerische Rezensionen erschienen in der westdeutschen Presse. Die vielleicht bemerkenswerteste Besprechung stammte von einem anderen führenden polnisch-jüdischen Intellektuellen, der damals gerade zu einem der führenden Kritiker der westdeutschen Literatur avanciert war – Marcel Reich-Ranicki, ein Überlebender des Warschauer Ghettos. Er rühmte den Roman als Allegorie und attestierte Becker, »vom Geschlecht der traurigen Humoristen« zu sein, vermied es aber, ihn irgendeiner anderen literarischen Tradition als der deutschen zuzuordnen.[66]

Reich-Ranicki kannte Beckers Stellenwert im Spektrum der zeitgenössischen deutschen Literatur, er erkannte die außergewöhnliche Qualität des Romans und seine einzigartige Form der Auseinandersetzung mit der Shoah. Er brachte nicht die starke jiddische literarische Tradition ins Spiel, die Becker, wenn überhaupt, nur am Rande kannte.

Doch Becker fühlte sich ganz und gar nicht wohl mit Reich-Ranickis allegorischer Interpretation, wie er gegenüber dem westdeutschen Schriftsteller Wolfdietrich Schnurre in einem Brief bemerkt, in dem er ihm für seine Anmerkungen zum Roman dankt.[67]

Schnurre hatte Becker als Autor eines »wundervollen und bewegenden« Romans bezeichnet, den er mit dem vor kurzem erschienenen Roman *Der letzte der Gerechten* des französich-jüdischen Romanciers André Schwarz-Bart verglich. Zum Vergleich seines Philosemitismus führte Schnurre die Tatsache an, dass seine »Hauptlektüre in den letzten zehn Jahren der Talmud gewesen« sei, zur Vorbereitung auf einen Roman mit einem jüdischen Protagonisten. Darauf ist Becker freundlicherweise nicht eingegangen.[68]

Die Reaktion der Leser wie der Kritiker in der BRD verstärkte die Vorstellung, dass Becker eher ein jüdischer Schriftsteller als ein deutscher Romancier sei. So fragte ein westdeutscher Leser beim Luchterhand Verlag an, ob das Buch auf Deutsch geschrieben oder eine Übersetzung aus dem Jiddischen oder Polnischen sei.[69] Der Brief wurde an die Aufbau-Lektorin in Ostberlin zur Beantwortung weitergeleitet. *Jakob der Lügner* wurde als jüdisches Buch eines jüdischen Autors verstanden.

Aufgrund des Erfolges seines Romans wurde Becker im Westen wie im Osten als »professioneller Jude« abgestempelt. *Der Spiegel* lud ihn im Oktober 1973 ein, Max Fürsts Autobiographie seiner Kindheit in Königsberg, *Gefilte Fish* (1973), zu rezensieren. Das Buch hatte ihn »nicht sonderlich interessiert«, aber es gab für ihn noch einen Grund, der Bitte um eine Rezension nicht zu entsprechen: Er »habe keine Lust, zu einer Art Fachmann für Semitisches zu avancieren. Mein ›Jakob‹ war kein Programm, sondern eine Geschichte, die mir, mehr oder weniger zufällig, eingefallen ist.«[70] Becker kämpfte gegen die Behauptung (oder den Vorwurf), nur als Jude wäre er in der Lage, sich authentisch mit der Welt der Juden zu befassen. Sein Anspruch, die untergegangene Welt des Ostjudentums darstellen zu können, schien eher auf seiner Biographie zu beruhen als auf seinen Fähigkeiten als Romanautor.

Für *Jakob der Lügner* erhielt er 1971 den Heinrich-Mann-Preis der Akademie der Künste in der DDR und den Schweizer Charles-Veillon-Preis. Der Heinrich-Mann-Preis sorgte in den offiziellen Kreisen der DDR für einen kleinen Aufruhr. Da sollte nicht nur ein Erstlingsroman mit diesem Preis geehrt werden, sondern noch dazu ein Drehbuchautor. Alexander Abusch, der damalige Kulturminister, stimmte dem Vorschlag der Sektion Literatur und Sprachpflege an der Akademie der Künste unter der Bedingung zu, dass der Preis zu gleichen Teilen auch an zwei viel ältere und konservativere marxistische Autoren ging: Herbert Otto und Erik Neutsch. Außerdem war er dagegen, dass Becker die Preissumme von 12 000,– Mark allein erhielt – dies »widerspräche … allen bisherigen Gepflogenheiten und juristischen Grenzen bei der Verleihung des Heinrich-Mann-Preises«.[71]

In seiner unveröffentlichten Dankesrede betonte Becker, er sei überzeugt, dass die Schriftsteller nur geringen Einfluss auf die historische Entwicklung einer Gesellschaft hätten.[72] Aber er wies auch darauf hin, dass die Literatur im sozialistischen Staat eine größere Rolle als anderswo spiele. In den Buchhandlungen der Bundesrepublik Deutschland ließen sich zwar Bücher »mit sehr ernst zu nehmenden und achtbaren Absichten finden«, aber wenn man sich frage, inwieweit sie »Einfluss auf das geistige Klima nehmen, kommt man zu einem deprimierenden Resultat«. Am Ende stellte er sich eine Welt vor, in der »die Schriftsteller abhanden kämen«. Wäre das eine ärmere Welt? Ja, erwidert er, Literatur stelle »einen gewichtigen Posten unseres Lebens« dar, da »sie es reicher und schöner macht«. Dies war eine konservative Rede eines jungen Schriftstellers, die eine Reihe von Themen anschnitt, die für Becker von zentraler Bedeutung werden sollten. Seine Ansprache brachte zwar die unvermeidliche Bescheidenheit eines jungen Autors zum Ausdruck, der neben zwei viel etablierteren Schriftstellern ins Rampenlicht gerückt wird. Doch indem er darauf beharrte, dass nur gewisse Autoren ihre Leser bewegen, ihre Einstellung zur Welt verändern können, bekundete er eindeutig sein neues Gefühl, eine privilegierte Stellung in der literarischen Welt der DDR einzunehmen.

Dieses Gefühl wurde noch verstärkt, als Elisabeth Borchers 1971 zu Westdeutschlands wichtigstem literarischen Verlag wechselte, zu Suhrkamp in Frankfurt am Main. Becker schrieb an Otto F. Walter, den Verlagsleiter von Luchterhand, er wisse zwar, welch großen Dienst Luchterhand ihm mit der Veröffentlichung von *Jakob der Lügner* erwiesen habe, fühle sich aber verpflichtet, mit Elisabeth Borchers zu Suhrkamp zu gehen.[73] Zu diesem Zeitpunkt, also im Oktober 1971, waren 13000 Exemplare von *Jakob der Lügner* gedruckt worden. Walter war nicht erfreut darüber, dass Becker Luchterhand verließ, aber er akzeptierte die enge Beziehung zwischen Autor und Lektor. Borchers blieb bis zuletzt Beckers Lektorin und hatte einen großen Einfluss auf sein Werk. Später erschien *Jakob der Lügner* auch in der angesehenen Reihe Bibliothek Suhrkamp sowie als Suhrkamp Taschenbuch.

Im Oktober 1972 teilte Werner Alberg Becker mit, dass er zum Mitglied des PEN-Clubs der DDR gewählt worden sei. Das war der Kreis der Auserwählten schlechthin, denn die

PEN-Clubs waren der internationale Maßstab für Schriftsteller, die in ihrer eigenen Nationalliteratur wie auf der ganzen Welt ernst genommen wurden.[74] Plötzlich war Jurek Becker ein international anerkannter Autor, nicht mehr bloß ein Drehbuchschreiber – und ein erfolgreicher obendrein. Als er anlässlich eines Buchbasars in der Karl-Marx-Allee im Oktober 1969 zu einer Signierstunde eingeladen und von einigen ausländischen Besuchern gebeten wurde, neben seinem Namen auch sein Herkunftsland ins Buch zu schreiben, signierte er ostentativ mit »Jurek Becker, Deutschland«.[75]

Trotz seines Ruhmes galt Jurek Becker, Fan von Miles Davis und den Beatles, in der DDR immer mehr als kaum noch akzeptabler ostdeutscher Hippie. Sein Auftritt in der »Aktuellen Kamera«, der Nachrichtensendung des DDR-Fernsehens, wurde nicht gesendet, weil Becker zu lange Haare hatte. Seinen Beschwerdebrief an Erich Selbmann, der die Sendung 1954 konzipiert hatte, schloss Becker mit der ironischen Bemerkung, er wäre ja durchaus bereit, sein Haar zu schneiden nur um vor der Kamera aufzutreten. »Allerdings muss ich Sie darauf aufmerksam machen, dass ich jüdischer Abstammung bin. Ich nenne Ihnen lieber gleich diesen potentiellen Hinderungsgrund, damit sich nicht wieder im Nachhinein Komplikationen einstellen.«[76]

Vor dem Erscheinen von *Jakob der Lügner* hatte Becker populäre Filmdrehbücher geschrieben, vor allem leichte Komödien, großenteils fürs Fernsehen. Doch er hatte auch in »dunkleren« Genres wie dem Dokudrama gearbeitet. 1969 versuchte er, diese beiden Welten zu vereinen, und zwar auf eine Weise, die zwar nicht einzigartig, aber doch eindeutig umstritten war. Nach dem Angriff auf die »Kaninchenfilme« boten Filme in der DDR ein »seriöses«, durch die Linse der sowjetischen Historiographie gesehenes, Bild der deutschen Geschichte (d. h. der Nazizeit). In dem Film

Meine Stunde Null (Mitautor und Regisseur Joachim Hasler) befasste sich Becker mit der antifaschistischen Geschichte des Dritten Reichs in einer »komischen« Manier. Diese Verfilmung der Autobiographie von Karl Krug mit (dem nicht verwandten) Manfred Krug in der Hauptrolle erzählte die Abenteuer eines russischen Kriegsgefangenen, des Gefreiten Hartung, der sich 1943 an der Ostfront hinter die deutschen Linien begab, um seinen Kommandeur zu entführen. Dieser verschlagene und tückische Major Steckbeck hatte Hartung zu Beginn des Films befohlen, eine Blindgängerbombe wegzuschaffen, die neben seinem Hauptquartier lag. Als er die Explosion in der Ferne hört, tut er den vermeintlich dabei umgekommenen Hartung mit den Worten ab, er sei »kein guter Deutscher« gewesen. Dabei trifft das eigentlich auf alle anderen Deutschen im Film zu. Hartung nämlich, ein ziemlich apolitischer Angehöriger der Arbeiterklasse, wird zur Menschlichkeit des Kommunismus bekehrt und meldet sich freiwillig für die Entführung des Majors, um der sowjetischen Sache zu dienen – aus einem »kleinen Mann« wird ein Held. Der eingangs von Karl Krug vorgetragene Hintergrundkommentar betonte, dass derartige Kriegsgeschichten für gewöhnlich ernst oder tragisch seien. Seine Kriegsgeschichte aber werde komisch sein.

Im Vordergrund von *Jakob der Lügner* stand der »kleine Mann« und nicht der Held. Den Heldenstatus kann Jakob Heym nie erlangen, da er sein Schicksal nicht in der Hand hat. Das Komische in *Jakob der Lügner* liegt genau in den Eigenschaften, die man dem kleinen Mann in einer Extremsituation zuschreibt, der nur handeln kann, um sein Leiden zu lindern, ohne dessen Willkür ändern zu können.

Was die Leser von *Jakob der Lügner* begeisterte, verwirrte die Zuschauer von *Meine Stunde Null.* Mit der humoristischen Nacherzählung der antifaschistischen Geschichte kamen die Kritiker nicht zurecht: »Der Film versucht wirklich, Dinge und Ereignisse mit Humor darzustellen, die normalerweise ernsthaft dargestellt wurden. Dieser Film neigt zu einem schwarzen Humor, der für junge Gemüter destruktiv sein könnte.«[77] Der Film »wird seinem bedeutenden Thema nicht gerecht«.[78] Zumindest aber regte er einen Kritiker an, sich Gedanken über die Komplexität der Darstellung der Vergangenheit zu machen: »Das Leben im Krieg hat immer viele Seiten ... Viele deutsche Soldaten waren verführt worden, begingen aber keine Verbrechen. Und was noch wichtiger ist: Warum sollte es heute nicht möglich sein, die Vergangenheit mit Humor zu betrachten?«[79] Im privaten Umfeld sei »man allgemein sehr erstaunt« darüber gewesen, dass »Becker so etwas schreiben« konnte, wie der Bericht eines Stasi-IM notiert: »Man ... halte auch jetzt noch nicht viel von seiner politischen Einstellung zu unserem Staat, obwohl er Genosse ist. Bei seiner wenig positiven Einstellung staunt man über den von ihm gemeisterten Stoff.«[80] Der Film wurde in vielen Kinos aufgeführt, sogar in Moskau. Interessant daran war für Becker »nur der halbwegs gelungene Nachweis, dass heroische Zeiten sich auch für andere als monumentale Darstellung eignen«[81] – ein Umstand, den er auch beim Schreiben und Umschreiben von *Jakob der Lügner* erkannte.

Was aber im Zusammenhang mit einem Roman über Juden funktioniert, ist bei der Darstellung von Deutschen ganz und gar nicht akzeptabel. In den Stasi-Berichten über den Film kommt immer wieder Beckers jüdische Biographie zur Sprache, wobei es einmal fälschlicherweise heißt, »seine Eltern sollen im Ghetto umgekommen sein, in dem er selbst aufgewachsen ist«. Aber diese »Tatsache« wird auch in einem engen Zusammenhang mit der Beobachtung gesehen, er habe »Verbindungen zu Schieberkreisen der Friedrichstraße ..., die mit ihm im Pressecafé zusammentreffen sollen«.[82] Die Assoziationen sind unheilvoll – denn humorvoll sein wird hier gleichgesetzt mit jüdisch sein, und das bedeutete kein guter Genosse zu sein.

Erich Honecker, der 1966 die »Kaninchenfilme« und andere Manifestationen kultureller Unbotmäßigkeit mit verurteilt hatte, übernahm im Mai 1971 das Amt von Walter Ulbricht. Die Liberalisierung der Künste (»Tauwetter«) war Teil der neuen Ordnung. Am 16. Dezember 1971 verkündete Honecker, dass es auf dem Gebiet von Kunst und Literatur keine Tabus gebe, wenn man von der festen Position des Sozialismus ausgehe, womit, wenn man zu lesen versteht, gewaltige Tabus bestätigt wurden. Aber es wurde nach 1971 möglich, Werke zu veröffentlichen, die früher unterdrückt worden waren oder zumindest als »schwierig« galten, wie z.B Hermann Kants 1968 geschriebener Roman *Das Impressum* (1972), der lose auf Kants Erlebnissen bei der Herausgabe der Studentenzeitung basierte, für die Becker Beiträge geschrieben hatte. Der Schriftstellerverband wurde eines der Zentren für die interne Kritik an der ostdeutschen Kultur. Becker vertrat die Ansicht, man müsse die Leser dazu erziehen, im Kunstwerk die Ansichten des Autors und nicht die Verkündungen des Staates zu erkennen.[83] Zur »offiziellen« Liberalisierung gehörte es, die Jugend in die Führung des Schriftstellerverbandes einzubeziehen. So wurde Becker zusammen mit Altersgenossen wie Sarah Kirsch, Volker Braun und Ulrich Plenzdorf in den Vorstand gewählt. Die geheime Absicht der Partei war klar. Man wollte Jurek, mit dem man seit 1968 ständig politischen und ideologischen Ärger hatte, an die Kandare nehmen. Mit seiner Wahl glaubte man, ihn enger »an die Entscheidungen und Meinungen der Führung« binden zu können.[84]

5. Irreführung der Behörden

1970 begann Becker an seinem zweiten Roman zu arbeiten.[85] Er handelt von den Möglichkeiten, als Schriftsteller in der DDR zu leben, zu lieben und zu funktionieren. Sein Titel war die Formulierung, die er bereits in seinen Filmdrehbüchern verwendet hatte: *Irreführung der Behörden.*[86] War *Jakob der Lügner* in erster Linie als historischer Roman mit zeitgenössischen Anspielungen zu verstehen, dann war *Irreführung der Behörden* ein zeitgenössischer Roman über die DDR, der in seiner Konzeption historisch ist. In diesem Buch, so Becker in einem Interview, gehe es »um etwas, worin ich bis über beide Ohren stecke«, also »um eigene Erfahrungen, eigene Erlebnisse, eigene Probleme« – zugleich aber auch um die gesellschaftliche Relevanz des Schriftstellers.[87] Noch ein Jahrzehnt nach der Wiedervereinigung erinnerten sich seine Leser in der DDR daran, was für eine kühne Herausforderung dieser Roman für das kulturelle Establishment der damaligen Zeit darstellte.[88]

Der im Winter 1959 einsetzende Roman erzählt das Leben des Jurastudenten Gregor Bienek und geht auf die Zeit in Beckers Leben zurück, als er die Humboldt-Universität verließ. Gregor Bieneks verständnisvoller (jüdischer) Professor hatte ihn, halb scherzhaft, davor gewarnt, Jura zu studieren und gleichzeitig Schriftsteller werden zu wollen, denn es sei gegen das Gesetz in der DDR, die Behörden irrezuführen. Gregor (fast ein Anagramm für Georg = Jurek – die eingravierten Initialen »GB« auf einem Feuerzeug, das ihm seine Freundin zu Weihnachten schenkt, sind Beckers eigene alte Initialen) »verkauft« einen Roman an einen Verlag, nachdem er dessen Inhalt einer Lektorin erzählt hat, die er dann verführt. Gregor ist ein geborener Geschichtenerzähler. Die Geschichte, die er verkauft, ist die eines Mannes, der Zahnschmerzen hat und dessen Zahnarzt entdeckt, dass seine Zähne so wertvoll sind, dass sie ihm der Staat einzeln herauszieht. Dies scheint eine Metapher für das Leben in der DDR zu sein, wie Gregors Lektorin feststellt. Tatsächlich haben alle Geschichten Gregors, so wie das Märchen in *Jakob der Lügner,* eine unübersehbar »moralische« Bedeutung.

Becker ließ seinen neuen Roman in Ulbrichts DDR unmittelbar vor dem Prager Frühling spielen. Zeitgenössische Leser in der DDR sahen in ihm allerdings auch einen Kommentar zu Honeckers DDR nach dem Ende des »Tauwetters«. Man las ihn als Roman über die Reaktion der Intellektuellen auf die größere »Freiheit« unter Honecker, die gleichzeitig ihren sozialen und wirtschaftlichen Status verbesserte. In einem Interview erklärte Becker, er habe das Milieu des Schriftstellers bewusst gewählt: »Ich kenne diese Umgebung und ihre Probleme dank eigener Erfahrungen und der von Freunden besonders gut, ich fühle mich auf diesem Terrain sicherer, als ich es anderswo, auch nach eingehenden Milieustudien, wäre.«[89] *Irreführung der Behörden* besteht eigentlich aus zwei »Geschichten«: den Berichten über Gregors Leben ebenso wie seinen eigenen Geschichten und einem »Roman«, der eine schematische Darstellung der Ereignisse in seinem Leben von 1960 bis 1966 ist. Ursprünglich hatte Becker die Idee, die erste Geschichte vom Protagonisten und die zweite von einem »objektiven Erzähler« erzählen zu lassen, wie sein Arbeitstitel »Gregor und ich« andeutet.[90] Er gab diesen Kunstgriff auf, als er sich darüber klar wurde, dass die Erzählerstimme des Protagonisten seine zunehmende Selbsterkenntnis offenbaren müsse.[91]

Irreführung der Behörden ist ein Roman über das Geschichtenerzählen und den Betrug. Die erste Geschichte beginnt damit, dass Lola ihm helfen will, seine Erzählungen so zu gestalten, dass sie für die Behörden genießbarer und damit verkäuflicher sind. Er erzählt ihr von drei Männern, die eine Bank ausrauben wollen und entdecken, dass sie für ihre Flucht eine gute Straße brauchen, die von der Bank wegführt. Um den Raub zu ermöglichen, wirken sie beim Straßenbau mit und werden mustergültige Arbeiter. Sie rauben die Bank aus und entdecken, dass sie viel weniger Geld gestohlen haben, als sie durch ihre Überstunden als »Helden sozialistischer Arbeit« verdient hatten. Lola, die den DDR-Ton kennt, weist darauf hin, Gregor hätte sie darauf verzichten lassen sollen, die Bank auszurauben, und zwar aufgrund der Einsicht in den Wert der Arbeit an sich, die sie als Arbeiter gewonnen hätten. Später wird Lolas Version für ein Drehbuch ironischerweise mit der Begründung abgelehnt, dass es nicht vorwiegend kriminelle Motive seien, die in der DDR zur Fertigstellung von Straßen führen …

Gregors Beziehung zu Lola wie zu allen anderen Menschen im Roman basiert auf Lügen. Er belügt jeden, um seine Vorstellung von Erfolg zu verwirklichen. Gregor schlittert in die Welt des Filmemachens hinein und hat Erfolg. Je erfolgreicher (lies: oberflächlicher) seine Filme werden, desto opportunistischer und unmoralischer wird er.

Lola hält Gregor sein Abgleiten in den Opportunismus vor und stellt fest, die Zuschauer erwarteten von ihm eine moralische Verantwortung. »Aber was tust du? Du führst sie in die Irre und lieferst alte Hüte ab, die du in deiner Werkstatt mit ein bißchen Talent aufpolierst.« In einem Interview von 1974 bemerkte Becker: »Schreiben ist immer mit Absichten verbunden. Und erst recht bei einem sozialistischen Schriftsteller, der doch nicht nur Geschichten unter die Leute bringen will. Ein sozialistischer Schriftsteller hat die Absicht, seine Absichten unter die Leute zu bringen.«[92] Becker wollte keinen »falschen« Beifall aus dem Westen, er wäre ein Schriftsteller, der in Opposition zur offiziellen Kulturpolitik stehe – für ihn war Kritik an den gesellschaftlichen Phänomenen in der DDR ein Mittel, »den Sozialismus, den wir praktizieren, praktikabler zu machen«.[93] Sein Ton, schreibt er 1973 im Zusammenhang mit dem Roman an den Jenaer Literaturwissenschaftler Hans Richter, sei fast immer polemisch.[94] Der Schriftsteller habe die Pflicht, dem Leser eine Kritik des täglichen Lebens zu bieten – auf dem Weg zu einer idealen sozialistischen Welt.

Am Ende ist Gregor so erfolgreich, wie Lolas Eltern es zu Beginn des Romans waren. Als hohe Parteifunktionäre führten sie eine reiche und wohlgeordnete Existenz an der Spitze der unsichtbaren Klassenpyramide in der DDR. Angesichts seines Erfolges hat Gregor das Gefühl, dass seine Ehe an ein Ende gelangt ist. Das Ende des Romans ist zweideutig. Hat Gregor die Lektion gelernt, dass Erfolg sowohl individuelle Beziehungen zerstören als auch einer wahren Erfüllung der Pflichten gegenüber dem Staat und seinem Publikum im Wege sein kann? Er betrachte »Gregor Bienek nicht als verlorene Existenz, reif für den Schrottplatz«, erklärte Becker in einem Interview, »sondern ich baue darauf, dass er zu anderen Verhaltensweisen finden wird. Und der erste Schritt zur Überwindung eines Zustands ist bekanntlich dessen Erkenntnis.«[95] Auf eine »positive« Deutung des Romanschlusses weist eine frühere Stelle im Roman mit einer unmissverständlichen Metapher. Im Hinblick auf seinen Produzenten meint Gregor, »kein Mensch kann mit einer anderen Nase herumlaufen als mit seiner eigenen, nicht einmal ich«. Aber was ist Gregors wahre »Nase«? Eine auf moralischer Verantwortung basierende Beziehung zum Staat und zu seiner Frau? Die Metapher selbst ist zweideutig, spielt sie doch auf das Bild des Juden an, auf einen Aspekt des körperlichen Andersseins. Zwar gibt es keinerlei Hinweis darauf, dass Gregor jüdisch ist, doch als er sich die Unabänderlichkeit seiner Welt vorstellt, gebraucht er eine Metapher, die diesen merkwürdigen Doppelsinn hat. Weit vorher hatte er die Physiognomie seines jüdischen Strafrechtslehrers Gelbach beschrieben, mit diesen ungleichen Gesichtshälften »ein echtes Wunder an Asymmetrie, zweifellos hätte er auf dem Jahrmarkt neben der Dame ohne Unterleib seine Chancen«. Seine kurzen Beine und ein »unmäßig großer Kopf« vollenden dieses Porträt. Gelbach ist derjenige, der Gregor drängt, seinem Traum zu folgen, zu schreiben und die Behörden nicht »in die Irre« zu führen, indem er behauptet, Jura zu studieren. Er empfiehlt Gregor, seiner eigenen Nase zu folgen.

1971 reichte Becker das fertige Manuskript von *Irreführung der Behörden* beim Aufbau-Verlag ein. Dort ließ man es von Gerd Gericke begutachten, dem späteren Dramaturgen der Verfilmung von *Jakob der Lügner,* und stellte dann fest, dass das Buch für den Verlag zu politisch wäre[96] – obwohl man Becker einen erheblichen Vorschuss für das Buch gezahlt hatte.[97] Enttäuscht schickte Becker das Manuskript Anfang 1972 an den experimentierfreudigeren Hinstorff-Verlag in Rostock, der von Konrad (»Conny«) Reich geleitet wurde. Becker schrieb an Elisabeth Borchers, die das Manuskript für eine Suhrkamp-Ausgabe lektorierte, das Buch werde für einigen Aufruhr sorgen. Es werde sich viel besser verkaufen als *Jakob.*[98]

Das Manuskript von *Irreführung der Behörden* wurde im März 1972 von einem Außenlektor des Hinstorff-Verlags, Hans Joachim Bernhard, positiv begutachtet. Bernhard ging zunächst auf die »reife Leistung« von *Jakob der Lügner* ein, der seine Substanz »dem Thema des Leidens an den faschistischen Verbrechen und des faschistischen Widerstandes« verdanke. Demgegenüber gehe es im neuen Roman um »wichtige Fragen der weltanschaulichen Entwicklung eines jungen, künstlerisch begabten Menschen …, der mit unserer sozialistischen Gesellschaft wächst«, um »neue Fragestellungen über ein sinnerfülltes Leben und die Verantwortlichkeit des Einzelnen in unserer sozialistischen Gesellschaft«. Auch wenn sich der Roman mit scheinbar trivialen Details befasse, biete »der Stoff durchaus weiter zu spannende Bezüge« und werde »die Palette unserer Literatur … bereichern«. Bernhard empfahl »nachdrücklich« die Druckgenehmigung.[99]

Im Frühjahr 1973 kam *Irreführung der Behörden* in der DDR wie in der BRD heraus. Die Meinungen der Kritiker in Ost und West waren geteilt. Die Kritiker im Osten, wie Walter Waldmann, lehnten das Buch ab und hielten es für »glatt, manchmal zu glatt« (besonders im Gegensatz zu *Jakob der Lügner*).[100] Westdeutsche Kritiker, die den Roman als Kritik am kulturellen Leben der damaligen DDR (statt der DDR unter Ulbricht) verstanden, liebten ihn. Im Westberliner SFB stellte Roland Wiegenstein fest, Beckers Roman sei eine »Geschichte von Privilegien«, ein »witziges, humorvolles und doch höchst ernsthaftes Werk der Selbstkritik«.[101]

Nach 1968 hatte es im Westen ein starkes Interesse an DDR-Autoren gegeben, die als »oppositionell«[102] galten, zumal wenn sie sich mit den gleichen Aspekten der deutschen Vergangenheit und Gegenwart zu befassen schienen, die die jüngeren Kritiker im Westen umtrieben. Das Schreiben unter einer Kulturdiktatur erforderte aus der Sicht des Westens Zivilcourage und ließ zugleich die »richtige« Einstellung zur Veränderung der bestehenden Gesellschaft erkennen.

Literatur spielte eine Rolle, aber die Literatur, die für Becker eine Rolle spielte, war eher selbstbewusst literarisch als »sozialistisch«. Nach der Verleihung des Nobelpreises im Herbst 1972 an Heinrich Böll, schrieb Becker ihm, wie wichtig dessen Werk für seine eigene Vorstellung von Schreiben sei. Der Brief schließt mit den Worten:

»Und dann, ich danke Ihnen für die Demonstration, was ein Schriftsteller tun kann, wenn er nicht gerade verfasst. Oder was getan sein muss, bevor er sich zum Verfassen setzt.«[103]

Zu den anderen Schriftstellern, die er Anfang der siebziger Jahre als seine Vorbilder bezeichnete, zählten Thomas Mann, Stefan Zweig und J. D. Salinger,[104] Romanautoren, die sich durch erzählerische Klarheit auszeichnen und deren politische Einstellung eindeutig an ihren Werken abzulesen ist.

Becker unternahm 1970 eine ausgedehnte Lesereise in westdeutsche Großstädte und berichtete darüber »durch DDR-Augen« für eine westdeutsche Zeitung.[105] »Zumindest sprechen wir die gleiche Sprache«, sagten viele von denen, die Becker kennen lernte, aber er wusste nie so recht, was das bedeutete. Zwischen 1973 und 1976 war er fünfzehn Mal in Westberlin; im Februar 1974 suchte er das Jüdische Gemeindezentrum auf, um für seinen Roman *Der Boxer* (1976) zu recherchieren. Im März 1974 durfte er in die Niederlande reisen, und im Mai 1975 las er in Belgien und Luxemburg aus *Jakob der Lügner*. Dort sprach er auch über das immanent Konservative in der sozialistischen Kultur und über die Reglementierung eines Staates, der nicht bereit ist, irgendwelche Experimente zu dulden[106] – ein Echo seiner Bemerkungen, die er im Oktober 1973 beim jugoslawischen Schriftstellerkongress in Belgrad gemacht hatte.[107]

Am 16. Dezember 1973 teilte ihm Günter Schulz, der Generalsekretär der Rudolf-Alexander-Schröder-Stiftung, mit, dass ihm für *Irreführung der Behörden* der mit 10000 D-Mark dotierte Literaturpreis der Stadt Bremen verliehen werde.[108] Becker bat sofort den Ersten Sekretär des Schriftstellerverbandes um Rat. Was solle man tun, wenn man einen »ausländischen« Literaturpreis erhält? Den Bremer Literaturpreis hatten immerhin »westliche« Autoren wie Ilse Aichinger (1955), Ernst Jünger (1956), Ingeborg Bachmann (1957), Paul Celan (1958) und Thomas Bernhard (1965) bekommen.[109] Nur einmal war er einer in der DDR ansässigen Schriftstellerin verliehen worden: Christa Reinig.

Sie hatte den Preis 1964 angenommen und war nicht mehr in die DDR zurückgekehrt. Becker war der erste Schriftsteller aus der DDR nach 1968, der den Preis erhalten sollte, noch dazu für einen als systemkritisch eingeschätzten Roman. Das Zentralkomitee empfahl, Becker solle den Preis nicht annehmen. »Aber die letzte Entscheidung liegt bei ihm.«[110] Doch es gab noch ein anderes Problem. Jurek Becker sollte sein Debüt als Vorstandsmitglied des Schriftstellerverbandes geben und eine wichtige Rede auf dem VII. Kongress halten. Die Parteifunktionäre waren entsetzt, dass ihm ein solcher Auftritt nach der Verleihung eines westdeutschen Preises eingeräumt wurde. Seine Kollegen vom Schriftstellerverband, etwa Hermann Kant, der damals aktiv für die Stasi tätig war, rieten ihm dringend, den Preis nicht anzunehmen.[111] Doch der Chefideologe der SED, Kurt Hager, beschloss, eine Regelung zu treffen, die die Annahme jedes anderen Preises aus der BRD in Zukunft verbot. Aber diesmal durfte Becker nach Bremen fahren, um den Preis am 26. Januar 1974 anzunehmen. Als ein Zeitungsbericht ihn als »einen polnischen Schriftsteller, der in der DDR lebt« bezeichnete, wies Jurek Becker das entschieden zurück – für ihn war der Unterschied zwischen einem »DDR-Autor« und einem »in der DDR lebenden Autor« mehr als eine feine Nuance.[112] Im Westen wollte er als DDR-Autor gelten, nicht als »Opfer des Faschismus«.

Ungeachtet aller Befürchtungen der Funktionäre wurde Beckers Rede »Wirklichkeit und Wahrheit in der Literatur«, die er am 13.Nov.1974 vor dem Schriftstellerverband hielt, zumindest von den »liberalen« Autoren gut aufgenommen.[113] Es war eine programmatische Erklärung über das, was Literatur in einem wahrhaft sozialistischen Staat sein müsse. Er warf die zentrale Frage der »inneren Zensur« unter seinen Kollegen auf, die so gut wussten, was nicht erlaubt sei, dass sie nie in Versuchung gerieten, die Grenze zu überschreiten. Becker distanzierte sich von der westdeutschen Kritik, die ihre Liebe zur oppositionellen Literatur in der DDR entdeckte, einer Literatur, die zumindest so uminterpretiert wurde, als stünde sie in Opposition zum Staat. Doch er erkannte auch, dass es eine notwendige Spannung zwischen einem Staat und seinen Autoren geben müsse. Er bestritt den rein pädagogischen Faktor von Literatur und weigerte sich zu akzeptieren, dass Literatur die Rolle habe, Menschen zu irgendeiner Ideologie zu bekehren. Er erklärte, die angemessene Thematik und Form der Literatur müsse den Autoren überlassen werden. Daher sei es sinnlos, »echte« Erlebnisse zu kopieren, die der Leser gehabt haben mag. Literatur solle keine vorgefertigten Antworten geben, sondern mutige Fragen stellen. Dies gelte besonders für die DDR, wenn sie sich mit der Vergangenheit befasse und versuche, sie von allen Problemen und Fehlern zu reinigen. Die Arbeiterbewegung habe »stets mehr aus ihren Fehlern gelernt als aus ihrem Gleichschritt«.

Ruth Werner, die Schwester von Jürgen Kuczynski, die in der Schweiz und in England als Spionin des KGB tätig gewesen war, Romanautorin und Biographin, selbst deutsch-jüdischer Herkunft und Mitglied der alten stalinistischen Garde, erwiderte, ständig erklärten ihr die Menschen, wie sehr die Lektüre ihr Leben verändert habe. Schroff wurde sie von Becker unterbrochen: »Ist die Mitteilung eines Mitgliedes des Politbüros über Wert und Wirkung von Literatur gleichbedeutend mit dieser selbst?« Stefan Heym, der älteste deutsch-jüdische Schriftsteller in der DDR, erhob sich zu Beckers Verteidigung und erklärte, das eigentliche Thema hier sei nicht die Wirkung von Literatur, sondern deren Wirklichkeit. Dann kam Heym auf den gerade aus der UdSSR ausgebürgerten Alexander Solschenizyn zu sprechen, dessen Darstellung von »Erlebnissen und Tatsachen« zu einer ernsten Krise in der Führung der Sowjetunion und zu seiner Ausweisung geführt habe.[114] Der neben Heym sitzende Übersetzer Gustav Just applaudierte spontan. Plötzlich stand im Mittelpunkt der Diskussion der Berliner Sektion des Schriftstellerverbandes das Thema des Staates, der einen unbequemen Autor ausweist, weil er Fehler im System enthüllt habe. Es kam zu heftigen Debatten über die alltägliche Praxis in der DDR und in der Sowjetunion, mit Becker als Wortführer. Zumindest die Berliner Autoren begannen, die Kluft zwischen Versprechen und Wirklichkeit in Honeckers DDR zu erkennen.

6. *Jakob der Lügner* – der Film

Auf das kulturelle Tauwetter nach der Ablösung von Walter Ulbricht durch Honecker, wenn es überhaupt existiert hatte, folgte eine neue Eiszeit. *Jakob der Lügner* war mittlerweile in ein Dutzend Sprachen übersetzt und ein Bestseller in beiden deutschen Ländern geworden: 1973 waren die schwedischen, tschechischen, ungarischen, rumänischen, englischen und französischen Rechte verkauft worden; acht weitere Übersetzungen (unter anderem ins Polnische) erschienen Anfang der achtziger Jahre. Der Erfolg bewog die DEFA, über eine Wiederaufnahme des aufgegebenen Projekts der Verfilmung von *Jakob der Lügner* nachzudenken, mit einem neuen Drehbuch von Becker und unter Beteiligung von Frank Beyer.

»Nun waren viele Kollegen daran interessiert, aus diesem Roman einen Film zu machen, aber Jurek hielt an dem Gedanken fest, diesen Film gemeinsam mit mir zu drehen.

Als das ZDF die Verfilmungsrechte für den Roman kaufen wollte, rief er mich an und sagte, dass er sich weiterhin mit mir im Wort fühle, ich möge ihn aber bitte nicht auf den Sankt Nimmerleinstag vertrösten. Das war während der Dreharbeiten zu *Juanita*. Ich ging zu Heinz Adameck, dem

Chef des DDR-Fernsehens, verwies auf den Passus in meinem Vertrag, der mir erlaubte, in bestimmten Abständen für die DEFA zu arbeiten, und bat um die Genehmigung. Nach acht Jahren begann ich bei der DEFA genau an der Stelle wieder mit der Arbeit, an der ich 1966 aufgehört hatte: mit der Vorbereitung des Films *Jakob der Lügner.*« [115]

Becker hatte 1973 bei der DEFA angefragt, nachdem das westdeutsche Zweite Fernsehen (ZDF) sein Interesse an einer Verfilmung des Romans bekundet hatte.[116] Die DEFA-Funktionäre entschieden sich für eine Gemeinschaftsproduktion mit dem DDR-Fernsehen, um das Projekt in der DDR zu behalten. Am 10. Februar 1972 war man sich einig, dass der Roman verfilmt würde.[117] Die Verhandlungen waren schwierig, da Becker das Drehbuch erheblich höher bewertete als die DEFA.[118] Die dritte und letzte Fassung des 1963 begonnenen Drehbuchs war im Oktober 1973 fertig und bildete die Grundlage für einen neuen Vertrag.[119]

Diese letzte Drehbuchfassung verzichtete auf die Rahmenhandlung des Romans, und ersetzte sie durch den lapidaren Text: »Die Geschichte von Jakob dem Lügner hat sich niemals so zugetragen. Ganz bestimmt nicht. Vielleicht hat sie sich aber doch so zugetragen.« Becker verzichtete auch auf die gesamte Nebenhandlung um Dr. Kirschbaum, die eine »heroische« Parallele zu Jakob und seinem nicht existierenden Radio dargestellt hatte. In der »Charakteristik wichtiger Figuren« der Fassung von 1974 heißt es über Jakob: »Ein Mann zwischen 40 und 50 Jahren. Unscheinbar, keinesfalls der Typ eines Kinohelden.«[120] Der orthodoxe Jude Herschel Schtamm wird als überaus religiöse, ja fast fanatische Figur eingeführt, das Gegenteil seines atheistischen Zwillingsbruders Roman. Dieser Kontrast ist wichtig für die Darstellung des Juden: Die Zwillinge sollen sich so ähnlich sehen, dass der einzige Unterschied in Herschels Schläfenlocken besteht – ein Unterschied, der das Ergebnis einer individuellen Entscheidung ist, nicht irgendeiner Neigung des osteuropäischen Judentums zu einer religiösen Identität. Die wichtigste Änderung betraf den Schluss des Films. Das heroische Ende mit Jakobs verzweifeltem Selbstmord und dem russischen Soldaten, der Hand in Hand mit Lina aus dem Bild geht, war im Roman gebrochen dargestellt worden. Becker bot einen doppelten Schluss an. Werden sie überleben? Werden sie sterben? Er schrieb das Ende um und griff die Märchenerzählung wieder auf, die nun wie die Rückblenden auf Jakobs Leben im Vorkriegspolen in leuchtenden Farben gedreht wird. Am Schluss des Films werden Jakob, Lina und die anderen Ghettobewohner in einem Viehwaggon zum Todeslager transportiert. Lina fragt Jakob nach der Geschichte, die er ihr erzählt hat – wie sei die Prinzessin durch eine Wolke geheilt worden? Ihre Freunde hätten behauptet, das wäre unmöglich. Geduldig erklärt Jakob ihr, das wäre nur ein Symbol für das, was die Prinzessin tun müsse – zu glauben. Als die Kamera aus dem kleinen Fenster im Viehwaggon hinaus schwenkt, fragt Lina Jakob: »Aber sind denn Wolken nicht aus Watte?« Die letzte Regieanweisung lautet: »Die Wolken sehen wirklich wie Wattebällchen aus.«[121] Das Problem des Glaubens wird zu einem Problem der Sprache. Welcher Sprache können wir glauben?

Die Sprache der jüdischen Figuren ist praktisch identisch mit der der Deutschen. Von der jiddischen Färbung ist nur ganz wenig geblieben, im Grunde fast nur in Bezeichnungen wie »gefillte Fisch« oder »Matze«. Die deutschen Soldaten, ja, die ganze Szenerie im Ghetto, sind »normal« innerhalb der Anormalität der Shoah. Der Film *Jakob der Lügner* untertreibt eindeutig den Schrecken des Ghettos. Frank Beyer war sich selbst darüber im Klaren: »Auch die Bilder des Grauens, die wir aus den Dokumentarfilmen über Ghettos und Konzentrationslager kennen, kommen in unserem Film nicht vor. Wir haben die Erfahrung gemacht, dass der Zuschauer durch Schockwirkungen dieser

Art sich eher verschließt als für die Gedanken- und Gefühlswelt des Autors und Regisseurs sich öffnet.«[122] Becker befürwortete Frank Beyers Vorstellung von dem Film. Er war der Autor, aber Beyer war der Regisseur. Er konsultierte Becker regelmäßig und verstand es, »seine eigenen Auffassungen auf demokratische Art und Weise durchzusetzen«.[123] Becker wusste, dass der Regisseur das letzte Wort hat.

Die Meldung, dass *Jakob der Lügner* verfilmt würde, ging durch die Medien. Becker bekam ein Telegramm von Heinz Rühmann aus Westdeutschland, der anfragte, ob er Jakob Heym spielen könne.[124] Rühmann, Jahrgang 1902, war einer der bedeutendsten deutschen Filmschauspieler gewesen. Nach seiner Ausbildung bei Max Reinhardt in den zwanziger Jahren wurde er zu einem der führenden Schauspieler in Unterhaltungsfilmen der Nazizeit. Nach dem Krieg war er der beliebteste Charakterdarsteller im westdeutschen Film und hatte seinen größten Erfolg in der Verfilmung des Schauspiels *Der Hauptmann von Köpenick* (1956) von dem jüdischen Exilautor Carl Zuckmayer. Rühmann als Jakob hätte völlig andere Assoziationen mit der Rolle verbunden. Die Vorstellung, dass einer der beliebtesten Schauspieler aus Westdeutschland in dem Film nach einem der beliebtesten Romane Ostdeutschlands mitspielen würde, war für Frank Beyer sehr verlockend. Damit würde der Film garantiert ein Kassenschlager in beiden Teilen Deutschlands werden. Der Vorschlag ging durch die ganze Hierarchie der DDR, bis er schließlich auf Erich Honeckers Schreibtisch landete. Der Regierungschef und die Partei lehnten ihn mit der Begründung ab, dies würde gegen das Prinzip verstoßen, dass es zwei grundsätzlich verschiedene deutsche Staaten gebe – es dürfe nicht den kleinsten Hinweis darauf geben, dass eine deutsche Kultur existiere. Zwei weitere Schauspieler jenseits der Grenzen der DDR, die für die Rolle in Erwägung gezogen wurden, waren der französische kommunistische Schauspieler und Sänger Yves Montand und seine jüdische Frau Simone Signoret.

Die Rolle des Jakob Heym besetzte Beyer schließlich mit dem 2002 verstorbenen tschechischen Schauspieler Vlastimil Brodsky. Beyer hatte Brodsky an der berühmten Prager Filmschule kennen gelernt und ihm in seiner Abschlussarbeit die Hauptrolle gegeben. Brodsky sollte bereits in der abgelehnten Fassung von 1966 eingesetzt werden. Beyer hatte damals bereits bis ins Detail mit Brodsky verhandelt.[125] Im September 1973 beschloss Beyer erneut, auf Schauplätzen in Polen zu drehen und mindestens fünf polnische Schauspieler von Film Polski, der staatlichen Agentur, einzusetzen.

Becker und Frank Beyer fuhren am 5. November 1973 nach Warschau, um die Produktion und Besetzung zu erörtern. Die ersten Besetzungsproben fanden am 13. November 1973 in den DEFA-Studios in Babelsberg statt. Beyer hatte vor, mit den Dreharbeiten am 12. Februar 1974 zu beginnen. Am 11. Januar 1974 verlangten die polnischen Behörden eine vollständige Übersetzung des Drehbuchs, eine Forderung, die ganz unüblich war. Die Übersetzung wurde angefertigt und am 23. Januar nach Warschau geschickt. Am 18. Februar teilte die polnische Filmagentur der DEFA in einem nicht unterzeichneten Telegramm mit, dass keine polnischen Schauspieler in dem Film mitspielen dürften. Günter Klein, als Stellvertretender Minister für Kultur in der DDR für den Bereich Film verantwortlich, setzte sich für den Film ein, und diesmal scheiterte das Projekt nicht wie beim ersten Anlauf am Widerstand der polnischen Behörden – die Dreharbeiten begannen mit polnischen Schauspielern.[126] Die Außenaufnahmen wurden in der Tschechoslowakei in einem ein Jahr zuvor verlassenen Dorf, das zum Ghetto umgebaut wurde, gedreht,

Die offizielle Premiere von *Jakob der Lügner* fand am Sonntag, dem 23. Dezember 1974, im DDR-Fernsehen (Schwarzweiß) statt, im Rahmen einer Woche des antiimperialistischen Films. Die offizielle Kinopremiere gab es vier Monate später, am 17. April 1975. Becker, Frank Beyer und andere wurden für den Film mit dem Nationalpreis Zweiter Klasse ausgezeichnet. Bei den 25. Berliner Filmfestspielen auf der anderen Seite der Mauer bekam der Film den »Silbernen Bären«. Er wurde als einziger Film aus der DDR für den Oscar nominiert (in der Kategorie Bester ausländischer Film). Plötzlich war die Filmindustrie der DDR auf dem Weltmarkt vertreten.

Ende Dezember 1974 konnte sich Becker zu Hause im Radio eine Filmkritik im Westsender RIAS Berlin anhören. Der Film wurde als das Werk eines Überlebenden des Ghettos interpretiert, der die Geschichte seines Vaters über einen Mann mit einem Radio auf seine eigene, besondere Weise nacherzählt – als »zeitlose Parabel über die Bedeutung von Lüge und Wahrheit, Illusion und Wirklichkeit menschlicher Existenz«. Auch in Westberlin war es noch immer schwierig, sich mit der jüdischen Vergangenheit und der Rolle der Deutschen darin zu befassen. Obgleich der Kritiker den Film in schwarz-weiß gesehen hatte, hob er die technische Qualität von Beyers Film hervor.[127]

Um die gleiche Zeit erschien im *Neuen Deutschland* eine sehr positive Besprechung von Klaus Schüler. Auch ihn beeindruckten Beyers technisches Können und die Kameraarbeit von Günter Marczinkowsky. Nach östlichen wie westlichen Maßstäben war die Produktion des Films ausgesprochen hochwertig. Schüler lobte das Antinaturalistische, Antidokumentarische des Films und das Fehlen jeglicher Tendenz zum antifaschistischen »Aktionsfilm«. Für ihn war es »eine entscheidende Leistung dieses Films, dass er mit der Wechselbeziehung von Tragischem und Komischem, Märchenhaftem, Realem und Traumhaftem sich der reichen ästhetischen Möglichkeiten versichert, die die Kunst beim Aneignen der Wirklichkeit bereit hat. Ein Vorgang übrigens, der in den letzten Jahren immer stärker die

Entwicklung der Kunst unseres Landes prägt, die sich auf diese Weise immer bewusster der Dialektik der Wirklichkeit stellt.«[128] Die Kritiken verwiesen zwar immer auch auf Beckers persönliche Lebensgeschichte, gingen aber meist rasch zu einer formalen oder gar ästhetischen Bewertung über. Wer sich mit der Vergangenheit befasst, der befasst sich auf komplexe Weise zugleich mit der Gegenwart. Wenn man die Interpretationen der Vergangenheit, nach denen die Deutschen im Westen und Osten die Nazivergangenheit verstanden, nicht einfach akzeptiert, dann konnte auch die Gegenwart in Frage gestellt werden. Plötzlich wurde mit der Beschäftigung des Themas Shoah eine universale Wahrheit über die menschliche Natur offenbar. Diese Verlagerung zu einer universalen Interpretation bedeutete, dass man den Film genießen konnte, ohne Angst haben zu müssen, die bestehenden Modelle der Vergangenheit zu zerstören.

Auch Becker war sich bewusst, dass so ein Film und in gewissem Maße auch der Roman erst Ende der sechziger und Anfang der siebziger Jahre entstehen konnte. In einem Interview der DDR-Wochenzeitung *Der Sonntag* erklärte er: »Unmittelbar nach dem Krieg wäre dem Betrachter eine solche Behandlung des Themas wie Blasphemie erschienen. Ich meine, unsere Erzählweise setzt einen hohen Grad an Informiertheit voraus. Mit so einer Geschichte kann ich mich nur an Leute wenden, die fünfundzwanzig oder dreißig Jahre lang geradezu bombardiert worden sind mit Informationen über diese Zeit. Mit anderen Worten: Für jemand, der überhaupt nicht weiß, was damals los war, ist das eine ganz und gar unangebrachte Lektüre.«[129] Frank Beyer teilte offenbar diese Meinung. In einem Interview vor der Premiere des Films äußerte er, dass der Film zwar von kleinbürgerlichen Figuren wie Jakob Heym handle, er habe aber doch »den großen Atem unseres marxistischen Humanismus«. Er habe auch nicht in erster Linie das Anliegen,

Jurek Becker circa 1946

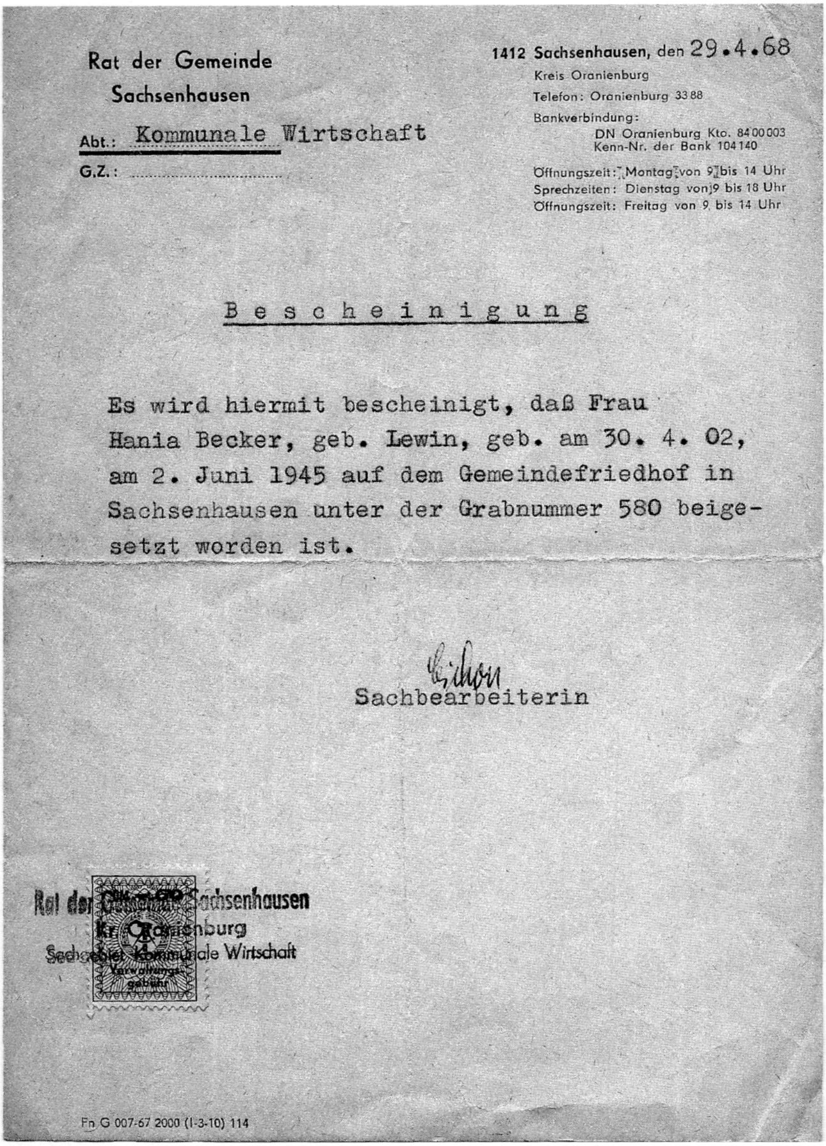

Rat der Gemeinde
Sachsenhausen

Abt.: Kommunale Wirtschaft

G.Z.:

1412 Sachsenhausen, den 29.4.68
Kreis Oranienburg
Telefon: Oranienburg 3388
Bankverbindung:
DN Oranienburg Kto. 8400003
Kenn-Nr. der Bank 104140

Öffnungszeit: Montag von 9 bis 14 Uhr
Sprechzeiten: Dienstag von 9 bis 18 Uhr
Öffnungszeit: Freitag von 9 bis 14 Uhr

B e s c h e i n i g u n g

Es wird hiermit bescheinigt, daß Frau
Hania Becker, geb. Lewin, geb. am 30. 4. 02,
am 2. Juni 1945 auf dem Gemeindefriedhof in
Sachsenhausen unter der Grabnummer 580 beige-
setzt worden ist.

Sachbearbeiterin

Rat der Gemeinde Sachsenhausen
Kr. Oranienburg
Sachgebiet Kommunale Wirtschaft

Verwaltungsgebühr

Fn G 007-67 2000 (I-3-10) 114

Bescheinigung über die Grabnummer

Magistrat der Stadt Berlin
Hauptausschuss
"Opfer des Faschismus"

Abt. Opfer der Nürnberger Gesetzgebung

Berlin N 4, d.
Oranienburgerstr. 28

Berlin, den 28. Dezember 45

Herrn Max Becker, Berlin NO, Prenzlauerallee 226
Frau
Fräulein

wird hiermit bescheinigt, dass er/sie vom Magistrat der Stadt Berlin, Hauptausschuss, "Opfer des Faschismus", Abt. Opfer der Nürnberger Gesetzgebung ~~anerkannt~~/registriert ist.

Registrierungsbescheinigung 1945 für Max Becker als »Opfer des Faschismus«

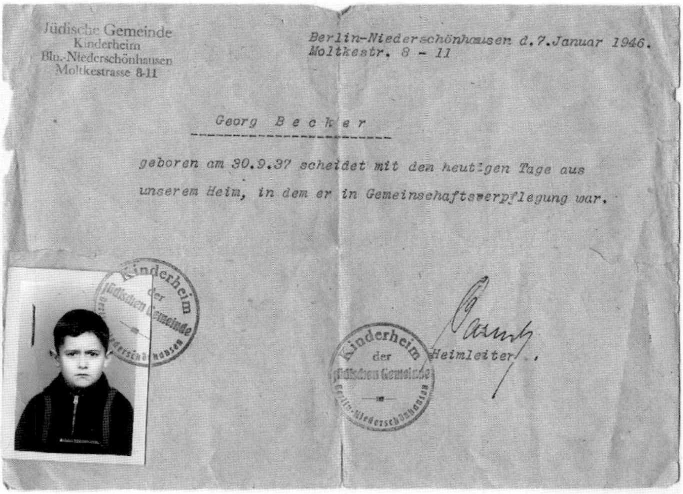
Jüdische Gemeinde
Kinderheim
Bln.-Niederschönhausen
Moltkestrasse 8-11

Berlin-Niederschönhausen d. 7. Januar 1946.
Moltkestr. 8 - 11

Georg Becker

geboren am 30.9.37 scheidet mit dem heutigen Tage aus unserem Heim, in dem er in Gemeinschaftsverpflegung war.

Heimleiter.

Entlassungsbescheinigung aus dem Kinderheim »Jüdische Gemeinde« 1946

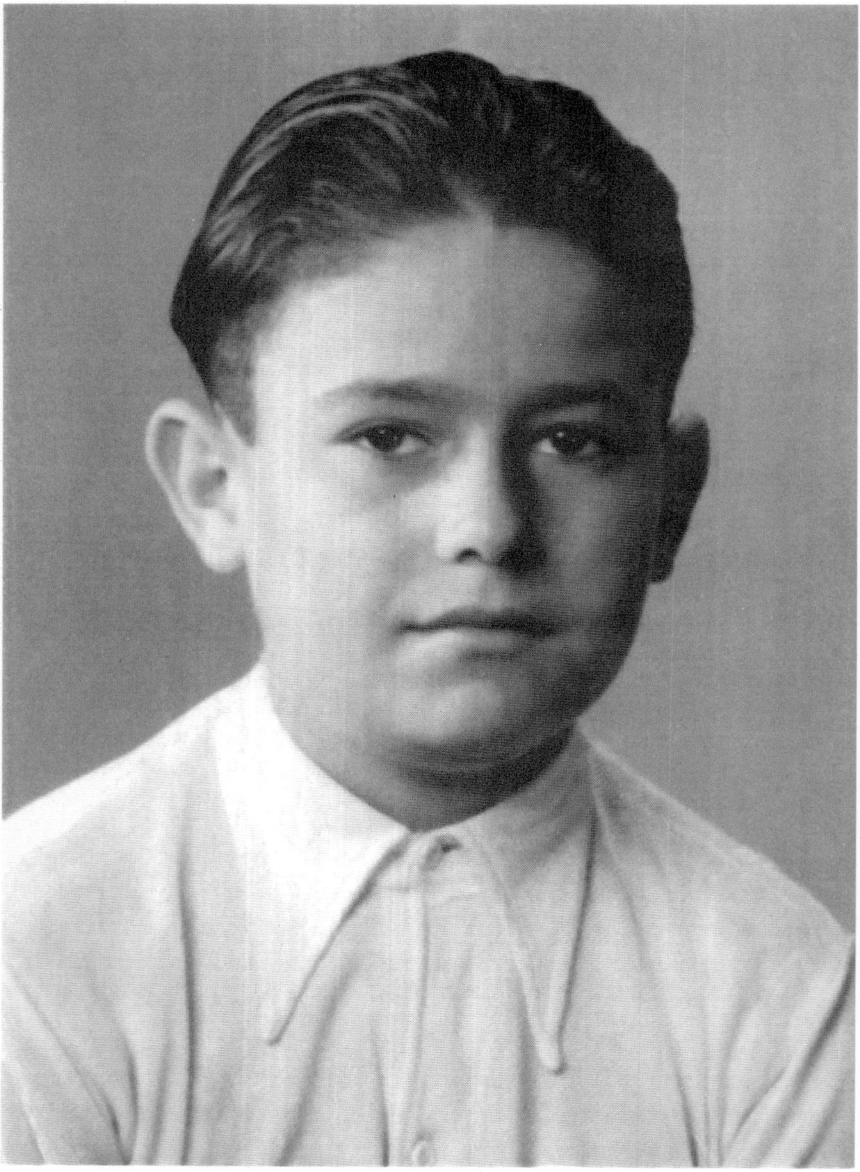

Jurek Becker mit circa 11 Jahren

Klassenfoto. Jurek Becker, vorn im hellen Hemd, mit circa 12 Jahren

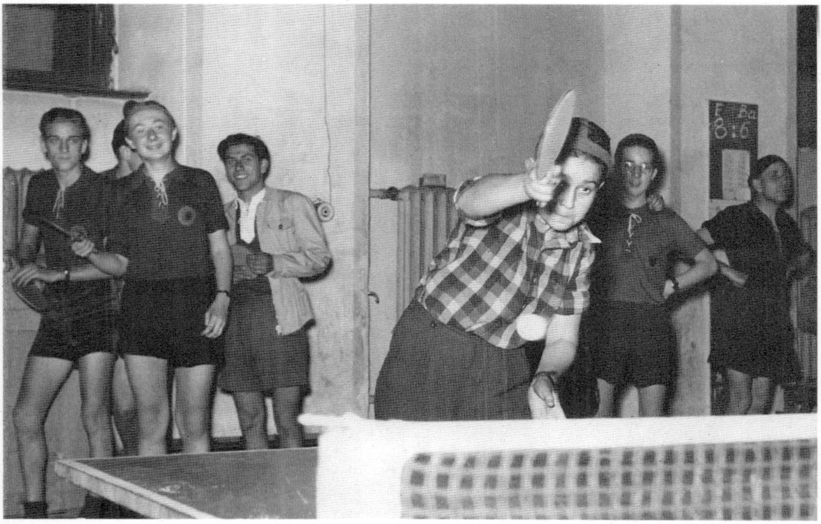

Jurek Becker, circa 14, beim Tischtennisspiel

Jurek Becker, circa 12 Jahre alt, mit seinem ersten Fahrrad

Max Becker, links, mit einem Freund

Max Becker mit seiner Lebensgefährtin Dora (»Dorchen«) Großpietsch

Jurek Becker, erster von links, als Fußballspieler

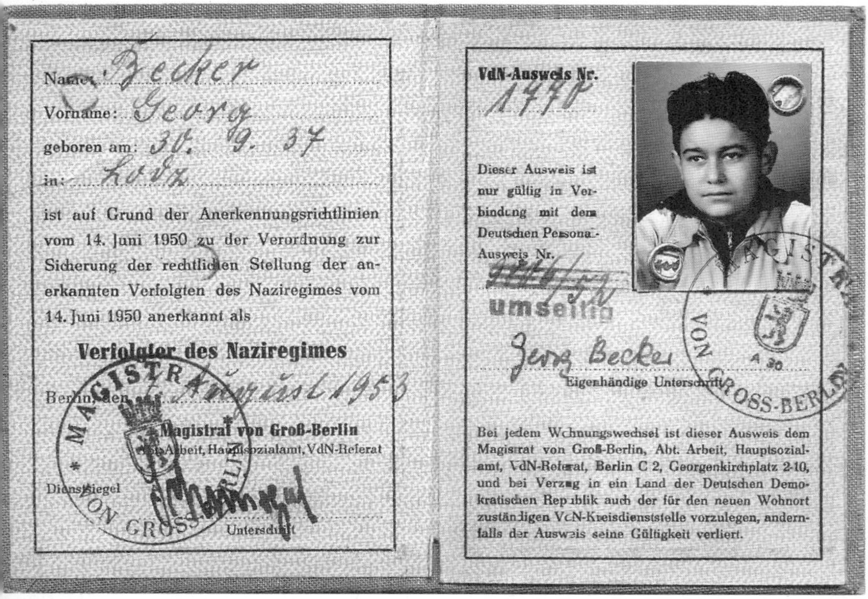
Name: Becker
Vorname: Georg
geboren am: 30. 9. 37
in: Lodz
ist auf Grund der Anerkennungsrichtlinien vom 14. Juni 1950 zu der Verordnung zur Sicherung der rechtlichen Stellung der anerkannten Verfolgten des Naziregimes vom 14. Juni 1950 anerkannt als
Verfolgter des Naziregimes
Berlin, den ... August 1953
Magistrat von Groß-Berlin
Abt. Arbeit, Hauptsozialamt, VdN-Referat
Dienstsiegel
Unterschrift

VdN-Ausweis Nr. 1470
Dieser Ausweis ist nur gültig in Verbindung mit dem Deutschen Personal-Ausweis Nr.
umseitig
Georg Becker
Eigenhändige Unterschrift
Bei jedem Wohnungswechsel ist dieser Ausweis dem Magistrat von Groß-Berlin, Abt. Arbeit, Hauptsozialamt, VdN-Referat, Berlin C 2, Georgenkirchplatz 2-10, und bei Verzug in ein Land der Deutschen Demokratischen Republik auch der für den neuen Wohnort zuständigen VdN-Kreisdienststelle vorzulegen, andernfalls der Ausweis seine Gültigkeit verliert.

Jurek (Georg)Beckers Ausweis von 1953 als »Verfolgter des Naziregimes«

Klassenfoto. Jurek Becker, circa 17, zweiter von rechts.
Neben ihm als dritter von rechts sein Freund Helge Braune

Jurek Becker, ungefähr 18 Jahre alt

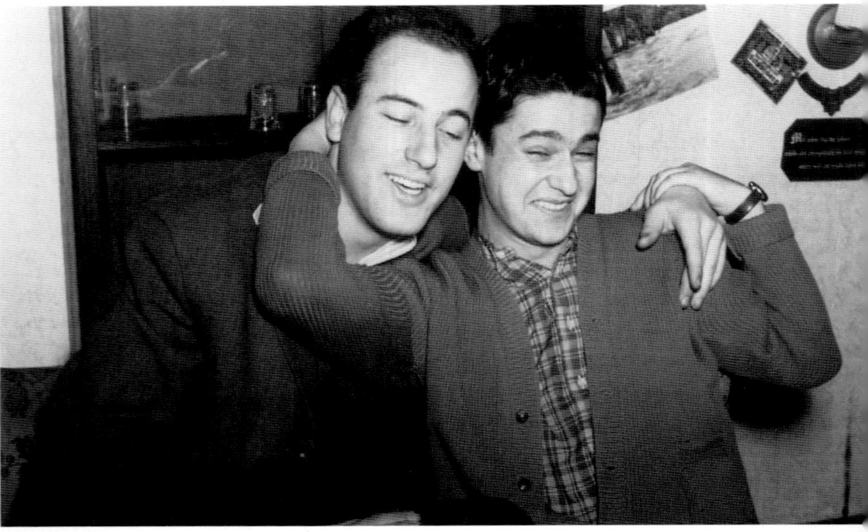

Die Freunde Jurek Becker und Manfred Krug 1959

Jurek Becker, 1959, in der gemeinsamen Wohnung
mit Manfred Krug in der Cantianstraße

Max und Jurek Becker Anfang der sechziger Jahre

Der Soldat Manfred Krug umarmt seinen Freund Jurek Becker

Jurek und Rieke Becker heiraten am 15. August 1961

Max Becker mit seinem ersten Enkel Nikolaus (Nicki) 1963

Jurek Becker Anfang der siebziger Jahre

Rieke und Jurek Becker

Die Söhne Nikolaus (Nicki) und Leonard (Lonni) Becker

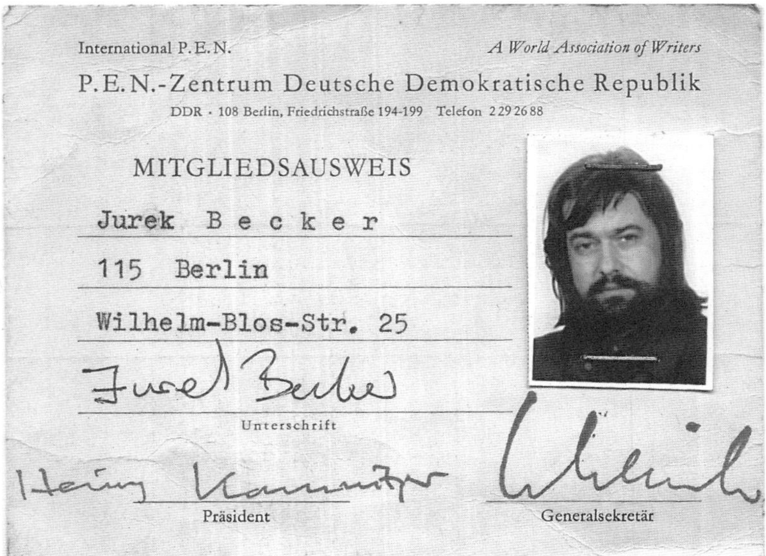

International P.E.N. — *A World Association of Writers*

P.E.N.-Zentrum Deutsche Demokratische Republik

DDR · 108 Berlin, Friedrichstraße 194-199 Telefon 2 29 26 88

MITGLIEDSAUSWEIS

Jurek Becker

115 Berlin

Wilhelm-Blos-Str. 25

Unterschrift

Präsident

Generalsekretär

Mitgliedsausweis des P.E.N.-Zentrums Deutsche Demokratische Republik

»den Leidensweg der Juden während des Faschismus nachzuzeichnen oder den antifaschistischen Kämpfern ein Denkmal zu setzen«. Vielmehr wolle er »mit dem Zuschauer gemeinsam« nachdenken »über Wahrheit und Lüge im Leben, über Traum und Wirklichkeit«.[130]

Als sich die Wirklichkeit der DDR veränderte, veränderte sich jedoch auch Beckers Einstellung zu dem Film. Am 16. November 1976, am Tag der Ausbürgerung Wolf Biermanns aus der DDR, bezeichnete er ihn als »entschieden zu bieder und zu brav«.[131] Das Problem einer DDR, in der Künstler zwar durchaus an die letzten Wahrheiten des Sozialismus glauben, sie aber täglich durch die Praktiken eines immer rigideren Staates ausgehöhlt sehen, spiegelte sich in Beckers Einstellung.

Schon als der Film 1974 für einen Oscar nominiert wurde, begann sich die Geduld des Staates gegenüber jeder artikulierten kulturellen Opposition bereits zu erschöpfen. Doch durch die »ausländische« Rezeption von seinem Werk hatte Becker das Gefühl, im Staat eine gehörte Stimme zu haben. Er spielte mit dem Gedanken, einen Film über den Vietnamkrieg aus der Perspektive der DDR sowie einen biographischen Film über den achtzehn- bis zwanzigjährigen Johann Sebastian Bach zu drehen.[132] Ein entsprechendes Drehbuch mit dem Titel »Die Jugend eines Denkmals« existiert zwar, aber der Film wurde nie gedreht. Fürs Kino zu schreiben hieß zu lernen, im Rahmen der konkreten wie impliziten Richtlinien der Selbstzensur in der DDR zu schreiben. Becker hat diese Lektion gelernt.

Er hatte aber auch gelernt, fiktive Prosa in der DDR zu schreiben, wie er später sagte: in einer Welt, in der das Schreiben eine »Ersatzfunktion« an Stelle von Zeitungen, Radio und Film hatte.[133] Romane waren praktisch schon beim Erscheinen vergriffen und wurden als Medium verborgener Bedeutungen gelesen. Es war ein Schreiben vom Rande aus, ein Schreiben von Codes – eine Aufgabe, die jemandem lag, der sich in seiner Sprache nie ganz zu Hause fühlte, der immer eine gewisse Distanz empfand. Jurek Beckers Bild vom sozialistischen Staat mit seiner zentralen Kontrolle der Medien (und schließlich war er dafür ausgebildet, für die Medien zu schreiben) ist das eines Staates, der die Leser dazu treibt, »die Bücher der Abweichler« zu lesen.[134] Und zu diesen Abweichlern zählte er sich selbst. Das Ringen mit dem staatlichen Zensor wurde ein Spiel für ihn, wie für viele Schriftsteller jener ersten Generation von DDR-Bürgern, die die Spannungen des Kalten Krieges am eigenen Leib erlebten. Die Situation hinter dem Eisernen Vorhang war einzigartig, denn auch wenn es politisch schwierig oder gefährlich war, konnte man doch für ein deutsches Leserpublikum in der Bundesrepublik schreiben. Nach 1974, als Becker mit den Behörden der DDR immer mehr auf Konfrontationskurs ging, wurden seine Ansichten zunehmend als »Problem« betrachtet.[135]

Sechstes Kapitel

Der »Lügner« schließt sich der Opposition an und geht nach Amerika (1974–1978)

1. *Der Boxer*

Nach dem internationalen Erfolg von *Jakob der Lügner* als Roman und als Film erhielt Jurek Becker im November 1976 von der Diensteinheit XX/7 des Ministeriums für Staatssicherheit im Rahmen eines »operativen Vorgangs« den Decknamen »Lügner«.[1] Schon seit er die Humboldt-Universität 1960 verlassen hatte, war er das Objekt verdeckter Ermittlungen gewesen, deren Intensität und Offenkundigkeit Mitte der siebziger Jahre zunahmen. Er wurde verfolgt, fotografiert, sein Telefon wurde abgehört, und er wusste es. Was er nicht wusste: Wie bei zahllosen anderen DDR-Intellektuellen schrieben viele seiner Freunde und Bekannten Berichte über ihre Unterhaltungen mit ihm. Westdeutsche Geheimdienstleute waren nicht minder an Beckers Aktivitäten interessiert. Seine politische Prominenz und seine häufigen Reisen in den Westen konnten bedeuten, dass er im Dienst des Staatsicherheitsdienstes stand. Das Westberliner Büro des Verfassungsschutzes führte bis 1981 eine detaillierte Akte über Becker.[2]

Deutschland war zwar geteilt, aber durch eine gemeinsame Sprache und literarische Kultur miteinander verbunden. Auf das Erscheinen seines neuen Romans *Der Boxer* wartete man in der BRD ebenso gespannt wie in der DDR. Die Kontrolle über solche Schriftsteller, zumal wenn ihnen im Westen nachgesagt wurde, der kulturellen Opposition im Osten anzugehören, wurde eine der Hauptaktivitäten des politischen Establishments der DDR, bis hinauf zum Staatschef Erich Honecker.[3] Was für Becker ein »Samtgefängnis« gewesen war, um Miklos Harasztis Formulierung zu verwenden, war fortan ein Gefängnis, aus dem es kein Entkommen geben konnte, weil der Gefangene das Gefängnis benötigte.

Kurz nach Max Beckers Tod hatte Jurek Becker mit der Arbeit an der Geschichte eines Vaters und eines Sohnes begonnen, die Überlebende der Shoah waren und nun in der DDR lebten. Im Oktober 1974 hatte Becker seinen dritten Roman *Der Boxer* Konrad Reich im Hinstorff Verlag in Rostock vorgelegt.[4] Hinstorff, der experimentierfreudigste Verlag in der DDR, war höchst erfreut, den Roman zu bekommen.

Der Boxer, Jurek Beckers autobiographischster Roman, beschreibt das Leben seines Protagonisten, des Holocaust-Überlebenden Aron, der sich in Arno Blank umbenennt, von 1945 bis in die frühen siebziger Jahre. Becker bestätigte, dass er nach dem Tod seines Vaters einen bedeutenden Teil seines Lebens »aufarbeiten« wollte. Sein Vater sei 1972 gestorben, als er, Becker, 35 gewesen sei. Auch wenn es schrecklich klinge: Am meisten würden ihn die Notizbücher voller Fragen quälen, die er ihm nie gestellt habe und die er ihm nicht hatte stellen können. »Ich konnte mir ein Bild von der Beziehung zwischen meinem Vater und mir erst dann machen, als die Beziehung vorbei war.«[5] Im Grunde verweist der Roman auf die unbeantworteten Fragen über das Leben seines Vaters.

In der Form des Interviews erklärt der anonyme Befrager, er habe zum Zeitpunkt, da der Roman spielt, bereits fünf kleine grüne Notizhefte mit Berichten über seine Unterhaltungen mit Arno gefüllt. (Jurek Becker selbst schrieb seine frühen Entwürfe immer in die in der DDR üblichen grünen DIN A4 Schulhefte.) Anscheinend muss der Zweck dieser Unterhaltungen mit Arno offizieller Natur gewesen sein, da der Befrager die Rolle eines Sozialarbeiters und eines Psychotherapeuten spielt. Am Ende ist er der Autor, der versuchen will, alle Geschichten von Arno festzuhalten.

Der Erzähler ist sich nicht immer sicher, ob diese Geschichten der »Wahrheit« entsprechen, oder nur Arnos Bedürfnis Rechnung tragen, die einzige menschliche Verbindung aufrechtzuerhalten, die ihm noch geblieben ist: »Er will das Ende unserer Interviews hinauszögern. Nur er weiß, wie groß sein Vorrat an Geschichten noch ist, nur noch klein, vermute ich, und er fürchtet sich davor, mir irgendwann mitteilen zu müssen, es gebe nun nichts mehr zu erzählen.« Das ist natürlich das genaue Gegenteil der Erfahrungen, die Becker mit seinem Vater gemacht hat. Im Roman wird nie klar, ob es sich bei dem, was wir lesen, um Arons Geschichten oder um eine Interpretation zu einer in sich schlüssigen und klaren Handlung durch den Erzähler handelt.

Die Handlung ist ein zusammengesetztes Ganzes aus den Geschichten, die Max Becker erfand, als er nach Berlin kam, und die für Jurek Becker zum festen Bestand seiner Lebensgeschichte gehörten, als er erwachsen wurde.

Der Roman beginnt mit Arons Ankunft 1945 in Berlin. Er braucht einen neuen Pass, lässt sich fotografieren, und das Gesicht, dass er auf den Passfotos vor sich sieht, kommt ihm zu jüdisch vor. Dann denkt er sich ein neues Geburtsdatum (er macht sich genau um die sechs Jahre jünger, die er im Konzentrationslager verbracht hat) und einen neuen Geburtsort aus. Um seine Identität als Jude, das heißt als Opfer, zu verleugnen, vertauscht er die letzten beiden Buchstaben seines Vornamens – aus Aron wird Arno Blank.

Doch auch der »neue« Arno Blank bleibt, seiner Meinung nach, unverkennbar ein Jude, ein Opfer. Und seine Angst in dieser Hinsicht spiegelt sich auch in der Welt, in der er lebt, wider. Als Arno später jemanden kennen lernt, der in einem

Konzentrationslager war, und er ihn fragt, ob er ein Jude sei, lautet die Gegenfrage: »Sehe ich so aus?« Als die Behörden Nachweise für seine neue Identität verlangen, legt er seine Entlassungspapiere aus dem Lager vor. Plötzlich sind seine entsetzlichen Erfahrungen seine einzige Identität, die niemand in Frage stellt. Die Tatsache, dass er ein »Opfer des Faschismus« ist, verleiht ihm die Macht, sogar die Behörden zum Schweigen zu bringen. Da kann es keine Fragen mehr geben.

Aron Blank, so der Erzähler, wurde in Riga geboren, kam als Kind nach Deutschland und wuchs zuerst in Leipzig und nach 1934 in Berlin auf. (Unübersehbar ist die Umkehrung von Max Beckers korrigierter Biographie: Danach war er in Deutschland geboren und in Polen aufgewachsen.) Aron führt das Leben eines assimilierten deutschen Juden. 1934 flieht er mit seiner nichtjüdischen Frau und seinen drei Kindern nach Prag. Von dort werden sie nach dem Einmarsch der Deutschen in ein Ghetto geschickt. Seine Frau Lydia wird wegen ihrer Widerstandstätigkeit deportiert, zwei seiner Kinder sterben »ihm unter den Augen«, und das Jüngste, gerade zwei Jahre alt, muss er bei einem Nachbarn zurücklassen, als auch er deportiert wird.

Nach seiner Befreiung aus dem Lager findet er seinen dritten Sohn Mark durch JOINT wieder, die amerikanische Jewish Joint Distribution Organisation, genau wie Max Becker Jurek 1945 wiederfand. Ein Kind namens Mark Berger befindet sich in einem ehemaligen Konzentrationslager, das in ein Waisenheim umgewandelt worden ist. Da Mark ein seltener Vorname ist, geht man davon aus, dass sich ein Fehler in die Liste eingeschlichen hat und aus dem Nachnamen Blank Berger geworden ist. Arno kann sich zwar an das Aussehen seines Sohns nicht mehr erinnern, ist aber dennoch überzeugt, dass er ihn gefunden hat. Schließlich holt er Mark zu sich nach Hause, nach Berlin.

Arno fängt an, wieder so etwas wie ein normales Leben zu

führen. Als er die Wohnung eines ehemaligen Nazis bekommt, kann er nur auf dem Fußboden in einer Abstellkammer schlafen. Langsam löst er sich aus seinem Trauma und fängt sogar eine Liebesbeziehung zu Paula Kaplan an, der Frau von JOINT, die ihm bei der Suche nach Mark geholfen hat. Arno spricht Deutsch vermischt mit jiddischen Wörtern *(Goj, meschugge)* sowie Russisch. Mark spricht nur Deutsch. Da fließt keine Lagersprache, kein Jiddisch, kein Russisch ein. Und doch gibt es ein grundsätzliches Verständigungsproblem. Mark verfügt über die motorischen und sprachlichen Fähigkeiten eines Kindes, das rund zwei Jahre jünger ist: Er ist sieben, spricht aber Deutsch wie ein Fünfjähriger. Als Arno ihn das erste Mal im Waisenheim sieht, versucht er ihm zu erklären, dass er sein Vater und Mark sein Sohn sei. »Sohn« ist ein Wort, das Mark noch nie gehört hat und das er zuerst falsch gebraucht, bis er im Laufe der Zeit dessen richtige Bedeutung begreift.

Arno erfährt, dass die Werte und Sitten im Nachkriegsberlin anders sind als in der Welt, die er vor dem Krieg gekannt hatte. Als er ein Passfoto braucht, will der Fotograf kein Geld dafür haben, da Geld jeden Wert verloren hat. Aber Arno beharrt darauf, dass es völlig ausreiche, wenn er ihm zehn Mal so viel zahlt, wie das Foto vor dem Krieg gekostet hätte. Doch als er das Foto abholt, gibt er dem Fotografen auch eine Schachtel Zigaretten, die wahre Nachkriegswährung. Arno wird unfreiwillig zum Schwarzmarkthändler in Berlin. Es ist ein schwarzer Markt aus jüdischer Perspektive. Arnos Befrager stellt fest, wenn er ihn so beschriebe, geriete er in Verdacht, antisemitische Klischees zu benutzen. Arno ist sehr unglücklich über seine Verbindung zum schwarzen Markt, aber er braucht sie für seinen und Marks Lebensunterhalt. Auch er findet den schwarzen Markt »zu jüdisch«, da er aus der Sicht der Deutschen unmoralisch ist.

Schließlich wird Arno Buchhalter bei Tennenbaum, einem erfolgreichen Schwarzmarkthändler, nachdem beide erkannt haben, dass Arno für den Straßenhandel nicht rücksichtslos genug ist. Für ihn steht fest, dass »ich Jude bin, dass ich Schieber bin, dass ich Komplexe habe«. Nachdem er Mark gefunden hat, kauft er auf dem schwarzen Markt Spielsachen und ein Fahrrad. Das Fahrrad ist zwar für Arno, damit er zwischen der Bahnstation und dem Kinderheim am Rand von Berlin, in dem Mark vorerst untergebracht ist, hin und her fahren kann, aber es verweist auch auf das reale Fahrrad, das Max Becker für Jurek gekauft hatte.

Das Wichtigste, das er für Mark »erwirbt«, ist eine bei ihnen in der Wohnung lebende Krankenschwester. Paula Kaplan hat ihren früheren Verlobten, den sie ebenfalls gesucht hatte, in den Kriegsgefangenenlagern wiedergefunden, und Arno ist wieder allein. Dann lernt er die Krankenschwester Irma kennen, von der Mark ihm immer vorgeschwärmt hat; er bittet sie, bei ihnen zu wohnen, und schließlich wird sie seine Geliebte. Sie führen so etwas wie ein »normales« Leben. Das ist unübersehbar eine Parallele zu Max Beckers früher Beziehung zu Irma Kautsch und in gewissem Sinne zu der länger bestehenden zu Dora Großpietsch, beides nichtjüdische Frauen. Im Roman wird die Sexualität ein Zeichen für die Wiederherstellung von Arnos »normalem« Leben. Diese zunehmende Normalität begegnet ihm in Marks sexuellem Reifwerden wieder. Doch sexueller Kontakt ist nicht identisch mit sozialer Kommunikation, wie Jurek Becker am Zerbrechen von Arnos Beziehungen im Roman veranschaulicht. Ja, beide schließen einander oft aus – ganz anders die lange, verwickelte Beziehung zwischen Max Becker und Dorchen, die erst mit Max Beckers Tod endete.

Arno kehrt schließlich dem Schwarzmarkt den Rücken und findet dank seiner Sprachkenntnisse Arbeit als Dolmetscher für die Russen. Als im Roman Mark in die Schule kommt, ist für Arno die Schule ein Ort, an dem potenzielle »Faschisten und vielleicht sogar Mörder« als Lehrer unterrichten, und als Mark verprügelt wird, ist das für Arno nichts Geringeres als ein »Pogrom im Kleinen«. Mark weigert sich preiszugeben, wer ihn geschlagen hat, also beschließt Arno, ihn zur Selbstverteidigung Boxunterricht nehmen zu lassen. So soll er die Fähigkeit erlangen, sich in einer Gesellschaft zu verteidigen, die für Arno per se antisemitisch und zerstörerisch ist; eine deutliche Parallele zu Max' und Jurek Beckers Sportbegeisterung.

Obwohl Arno nicht als Jude gesehen werden will, sieht er sich selbst als solchen. Er tritt der Jüdischen Gemeinde bei und verkehrt, wie er feststellt, ausschließlich mit Juden. Seine Freunde scheinen wie er nicht mehr von Berlin wegzukommen und sind an die langsame Entwicklung der Stadt nach dem Krieg gebunden. Einzige Ausnahme ist der jüdische Überlebende Kenik, der 1947 nach Palästina geht. Als Arno sich unbedingt von ihm verabschieden will, beginnt er zu weinen. Kenik, der mit ihm auf dem schwarzen Markt Geschäfte gemacht hat, ist – wie er meint – der letzte Mensch, der seinen wirklichen Namen kennt. Nach seiner Abreise, glaubt er, gäbe es keinerlei Verbindungen zu seiner Vergangenheit mehr, außer in ihm selbst. Doch das ist nicht der Fall. Als Irma gegen Ende des Romans darauf besteht, dass sie heiraten, und Arno nicht einsehen kann, warum, verlässt sie ihn und nennt ihn beim Abschied Aron. Er ist verblüfft, dass sie sein Geheimnis kennt, nie zuvor hatte sie ihn bei seinem richtigen Namen genannt.

Nach dem Interviewer bekundet Arno nach der Gründung der DDR (deren Name übrigens nirgendwo im Buch auftaucht) wenig Interesse am Sozialismus. Er ist sich zwar bewusst, dass es der Gesellschaft besser geht, aber nur in dem Maße, wie sich das auf ihn auswirkt: »Wahrscheinlich hält er für den größten Gewinn, dass man ihm nicht nachstellt. ›Du meinst, mir als Juden?‹ – ›Ja.‹ – ›Bin ich ein Jude?‹« Jude zu sein heißt nicht, irgendeine Religion zu praktizieren. Es bedeutet, die Welt durch jüdische (lies:

traumatisierte) Augen zu sehen. Somit haben die Antisemiten eine jüdische Identität geschaffen. Diese Ansicht teilten Max wie Jurek Becker, der sie ab Mitte der siebziger bis Mitte der achtziger Jahre in einer Reihe von Auftritten und in seinen Werken artikulierte. Es war die gleiche Ansicht, wie sie nach der Shoah Jean-Paul Sartre 1946 in seinem Essay *Betrachtungen zur Judenfrage* vertrat und Jureks Freund Max Frisch 1961 in seinem Stück *Andorra* dramatisch umsetzte.[6] Für beide kreierte der Antisemitismus erst eine »jüdische« Identität. Dass eine »jüdische« Identität unabhängig vom Status des »Opfers« existieren konnte, war unmittelbar nach der Shoah vielen Juden wie Nichtjuden nicht klar, auch wenn jüdische Denker wie Emil Fackenheim sich entschieden gegen Sartres Position verwahrten.

Der Arbeiteraufstand in Ostberlin am 17. Juni 1953 war eine spontane Reaktion auf die Willkürherrschaft des Zentralkomitees. Doch im Roman sind die Unruhen auf den Straßen für Arno nur der mögliche Anfang eines Pogroms. Max Becker konnte nur deshalb in der DDR und nicht in Polen leben, weil der deutsche Antisemitismus von der militärischen Präsenz der sowjetischen Streitkräfte unterdrückt wurde. Die Ruhe, die er in seinem Leben haben wollte, war die Freiheit vor der Gefahr des Antisemitismus. Dies konnte nur durch die ständige Unterdrückung der Deutschen gewährleistet werden, unter denen er und sein Sohn lebten. Jeder Aufstand gegen den Staat barg für ihn das potenzielle Wiederaufleben des Antisemitismus.

Als Aron von der Revolte hört, rennt er zur Schule, um Mark zu »retten«. Im Radio spricht ein Nachrichtensprecher (Ost) von »bedauerlichen Verfehlungen« und fordert zu Ruhe und Besonnenheit auf, ein anderer (West) berichtet von einem Volksaufstand und ermuntert »zu weiterem Widerstand«. Tatsächlich bezeichnete der Osten den Aufstand des 17. Juni 1953 als »konterrevolutionären Putsch«, während der Westen das Datum zum Tag des Gedenkens an »unsere unterdrückten Brüder und Schwestern auf der anderen Seite« erhob. Welchem Radio darf man glauben? In keinem war von einem Pogrom die Rede, aber Arno wusste es besser. Arnos geistige Instabilität spiegelt sich in seinem körperlichen Zusammenbruch wider. Er bekommt Magengeschwüre und wird schließlich, dem Tod nahe, ins Krankenhaus gebracht (Max Becker war 1954 an einem durchgebrochenen Magengeschwür operiert worden). Mark hört mit dem Wettkampfboxen auf, kommt gut in der Schule zurecht und beschließt, auf der Universität Mathematik zu studieren, sein schwächstes Fach. Er fängt an, die Nächte von zu Hause fern zu bleiben, er hat Freundinnen, und einige bringt er mit nach Hause. Eines Tages kommt er einfach nicht mehr wieder, und Arno weiß nicht, was er machen soll. Er kennt Marks Freunde nicht, hat Angst davor, sich auf der Universität nach ihm zu erkundigen, und versinkt in einen depressiven, passiven Zustand. Schließlich erhält er aus Hamburg einen Brief, in dem Mark ihm mitteilt, dass er aus der DDR geflohen ist. Mark betont, er habe nicht seinen Vater verlassen. Die Ursachen der Einsamkeit seines Vaters erblickt er in dessen Unfähigkeit, über seine Erlebnisse zu sprechen. Mark selbst fühlt sich »zur Verschwiegenheit erzogen«. Arno habe ihm nie etwas von dem erzählt, was er gedacht oder gefühlt habe.

Mark schreibt Dutzende von Briefen an Arno aus der ganzen Welt. Arno beantwortet keinen einzigen. Schließlich kommen die Briefe aus Israel, und der letzte ist vom Mai 1967. Arno glaubt, dass Mark im Sechs-Tage-Krieg zwischen Israel und seinen arabischen Nachbarn im Juni 1967 gestorben ist.[7] In der DDR löste der Krieg eine Radikalisierung der antizionistischen Rhetorik aus, insbesondere im Hinblick auf die Rolle der offiziellen jüdischen Organisationen. Israel wurde als Werkzeug Westdeutschlands betrachtet, da die BRD Waffen an die israelische Armee geliefert hatte.[8] Ein Echo davon findet sich in Arnos Erstaunen darüber, dass Mark ein Jude geworden war. Arno glaubte, er habe Mark davor abgeschirmt, sein eigenes Anderssein, sein Judentum zu empfinden. Was also habe »einen Juden aus ihm gemacht«?, fragt er sich. Für Arno ist das Judentum ein »Glaubensbekenntnis«, dem er nicht anhängt. Ein Kind katholischer Eltern könne sich doch entscheiden, ob es ebenfalls Katholik sein wolle – warum man »den Kindern jüdischer Eltern das gleiche Recht verweigere?« Er kann sich nur vorstellen, dass der Entschluss, nach Israel zu gehen, »in Marks eigenem Kopf gewachsen war, aus dem Nichts heraus«. Aber Arno will auch nicht, dass der Interviewer erfährt, was mit Mark wirklich geschehen ist.

Die politischen Implikationen eines Romans über Väter, die ihre Söhne zu DDR-Bürgern erziehen, waren in den siebziger Jahren für seine Leser klar genug. Jurek Beckers Darstellung von Überlebenden, die sich permanent in einem Übergangszustand befanden und unter der totalen Störung ihres Lebens litten, hätte eine reale Parallele in einem Heilungsprozess in der DDR, in einer Reintegration der »Opfer des Faschismus« in die sozialistische Gesellschaft haben sollen. Doch eine derartige Gesellschaft besaß nicht die Fähigkeit, ihren Mitgliedern zuzuhören und sie zu heilen. *Der Boxer* handelt vom Versagen der DDR, ihren verletzlichsten Bürgern zu dienen. Kein Wunder, dass Mark, der gute DDR-Bürger, der zur Internationalität und zum Sozialismus erzogen wird, aus der DDR flieht und am Ende nach Israel gelangt, wo er als »Jude« stirbt. Angesichts der lautstarken antizionistischen Rhetorik Mitte der siebziger Jahre in Ostberlin ist dieses Ende von Marks Bildungsweg der entschiedenste Kommentar über das Versagen der Bildung in der Welt des deutschen Sozialismus.

Nachdem Becker das Manuskript Freunden wie Klaus Poche zu lesen gegeben hatte und deren urteil positiv war, ging er mit dem neuen Manuskript auf Lesereise durch die DDR. Im Oktober 1975 las er aus *Der Boxer* in Leipzig, wo man den Roman als »jüdisches« Buch aufnahm. Die Kritiker in der DDR registrierten dies sofort. »Der Autor kehrt hier zur Thematik der jüdischen Überlebenden des zweiten Weltkrieges zurück. Dies scheint das ›eigentliche Terrain‹ des Jurek Becker zu sein: das Fragen nach einem in der Historie unendlich leidgeprüften Volk, das dulden musste und passiv blieb …«[10] Die Schlussfolgerung des Romans, die Behauptung, jeder müsse seine eigenen Probleme in Beziehung zu anderen Menschen und zum Staat studieren, wird plötzlich in einer Deutung von *Der Boxer* im Licht der Beliebtheit des Romans und des Films *Jakob der Lügner* subsumiert.

Gewisse »jüdische« Themen, wie in einem von Jurek Beckers Lieblingsromanen der siebziger Jahre, Stefan Heyms *Der König David Bericht* (1972), beschworen ebenfalls die zeitgenössische Politik in der DDR.[11] Heyms Erzählung über den Hof des biblischen David weist eine auffallende Ähnlichkeit mit der »Hofpolitik« in Berlin, der »Hauptstadt der DDR«, auf. Heym selbst allerdings hatte *Jakob der Lügner* nicht als »politischen« Roman verstanden.[12] Bei *Der Boxer* ließ sich eine derartige Deutung einfach nicht ignorieren. Als Becker kurz vor dem Erscheinen des Buches gefragt wurde, was er denn mit *Der Boxer* sagen wolle, erwiderte er, zu den im Roman angesprochenen Problemen gehörten unter anderem »das Verhältnis von Eltern zu ihren Kindern …, der Anspruch der Älteren auf Toleranz, den ich bejahe, wobei man aber berücksichtigen muss, dass Toleranz auf keinen Fall mit Kritiklosigkeit verwechselt werden darf«.[13] Diese Antwort betonte eine zeitgenössische Lesart des Romans, der von Erziehung und Toleranz in der DDR handelte, Themen, die für ihn von zentralem Interesse waren. Aber das Fehlen von Kritik ist ja gerade einer der Faktoren, unter dem die »Opfer des Faschismus« litten. Niemand kritisierte sie, weil sie über jede Kritik erhaben waren. Jurek Becker hat einmal gesagt, die Juden von jeder Kritik auszunehmen, weil sie Juden seien, das sei genauso antisemitisch, wie sie anzugreifen, weil sie Juden seien.

2. Die Biermann-Affäre und ihre Folgen

Im September 1976 erschien Reiner Kunzes Gedichtband *Die wunderbaren Jahre* in Westdeutschland. Es war zwar nicht das erste Buch von Kunze, das im Westen erschien, aber dies war ein besonderes Buch. Kunze, verheiratet mit einer Tschechin, hatte sich entschieden für den Prager Frühling engagiert. In diesem Buch versuchte er sich mit der politischen Unterdrückung in der DDR auseinanderzusetzen, die alle individuellen Freiheiten einschränkte, insbesondere die Freiheit des künstlerischen Ausdrucks. Er führte den Vertrauensverlust bei der Jugend der DDR auf den Einmarsch der Truppen des Warschauer Pakts in die Tschechoslowakei zurück. Im Mittelpunkt seines Interesses stand das Problem einer sozialistischen Bildung und ihrer Rolle bei der Erziehung »guter« (lies: passiver und schwacher) Bürger. Kunze schloss seinen Gedichtband mit einer Auswahl von Samisdat-Lyrik aus dem Tschechischen ab, die den Mut der Besetzten zum Ausdruck brachte. Dies war nicht mehr eine Stimme der inneren Opposition. In Kunzes Werk deutete nichts darauf hin, dass er die DDR für fähig hielt, sich zu reformieren und ihr utopisches sozialistisches Versprechen einzulösen. Dies sei eindeutig ein dissidentisches Buch, wie Kunze in seiner Antwort auf die Fragen seiner Kollegen im Schriftstellerverband am 20. Oktober 1976 festhielt.[14]

Der Staat reagierte entsprechend. Kunze wollte gerade ein Kinderbuch, *Der Löwe Leopold*, in der DDR herausbringen. Alle 15000 Exemplare wurden eingestampft. Am

29. Oktober 1976 wurde Kunze bei einer Konferenz in Weimar formell aus dem Schriftstellerverband ausgeschlossen. Offiziell wurde dies am 6. November 1976 im *Neuen Deutschland* bekanntgegeben. Die Begründung: Kunze habe sich nicht an die Statuten des Schriftstellerverbands hinsichtlich einer Veröffentlichung außerhalb der Grenzen der DDR gehalten. Becker besuchte ihn in seinem Haus in Greiz und versicherte ihn seiner Solidarität, verurteilte seinen Ausschluss, ohne ihm zu verschweigen, dass er mit seiner politischen Einstellung nicht völlig einverstanden sei.[15]

An jenem Abend war Becker eingeladen worden, aus seinem soeben erschienenen Roman *Der Boxer* im Gemeindezentrum der Berliner Jüdischen Gemeinde in der Oranienburgerstraße 28 zu lesen. Der Leiter der Jüdischen Gemeinde, der Neurologe Peter Kirchner, hatte *Der Boxer* gelesen und war von dieser »Fallstudie« einer posttraumatischen Stressstörung beeindruckt.[16] In der anschließenden Diskussion wurde auch über das »KZ-Syndrom« als Folge der schrecklichen Erlebnisse der »Opfer des Faschismus« während der Shoah gesprochen.[17] An dieser Veranstaltung nahmen etwa fünfzig Mitglieder der Jüdischen Gemeinde teil. Nach der Einführung durch Peter Kirchner erklärte Becker, es sei ihm ein »Herzensbedürfnis«, zum Ausschluss von Reiner Kunze aus dem Schriftstellerverband Stellung zu nehmen. Er finde das empörend und fügte hinzu, dass er, wenn das so weiter gehe, aus dem Schriftstellerverband der DDR austreten werde. Daraufhin gab es spontan Beifall. Becker las aus *Der Boxer* und sagte abschließend, ihm habe die Reaktion ebenso viel Freude gemacht wie die Lesung. Er werde immer die Einladungen der Jüdischen Gemeinde annehmen, da auch er jüdischer Abstammung sei.[18]

1976 geriet die experimentelle oder oppositionelle Literatur unter Beschuss. Harry Fauth hatte Jurek Beckers Verleger bei Hinstorff, Konrad Reich, nach dem Beginn der Kunze-Affäre abgelöst. (Fauth berichtete seinerzeit der Stasi als IM »Buch« über Jurek Becker.[19]) Obwohl Becker Kunze in praktisch allen wesentlichen Punkten widersprach, die die Möglichkeit einer echten sozialistischen Kultur in einem real existierenden sozialistischen Staat betrafen, war Kunzes Ausschluss für ihn eine Frage des Prinzips. Er bildete sich ein, dass ihm seine Stellung als international anerkannter Schriftsteller und seine Position in der Führung der kulturellen Elite der DDR eine Plattform verschafften, von der aus er Einfluss auf derartige politische Entscheidungsfindungen nehmen konnte. Daher schrieb er am 8. November 1976 an seine Genossen im Präsidium des Schriftstellerverbandes, Kunzes Ausschluss sei »ein Versuch der Einschüchterung derjenigen Schriftsteller, die in wesentlichen Fragen anders denken als die Mitglieder des Präsidiums des Schriftstellerverbandes der DDR. Ich schreibe diesen Brief also nicht so sehr um Reiner Kunzes willen wie vielmehr in eigener Sache.«[20] Inoffiziell drohte er in einem Zornesausbruch erneut, auszutreten, falls Kunze nicht wieder aufgenommen würde.

Aufgrund dieses Briefes und einiger Berichte über seine tiefe Unzufriedenheit über den Ausschluss von Kunze wurde Becker aufgefordert, vor dem Parteikomitee des Schriftstellerverbandes am Montag, dem 15. November 1976, von 15 bis 18 Uhr zu einer Aussprache zu erscheinen. Er wusste nur zu gut, dass es in diesen drei Stunden um mehr als nur eine simple Befragung ging. Nur von ihm verlangte man, seine Position zu rechtfertigen, obwohl führende Schriftsteller wie Stephan Hermlin, Günter Kunert und Franz Fühmann ebenfalls gegen Kunzes Ausschluss protestiert hatten. In diesem Verhör, denn nichts anderes war diese »Aussprache«, wurde er immer wieder gefragt, ob er seinen Freund Wolf Biermann beauftragt habe, überall zu verkünden, dass er gegen Kunzes Ausschluss sei. Dabei schien es mehr um Biermann und darum zu gehen, wie Beckers Ansichten weitergegeben wurden, als um Kunze. Becker war verblüfft, erwiderte aber, falls er die Absicht gehabt hätte, einen Vermittler einzuschalten, hätte er andere Mittel und Wege gewählt.[21] Er fügte hinzu, er habe allerdings Wolf Biermann seine Meinung zu Kunze mitgeteilt. Hermann Kant fragte Becker, ob er bereit sei zu dementieren, dass Biermann in seinem Namen gesprochen habe. Becker erwiderte: »Ja, ich würde dazu erklären, dass ich Biermann nicht beauftragt habe, über meine Meinung zu Reiner Kunze zu sprechen, dass ich aber tatsächlich gegen den Ausschluss von Kunze bin.«[22] Während man sich weitere Schritte gegen Becker vorbehielt, bat er die Parteileitungsmitglieder, ihm eine Woche Zeit zu geben, bevor er seine endgültige Stellungnahme zu ihrer Kritik an seiner Position im Fall Kunze abgab. Man vertagte sich bis zum 22. November 1976.

Die Ereignisse überschlugen sich. Kunzes Ausschluss aus dem Schriftstellerverband und somit der Verlust seines Status als »offizieller Schriftsteller« wurden als ostdeutsche Variante der Ausweisung von Alexander Solschenizyn empfunden. Der Fall von Solschenizyn hatte oppositionelle Schriftsteller wie Stefan Heym empört, der die Kriegsjahre im Exil in den USA verbracht hatte. Während bis 1961 Millionen Menschen aus der DDR geflüchtet waren, hatte es kein bestimmtes Ausweisungsmuster gegeben, insbesondere bei Intellektuellen, die an einer Reform des Staatssozialismus interessiert waren. Wer gehen wollte, wurde oft dazu ermutigt oder nutzte die gegebenen Möglichkeiten, um sich abzusetzen. Nach dem Bau der Mauer war diese Freiheit eingeschränkt. Einige Regimegegner verließen die DDR, wenn sich ihnen eine Möglichkeit dazu bot, wie Christa Reinig, oder sie wurden aus der DDR vom Westen freigekauft, nachdem sie einige Zeit im Gefängnis verbracht hatten, wie Erich Loest. Oppositionelle Schriftsteller wie Becker hatten kein Interesse daran, die DDR zu verlassen. Sie waren überzeugt, dass sie in einem Land lebten, das einer Reform bedurfte, aber an und für sich besser und freier von der faschistischen Vergangenheit war als die BRD.

Wolf Biermann und Becker waren seit den fünfziger Jahren befreundet, seit sie (wenn auch nicht zur gleichen Zeit) Studenten an der Humboldt-Universität gewesen waren. Beide hatten einen Elternteil in den Nazi-Lagern verloren: Biermann seinen Vater, Becker seine Mutter. Biermann war seit 1965 zu einer Nicht-Existenz in der DDR verurteilt.[23] Seine Platten und Gedichte waren im Umlauf, aber er hatte Auftrittsverbot. Auslöser für die subtile Zermürbungskampagne war die Veröffentlichung seines Gedicht- und Balladenbandes *Die Drahtharfe* von Klaus Wagenbach 1965 in Westberlin. Klaus Höpcke, der damalige Feuilletonchef des *Neuen Deutschland,* zog auf übelste Weise darüber her.[24] Biermann war nicht nur ein Mitglied der literarischen Opposition, sondern auch ein darstellender Künstler, dessen Werk für das denkbar breiteste Publikum sofort eingängig war.[25] Seine Lyrik stand im Unterschied zu der von Sarah Kirsch, Stephan Hermlin, Peter Huchel und anderen Lyrikern der DDR in den sechziger Jahren eher in der Tradition von Bert Brechts öffentlichen Auftritten in den zwanziger Jahren.[26] Ja, sein erster Gedichtband enthielt auch die Noten für die Lieder. Das *Neue Deutschland* attackierte Biermann als Werkzeug des westlichen Imperialismus und als »Antikommunisten«, der in »hasserfüllten Strophen« den »antifaschistischen Schutzwall« angriff. Die westdeutschen Medien erblickten in Biermann (ebenso wie in anderen Oppositionellen wie Robert Havemann) einen Testfall, anhand dessen sie die Unmöglichkeit jeder künstlerischen Freiheit selbst für diejenigen verurteilen konnten, die meinten, eine »durch und durch kommunistische Kritik« abzugeben.[27] Becker war nicht nur Biermanns Freund, sondern sein öffentlicher Verbündeter. Biermann war lange Zeit der Meinung, Becker und Robert Havemann seien die einzigen »wahren« Kommunisten in der DDR, da sie fest daran glaubten, dass es dem Staatssozialismus gelänge, sich selbst zu reformieren.

Im Oktober 1965 sollte Biermann ursprünglich bei einem der überaus beliebten Jazz- und Lyrik-Abende im »Haus des Lehrers« in Berlin auftreten. Jazz und Folk Music waren bis 1965 die Antwort der DDR auf die Beatles und den Rock'n'Roll. Biermann, Manfred Krug, Gerry Wolff, Eva-Maria Hagen – sie alle traten unter der Schirmherrschaft der FDJ auf. Im Herbst dieses Jahres hatte Biermann Auftrittsverbot bekommen. Sicherheitsleute hinderten Biermann, der eine Eintrittskarte hatte, daran, hinter die Bühne zu gehen, um mit den Künstlern zu sprechen. Er teilte dies Becker mit, der Manfred Krug und den anderen Bescheid sagte. Als sie sich ins Foyer des Theaters begaben, sahen sie Biermann von einem Kordon von Stasiagenten in Zivil umringt. Krug und die anderen versuchten, Biermann in den Zuschauerraum mitzunehmen, aber Biermann wurde von der Stasi festgenommen und zur Hauptwache gebracht. Biermann ließ diese wissen, dass es zu öffentlichen Protesten kommen würde, wenn er nicht erschiene. Das Publikum, in dem auch Jurek und Rieke Becker saßen, wartete eine Stunde lang darauf, dass die Vorstellung weiterging. Biermann wurde freigelassen, aber erneut am Betreten des Theaters gehindert. Schließlich wurde die Vorstellung fortgesetzt, da den Künstlern mit »Konsequenzen« gedroht wurde, wenn sie nicht auftraten. Dies war Biermanns erste Konfrontation mit der Stasi in der öffentlichen Arena und sein letzter öffentlicher »Auftritt«.

Im Juni 1974 wurde Biermann der Jacques-Offenbach-Preis der Stadt Köln verliehen. Becker setzte sich bei Kurt Hager dafür ein, dass Biermann nach Köln fahren und den Preis entgegennehmen durfte.[28] Zwar teilte er Biermanns politische Position nicht, er hielt es aber für notwendig, sich für ihn zu verwenden.[29] Biermanns psychische Verfassung, so Becker, machte ihn dafür anfällig, auf eine Weise zu handeln, die seinen eigenen Interessen wie denen des Staates zuwiderliefe. Doch auch Beckers Intervention half nichts.

Kurt Löffler, Staatssekretär im Ministerium für Kultur, erklärte Biermann, »dass er als Gegner der DDR nicht zu einer Preisverleihung ausreisen dürfe«, und fügte Unheil verkündend hinzu, »wenn er dagegen eine Ausreise ohne Rückkehr erwäge, würde man in kürzester Zeit alles arrangieren«. Biermann habe erwidert: »Ich bin Bürger der DDR, lecken Sie mich am Arsch«.[30] Becker wurde deutlich gemacht, dass niemand etwas mit Wolf Biermann zu tun haben wolle. Man sei daran interessiert, Jurek Becker »vor Schaden zu bewahren«.[31]

Im April 1973 hatte sich Becker auf Kurt Hagers Drängen hin mit dem Schweizer Autor Max Frisch in Westberlin getroffen und ihn eingeladen, im Schriftstellerverband aus seinen Werken zu lesen.[32] Frisch revanchierte sich bei Becker mit einer Einladung in die Schweiz. Da er den Bremer Literaturpreis angenommen und sich für Biermann stark gemacht hatte, wurde sein Antrag vom Juni 1974, mit seiner Familie in die Schweiz zu reisen, im Juli abgelehnt. Er war vom Ministerium des Innern in die Sperrkartei derer aufgenommen worden, die nur mit ausdrücklicher Zustimmung des Ministeriums ins Ausland reisen durften.[33] Plötzlich war Jurek Becker einer der Schriftsteller, die als gefährlich für den Staat galten, und das sollte er von nun an bleiben.

Am 11. September 1976 sang Biermann erstmals nach 11 Jahren wieder öffentlich in der Nikolaikirche in Prenzlau. Die evangelischen Kirchen waren Orte geworden, an denen sich eine Opposition formierte, und der gute Atheist Wolf Biermann stand dort vor seinem ersten Publikum seit 1965.[34] Dass die Veranstaltung stattfinden konnte, ist einer

Verwechslung zu verdanken. Die Stasi hatte ihn für den dortigen Pfarrer gleichen Namens gehalten. Die Machthaber waren außer sich. Die folgende Einladung der westdeutschen IG Metall war die Gelegenheit, den lang gefassten Plan, Biermann auszubürgern, in die Tat umzusetzen. Am 13. November 1976 gab Biermann ein Konzert in der Kölner Sporthalle. Nachdem das westdeutsche Fernsehen das Konzert ausgestrahlt hatte, schritten die »korrupten alten Männer«(wie es in einem Lied hieß) zur Tat: sie verweigerten Biermann die Wiedereinreise. Er hätte auch, wie Biermann sagt, Hänschenklein ging allein, singen können, er wäre doch ausgebürgert worden. Denn seine Ausbürgerung war seit Jahren beschlossene Sache.[35]

Im September hatte Becker eine Einladung angenommen, im November bei einer Reihe von Veranstaltungen in Jena zu sprechen und zu lesen.[36] Am 16. November war er in die Universitätsstadt Jena gefahren. Die Lesung im »Jenaer Klub«[37] begann um 19.30 Uhr. In der Pause erhielt er einen Anruf von seiner Frau – sie hatte erfahren, dass Biermann die Staatsbürgerschaft aberkannt worden war. Nach der Pause erklärte Becker, wenn dies stimme, werde er »ein großes Fass« aufmachen.[38] In dieser Nacht hat er »kein Auge zugetan« – ihn quälte die Frage, wie er auf die Ausweisung eines Freundes reagieren sollte, den er seit 1957 kannte.[39]

Vor Biermanns Reise nach Köln hatte Jurek Becker seinen Freund in der Chausseestraße besucht. In dunkler Vorahnung hatte Biermann ihn gefragt: »Was mache ich, wenn man mich nicht mehr zurücklässt?« »Ich stelle mich auf den Kopf, wenn das nicht geht«, war Beckers Antwort gewesen. Am nächsten Tag sollte er zwei weitere Lesungen in Jena abhalten: beim VEB Carl Zeiss und in der Volksbuchhandlung am Holzmarkt. Bei Zeiss diskutierte er über *Der Boxer* mit vierundzwanzig Angehörigen des »Kollektivs Technik«.[40] Viel mehr Sorgen bereitete es den Behörden, welche Reaktion es bei der größeren öffentlichen Lesung geben würde. Plötzlich wurde sie aus der Buchhandlung in einen kleinen Raum im »Jenaer Klub« verlegt, der rasch voll besetzt war; viele Menschen standen draußen im Gang. Die Schaufenster der Buchhandlung, die am Morgen noch voller Exemplare von Beckers Roman gewesen waren, wurden ausgeräumt.

Becker teilte seinen Zuhörern mit, man habe ihm gesagt, er dürfe nur aus seinem Buch *Der Boxer* lesen, andernfalls würde die Veranstaltung abgebrochen. Er sehe sich jedoch veranlasst, »den Anwesenden mitzuteilen, dass namhafte Schriftsteller wie Christa Wolf, Sarah Kirsch, Volker Braun, Stefan Heym, Stephan Hermlin und Günter Kunert einen Brief an die Regierung unterschrieben hätten, in dem sie gegen die Aberkennung der Staatsbürgerschaft von Wolf Biermann protestiert hätten«.[41] Stephan Hermlin hatte Becker am Morgen angerufen und ihn aufgefordert, diesen Brief mit zu unterschreiben. Zu den Unterzeichnern gehörten außerdem Franz Fühmann, Gerhard Wolf, Heiner Müller, Rolf Schneider und der Bildhauer Fritz Cremer. Diese elf Prominenten forderten, dass die Maßnahme der Ausbürgerung überdacht und Biermann, »ein unbequemer Dichter«, aufgrund der marxistischen Offenheit für Selbstkritik, wieder in die DDR zurückkehren dürfe – auch wenn sie sich nicht »mit jedem Wort und jeder Handlung« Biermanns identifizierten und sich von Versuchen des Westens, sie gegen die DDR zu missbrauchen, distanzierten.[42]

Als plötzlich eine Studentin im Publikum erklärte, viele der Anwesenden würden »voll hinter der Ausweisung von Wolf Biermann stehen«, war Becker betroffen und erwiderte ironisch, er würde deswegen ja auch nicht ihre Ausweisung verlangen. Es kam zu einem Tumult. Nach der Lesung fragte ihn ein junger Mann nach dem zentralen Thema des Romans – der Erziehung der Jugend in der DDR. Habe nicht Reiner Kunze dieses Thema ebenfalls in einem Buch angesprochen, das nur in der BRD erhältlich sei? Becker erklärte, sein Buch unterscheide sich doch sehr von dem Kunzes, das einseitig sei und die Wahrheit nicht genau wiedergebe. Doch er stehe dazu, dass Kunze das Recht habe, sein Werk in der DDR zu schreiben und zu veröffentlichen. Die Zuhörer, die nur einen Ausschnitt aus *Der Boxer* zu hören bekamen, meinten, Beckers und Kunzes Bücher seien einander insofern ähnlich, als sie beide versuchten, die Passivität der ostdeutschen Jugend vor dem Hintergrund des Einmarschs der Warschauer Pakt-Truppen zu verstehen, die den Prager Frühling zerstörten.[43] Im Publikum saß auch Oberst Lehmann von der Stasi in Jena, der an den Stasi-Chef Erich Mielke in Berlin ein internes Telegramm schickte, in dem er Beckers Auslassungen zusammenfasste.[44]

Becker war seit Jahren eine wichtige Gestalt in der Kulturszene der DDR. Die Oscar-Nominierung für *Jakob der Lügner* bedeutete, dass sein Eintreten für Biermann (und Kunze) ein internationales Echo haben würde. Doch er wollte nicht als Dissident gelten. Am selben Tag beschloss er, in der Sache Biermann als Vermittler aufzutreten (Stefan Heym hielt dies für »eine verrückte Idee«.[45]) Noch immer war er überzeugt, dass der Staat vielleicht falsche Entscheidungen traf, aber nicht an sich schlecht war. Er teilte dem Präsidium des Schriftstellerverbandes mit, dass er bereit sei, Biermann in Köln anzurufen.[46] Er würde ihm erklären, dass niemand seine Ausweisung wolle, und wenn auch er erklären würde, dass er in die DDR zurückkehren wolle, räume er damit der Führung der DDR die Möglichkeit ein, seinen Fall zu überdenken. Becker rief Biermann auch tatsächlich ein paar Mal in Köln an. Biermann erwiderte, wie die mitgehörten Telefongespräche festhalten, er freue sich über die Unterstützung durch seine Freunde in der DDR. Beckers naiver Vorschlag, als offizieller Vermittler zu agieren, wurde von der Partei überhaupt nicht in Betracht gezogen, denn niemand dachte daran, die Ausbürgerung zurückzunehmen.[47] Als er am Abend nach Berlin zurückkehrte, rief er eine Reihe linker Schriftsteller und Intellektueller in der BRD an und forderte sie auf, Biermann zu unterstützen.

Am 23. November wurde eine Sitzung des Ost-Berliner Schriftstellerverbandes zur Behandlung der Biermann-Affäre einberufen. Über hundert Mitglieder erschienen. Der offizielle Vorwurf lautete, dass die Unterzeichner entgegen den Interessen der Regierung der DDR den Brief westlichen Medien zugespielt hätten. Becker plädierte entschieden für eine geschlossene Haltung der Gruppe – in den Augen der Stasi-Informanten galt er als »Scharfmacher«.[48] Becker, der sich in seiner Rede auf seinen Satz »Du spinnst, wenn so etwas passiert, stelle ich mich auf den Kopf« bezog und seine Unterschrift unter die Resolution als »seinen Kopfstand« bezeichnete, habe sich, so heißt es im Protokoll, selbst disqualifiziert.[49] Nach Einschätzung des IM »Adler« gelang es dem »politisch naiven« Hermlin, »sich aus den Folgeerscheinungen herauszuhalten und Jurek Becker den ›schwarzen Peter‹ zuzuschieben«.[50]

Am 26. November 1976 kam die Parteiorganisation des Schriftstellerverbandes erneut zusammen, um die Protestbriefaktion zu verurteilen. Becker unterbrach die Sitzung immer wieder mit Zwischenrufen wie »Hier kann man ja krank werden« und beschimpfte Gerhard Branstner als »Lügner«.

Auf der Sitzung hatte Roland Bauer bemerkt, dass Becker privat flexibler und weniger zornig schien und der Ansicht war, dass es Raum für einen Kompromiss in Sachen Biermann gäbe.[51] Doch während der öffentlichen Sitzung muss Becker das Gefühl gehabt haben, einem Schauprozess beizuwohnen. Anders als Slansky und Merker, die während ihrer Prozesse ruhig geblieben waren, würde er sicher nicht schweigen.

In der Abstimmung sprachen sich 107 Teilnehmer für die

Ausbürgerung Biermanns und sechs, darunter Becker, dagegen aus.[52] Der Staat handelte nicht nur in seinem ureigenen Interesse, sondern auch seine Intellektuellen bekräftigten seine Maßnahmen. Stefan Heym hatte es vorausgeahnt. Der Schriftstellerverband verhielt sich genauso wie sein sowjetischer Vorreiter nach der Ausweisung von Alexander Solschenizyn. Am selben Tag wurde Robert Havemann, der führende oppositionelle Intellektuelle, unter Hausarrest gestellt, unter dem Vorwand, er habe einen Aufruf gegen Biermanns Ausweisung im westdeutschen Nachrichtenmagazin *Der Spiegel* veröffentlicht.

Biermanns Ausweisung war auf der höchsten Führungsebene der SED beschlossen worden – von Erich Honecker selbst. Eine Unterschriftensammlung gegen diese Maßnahme brachte am 19. November 1976 noch 97 Unterschriften ein. Doch etliche Unterzeichner zogen ihre Unterschrift zurück, nachdem ihnen Repressalien angedroht worden waren. Honecker muss am 27. November 1976 höchst erfreut gewesen sein. Die Diskussion um den Protestbrief im Berliner Schriftstellerverband war genau so verlaufen, wie er es erhofft hatte. Die Lage war sogar besser, als er es sich vorgestellt hatte, da sich zahlreiche prominente Schriftsteller gegen diesen Protestbrief ausgesprochen hatten. In dem Bericht, der ihm vorlag, wurde nur ein Schriftsteller als »arrogant und maßlos« bezeichnet, und das war Becker. Honecker selbst schlug vor, Becker aus dem Schriftstellerverband auszuschließen, was auf demokratische Weise erfolgen sollte. Becker sollte eine Chance bekommen, öffentlich zu »gestehen«, bevor er ausgeschlossen wurde.[53]

Am 20. November 1976 trafen sich Hauptunterzeichner der Biermann-Petition mit Vertretern der Regierung zu einem Gespräch in Manfred Krugs Haus, der »bestbewachten Immobilie Ostberlins«. Dank des Mutes von Manfred Krug existiert ein Tonbandmitschnitt dieses Treffens, der wortgetreu in dem Buch »Abgehauen« nachzulesen ist.[54] Beckers Haltung war unmissverständlich: die DDR müsse sich ändern, um ihrer eigenen Vorstellung von einem sozialistischen Staat zu entsprechen. Er verlangte eine öffentliche Diskussion der Biermann-Affäre. Gegenüber Werner Lamberz, dem Leiter der Abteilung für Agitation und Propaganda im Zentralkomitee, bestand er darauf, dass Biermann in die DDR zurückkehren dürfe und dass es da absolut keinen Kompromiss gebe.[55] Zum Wohle des Staates müsse Biermann zurückkehren dürfen.

Max Frisch kam am Freitag, dem 3. Dezember, aus Westberlin, um Becker zu besuchen. Er war besorgt, schien sich aber merkwürdigerweise von der ganzen Unruhe in Beckers Leben zu distanzieren. Als Stefan Heym erklärte, was bis dahin geschehen war, machte Frisch unmissverständlich klar, dass er und andere Schriftsteller und Intellektuelle im Westen kaum mehr tun könnten, als ihre Sympathie zu bekunden. Die Opposition in der DDR stand allein da.[56]

Am 6. Dezember 1976 kam es zu einem weiteren Gespräch mit Roland Bauer. Er fragte Becker, ob er sich an die Richtlinien der Partei und des Schriftstellerverbandes halten würde. Beckers Antwort war eindeutig.

Wenn er dazu bereit wäre, dann wäre er ein Heuchler. Alles, was er seit Mitte November gesagt hatte, wäre dann eine Lüge gewesen. Wenn er Ja sage, würde man ihn fragen, warum er sich nicht die ganze Zeit daran gehalten hätte. Würde er Nein sagen, würde er natürlich aus der Partei ausgeschlossen. Er sei sich über die plötzliche Kluft zwischen den Wünschen des Staates und seiner eigenen Position nur allzu sehr im klaren.[57]

Am nächsten Tag, dem 7. Dezember 1976, verteidigte Becker seine Haltung und die der anderen Unterzeichner des Protestbriefes in einer öffentlichen Sitzung des Schriftstellerverbandes.

Becker sollte auf dieser Sitzung, wie Stephan Hermlin und

Christa Wolf, für sein Verhalten gerügt und nicht, wie ursprünglich geplant, aus der Partei ausgeschlossen werden. Diese Milderung ging auf die Vermittlung von Klaus Höpcke, dem damaligen Stellvertretenden Minister für Kultur und seit 1973 Chefzensor der DDR, wie von seinem Vorgesetzten Kurt Hager, dem Chefideologen im Politbüro, zurück. Höpcke, für die Verlage zuständig, nannte sich gern »Minister für Bücher«. Nach deren Plan sollte Becker seine Schuld eingestehen dürfen und würde dann mit einer »strengen Rüge« davonkommen, aber er könnte weiterhin in der DDR schreiben und veröffentlichen. Zur Einleitung des Parteiverfahrens gegen ihn gab Becker eine Erklärung ab – nach Ansicht des Stasi-Berichterstatters war sie »gekennzeichnet von Größenwahn, Überheblichkeit und Dummheit«.[58] Bevor er sich erhob, um zu sprechen, flüsterte er Gerhard Wolf zu: »Wart's ab«.

»Von der Beantwortung einiger weniger – wie auch ich erkenne grundsätzlicher – Fragen wird meine weitere Mitgliedschaft in der Partei abhängig gemacht«, begann Jurek Becker seine Erklärung. »Ob ich bereit bin, im Nachhinein die bekannte Entschließung unserer Grundorganisation zu akzeptieren? Ich bin nicht bereit dazu. Ich kann keine Resolution unterschreiben, in der die Aberkennung der Staatsbürgerschaft der DDR für Wolf Biermann begrüßt oder gutgeheißen wird. Die Ablehnung dieses Regierungsbeschlusses war es ja, die mich den bewussten Brief der Schriftsteller und des Bildhauers Cremer mitunterzeichnen ließ, und nichts hat sich bisher zugetragen, was diese meine Ablehnung geschwächt hätte.

Ob ich inzwischen als falsch erkenne, die Medien des Klassenfeindes für die Publikation unseres Briefes benutzt zu haben? Nein, ich will dies nicht für einen Fehler halten. Wenn die Alternative gelautet hätte: Hier veröffentlichen oder dort veröffentlichen? – so wäre mir der Gang zu einer westlichen

Presseagentur absurd vorgekommen. Die Frage hieß aber: die Meinungsverschiedenheiten veröffentlichen oder intern behandeln? Meine Erfahrung lehrt mich, dass »intern behandeln« bei uns ein Gleichwort für »unter den Teppich kehren« ist; daher verteidige ich den Schritt an die Öffentlichkeit. Und die ist nach meiner festen Überzeugung unteilbar, die Öffentlichkeit ist letztendlich immer die Weltöffentlichkeit.

Für eine interne Behandlung war es ohnehin zu spät, das *Neue Deutschland* hatte bereits den Ausbürgerungsbeschluss neben einem Artikel veröffentlicht, der auf empörende und, wie ich finde, äußerst parteischädigende Weise diese Ausbürgerung begründete. Die interne Behandlung hätte darin bestehen können, dass vor einem solch gravierenden Beschluss Konsultationen zwischen Genossen der Parteiführung und Genossen und Kollegen, deren Protest gegen einen solchen Beschluss vorhersehbar war, stattgefunden hätten. Dass es nicht dazu kam, dass stattdessen das Funktionieren der Parteidisziplin als wieder einmal selbstverständlich vorausgesetzt wurde, das halte ich für die eigentliche Ursache unserer heutigen Situation.

Ich will nicht verhehlen: Als ich von dem Ausbürgerungsbeschluss hörte, legte ich größten Wert darauf, dass die Öffentlichkeit erfährt, wie ich darüber denke. Ich wollte unter keinen Umständen für jemand gehalten werden, der damit einverstanden ist. Wie anders können Menschen, die ich nicht kenne, die mich aber durch meine Arbeit kennen und auf deren Urteil ich Wert lege, von meiner Ansicht erfahren, als dadurch, dass ich sie publik mache?

Der unbedingte Wunsch, Meinungen und Überzeugungen an die Öffentlichkeit zu tragen, hat mich Schriftsteller werden lassen, ich kann mich nicht entschließen, darauf zu verzichten.«[59]

Nach dieser Erklärung wurde der Antrag gestellt, Jurek Becker nicht aus den Reihen der Partei zu streichen, sondern *auszuschließen.*

Von den über hundert anwesenden Mitgliedern stimmten nur acht gegen seinen Ausschluss – einschließlich er selbst. Er fuhr nach Hause, erschöpft, aber überzeugt, dass jeder Kompromiss seine eigene moralische Position zerstört hätte.[60]

Unbeirrbar hat Becker sich in dieser Auseinandersetzung mit Partei und Staat bewiesen. Aber Mut war gefährlich in der damaligen DDR. Am 8. Dezember war der Dichter Frank Schöne wegen »staatsfeindlicher« Handlungen zu zweieinhalb Jahren Gefängnis verurteilt worden.

Zwei Wochen später wurde Jurek Becker aus dem Vorstand des Berliner Bezirksverbandes des Schriftstellerverbandes ausgeschlossen. Auch das machte ihn wütend, da diese Maßnahme eigentlich gegen die Regeln des Verbandes verstieß. Er war in den Bezirksvorstand gewählt worden und glaubte, er könne daraus nur entfernt werden, indem er am Ende seiner Amtszeit nicht wiedergewählt würde. Als er im Februar 1977 auf einer Sitzung der Parteiführung des Schriftstellerverbandes (in Abwesenheit) beschuldigt wurde, ein »Konterrevolutionär« zu sein[61], trat er am 4. April 1977 aus dem Schriftstellerverband aus.

»4. April 1977
Seit ich mit fünf anderen Kollegen aus dem Berliner Bezirksverband des Schriftstellerverbandes ausgeschlossen worden bin, sind fast vier Monate vergangen. Das ist keine sehr lange Zeit, aber doch genug, Positionen zu überprüfen, Beschlüsse zu bedenken oder von Emotionen abzulassen.

Am 31. März ist ein neuer Bezirkvorstand gewählt worden. Ich hatte die Hoffnung – wenn auch, wie ich zugeben muß, eine nicht allzu große – dass die Vollversammlung den einen oder anderen der sechs Ausschlüsse rückgängig machen, zumindest kritisieren würde. Das ist nicht nur nicht geschehen, sondern es hat sich gezeigt, dass die große Mehrheit der Anwesenden bereit war, zu den Vorgängen des vorigen Jahres einfach zu schweigen. Es scheint, so fürchte ich, gelungen zu sein, eine Atmosphäre der Apathie zu erzeugen, in der diejenigen Kollegen, die es hin und wieder wagen, freimütig ihre Meinung zu äußern, als Abweichler oder gar als Provokateure abgestempelt sind. Das ist ein schlimmer Zustand.

Durch den neugewählten Vorstand fühle ich mich nicht repräsentiert, noch glaube ich ernstlich, dass er meine Interessen vertritt. Ich sehe daher keinen vernünftigen Grund, länger in einem Verband Mitglied zu sein, der sich fast einmütig einen solchen Vorstand wählt, und erkläre hiermit meinen Austritt.

Jurek Becker«[62]

Es war in diesen Monaten, als ein Stasi-Bericht festhielt, Becker sei »der Meinung, dass in der DDR z. Z. eine große antisemitische Kampagne laufen würde. Das neue Buch *[Der Boxer]* soll auch aufzeigen, dass es in der DDR eine antisemitische Tendenz [!] geben würde. Auch in der VR Polen soll so eine Tendenz [!] bestehen.«[63] (Darüber wusste er aufgrund der verschiedenen polnischen Reaktionen auf die Versuche, *Jakob der Lügner* zu verfilmen, ziemlich gut Bescheid.) Und darin lag eine gewisse Ironie: Obwohl jedes einzelne offizielle biographische Dokument Beckers jüdische Herkunft und sein Schicksal als »Opfer des Faschismus« festhielt, spiegelte sich in keiner offiziellen oder gar inoffiziellen Erklärungen über seine Vergangenheit der bösartige Antisemitismus wider, der in früheren Unterlagen durchschien. Erst als es im August 1977 hieß, Jurek Becker habe vor, die DDR zu verlassen, nahm man an, dass er »als ›Jude‹ nach Israel auswandern« wolle.[64] Dass Juden aufgrund ihrer »internationalen Verbindungen« als gefährlich galten, davon konnten viele jüdische Schriftsteller in der DDR, etwa Stefan Heym, ein Lied singen.[65] Becker war für die DDR-Führung nicht nur ein »Lügner« geworden. Nun war er Dissident wie Havemann oder Biermann, und noch dazu Jude.

Genau in der Zeit, da Becker Probleme mit seiner Rolle in der intellektuellen und politischen Welt der DDR bekam, kriselte es in seiner Ehe.

Becker war jetzt 39 Jahre alt, und der frühe Erfolg hatte für ihn auch seine Schattenseiten. Sein Haus war zwar Treffpunkt von Künstlern, Schauspielern und Schriftstellern und politisch teilte seine Familie seine Ansichten, die offen diskutiert wurden. Es ging überhaupt im Hause Becker offen zu. Das verbotene Westfernsehen wurde wie selbstverständlich geschaut und der *Spiegel* oder der *Stern* waren jedem Familienmitglied zugänglich. Nicki ging auf die Erweiterte Oberschule Alexander von Humboldt in Köpenick, auf die auch der Sohn von Stefan Heym ging. Beide haben es, wie Nikolaus Becker erzählte, fast genossen, die Zielscheibe der Lehrer zu sein. Nach der Biermann-Ausbürgerung wird über die Kinder der Unterzeichner der Protestresolution u. a. auch in Stasiberichten notiert: »An der Humboldt-EOS Köpenick befindet sich der Sohn von Stefan Heym. Er hat dort ebenfalls erklärt, dass sein Vater eine entsprechende Resolution an die Regierung unterschrieben hat. Der Schüler selbst nahm keine Stellung. Er tritt aber nicht gegen uns auf. Gegen ihn wird keinerlei Druck ausgeübt. An der Schule befindet sich noch Niklas [Nikolaus] Becker, der Sohn von Georg Jurek [Becker], sowie die Schülerin Katharina Schneider, die Tochter von Rolf Schneider. Beide Kinder treten in der Diskussion sachlich und politisch richtig auf.«[66] Dennoch: in Nickis unangepasster Haltung glaubten die Lehrer den negativen Einfluss des Vaters zu erkennen. Das Haus Becker erzeugte Misstrauen. Als wieder einmal die Klassenlehrerin von Nicki zu einem Gespräch erschien, lagen auf dem Tisch Westbücher über antiautoritäre Erziehung. Die Lehrerin wurde gefragt, ob sie sich dafür interessiere, und als sie das bejahte, durfte sie sie mitnehmen. Wenige Tage später wurde Jurek Becker zum Parteisekretär des Schriftstellerverbandes befohlen. Auf dessen Tisch lagen genau diese Bücher, die die Lehrerin nur mitgenommen hatte, um sie sofort an ihre Parteisekretärin weiterzugeben. Der Vorwurf lautete: Verbreitung und Vertreibung von Westbüchern. So absurd dieser Vorwurf war, machte er doch deutlich, wie sehr man Beckers politischer Haltung misstraute.

Bei aller Weltoffenheit im Hause Becker und der Gemeinsamkeit in den Ansichten blieben familiäre Auseinandersetzungen nicht aus.

Immer häufiger kam es zu Streitereien zwischen ihm und Rieke. Als es Anfang 1977, in der Zeit der größten Anspannung, wieder zu einem Streit zwischen ihnen kam, drohte Rieke mit Scheidung, falls er seine Haltung zu ihr und den Söhnen nicht ändere. Müde von den privaten Auseinandersetzungen und angespannt durch die politischen Debatten im Land, willigte Becker ein.

Die Ehe wurde am 4. April 1977 wegen »Zerrüttung« geschieden, und Rieke erhielt das Erziehungsrecht für die beiden minderjährigen Kinder.[67] Becker akzeptierte die Unterhaltszahlungen für seine Söhne. Nach der Scheidung war in einem »pädagogischen Gutachten« über Nicki von Schwierigkeiten im Umgang mit seinen Mitschülern die Rede – er sei »durch sein Elternhaus zu kritischem Verhalten und selbstbewusstem Auftreten erzogen« worden.[68] Dies wurde als Charakterschwäche angesehen.

Becker wollte bereits am 19. April aus dem gemeinsamen Haus aus- und in eine Wohnung einziehen, die der Schauspielerin Marita Böhme gehörte, und in der sie sich nur aufhielt, wenn sie in Berlin war. Im September war er nur teilweise ausgezogen. Die meisten seiner Sachen ließ er in seinem Haus. Auch nach der Scheidung blieb das enge Verhältnis zu Rieke und den Söhnen bestehen. Noch im

November feierte er zu Hause seinen vierzigsten Geburtstag mit der Familie, mit Freunden – und der Stasi.[69] Viele seiner damaligen Bekannten glaubten einen Zusammenhang zwischen seiner streitlustigen Einstellung gegenüber der politischen Wirklichkeit und seiner persönlichen Lage zu erkennen.[70] Für die DDR und insbesondere die Stasi-Funktionäre waren »Egoismus, Neugier und Selbstachtung« negative Eigenschaften, über die es zu berichten galt. Sie verstießen gegen das Bild des wahren DDR-Bürgers.[71] Der enge Zusammenhang zwischen seinen privaten und seinen öffentlichen Erfahrungen soll ihn angeblich veranlasst haben, darüber nachzudenken, die DDR nach seiner Scheidung zu verlassen.[72] Dabei hat er mehr als einmal erklärt, der wahre Grund sei die Weigerung der Behörden in der DDR gewesen, sein nächstes Buch zu veröffentlichen.

3. *Schlaflose Tage*

1976 hatte Jurek Becker seinen vierten Roman geschrieben, dem er den vorläufigen Titel *Leben in der Luft* gab. Er erschien schließlich am 1. März 1978 unter dem Titel *Schlaflose Tage* und war sein erstes Buch, das nicht in der DDR herauskam. Im Schicksal dieses Buches spiegelt sich das letzte Stadium von Beckers Beziehung zur DDR wider. Der Roman erzählt vom Leben eines Gymnasiallehrers für das Fach Deutsch namens Simrock. Ironischerweise hat Becker sich den Namen eines Germanisten und Dichters aus dem frühen 19. Jahrhundert geborgt, Karl Simrock, dessen Werke eine selbstbewusst apolitische (oder antipolitische) Reak-tion auf die Schriften der Revolutionäre vor 1848 darstellten, etwa die des Kritikers und Lyrikers Georg Herwegh, dessen Gedichte zum Unterrichtsstoff an den Schulen der DDR gehörten.

Gleich zu Beginn des Romans, kurz nach seinem 36. Geburtstag, »spürte Simrock zum erstenmal im Leben sein Herz«. Er ist sich bewusst, dass sein körperliches Unwohlsein nur sein inneres Unglück widerspiegelt: »Gesundheit ... sei fürs Glück längst nicht so wichtig wie Krankheit für das Unglück, und er war unglücklich.« Er ist unglücklich wegen seiner Familie, wegen seiner Frau Ruth und seiner Tochter Leonie, und er ist unglücklich in seinem Beruf als Lehrer. Doch sein Unbehagen sitzt noch tiefer – »oft befiel ihn Unzufriedenheit, die er für fruchtlos hielt, weil sie ihn nicht gegen ihre Ursachen aufbrachte, sondern sich jedesmal im Selbstmitleid verlor«. Er fühlt sich gezwungen, seine Beziehung zu Ruth zu überdenken. Sein Leben mit ihr war in bürgerliche Bequemlichkeit abgeglitten. Am Anfang ihrer Ehe hatten sie noch zu dritt in einem Zimmer gelebt, nun haben sie eine komfortable Wohnung. Und doch ist auch dies Teil des Problems: »Meine Ehe ist beschlossen, mein Beruf steht fest. Wenn ich Ehe und Unterricht betrachte, habe ich ... das Gefühl, beide richteten sich nach Regeln, die über meinen Kopf hinweg festgelegt wurden ...« Simrock erkennt, dass er sein Leben ändern muss. Zunächst sucht er Trost im Alkohol und betrinkt sich jeden Abend. Schließlich bittet er Ruth, in eine Trennung und dann in die Scheidung einzuwilligen. Dann lernt er eine junge geschiedene Frau, Antonia Kramm, beim Tanzen kennen und zieht in ihre Wohnung.

Auch beruflich entwickeln sich die Dinge nicht viel besser. Der Schulleiter teilt ihm mit, dass er Ärger bekomme, weil er es den Schülern überlassen habe, ob sie zur Maidemonstration gehen oder nicht. Simrock erwidert, er werde künftig den Schülern sagen, die Teilnahme an Demonstrationen sei Pflicht und bei Rückfragen sollten sie sich an den Direktor wenden. »Einen Dreck wirst du«, fährt ihn der Direktor an.

Simrock führt sein Versagen als Lehrer darauf zurück, dass es ihm unmöglich gemacht wird, seine Schüler zur Selbständigkeit zu erziehen und sie jede Autorität, sogar seine eigene, in Frage stellen zu lassen. Ein guter Lehrer, hält Simrock schriftlich fest, sei einer, dessen »Ansichten von denen abweichen, die er laut Lehrplan den Kindern vorzutragen hat«. Er beantragt, dass ihn die Schule während der Sommerferien von allen schulischen Verpflichtungen entbinde, weil er den Wunsch habe, »eine körperliche Arbeit zu tun«. Er findet sie in einer Bäckerei, wo er zunächst Kohlen schaufeln muss (die Öfen werden jedoch elektrisch beheizt), nur weil es der brutale Vorarbeiter einem Intelligenzler einmal zeigen will. Schließlich wird er von dem jungen Ausfahrer Boris gerettet, der »von einer Reise nach Liverpool« träumt und der ihn als Beifahrer anheuert, obwohl er eigentlich keinen braucht. Er sieht ein, dass die Gesellschaft, in der er lebt, gar nicht will, dass die Menschen ihre Arbeit gut machen, sondern sie nur im vorgeschriebenen Rahmen erledigen.

Nach einem Monat beschließt er, mit Antonia Urlaub in Ungarn zu machen. Simrock nimmt Max Frischs *Tagebuch* (»eine von seinem Heidelberger Vetter durch den Zoll geschmuggelte Seltenheit«) und Hermann Kants *Impressum* mit, ein weiteres Werk, das den Behörden in der DDR früher einmal Unbehagen bereitet hatte. Das kommunistische Ungarn spiegelt die DDR wie ein Jahrmarktzerrspiegel wider. Simrock berichtet von zwei Vorfällen. Bei dem einen geht es um einen deutschen Touristen, der Geld von seinem deutschen Bankkonto abheben muss. Der Scheck ist auf seine Frau ausgestellt, und die ungarische Bankangestellte weigert sich, das Geld auszuzahlen. Doch dann empfiehlt sie ihm, die Unterschrift seiner Frau zu üben und sucht mit ihm die gelungenste Unterschrift aus, die er dann auf den Scheck überträgt – nun bekommt er sein Geld. Beim zweiten Vorfall sitzt Simrock im Restaurant an einem Tisch mit zwei älteren Ungarinnen, die ihn für einen Westdeutschen halten. Er geht darauf ein, übertreibt aber seine Rolle, als er schwadroniert, in Ungarn dränge sich ihm der Eindruck auf, »dass die Juden und die

Zigeuner schon wieder schön laut das Wort führten«. Aber statt ihn zurechtzuweisen, sehen die beiden Damen ihn bewundernd an, »wie jemanden, der endlich ein offenes Wort auszusprechen wagt«. Ungarn also ist kein Arbeiterparadies, sondern korrupt und faschistisch unter der Maske des »real existierenden Sozialismus«.

Antonia nutzt die Reise nach Ungarn zu einem spontanen Fluchtversuch nach Österreich. Sie steht an der Grenze und glaubt, einfach nach Österreich hinüberlaufen zu können. Sie wird jedoch verhaftet, die Grenzposten haben zu ihrem Erstaunen nicht auf sie geschossen, sondern waren schneller als sie. Antonia wird zu einem Jahr und sieben Monaten Gefängnis verurteilt. Ihre Tat veranlasst Simrock, über seine eigene Passivität nachzudenken.

Im Herbst wird erneut eine Beschwerde gegen ihn an der Schule erhoben. Er hatte die Kühnheit besessen, einen Schüler im Unterricht Bert Brechts Gedicht »Lob des Zweifels« vorlesen zu lassen, und der Vater des Schülers erklärt, er und seine Frau hätten sich »stets die größte Mühe gegeben, Zweifel von unseren Kindern fernzuhalten«. Ein anderes Mal stellt Simrock einem Oberleutnant, der in der Schule für Militärdienst werben soll, Fragen nach Details seines Dienstes wie Gehalt, Freizeit, Beschränkungen in Umgang und Information, ja sogar nach der Möglichkeit, unsinnige Befehle zu verweigern ... Simrock wird vom Schuldienst suspendiert und dient sich Boris wieder als Beifahrer an. Schließlich macht ihm die Schulrätin einen Kompromissvorschlag: Man wolle ihn wieder als Lehrer einstellen, wenn er nur das unterrichte, was auf dem offiziellen Lehrplan stehe. Er lehnt den Vorschlag ab: Als er wieder bei Boris im Brotwagen sitzt, sieht er einen Rettungswagen vorbeifahren, und dabei fällt ihm sein Herz wieder ein, »das er vor langer Zeit für krank gehalten, das sich seitdem aber tapfer geschlagen hatte«. Der Schmerz in Simrocks Herz am Anfang des Romans war also existenzieller Natur, er ließ sich lindern, indem er sich der täglichen Kompromisse, die ihn korrumpierten, bewusst wurde. Nicht Sartres Wissen um die Sinnlosigkeit der menschlichen Existenz verursachte diesen Schmerz, sondern die brutale Wirklichkeit des Alltagslebens in der DDR.

Als Becker die Schule zur Metapher für die Probleme um Gehorsam und Kreativität in der DDR machte, griff er auf Material zurück, mit dem er sich Anfang der siebziger Jahre befasst hatte. Damals war Frank Beyer an ihn mit der Idee herangetreten, ein Drehbuch nach Alfred Wellms Roman *Pause für Wanzka* (1968) zu schreiben.[73] Es ist die Geschichte des eigensinnigen Mathematiklehrers Gustav Wanzka, der nach jahrelanger Verwaltungstätigkeit wieder unterrichten will. Er muss erkennen, dass die Vorschriften, die er mit eingeführt hat, ihn daran hindern, ein guter Lehrer zu sein. Sein neuartiger Mathematikunterricht bringt ihm Ärger mit den anderen Lehrern ein, als seine Schüler immer mehr Zeit mit seinem Fach und immer weniger mit denen der anderen verbringen. Der Roman war eine klare Kritik am Schulsystem der DDR. Zusammen mit Frank Beyer schrieb Becker ein Drehbuch. Das Filmprojekt wurde nie genehmigt. Margot Honecker, seit 1963 Erziehungsministerin der DDR, verhinderte die Verfilmung. Doch das Bild des Lehrers, der das Bildungssystem reformieren will und damit den sozialistischen Staat, beschäftigte Becker auch weiterhin.

Oberflächlich betrachtet, scheinen seine Romane und Erzählungen zwei Grundthemen zu variieren: das jüdische über das Leben nach der Shoah und das sozialistische über das Leben im real existierenden Sozialismus. Doch seine »jüdischen« Romane und Kurzgeschichten befassen sich genauso mit dem Verhältnis zum sozialistischen Staat und seinen Versprechen wie seine »DDR-Romane«. Dies gilt auch noch für seinen letzten Roman *Amanda Herzlos* (1992) – auch hier ist das Verhältnis zwischen der privaten Sphäre der Ehe und persönlichen Beziehungen und der öffentlichen Sphäre von Politik und Geschichte eng miteinander verknüpft. Schon in *Irreführung der Behörden* thematisierte Becker die Analogie zwischen dem Zerbrechen einer Ehe und dem Leben in der DDR. Nach dem Abschluss von *Schlaflose Tage* distanzierte Becker sich von seinem früheren Roman, dessen potenzielles »Happy End« er als Kompromiss verstand.[74] Ehe als Folie für die Verhältnisse in der DDR zu nehmen, war eine Metapher, die verstanden wurde. Jurek Becker sprach am 13. Juni 1977 mit Horst Simon, dem neuen Cheflektor bei Hinstorff, über das abgeschlossene Manuskript von *Schlaflose Tage*. (Der endgültige Titel wurde am 14. September 1977 festgelegt, also zu einem sehr späten Zeitpunkt in der Diskussion über die Veröffentlichung des Buches.) Becker machte von vornherein deutlich, dass er bereit sei, über geringfügige stilistische Änderungen zu sprechen, nicht aber über substanzielle Eingriffe in den Text. Für ihn war der Roman ein Lakmus-Test für seine künftige Rolle in der DDR. Er bestand auf einer Startauflage zwischen 50 000 und 70 000 Exemplaren, wie bei den neuesten Romanen von Christa Wolf und Hermann Kant.[75] Zum selben Zeitpunkt übergab er ein Exemplar des Manuskripts seinem Schulfreund Helge Braune, der es von Westberlin an Elisabeth Borchers bei Suhrkamp schickte. Becker rief Borchers an, um sich den Eingang bestätigen zu lassen. Er erklärte ihr, Hinstorff habe vier Wochen Zeit, um sich zu entscheiden, und dann würde er einen Vertrag für eine Veröffentlichung bei Suhrkamp unterschreiben.[76] Schließlich erschien der Roman im März 1978 bei Suhrkamp.

Das bei Hinstorff eingereichte Manuskript ging angesichts von Jurek Beckers neuem Status als Dissident einen neuen, nicht überraschenden Weg. Im Juni 1977 erhielt die Stasi ein »Gutachten« zu diesem Manuskript von Käthe Krieg, die unter dem Decknamen »Monika« schrieb. Im

Grunde war dies ein Polizeibericht über einen Roman. Über Simrock heißt es, er habe »den Kopf voller antisozialistischer Klischees«, zum Beispiel, dass der Sozialismus die Entfaltung der Persönlichkeit unterdrücke, in Denk- und Verhaltensmustern erstarrt sei und »schizophrene Haltungen« fördere beziehungsweise hervorrufe. Die sozialistische Gesellschaft werde total abgelehnt. Stil und Erzählweise erinnerten zwar an *Irreführung der Behörden,* aber dies sei ein politischeres Buch. Jurek Becker benutze das Schulsystem als Beispiel für das Versagen des Staates: »Der Mensch kann in der DDR nicht aufrichtig sein, er steht machtlos dem System gegenüber, das ihn unterdrückt.«[77]

In allen Diskussionen um den Roman betonte Becker immer wieder, er wolle in der DDR verlegt werden.[78] Er wolle ein sozialistischer Autor bleiben, und das wäre ihm nur möglich, wenn seine Werke in der DDR veröffentlicht würden.

Am 16. Juni 1977 wurde Becker von Pastor Dr. Schulze gebeten, für Stefan Heym einzuspringen und in der Kirche von Berlin-Bohnsdorf zu lesen. Sie hätten zwar Heym erwartet, erklärte Becker seinen Zuhörern, aber vielleicht ergehe es ihnen wie Kolumbus, der angenommen hatte, nach Indien zu gelangen, und statt dessen Amerika entdeckte. Er las drei Kapitel aus dem neuen Roman vor 180 Zuhörern, die größtenteils unter vierzig waren und sich stark mit Simrocks Geschichte identifizierten. Im Anschluss an die Lesung fand eine Diskussion statt. Becker sprach von der Frustration, die er und andere über den realen sozialistischen Staat empfanden. Er bekannte, in seinen früheren Büchern »war ich genauso unehrlich und opportunistisch wie viele Schriftsteller heute und habe mich an den Schwierigkeiten vorbeigemogelt«.[79] Später hieß es in einer offiziellen Beschwerde beim Generalsuperintendenten der evangelischen Kirche, die Lesung habe »an der Grenze einer konterrevolutionären Veranstaltung« gelegen und es habe »starken Beifall an Stellen gegeben, die gegen die DDR gerichtet seien«. In Zukunft, so die Empfehlung, solle sich die Kirche bei der entsprechenden Behörde kundig machen, bevor solche Redner eingeladen würden.[80]

Am 8. Juli 1977 berichtete Klaus Höpcke Kurt Hager über *Schlaflose Tage*. Für den Hinstorff-Verlag sei klar, dass das Manuskript in der vorliegenden Form nicht veröffentlicht werden könne, weil es »eine einseitige Darstellung des Verhältnisses von Individuum und sozialistischer Gesellschaft« enthalte und sich eine Publikation »auf die gesamte Autorenpolitik« auswirken würde. Jurek Beckers Drohung, im Westen zu publizieren, sei eine Form der Erpressung gegen Hinstorff, da eine Ablehnung im Westen eine »kulturpolitische Anti-DDR-Kampagne« auslösen würde.[81]

Inzwischen waren die »offiziellen« Stellungnahmen bei Hinstorff in Rostock eingegangen. Einerseits lehnte der DDR-Autor Gerhard Branstner, den Becker in der Sitzung, bei der er aus dem Schriftstellerverband ausgeschlossen wurde, einen »Lügner« genannt hatte, das Manuskript entschieden ab, indem er auf die »erstaunliche Unbeholfenheit der Sprache« und »eine nicht minder erstaunliche Unbedarftheit des Denkens« verwies – die »Darstellung von Problemchen« eines alles andere als repräsentativen Lehrers werde »zu einer beschönigenden Scheinproblematik« stilisiert. (Branstner war der Stasi-Mitarbeiter »Friedrich«, der auch über Beckers Aktivitäten berichtete.[82]) Andererseits meinte Professor Dieter Schlenstedt von der Humboldt-Universität, das Buch werfe »eine Reihe komplizierter Fragen auf«, es wolle, wie sein Held, »Eindruck machen in einer öffentlichen Angelegenheit«. Schlenstedt hielt den Roman zwar für »keineswegs besonders gut gelungen«, aber »gesellschaftliches Verhalten im Sozialismus« werde hier »in einer Art problematisiert, wie sie bisher, außer im Leben, nicht vorkam«. Für ihn war das Manuskript eine Variante des zentralen Problems in *Irreführung der Behörden.* Es gebe hier ein autobiographisches »Moment der Selbstkritik«, doch zugleich auch eine »Radikalisierung der Themenstellung« seit 1973. Zusammenfassend empfahl Schlenstedt dem Verlag, »dieses offenbar flüchtig geschriebene Werk als eine erste Fassung zu nehmen«, es aber gleichwohl zu publizieren, da »nicht verhindert werden kann, dass es überhaupt erscheint und dann von außen unter der Hand oder propagandistisch seine Wirkung erlangt«.

Die Gutachten wurden an Höpcke geschickt, der sie am 19. Juli 1977 mit den Vertretern von Hinstorff, auch mit Harry Fauth, erörterte. Fauth wiederum sprach darüber am nächsten Tag mit Becker. Er versprach ihm, wenn er entsprechende Änderungen vornähme, würden sie den Roman veröffentlichen. Eine Ablehnung des Manuskripts hielten der Verlag und die Gutachter für einen »taktischen Fehler, weil dies für den Autor die beste Reklame wäre« und der Suhrkamp Verlag den Roman als in der DDR zensiertes Buch groß herausbringen würde.[83]

Anfang Juli war Becker bereit gewesen, sich mit Redakteuren des westdeutschen Nachrichtenmagazins *Der Spiegel* zu treffen. Am 18. Juli 1977 brachte *Der Spiegel* ein Interview mit Becker, in dem das breite Spektrum der Ereignisse in Ostberlin erörtert wurde. Mit einiger Kühnheit erklärte er, dass die Maßnahmen der Partei im Fall Biermann eindeutig repressiv, aber auch Resultat einer Fehleinschätzung seitens der Partei gewesen seien. Auf die Frage, ob die Einschränkung der Bewegungsfreiheit der Künstler in der DDR nach dem Fall Biermann überhaupt noch aufzuheben sei und es je wieder so werde wie vor der Biermann-Ausbürgerung, erwiderte Becker: »Es gibt sicher einige Schriftsteller, die den Verdrängungsmechanismus, nachdem er ihnen bewusst geworden ist, amputiert haben. Ich zähle mich dazu.« Und auf den Hinweis, dass der Funktion des Schriftstellers in der DDR die Funktion der

Presse in kapitalistischen Ländern entspreche, bemerkte er: »Beim besten Willen kann man nicht sagen, es gäbe in meinem Land eine Presse, einen Rundfunk und ein Fernsehen, die nach westlichem Verständnis frei wären.«[84] Ein paar Jahre später erklärte er: »Das Leben in der DDR ist voll von Fiktionen, sowohl privater- wie auch staatlicherseits. Zum Beispiel geht die DDR-Regierung von der Fiktion aus, die DDR-Bevölkerung sei mit den Meldungen des DDR-Fernsehens, des DDR-Radios, der DDR-Presse hinreichend informiert. Sie tut so, als sei dies die einzige Meinungsbildungsquelle; sie tut so, als ob die DDR-Bevölkerung sich nur danach richte. Es entstehen auch faszinierende Paradoxien. Mitunter stehen in der DDR-Presse Meldungen, die sich auf etwas beziehen, wovon die DDR-Bevölkerung nur aus westlichen Quellen erfahren haben kann, das heißt man arbeitet schon mit dieser Informationsquelle, tut aber so, als existiere sie nicht.«[85] Im *Spiegel*-Interview bemerkte Becker auch, in der DDR gebe es keine unzensierte Literatur. Und für ihn war dies viel wichtiger als die öffentlichen Medien, denn die Literatur sei jene kulturelle Kraft, die sich dafür engagiere, die Wahrheit zu sagen: »Bedeutung und Brisanz von dem, was innerhalb der Literatur stattfindet, [sind] unvergleichlich größer als das Gewicht dessen, was Zeitungen und Fernsehen … anbieten.«[86]

Zunehmend stellte man sich die Frage, ob Jurek Becker in der DDR bleiben würde.

Am 19. Juli 1977 schrieb der Romanautor Joachim Seyppel, der von der Bundesrepublik in die DDR übergesiedelt war und sich als Freund von Jurek Becker fühlte, einen offenen Brief an Becker in der *Frankfurter Rundschau* und forderte ihn auf, in der DDR zu bleiben. Sich der westlichen Medien zu bedienen, war eine der »Hauptsünden« für Intellektuelle in der DDR ebenso wie die Basis für den Angriff gegen die Fürsprecher von Wolf Biermann.[87] Vergebens hatte er versucht, seinen Brief in Ostberlin zu veröffentlichen (so wie er vergebens versucht hatte, eine offizielle Erklärung für Biermanns Ausweisung zu bekommen). Seyppel schloss seinen offenen Brief mit der Aufforderung an Becker zu bleiben – seine Ausreise würde »dies Land ärmer machen«. Zuvor hatte er bedauert, dass Becker aus dem Schriftstellerverband ausgeschlossen worden war – es gebe sogar Gerüchte, dass er bereits in die Bundesrepublik oder nach Israel emigriert sei.

Jureks Freund und Schriftstellerkollege Günter Kunert, der das dritte Reich überlebt hatte, beantwortete Seyppels offenen Brief in der konservativen Zeitung *Die Welt*. Er bemerkte, die offizielle Etikettierung von Jurek Becker als »konterrevolutionär« zeige nur, wie sehr die Sprache der Macht in der DDR das Medium der Schriftsteller »sowohl verkrüppelt wie verknüppelt« habe.[88] Im Unterschied zu anderen in die Biermann-Affäre verwickelten Schriftstellern hatten Beckers Lebensgeschichte und der Erfolg seiner Werke bewirkt, dass er zur *cause célèbre* geworden war. Seyppels offener Brief signalisiert zwei Dinge: Erstens, dass die Rolle, die Becker spielte, ihn vermutlich dazu bringen würde, die DDR zu verlassen, und zweitens, dass seine jüdische Identität ein Faktor für sein öffentliches Image in der DDR blieb. Dass Seyppel Gerüchte von Beckers angeblicher Emigration nach Israel gehört zu haben meinte, hieß, dass seine persönliche Geschichte eng verbunden war mit der Vorstellung vom Juden (lies: Zionisten) als Konterrevolutionär in der DDR.

Am 20. Juli 1977 traf Becker sich erneut mit Harry Fauth von Hinstorff. Nun wurden eine Reihe von Änderungswünschen vorgebracht, die eine Veröffentlichung des Romans in der DDR ermöglichen würden. Diese Liste war von Höpcke und Fauth erarbeitet worden. Becker müsse sein Manuskript nach den Vorschlägen der Regierung revidieren. Er müsse jede Erwähnung der Mauer und der Grenze tilgen und ebenso Formulierungen wie »was muss sich ein intelligenter Sozialist darum scheren, wie derzeitig der Sozialismus zeitweilig bei uns betrieben wird«. Fauth erklärte, man halte »die Erzählung für ästhetisch schwach«. Becker erklärte sich bereit, am 9. und 10. August nach Rostock zu kommen, um nach der Rückkehr aus dem Urlaub mit seiner Familie über das Manuskript zu diskutieren. Fauth schlug auch eine Erstauflage von nur 15 000 Exemplaren vor – Becker wollte 50 000. Er begann zu glauben, dass auf der Grundlage dieser Diskussion ein Kompromiss hinsichtlich der inhaltlichen Nuancen möglich sei. Daher versprach er, auf seiner bevorstehenden Lesereise in der BRD werde er nur aus seinen veröffentlichten Büchern lesen.[89]

Am 8. August 1977 traf sich Becker mit dem Stellvertretenden Minister Höpcke wegen des *Spiegel*-Interviews. Höpcke gefiel die Position, die Becker hinsichtlich der öffentlichen Diskussion der Biermann-Affäre vertrat. Nach dieser aus seiner Sicht positiven Begegnung mit der höchsten Ebene der staatlichen Autorität setzte sich Becker am 9. August mit den Vertretern von Hinstorff zusammen, um mit ihnen die vertraglichen Vereinbarungen zu besprechen, auf die sie sich geeinigt hatten.[90]

Jurek Becker glaubte gewonnen zu haben. Nach dieser letzten Besprechung schickte Höpcke ihm einen handschriftlichen Brief, in dem er ihm dringend nahelegte, den Roman von anderen Leuten lesen zu lassen und ihnen zuzuhören.[91] Die Botschaft war eindeutig: Führe alle Änderungen aus, sonst gibt es keine Veröffentlichung. Im August beschäftigte sich die westdeutsche Presse mit dem noch unveröffentlichten Roman. Er wurde aufgrund seiner autobiographischen Substanz und seines Symbolwertes als Ausdruck einer Furcht begriffen, »sich und seine Zukunft länger mit einem Sozialismus zu verbinden, der keiner ist«, und diese Furcht habe »in der DDR eine ganze Generation ergriffen«.[92] Dieses Interesse machte bewusst, dass alles, was Jurek Becker in der Öffentlichkeit sagte, als Aussage einer ganzen Schriftstellergeneration verstanden werden würde.

Der »Lügner« durfte vom 22. August bis zum 10. September auf Lesereise nach Westdeutschland fahren. Sechs Wochen nach dem *Spiegel*-Interview, das er in seinem Haus in Mahlsdorf gegeben hatte, traf er sich am 6. September 1977 mit Redakteuren der *Frankfurter Rundschau* in Frankfurt und sprach mit ihnen erneut über die Situation in der DDR nach Biermann. Seine Bemerkungen über die politische Wirklichkeit waren schärfer als in dem Interview, das er in der DDR gegeben hatte. Zu diesem Zeitpunkt erklärte er, dass *Schlaflose Tage* definitiv bei Hinstorff erscheinen würde. Er war noch nicht so weit, die DDR zu verlassen und in den Westen überzusiedeln, wie es die Lyrikerin Sarah Kirsch gerade getan hatte. Für ihn war das »eine existenzielle Frage«, denn »mit Illusionen zu leben ist besser als die eingestandene Hoffnungslosigkeit«. Er forderte eine konstruktive Streitkultur in der DDR (»ein Minimalprogramm«) und fügte hinzu, »dass die Bemühungen, die die Partei zur Zeit unternimmt, um mit Künstlern und Intellektuellen ins Klare zu kommen, nicht die Spur von Erfolg haben können, solange das nicht berücksichtigt wird«. Und dann griff er den Zustand der Partei nach der Ära Ulbricht an: »Die Partei muss meines Erachtens überprüfen, ob wir heute noch in Umständen leben, die den Kriegskommunismus rechtfertigen. Ich bin überzeugt, dass die Umstände verschwunden sind, aber die Praktiken sind geblieben.« Er wandelte die Forderung von Wolfgang Harich, die DDR müsse ihre Künstler endlich so behandeln wie die übrige Bevölkerung, dialektisch um, indem er sagte: »Das Gegenteil scheint mir aber notwendig: Die Bevölkerung muss endlich so behandelt werden wie die Künstler.«[93] Dass Honeckers DDR genauso rigide stalinistisch war wie das Regime Ulbrichts und dass die Künstler im Grunde privilegiert waren, weil sie kein Verlangen danach hatten, die Wahrheit zu sagen, waren zwei für die Führung der DDR absolut inakzeptable Aussagen.

Als Becker wieder in Berlin war, erwartete ihn ein neun Seiten langer Brief von Höpcke vom 5. September, der genau festlegte, welche Änderungen im Manuskript vorgenommen werden müssten. Am 13. September saß er Höpcke gegenüber, der ihm heftige Vorwürfe wegen seines Interviews in der *Frankfurter Rundschau* machte, in dem er vom Verfall der Werte und vom Fehlen eines wahren Sozialismus in der DDR gesprochen habe. Demgegenüber sei der Ton seines *Spiegel*-Interviews, mit dem er im Allgemeinen einverstanden sei, moderater gewesen. Höpcke warf ihm vor, mit seinem Verhalten reproduziere er die »gängigen Schemata antisozialistischer Begriffsverwirrung«. Er betreibe nur »öffentliche Kritik«, entgegnete Becker, und führte den Wunsch von Autoren, die DDR zu verlassen, auf die repressiven Maßnahmen des Staates und auf Prozesse gegen einige Dissidenten zurück. Was seinen Roman beträfe, würde er Ende der Woche die Änderungen bei Hinstorff abliefern. Zum Schluss verlangte Höpcke, Becker solle westlichen Medien keine Interviews mehr geben, und machte den Vorschlag, mit ihm Ende September über das Buch zu sprechen – falls er bereit sei, »im Interesse seines Rufs als eines Literaturschaffenden literarisch weiter zu arbeiten«.[94] Das war Erpressung, denn er wusste, dass Becker die Publikation des Romans in der DDR wichtig war. Er wollte Teil des Establishments bleiben und es zugleich kritisieren, sich »einmischen«, wie er es nannte.

Am selben Tag unterrichtete Höpcke seinen Chef Kurt Hager über das Ultimatum, das er Jurek Becker gestellt hatte.[95] Am 19. September erhielt Höpcke einen kühlen, distanzierten Brief von Becker, in dem dieser zu ihrer Besprechung am 13. September und Höpckes schriftlichem Vermerk Stellung nahm. Er nahm seine »Zusage« zurück, sich »bis auf weiteres« nicht mehr in westlichen Massenmedien zu äußern, und betonte, dass er die Kulturpolitik der DDR »in manchen Punkten für verfehlt halte«. Er erklärte, dass er den Ton von Höpckes Brief als »bedrohlich« empfinde, insbesondere als Höpcke von ihm gefordert habe, »das verleumderische Treiben gegen unsere Gesellschaftsordnung und ihre Organe einzustellen«.[96] Am 26. September beantwortete Höpcke Beckers Brief »in tiefer Sorge um einen Schriftsteller, dessen Bücher ich, wie Sie wissen, schätze; in Sorge um einen Mann, den ich fragen möchte: Finden Sie nicht, daß Sie sich dafür zuständig fühlen sollten, zur Überwindung der Kollisionen zwischen Ihnen und unserer Republik auch selbst etwas zu tun?«[97] Bereits am 15. September hatte Hager Erich Honecker über Jurek Beckers Haltung unterrichtet. Am 22. September machte Kurt Hager das Unbehagen des Staates über Beckers Position öffentlich, indem er sein Interview in der *Frankfurter Rundschau* in einer Rede auf der neunten Konferenz des Kulturbundes der DDR verurteilte. Er warf ihm (und anderen) vor, ihr Ziel aus den Augen verloren zu haben. Damit war Becker eine Persona non grata geworden. Seine Kapitulation angesichts des zweischneidigen Lobs für sein Werk und der unmissverständlichen Drohung des Staates machten ihn nur noch zorniger über diese Kräfte, die ihn in diese unhaltbare Position manövrierten.

Hagers öffentliche Verurteilung bezeichnete das Ende jeglicher Hoffnung, *Schlaflose Tage* in der DDR zu veröffentlichen. Am 26. September kam es zum endgültigen Abbruch der Gespräche mit Hinstorff. Harry Fauth und Horst Simon lehnten das überarbeitete Manuskript mit der Begründung ab, dass Jurek Becker seine Kritik am real existierenden Sozialismus, die Argumente für Antonias Fluchtversuch und die Polemik, dass es eine »unerhörte Anmaßung« sei, sie daran zu hindern, nicht gestrichen habe. Sie erwähnten die Interviews mit westdeutschen Medien und seine Weigerung, »seine Position als ein sozialistischer Autor zu erläutern«. Becker wies die Kritik zurück, ebenso wie die Warnung, dass er gegen das Gesetz verstieße, wenn er im Westen publiziere, ohne »den Weg über das Büro für Urheberrechte zu gehen«.[98] Der Schlusspunkt wurde von Höpcke am 28. September gesetzt, als er Hager berichtete, Becker mache mit seiner Ablehnung, »auch noch so geringe Veränderungen an seinem Manuskript« vorzunehmen, »eine Veröffentlichung des Buches in der DDR unmöglich«. Der neue Roman werde nun also »vom BRD-Verlag [Suhrkamp] zur diesjährigen Buchmesse in Frankfurt/Main … mit der entsprechenden Propaganda der Öffentlichkeit vorgelegt«.[99] Jurek Becker war damit ein Agent der westlichen Propaganda geworden, und sein Werk begann aus der Kulturszene der DDR so rasch zu verschwinden, wie *Der Boxer* aus den Schaufenstern der Jenaer Buchhandlung am Morgen nach der Ausbürgerung Biermanns verschwunden war.

Jurek Becker hat seine Beziehungen zur DDR nie ganz abgebrochen. Er gab seine Bücher weiterhin beim Hinstorff-Verlag in Rostock heraus, auch nachdem er 1977 die DDR verlassen hatte.[100] Die Einwände gegen *Schlaflose Tage* hatten anscheinend mehr mit Beckers politischer Haltung als mit dem Inhalt des Romans zu tun. Deshalb war Beckers Präsenz in westlichen Medien das viel größere Ärgernis.

Im August 1976 hatte Frank Beyer Jurek Beckers letztes Drehbuch für die DEFA verfilmt, die Komödie *Das Versteck* mit Manfred Krug in der Hauptrolle – einer von nur zwei DEFA-Filmen, die Becker mit Manfred Krug gemacht hatte.[101] Krug spielte den Architekten Max Brink, der seine Ex-Frau Wanda (Jutta Hoffmann) zurückgewinnen will, indem er so tut, als würde er von der Polizei gesucht. Er taucht in ihrer Wohnung unter, will ihr beweisen, dass er nicht mehr der von seiner Arbeit besessene Macho ist, der er in ihrer Ehe gewesen war. In seinem »Versteck« kocht er das Abendessen für sie, hört mit dem Rauchen auf und schenkt zum ersten Mal ihren Bedürfnissen und Wünschen wirklich Beachtung. Dennoch gelingt es ihm nicht, Wanda zurückzugewinnen, da sie inzwischen gelernt hat, ohne ihn zu leben.

Max begreift schließlich, dass Wanda sich zu einem selbständigen Menschen entwickelt hat. In der Schlussszene hat Max einen Autounfall und erkennt, dass selbst ein Unglück einen Sinn haben kann.

Wie in *Jakob der Lügner* benutzt Becker die Form der Komödie, um das Verhältnis von Künstler und Staat zu thematisieren. Die vor der Biermann-Affäre begonnenen Dreharbeiten verliefen großenteils »unter extremem Stress«, nachdem der Protestbrief in Sachen Biermann veröffentlicht worden war. Becker, Beyer, Krug und Hoffmann gehörten zu den Unterzeichnern der Petition. Man traf sich jeden Tag in den Garderoben, um über die Chancen zu diskutieren, den Staat umzustimmen. Laut Krug war der Film ein Versuch, eine kaputte Ehe wiederzubeleben, der von vier »Dissidenten« verfilmt wurde. Am 20. April 1977 fand die offizielle interne Vorführung des Films bei der DEFA statt. Alle Anwesenden, darunter auch Armin Mueller-Stahl, lobten den Film, und wussten doch nur zu gut, dass er höchstwahrscheinlich nie in die Kinos kommen würde.

Nachdem Manfred Krug, dem man als Schauspieler und Sänger das Publikum genommen hatte, dessen Veranstaltungen man mit »gekauften« Leuten torpedierte und ihn auch als Person verleumdete, im Juni 1977 nach Westberlin gegangen war, schrieb Becker im September, während seiner Auseinandersetzungen mit Höpcke an Horst Pehnert, den Stellvertreter des Ministers für Kultur, und erkundigte sich nach dem »Schicksal des Films ›Das Versteck‹«.[102] Pehnert beantwortete diesen Brief drei Wochen später und bot ihm nur an, sich mit ihm zu treffen.[103] Schon im *Spiegel*-Interview Mitte Juli war der Film angesprochen worden.

»SPIEGEL: Es liegt ein Film irgendwo in einem Tresor, der von Jurek Becker geschrieben worden ist, in dem Manfred Krug, der Ende Juni in den Westen ging, eine Hauptrolle spielt. Wird dieser Film irgendwann mal in die Kinos kommen?

BECKER: Ob dieser Film aufgeführt wird oder nicht, darüber bin ich nicht befugt zu urteilen; ich hoffe ja, schon wieder, aber ich fürchte nein.

SPIEGEL: Und warum fürchten Sie nein?

BECKER: Ach du Gott, warum? Weil mir die Aufführung, gemessen an anderen, zur Zeit bei uns üblichen Verfahrensweisen, recht ungewöhnlich schiene.

SPIEGEL: Zu deutsch: weil Krug darin mitspielt?

BECKER: Und vergessen Sie mich nicht. Als Krug im Westen war, fand sich bei uns eine kurze Zeitungsnotiz, der zu entnehmen war, dass er alle Möglichkeiten hatte, sich künstlerisch zu entfalten, dass ihm Angebote zugingen und dass er sie alle ausgeschlagen hätte. Das war, ganz simpel gesagt, eine Unwahrheit. Warum macht man so etwas? Die wahrscheinlichste Antwort: weil die Partei immer Recht hat. Deswegen macht man so was. Doch inzwischen scheinen mir größte Zweifel daran erlaubt zu sein, die Partei hat durchaus nicht immer Recht.«[104]

Die Weigerung der Partei, auf die Forderungen der Dissidenten in der Biermann-Affäre einzugehen, wurde von Becker nun als Vertrauensverlust verstanden. Er glaubte nicht mehr ans System.

Am 25. September 1977 hatte Frank Beyer dem Chef der DEFA, Hans Dieter Mäde, einen neun Seiten langen offenen Brief geschrieben, in dem er die Ziele eines neuen sozialistischen Kunstfilms verteidigte. Beyer hatte Jurek Beckers Roman *Schlaflose Tage* verfilmen wollen. Mäde hatte diese Idee mit dem Hinweis abgelehnt, »dass Beckers Buch nach seiner Konzeption und Struktur in der Planung unseres Studios keinen Platz findet«. Beyer betonte demgegenüber, wie notwendig es sei, mehr Filme zu haben, die sich mit den Problemen der gegenwärtigen DDR befassen. Schließlich habe es eine Tradition solcher Filme gegeben, wie Heiner Carows *Die Legende von Paul und Paula* (1973), nach einem Drehbuch von Ulrich Plenzdorf, Konrad Wolfs *Der nackte Mann auf dem Sportplatz* (1974) sowie *Das Versteck* von Beyer und Becker. Detailliert schilderte Beyer die Geschichte der Unterdrückung solcher Filme über Gegenwartsthemen, natürlich auch den Skandal um seinen Film *Spur der Steine*. Er schloss seinen langen Brief mit dem Hinweis, dass eine Einteilung in »nützliche« und »schädliche« Filme für die Förderung einer sinnvollen Filmkultur in der DDR nicht hilfreich sei.[105] *Das Versteck* sollte am 19. Oktober 1977 Premiere haben. Armin Mueller-Stahl verschob seine Reise in den Westen, um anwesend zu sein.[106] Doch in letzter Minute wurde die Premiere abgesagt.

Am 28. Oktober 1977 gab es eine nichtöffentliche Diskussion über den Film in der Akademie der Künste. Teilnehmer waren einige der führenden Repräsentanten der Kultur, unter anderem der Regisseur Konrad Wolf und der Schauspieler Erwin Geschonneck, sowie Becker, Frank Beyer und Jutta Hoffmann. Becker bezweifelte, dass eine solche Diskussion irgendetwas bewirken würde, da die Entscheidung darüber, den Film herauszubringen, anderswo liege. Zensur, bemerkte er, lasse sich nie rechtfertigen.[107] Im Namen der Akademie schrieb Konrad Wolf an den Minister für Kultur, er hoffe, der Film werde herauskommen, und Hans-Joachim Hoffmann erwiderte, das werde zu entsprechender Zeit sicher geschehen.[108] Für Becker bestand ein enger Zusammenhang zwischen der Zensur des Films und der Nichtveröffentlichung von *Schlaflose Tage*. Es gab für ihn keine Öffentlichkeit mehr.[109] Als *Das Versteck* tatsächlich am 7. November 1978, ein Jahr später, im Colosseum in Ostberlin seine Premiere feierte, hatte Becker, der schon in Westberlin lebte und darüber nachdachte, ob der verlorene Sohn je wieder zurückkehren könnte, »den Eindruck, alle Beteiligten wollen irgendwie normal weitermachen; bloß über das ›Wie‹ gibt es noch Verständnisschwierigkeiten«.[110] Der Film wurde nur in wenigen Kinos in der DDR gezeigt und verschwand rasch, bekam aber sehr gute Kritiken.[111]

Am 16. April 1977 hatte bereits Manfred Krug seinen offiziellen Ausreiseantrag gestellt. Im Zuge der Biermann-Affäre war ihm praktisch Berufsverbot auferlegt worden: zugesagte Rollen wurden ihm entzogen, seine Schallplatten wurden nicht mehr verlegt, seine Konzerte in der DDR boykottiert und eine Konzerttournee in der BRD abgesagt.[112] Gründe genug, um wie eine Reihe anderer führender Oppositioneller die DDR zu verlassen. Becker war zögerlicher. Er glaubte immer noch daran, dass der Staat sich reformieren könnte. Am 7. November 1977 schrieb er an Höpcke und beantragte ein Visum für zwei Jahre (bis 1979), um im Westen schreiben und in die USA fahren zu können. Nach dem Ablauf des Visums würde er »mit wem auch immer« darüber reden, »was weiter zu geschehen hat«.[113] Am 8. November gewährte die DDR ihm ein auf zwei Jahre befristetes Visum. Darüber wurde im Westen wie im Osten berichtet.[114]

Nach der Ausbürgerung Biermanns und der Abwanderung von Schriftstellern und Künstlern aus der DDR in den Westen, die einem Exodus der Kulturszene gleichkam, ging der Staat zu einer ausgeklügelten Methode über; er gewährte seinen Schriftstellern und Künstlern Pässe zur Aus- und Wiedereinreise. Damit hielt er seine Kritiker an der langen Leine, denn die meisten scheuten aufgrund von familiären Bindungen und langjährigen Freundschaften den endgültigen Schritt in den Westen. Die erleichterten Reise- und Aufenthaltsbedingungen konnten jedoch jederzeit revidiert werden, wenn sich der Betreffende, der im Besitz eines gültigen DDR-Passes war, nicht »wohl« verhielt.

Andere, wie zum Beispiel der Lyriker und Dramatiker Kurt Bartsch, verzichteten auf das Privileg. Kurt Bartsch gab seinen DDR-Pass mit seinem Wechsel nach Westberlin bei den staatlichen Behörden ab.

Vor der Beantragung des Visums sprach Becker mit seiner Familie, ob er für sie alle ein Visum beantragen solle. Doch die Probleme einer Übersiedlung in den Westen erschienen seiner geschiedenen Frau unüberwindlich. Sie wäre von ihm finanziell abhängig und müsste ihren Bekanntenkreis aufgeben. Nach langem Überlegen beschloss sie mit ihren beiden minderjährigen Söhnen, in ihrem Haus in Ostberlin zu bleiben.

Das hatte natürlich entsprechende Konsequenzen. Schon während der Biermann-Affäre war Rieke Becker von der Stasi überwacht worden. Für Lonni wurde die Lage schon bald prekär. Beckers Rolle in den Debatten um Biermann und seine publik gewordene Entscheidung, die DDR zu verlassen, lenkten ein besonderes Augenmerk auf Lonni. Auf dem Weg zu einem Fußballspiel wurde er am 4. November 1978 im S-Bahnhof Friedrichstraße verhaftet, weil er einen Polizisten beleidigt hatte. Das Vernehmungsprotokoll vermerkt, sein Vater »befindet sich zur Zeit im Ausland (Westberlin)«.[115] Im November 1979 schrieb Lonni im Fach Geschichte eine Hausarbeit zum 30. Staatsfeiertag der DDR, in der er das System als willkürlich und selbstzufrieden kritisierte. Der Aufsatz wurde von der Schule an die Bezirksleitung der SED geschickt und in seine offizielle Stasi-Akte aufgenommen. Die Schulbehörde betonte, dass Rieke Becker »in Erziehungsfragen recht hilflos« sei, eine ironische Bemerkung, da sich die Stasi über Riekes politische Ansichten im Klaren war.[116]

1982 begann Lonni eine Tischlerlehre. Eines Tages beschimpfte ihn sein Tischlermeister bei einer der ständigen Auseinandersetzungen als »verdammter Judenbengel«, den man »vergasen« müsse. Riekes offizielle Beschwerde führte zu einer disziplinarischen Bestrafung des Meisters, dem aber die »angeblichen Äußerungen« nicht nachgewiesen werden könnten ... [117]

Bei Nicki, der noch zur Schule ging, wirkte sich die Entscheidung seines Vaters, in den Westen zu gehen, anders aus. Jurek Becker, der Schriftsteller, wurde mit keinem Wort mehr erwähnt. Als Nicki sich, unterstützt von Rieke, dann weigerte, am erstmals 1978 eingeführten Unterrichtsfach Wehrerziehung teilzunehmen, wurde sein Verhalten auf den schlechten Einfluss seiner Eltern zurückgeführt.[118] Als Nicki in der zwölften Klasse war, identifizierte er sich entschieden mit seinem Vater. Man hatte an der Schule den Verdacht, dass er seinem Vater in den Westen folgen wolle. Aber Nicki blieb in Ostberlin, und Rieke Becker fragte sich besorgt, was aus seinem Leben werden sollte.[119]

Jurek Becker war vierzig Jahre alt, als er am 5. Dezember 1977 mit zwei Koffern und Tragetüten mit Kleidung und Wäsche, einem Karton mit Büchern und Manuskripten, einem Karton Schallplatten, einem Kassettenrecorder, einer Radioweckuhr, einem kleinen gusseisernen Tisch, einer Ablage für Papier, einer Personenwaage und einer Schreibmaschine – so die Zolldeklaration – nach Westberlin fuhr, wo er am 18. Dezember bei seinem Schulfreund Helge Braune in der Brandenburgischen Straße 74 einzog.

Noch glaubte er, Westberlin sei nur eine Zwischenstation. Beckers Umzug in den Westen war eine Sensation. Überall im Fernsehen und in den Zeitungen begegnete man seinem Namen und seinem Gesicht. Am 2. Februar 1978 hielt er eine Pressekonferenz für ausländische Journalisten ab, denen er erklärte, dass die Lage der Künstler in der DDR »gesund« sei und dass »manche völlig normale Erscheinungen einer wachsenden, neuen Gesellschaft zu Missverständnissen geführt« hätten, die aber »nur von einer böswilligen und dummen Presse zum prinzipiellen Gegensatz

Staat-Kultur umfunktioniert worden sind«.[120] Am 3. Februar hatte er im Dritten Fernsehprogramm des SFB ein Gespräch mit dem Westberliner Literaturprofessor Peter Wapnewski.[121] Darin behauptete er, nur »interne« Kritik zu üben. Er vertrat die Position, er habe hohe ästhetische Ziele, die sich auch in der DDR verwirklichen ließen. Als man ihn fragte, ob er sich für die Menschen in Westdeutschland einsetzen wolle, die wegen ihrer politischen Ansichten mit einem Berufsverbot belegt seien, sagte er, jede negative Antwort hinsichtlich dieser Praxis würde nur jenen etwas nutzen, die sie befürworteten. Er versuchte, den Fragen nach seiner Loyalität gegenüber der DDR wie zur BRD auszuweichen. Am 8. Februar erschien ein Interview mit ihm in der *Frankfurter Rundschau,* in dem er es »absolut nicht für wahrscheinlich« hielt, dass er für immer im Westen bleiben würde. Als er gefragt wurde, warum er nicht wie Wolf Biermann ausgebürgert worden sei, erwiderte er: »Ich bin kein Astrologe, und ich bin nicht der, der darüber verfügt hat. Ich freue mich nur darüber, dass es gelungen ist, ein Lösung herbeizuführen, die ich als … die am wenigsten unbefriedigende betrachte, die ich mir unter den konkreten Umständen vorstellen konnte.« Dieses Interview spiegelte mehr als jedes andere Beckers ambivalente Einstellung wider. Er betonte, er könne auch im Westen als Schriftsteller arbeiten, da »die DDR kein Alleinvertretungsrecht hat für Reibung zwischen Schriftsteller und Gesellschaft«. Doch er bemerkte auch, dass jedesmal, wenn eine Diskussion innerhalb der SED stattfinde, die westlichen Journalisten und Beobachter dies als »Äußerung von Opposition« interpretieren würden. Er bestritt, dass es in der DDR eine organisierte, »konspirative« Opposition gäbe – der Weg zu einer Veränderung bestehender Zustände könne nur »eine möglichst offene und freimütige Diskussion« sein.[122]

Am 11. Januar 1978 fuhr er nach Ostberlin und teilte

Erika Hinckel, der persönlichen Referentin von Kurt Hager, mit, er würde in der Fernsehsendung des SFB alle provokativen Erklärungen vermeiden. Er erklärte ihr auch (und sie gab es an Hager weiter), er »sehe nach wie vor Möglichkeiten, in die DDR zurückzukehren bzw. hier als Schriftsteller zu arbeiten. Er habe die Absicht, ein in Arbeit befindliches neues Buchmanuskript dem Hinstorff-Verlag zur Veröffentlichung anzubieten ... Bei einer Ablehnung könne er nicht mehr in der DDR leben.«[123]

4. Westliches Intermezzo

In seinem Ostberliner Interview mit dem *Spiegel* hatte Jurek Becker bemerkt: »Den Mund halte ich lieber auf den Bahamas.«[124] Auf die Bahamas ging er allerdings nicht. Richard Zipser, ein junger Spezialist auf dem Gebiet der DDR-Literatur, war mit der Bitte an ihn herangetreten, 1978 die Nachfolge des westdeutschen »Arbeiterdichters« Max von der Grün als Max-Kade-Professor am German Department des Oberlin College in Ohio anzutreten. Zipser hatte sich Mitte der siebziger Jahre lange in der DDR aufgehalten und eine ganze Reihe von Schriftstellern interviewt – die Stasi hielt ihn für einen Agenten der CIA.[125]

Zipser hatte an Jurek Becker zunächst im Oktober 1975 aus Wien geschrieben und vorgeschlagen, sich mit ihm in jenem Herbst zu treffen. Becker sah ihn im September und Oktober 1976 fünf Mal. Im Oktober 1976 fragte Zisper erneut an, ob er daran interessiert sei, im Frühjahr 1978 für ein Trimester zu kommen.[126] Am 19. Oktober 1977 erhielt Becker einen Brief des Dekans Robert M. Longworth, der ihn offiziell einlud, sich am Oberlin College von Mitte Februar bis Mitte Mai 1978 für ein Honorar von 5 500 Dollar als Max-Kade-Writer-in-Residence aufzuhalten. Während seiner Auseinandersetzungen mit den Ostberliner Behörden hatte Becker diese Einladung bereits in der Tasche, ein Umstand, dessen man sich durchaus bewusst war.

Bevor er Berlin verließ, hatte er noch eine weitere wichtige Verpflichtung. Im August 1977 hatte ihn der westdeutsche Kritiker und Kommentator Hans Jürgen Schultz um einen Beitrag zu einer Reihe von Radioessays über jüdische Identität gebeten, die Anfang 1978 vom Süddeutschen Rundfunk in Stuttgart gesendet werden sollte.[127] Weitere Beiträge stammten von den jüdischen Schriftstellern und Denkern Schalom Ben-Chorin, Günther Anders, Jean Améry und Hilde Domin, die alle eine Generation älter als Becker waren. Nur Yehuda Amichai, der große hebräische Dichter, gehörte seiner Generation an. Beckers Essay sollte am 1. Februar 1978 gesendet werden. Er reflektierte darin über sein Ringen um die Bedeutung einer jüdischen Identität in der DDR, wie es sich in *Der Boxer* widerspiegelte. Die Reihe (und Beckers Text) hieß *Mein Judentum*.[128] Im Zentrum dieses Essays steht die Ansicht, dass die äußeren Kräfte der Geschichte, die seine Identität geformt hätten, zufällig damit zusammenhingen, dass seine Eltern Juden und er nur zufällig ein Opfer gewesen seien. Er fühle sich hin- und hergerissen zwischen dem Gefühl, dass das Judentum (nicht der Judaismus als Religion) von zentraler Bedeutung für sein Leben sei.

Sein Angriff auf den Staat Israel als einem rassistischen Aggressorstaat folgte ganz der Rhetorik der Resolution 3379 der UN-Vollversammlung vom 10. November 1975, die erklärte, der »Zionismus ist eine Form des Rassismus und der Rassendiskriminierung«. Für Becker war Zionismus ganz im Sinne der offiziellen DDR-Politik dem Nazitum verwandt und daher kriminell.[129] 1996 nahm er diese Bemerkung als »übertrieben und falsch« zurück.[130] In diesem Vortrag greift Becker auf den langen Monolog zurück, den Arno in *Der Boxer* hält. Befangen in seiner konfliktreichen Identität als »Opfer des Faschismus« in der DDR, weigerte sich Becker, der gerade im Begriff war, die DDR zu verlassen, darüber nachzudenken, was seine jüdische Identität für ihn bedeutete.

Am 7. Februar 1978 traf er in New York ein. Er stieg im Grammarcy Park Hotel ab und begann ein humoristisches Tagebuch über seine Erlebnisse in der Stadt zu schreiben. In einer Reihe von Skizzen, die seine ersten Eindrücke von New York (und von der anschließenden Reise in den Mittleren Westen) beschreiben, war Becker überwältigt von der Tatsache, dass in diesem Land Juden tatsächlich unübersehbar als Juden auftreten.[131] Er versuchte diese Impressionen mit dem Bild vom amerikanischen Kapitalismus in Einklang zu bringen, das, wie er anmerkte, Film und Fernsehen der DDR geprägt hatten. Als er am Kennedy Airport ankam, fragte ihn der Passbeamte, ob er in den USA zu bleiben beabsichtige. Er schüttelte den Kopf, dachte aber im nächsten Augenblick: »Woher will ich das jetzt schon wissen?« Der Zollbeamte erkundigte sich, welche Schriften er bei sich habe, worauf Becker am liebsten wie an der deutsch-deutschen Grenze geantwortet hätte, »dass ihn das einen Dreck angeht«. Doch er zeigte ihm seine Manuskripte und die Taschenbuchausgabe des Talmud, die er »als Lektüre für Amerika« mitgebracht hatte. Der Beamte sah ihn wohlwollend an – »vielleicht ist er Jude«, dachte Becker. Und vielleicht war die Lektüre des Talmud eine angemessene Möglichkeit, Amerika und seine Juden zu verstehen, deren religiöse Identität jüdisch ist und nicht die eines Menschen, der nur einräumt, dass seine Eltern Juden waren.

Das Bild, das Jurek Becker sich von New York machte, war das des multikulturellen Amerika aus der Sicht der DDR. Die Juden waren ein Teilchen dieses Kaleidoskops von Menschen, zu denen nun auch er gehörte. Er fuhr mit einer Touristengruppe nach Harlem und besichtigte eine Kirche der Black Baptists. Dort stellte er sich zusammen mit den anderen der Gemeinde vor. Er nannte »ein seltsames

Herkunftsland: Germany. Ich weiß ja gar nicht, was dieses Wort bedeutet, und sage es trotzdem.« Becker verstand sich in diesem Augenblick nicht als Berliner, nicht als Bürger der DDR, nicht als Deutscher (wie merkwürdig ihm das Wort vorkam), sondern schlicht als Ausländer. Es war von Vorteil, Ausländer zu sein. Man konnte den Mantel des »Deutschen« mit all seinen historischen Problemen ablegen; man war nicht mehr ein »Opfer des Faschismus« oder ein »Jude«. Als Ausländer konnte er Englisch mit starkem Akzent sprechen. Anders als in Berlin, anders als sein Vater, fiel man in New York nicht auf, wenn man die Sprache der herrschenden Kultur nicht akzentfrei sprach.

Auf New York, die jüdischste Stadt in seiner Phantasie, hatte er sich mit der Lektüre des Talmud vorbereitet. Nach der bestehenden Auffassung der DDR definierte er das Judentum als rein religiösen und nicht als ethnischen oder politischen Begriff. Becker begab sich in die 47. Straße, wo »die orthodoxen Juden ihre Diamantenläden haben«. Die Namen über den Geschäften waren jüdische Namen. Als er endlich vor einem koscheren Restaurant stand, »sieht es aus, als sei es seit Jahren geschlossen. Ich wollte gern zum erstenmal im Leben so essen, wie mein Vater es mir erzählt hat.« Stattdessen aß er ein Stück Apple-Pie in einem Café, denn die jüdischste Stadt ist auch die amerikanischste Stadt. Apple-Pie kannte er »bisher nur von Schallplatten«. Er gehörte genauso zum Mythos wie die Latkes, die Kartoffelpuffer, die Jakob Heym in seinem kleinen Restaurant verkauft hatte, bevor die Deutschen ihn ins Ghetto steckten.

Amerika, das bedeutete auch Sport. Becker sah die Harlem Globetrotters ihre besondere Art von Basketball im Madison Square Garden spielen. Schnell begriff er die Regeln, aber seine besondere Liebe sollte dem American Football gelten. Er war ein Ausländer, ein Jude, jemand, der mit einem Akzent sprach, ein Sportfan, jemand, der zu seiner Phantasievorstellung von Amerika passte und doch auch wieder nicht. New York war ein Ort, der ihn willkommen geheißen, doch keine Ansprüche an ihn gestellt hatte.

Am 15. Februar 1978 traf er am Oberlin College in Ohio ein. Er wohnte in einem Studentenheim und hielt einmal in der Woche ein Kolloquium über deutsche Literatur ab. Er aß im Deutsch-Russischen Haus, wo er mit den Studenten zusammenkam. Anfangs war er verblüfft, als sie ihm Geschichten von Max von der Grün erzählten, der sich so engagiert an ihrem Leben beteiligt hatte. Es waren Studenten, »die zum Großteil liebenswerte Kindergemüter haben und durchaus so sind, dass man sich in ihrer Nähe nicht zu graulen braucht«.[132] Aber sie nahmen ihn zunächst nicht sehr ernst. Nachdem er in Berlin im Mittelpunkt der Medien und der Politik gestanden hatte, war Jurek Becker in Oberlin, Ohio, plötzlich ein Niemand.

Nachdem er sich einen gebrauchten Ford Pinto gekauft hatte, lernte er bei den Unternehmungen mit seinen Studenten Hannah Zinn kennen, eine Medizinstudentin im ersten Semester, die Russisch lernte und regelmäßig an der russischen Diskussionsrunde im Deutsch-Russischen Haus teilnahm. Sie war erst achtzehn, in der Bay Area von San Francisco aufgewachsen, zum ersten Mal von zu Hause fort, und Becker verliebte sich in dieses jüdische Mädchen. Hannahs Vater, ein orthodoxer Jude aus der zweiten Generation der Ostjuden, sprach Jiddisch und war Zahnarzt in Hayward, Kalifornien, einem Vorort von San Francisco. Jurek war, wie Jurek Becker es Günter Kunert erzählte, sehr betroffen, als Hannahs Vater ihm sagte, Jurek sei für ihn kein Jude. Auf die Frage, warum, hätte er die Antwort bekommen: »Weil du nicht in die Synagoge gehst.« Hannah war die erste Jüdin, zu der Becker nach dem Tod seiner Mutter eine starke emotionale Beziehung hatte.

In Oberlin begann Becker ein neues und höchst ungewöhnliches Leben zu entdecken. Doch die Neugier der westdeutschen Medien ließ auch nach seiner plötzlichen Abreise ins ländliche Ohio nicht nach. Der *Stern* schickte die Reporterin Eva Windmöller und einen Fotografen nach Oberlin. Das ZDF ließ ihn von Dirk Sager für die Sendung »Kennzeichen D« interviewen.[133] Mitte April gab es am German Department in Oberlin zwei große öffentliche Veranstaltungen. Er hielt zwei Vorlesungen auf Englisch, las aus seinen veröffentlichten und unveröffentlichten Werken und war dabei, als der Film *Jakob der Lügner* aufgeführt wurde. Bei der Lesung stellte er seine neue Geschichte *Das Parkverbot* vor, die von Recht und Ordnung in einem Polizeistaat handelt.[134] Die ständige Anwesenheit der Polizei und der tiefe Glaube, dass sie das Recht vertritt, spuken durch diese Erzählung. Das Trimester ging zu Ende. Becker hatte Hannah Zinn vorgeschlagen, mit ihm nach Deutschland zu gehen. Bevor sie endgültig eine Entscheidung treffen wollten, flog Becker nach New Orleans. Am Abend des 9. Juni 1978 wurde er im French Quarter Zeuge, wie zwei Polizisten einen weißen Touristen verhaften wollten, der eindeutig betrunken war. Er leistete Widerstand, und sie fingen an, auf ihn einzuprügeln. Becker schrie in seinem noch immer holprigen Englisch: »Now I know journalists in Europe who will write about where the Nazis from Germany went: They became cops in New Orleans!« Kein Wunder, dass sich die Polizisten ihm zuwandten. Sie verhafteten ihn wegen »Einmischung in die Polizeiarbeit« und ließen ihn gegen eine Kaution von 50 Dollar wieder frei.

Als er später wieder nach Amerika gehen wollte, belastete ihn dieser Vorfall. Er wollte wissen, ob er unter Umständen Schwierigkeiten bei der Einreise zu erwarten hätte. Er war erst beruhigt, als er erfuhr, dass diese Begegnung mit der amerikanischen Polizei als sogenanntes Stadtvergehen nicht aktenkundig geworden war.

Der Sommer ging zu Ende, und Becker musste sich entscheiden. Sollte er in Amerika bleiben? Als er in New York ankam, hatte er diese Frage offen gelassen. In den USA wäre er isoliert von dem, was ihm die Kraft gab, die er zum Leben brauchte: der deutschen Sprache, mit der er souverän spielen konnte, und dem Ruhm, der damit verbunden war. Jurek Becker hatte Angst um sein Deutsch, das er sich so schmerzlich angeeignet hatte, und darum entschied er sich gegen Amerika – auch wenn er anfangs optimistisch an seinen Ostberliner Freund, den Karikaturisten Willi Moese, geschrieben hatte: »Mein Englisch ist inzwischen so gut, dass die Leute nicht mehr erkennen, dass ich aus Deutschland komme. Ich werde nun nur noch als Europäer identifiziert (Festland natürlich, nicht Großbritannien).«[135]

Am 18. Juli 1978 kehrte Becker in eine für ihn neue, aber Deutsch sprechende Welt zurück, ohne Hannah. Erneut zog er bei seinem Freund Helge Braune in Westberlin ein. In dieser Stadt, in der die Zeit still zu stehen schien, fühlte er sich am meisten zu Hause. Und doch war dieses Westberlin ein Konstrukt des Kalten Krieges. Jurek Becker gehörte der ersten Generation der DDR-Bürger an, Menschen, die ausschließlich im sogenannten real existierenden Sozialismus aufgewachsen waren und die DDR in den siebziger Jahren verließen, ohne ihre sozialistischen Ideale aufzugeben. Zwischen 1945 und 1989 war Westdeutschland die neue Heimat für über vier Millionen Deutsche aus der Sowjetzone und der Deutschen Demokratischen Republik geworden. Die meisten »Republikflüchtigen« wandten sich entschieden vom Staatssozialismus ab, doch Jurek Becker engagierte sich für eine Idealvorstellung, was Staatssozialismus sein könnte. Dabei waren die Maßstäbe, an denen er die DDR maß, nichts anderes als die Maßstäbe, die die Ideologen, die den Staat schufen, selbst eingeführt hatten. Für Becker war vom Einmarsch in die Tschechoslowakei 1968 bis zur Ausbürgerung von Wolf Biermann

1976 klar, dass diese Ideale auch und gerade dann geehrt wurden, wenn gegen sie verstoßen wurde. Er würde zwar weiterhin Kritik am System üben, sich aber nicht zum »Werkzeug des Kapitalismus« machen lassen. Würde ihm das gelingen?

Siebtes Kapitel

Jurek Becker in Westberlin (1978–1989)

1. Die Übersiedlung in den Westen

Nach seiner Rückkehr aus den USA fand er auf seinem Schreibtisch einen langen »persönlichen« Brief von Klaus Höpcke vor. Darin führte Höpcke detailliert die »Irrtümer« in den verschiedenen Interviews auf, die Becker seit Beginn des Jahres gegeben hatte. Er berichtigte sie gleich selbst (so wie er auch Beckers Behauptung widersprach, dass dessen Bücher »aus dem Buchhandel verschwanden«) und warnte Becker nicht gerade feinfühlig davor, solche Irrtümer gegenüber den westlichen Medien zu äußern.[1] Becker nahm diese Warnung ernst. Er hatte versucht, auf dem schmalen Grat zwischen einem inneren Widerstand, für den er sich oft »ausländischer« (lies: BRD-) Medien bediente, und einer Position als Dissident zu wandeln.

Jurek Becker hatte das Gefühl, dass er ohne seinen Bekanntenkreis im Osten nicht leben konnte. Wie konnte er mitten im Leben sein, wenn er nicht mehr wusste, wo diese Mitte war? Im Juli besuchte er für mehrere Tage Rieke und seine Söhne und traf sich mit Willie Moese, Armin Mueller-Stahl, Günter Kunert und Stefan Heym. Am nächsten Tag versuchte er Erika Hinkel in Kurt Hagers Büro im Politbüro zu erreichen, aber sie hatte Urlaub.[2] So kehrte er unverrichteter Dinge nach Westberlin zurück, wo er versuchte, sich als Junggeselle einzurichten. Er telefonierte regelmäßig mit Hannah. Noch immer überlegten sie, ob sie nicht doch nach Deutschland kommen sollte. In jener Zeit traf er in Westberlin eine junge Amerikanerin, die in einer Wohngemeinschaft lebte. Irene Dische war 1952 in New York geboren. Sie war zwar jüdischer Herkunft, wuchs aber als Katholikin auf. Sie sprach fließend Deutsch. Ihre deutsche Mutter, eine Ärztin, war zum Katholizismus konvertiert, ihr Vater war ein bekannter Biochemiker. 1978 war sie nach Berlin gekommen und arbeitete als freie Journalistin für amerikanische Zeitschriften wie *The Nation*. Sie hatte den Auftrag, einen Artikel über junge deutsche Schriftsteller aus dem Osten zu schreiben, und nach einem Interview mit Beckers Exilkollegen Thomas Brasch lernte sie Becker im November 1979 kennen.

Immer noch war Becker der Liebling der Medien in Westberlin. Der Skandal um *Schlaflose Tage* hatte dafür gesorgt, dass man ihn unbedingt sehen und aus dem Roman lesen hören wollte. Am 21. September hatte er eine Lesung in Kassel. Er vermied jedoch alle umstrittenen Passagen, zumindest die, auf die ihn die DDR-Funktionäre ständig hingewiesen hatten. In der Diskussion nach der Lesung »legte er Wert auf die Feststellung, dass er Bürger der DDR sei«. Bis Oktober war er so häufig in Ostberlin gewesen, dass nicht klar war, was er eigentlich wollte. Im Laufe des nächsten halben Jahres fuhr er zweimal wöchentlich »nach Hause«. Er sagte zu Willi Moese, seine Rückkehr in die DDR hänge entscheidend davon ab, ob er dort verlegt und gelesen würde. »Ich will nicht in einem Staat leben, in dem meine Bücher nicht gedruckt werden!«, erklärte er auf einer Geburtstagsparty in Ostberlin am 14. Oktober 1978.[3] Als er im Wintersemester 1978/79 eine Gastdozentur an der Universität Essen antrat und einmal im Monat ein Kolloquium abhielt, erklärte er gegenüber der *Westdeutschen Allgemeinen Zeitung*, er habe vor, »zwischendurch immer wieder an seinen Wohnort nach Ostberlin zurückzukehren«![4]

Der Spagat zwischen Ost und West war Schwerstarbeit. Die Stasi war über alles, was in Beckers Leben im Osten wie im Westen vorging, bestens informiert. Man fotografierte sein Wohnhaus in Westberlin; man schickte »inoffizielle« Spione zu Rieke, Besucher, die sich als alte Freunde tarnten; ostentativ parkte man vor dem Haus und fotografierte die kommenden und gehenden Gäste. Becker tat so, als wäre die verstärkte Überwachung der »normale« Preis, den er dafür zahlen müsste, ein Prominenter zu sein. In Westberlin war er ein jüdischer Prominenter ebenso wie ein prominenter Dissident geworden, und in beiden Rollen fühlte er sich nicht wohl. »Plötzlich bin ich gezwungen, mich als Jude zu fühlen, was in meinem Leben in der DDR so gut wie keine Rolle gespielt hat. Der Grund dafür ist nicht etwa eine besonders starke Präsenz von Judentum, sondern ich begegne, leider nicht selten, Äußerungen von Antisemitismus, deren Objekt nicht unbedingt ich, manchmal aber auch ich bin.«[5] Am 2. November 1978 befragten Marianne Regensburger und Giselher Suhr ihn im Westberliner Rundfunk nach dem Status der Juden in der DDR, in Westdeutschland fast ein Tabuthema. Becker wiederholte fast wortwörtlich sein früheres Rundfunkstatement, als er sich gegen die Etikettierung von Menschen als Juden verwahrte, nur weil sie jüdische Eltern hätten. Erneut zog er eine Parallele zwischen orthodoxen jüdischen und nazistischen Definitionen des Judentums, da beide nur von der »Biologie« ausgingen. Er bestritt, dass in der DDR irgendeine Form von Antisemitismus herrsche, auch nicht in deren Haltung gegenüber der »rechtsextremen« Regierung Israels. Für ihn war die philosemitische Betonung entsetzlicher als die Politik der DDR gegenüber Israel. Seine Kommentare wurden zusammen mit einem anonymen Interview mit einem Mitglied der Ostberliner Gemeinde über alltägliche religiöse Erfahrungen 1978 gesendet.[6] Becker galt fortan als Experte für jüdische Angelegenheiten in der

DDR, wurde aber auch als Angehöriger der inneren Opposition in der DDR gesehen. Dies kam auch in einer Rundfunklesung am 14. November 1978 aus Hannover zum Ausdruck. Er las allerdings nicht aus einem Text, der politisch verstanden werden konnte, sondern aus seinem Essay *Mein Judentum* sowie aus dem immer umfangreicher werdenden Band von Erzählungen, den er angefangen hatte, bevor er nach Oberlin gegangen war, und an dem er nach der Rückkehr nach Berlin weiterarbeitete. Dieser Band, der unter dem Titel *Nach der ersten Zukunft* erschien, sollte eine Reihe wichtiger Werke enthalten, etwa seine Erzählung *Die Mauer*.

Immer noch glaubte Becker, dass seine Bücher in der DDR als Literatur ernst genommen würden. So gesehen habe sein Werk einen eigenständigen Wert unabhängig von seiner Biographie. Im Westen galten diese Werke als Projektion von »Jurek Becker« als »Jude« oder als »Dissident«. »Nur in der DDR ist was ganz Eigenartiges passiert: Wenn man Literatur und die, die sie machen, über einen langen Zeitraum für zu wichtig nimmt, dann werden sie tatsächlich immer wichtiger.«[7] Einhergehend mit seinem Bedürfnis, die DDR als sein Literaturland nicht aufzugeben, verstärkte sich sein Gefühl der Entwurzelung. War er ein DDR-Schriftsteller im Westen? War er ein Dissident, der in die DDR zurückkehren wollte? War er ein jüdischer Autor oder einfach ein deutscher Schriftsteller, der durch den Zufall der Geburt jüdische Eltern gehabt hatte? War er ein »Opfer des Faschismus«?

Da Becker regelmäßig nach Ostberlin fuhr, musste er immer wieder lästige Grenzkontrollen über sich ergehen lassen. Es war jedes Mal die gleiche ermüdende Prozedur, ob er den Kofferraum voller Lebensmittel wie Kaffee, Orangen, Bananen, Schokolade und allem, was es in der DDR nicht gab, auch Schallplatten für seine Söhne, hatte, oder ob er an einer Party in der amerikanischen Botschaft teilnehmen wollte, was er oft tat. Irgendwann erklärte Stefan Heym ihm, dass er als »Opfer des Faschismus« möglicherweise von den pingeligen Grenzkontrollen befreit werden könnte. Natürlich funktionierte das nicht, ebensowenig wie ein Gesuch an Hagers Behörde, man möge ihn doch ohne ständige Schikanen in die DDR einreisen lassen.[8]

Schließlich bot er Hannah an, ihr ein Flugticket zu schicken und zu ihm nach Berlin zu kommen, was ihrer Mutter, für die es in Deutschland nur Nazis und Volkswagen gab, gar nicht gefiel. Ende Dezember 1978 landete Hannah auf dem verschneiten Flughafen Tegel.

Nun musste Becker nicht nur sich, sondern auch Hannah, die kein Wort Deutsch sprach, in das Leben in Westberlin integrieren. Theater, Film und Besuche in traditionellen Kneipen füllten ihre Abende, oft in Gesellschaft der Krugs und Irene Disches mit ihrem Mann Nicolas Becker. Ursprünglich hatte Hannah in Deutschland ihr Medizinstudium wiederaufnehmen wollen, aber dafür hätte sie sich noch mindestens zwei Jahre vorbereiten müssen. Unklar war auch, in welchem Land sie leben sollten. In Amerika? In Deutschland? Das Deutsche als literarisches Instrument war für Becker lebensnotwendig. Hannah lernte Deutsch teilweise dadurch, dass sie Becker zu Lesungen begleitete und zuhörte, wie er seine Texte vorstellte. Becker schwebte vor, dass Hannah Schriftstellerin werden sollte, da sie sich an der High School und am College mit Creative Writing beschäftigt hatte. Während sich auf der einen Seite Jureks Leben mit Hannah normalisierte, veränderte sich auf der anderen das politische Klima in der DDR dramatisch. Im Januar 1979 war der Film *Geschlossene Gesellschaft* von Beckers Freunden Frank Beyer und Klaus Poche der neue öffentliche Zankapfel. Obwohl er im Dezember 1978 zu später Stunde im DDR-Fernsehen ausgestrahlt worden war, wurde der Stellvertretende Vorsitzende des Staatlichen Komitees für Fernsehen, Hans Bentzien, der sich für den Film eingesetzt hatte, abgesetzt. Von diesem Zeitpunkt an riskierte es kein Bürokrat mehr, Becker einen Film- oder Fernsehauftrag zu erteilen. Dass er ein regelmäßiges Einkommen aus den Honoraren für *Jakob der Lügner* bezog, war nur ein geringer Trost. Und er wollte nicht nur von »westlichen« Einkünften leben, wie er einem Interviewer verriet: »Auf keinen Fall kann ich mir vorstellen, in der DDR von Westgeld zu leben. Es würde mir von vornherein einen illegalen, einen Dissidenten-, einen Underground-Status geben, den ich nicht zu akzeptieren bereit bin.«[9]

Geld in der Filmindustrie zu verdienen war etwas, was Becker hinter sich gelassen zu haben glaubte, als er die DDR verließ. Der Ärger wegen Frank Beyers Film *Das Versteck* hatte bei ihm einen bitteren Nachgeschmack hinterlassen. Wie sehr hatte er das Gefühl der Selbständigkeit (und der Bekanntheit) genossen, als er »Literatur« zu schreiben begann. Drehbücher zu schreiben hieß, einem Kollektiv anzugehören – Bücher zu schreiben dagegen, ein autonomes Mitglied der literarischen Elite zu sein. Doch das Schreiben für den Film wurde sein finanzieller Rückhalt, wie es das schon in der DDR gewesen war.

Seit 1978 arbeitete Becker an Peter Lilienthals Film *David* mit. Er hatte den 1929 in Deutschland geborenen, aber in Montevideo in Uruguay aufgewachsenen jüdischen Regisseur kennen gelernt, als Lilienthal jemanden suchte, der ihm ein Treatment für Joel Königs Autobiographie eines Überlebenden schrieb.[10] Und wer konnte dies besser als der Autor von *Jakob der Lügner*? Becker bekam es mit einem Buch zu tun, das teils Autobiographie, teils historischer Roman war. Darin wurde die Geschichte eines jungen religiösen deutschen Juden erzählt, der in Schlesien aufwuchs, wo sein Vater Rabbi wurde. Es folgten die Flucht der Familie nach Berlin, sein Versuch, sich zum Landwirt für eine mögliche illegale Ausreise nach Palästina umschulen zu lassen, sein Leben im Verborgenen bis 1944, als er nach Budapest ging und schließlich nach Palästina emigrierte. Es war ein sehr »deutsches« Buch, keineswegs ein Buch über Deutsche als Täter und Ostjuden (und ihre Kinder) als Opfer. Königs Autobiographie basiert auf der streng religiösen Identität des Autors als Jude, dessen Glaube ihm das Überleben erleichtert hat. Dieser Aspekt verschwand im Laufe der Entstehung des Filmdrehbuchs. Die moderne orthodoxe Religionsschule, in die der Protagonist eintrat, als er nach Berlin fliehen musste, wurde durch eine Berufsschule ersetzt, die von der jüdischen Sozialdienstagentur ORT geführt wurde. Es war unmissverständlich klar, was es in Königs Welt hieß, Jude zu sein – im Unterschied zur Welt Beckers.

Die Zusammenarbeit bei *Der Davidstern* – so der Arbeitstitel des Films – scheiterte. Für Lilienthal war Beckers Umsetzung zu sehr in den filmischen Konventionen befangen, die er beim Schreiben für die DEFA gelernt hatte. Er musste Beckers erste Drehbuchfassung völlig umarbeiten. Im endgültigen Film finden sich nur noch Spuren von Beckers Ideen, so zum Beispiel die Eingangsszene, in der der (von Walter Taub gespielte) Vater und David (gespielt von Torsten Henties) miteinander Tischtennis spielen. Als der Film herauskam, wurde er von den Kritikern gelobt und bekam bei den 29. Berliner Filmfestspielen 1979 den »Goldenen Bären« als bester Film.[11] Beckers erster Versuch mit einem Filmdrehbuch im Westen war ein Lernprozess. Lilienthal nannte Becker und Ulla Ziemann als Co-Autoren des Films im Abspann, auch wenn das endgültige Produkt in erster Linie sein eigenes Werk war.

Seinen Lebensunterhalt im Westen zu verdienen entpuppte sich zunehmend als politisches Problem. Klaus Höpcke, stellvertretender Kulturminister, hatte Becker davor gewarnt, im Westen zu veröffentlichen, da dies ein Verstoß gegen die neuen Copyrightgesetze der DDR sei. Darüber hinaus drohte er nun, dass solche Handlungen als Wirtschaftsverbrechen geahndet würden. Im Frühjahr 1979 wurde Robert Havemann und Stefan Heym vorgeworfen, sie hätten aufgrund ihrer westdeutschen Honorare gegen die neuen Gesetze verstoßen, die erlassen worden waren, um den Geldfluss zwischen Ost und West zu steuern. Heym hatte diese neuen Gesetze im April 1979 angeprangert, als die Höchststrafe für Verstöße gegen die Vorschriften für »Währungseinfuhren« durch unerlaubtes Veröffentlichen im »Ausland« auf 10 000 Mark angehoben wurde. Am 16. Mai verfassten Jurek Becker und Klaus Poche einen Brief an Erich Honecker, der von einer Reihe führender Intellektueller wie Kurt Bartsch, Klaus Schlesinger, Adolf Endler und Erich Loest unterzeichnet wurde und in dem sie sich darüber beklagten, dass der Staat durch »die Koppelung von Zensur und Strafgesetzen« engagierte kritische Schriftsteller mundtot machen wolle.[12] Eine derartige Geste war völlig vergebens. Heym und Havemann wurden Ende Mai zu erheblichen Bußgeldern verurteilt.[13] Die Führung des Schriftstellerverbandes unter Vorsitz von Hermann Kant ordnete an, dass die Verbandsbezirke sich mit denen befassten, die den Brief an Honecker unterzeichnet hatten. Da Becker kein Mitglied mehr war, konnte ihm der Berliner Bezirk nichts mehr anhaben. Am 7. Juni 1979 jedoch wurden Stefan Heym, Rolf Schneider, Kurt Bartsch, Adolf Endler, Karl-Heinz Jacobs, Klaus Poche, Klaus Schlesinger, Dieter Schubert, Joachim Seyppel und andere Autoren aus dem Verband ausgeschlossen. Seyppel, der Becker gebeten hatte, in der DDR zu bleiben und nicht nach Israel zu gehen, ging im Juni mit einem Drei-Jahres-Visum von Ostberlin in den Westen, ebenso Beckers Kollege Klaus Poche.[14]

Eine Einladung nach Edinburgh kam Becker gelegen, sich erneut von Deutschland zu entfernen. Im Februar 1979 ging er auf Veranlassung von Henry Prais, Germanistikprofessor an der University of Edinburgh nach Schottland. Prais, ein Überlebender von Buchenwald, fühlte sich Becker wegen ihrer gemeinsamen jüdischen Wurzeln besonders nahe. Im Anschluss an Christa Wolf und Reiner Kunze, die kurz vor ihm Gäste an der University of Edinburgh gewesen waren, sollte Becker unter der Schirmherrschaft des Scottish Arts Council Gastvorlesungen halten. Er hielt eine Vorlesung mit dem Titel »A Fiddler on the Roof«, sprach über das Thema »Ein Schriftsteller im Osten und im Westen«, gab ein Seminar über *Jakob der Lügner,* und schließlich las er aus dem in Arbeit befindlichen neuen Erzählband. Diese Ausgewogenheit zwischen jüdischer und DDR-Problematik wurde in Edinburgh besonders hervorgehoben und diskutiert. Auf die Frage nach dem Antisemitismus in der DDR, war Beckers Antwort, dass es Antisemitismus, wegen der Tradition des Widerstandes in der DDR, nicht geben könne. In Polen und der UdSSR wäre es eine andere Sache. Im Publikum notierte sich ein Stasi-Agent sorgfältig alle Fragen und Beckers Antworten und schickte einen ausführlichen Bericht über seine Aktivitäten nach Berlin.

Die Arbeit an dem Erzählband, aus dem er las, hatte er vor und während seines Aufenthalts in den USA begonnen. Bis zu seiner Rückkehr hatte er etwa die Hälfte des Bandes fertig. Nun schrieb er die restlichen der fünfundzwanzig Erzählungen für den Band *Nach der ersten Zukunft*. An diesem Buch sollte sich zeigen, ob es möglich war, in die DDR zurückzukehren und dort vom Schreiben zu leben. Becker erklärte Horst Simon, dem Cheflektor des Hinstorff-Verlags, er würde den Umstand »großzügig übersehen«, dass *Schlaflose Tage* nicht in der DDR erschienen war, aber wenn auch die Erzählungen nicht verlegt würden, dann »müsse er seine Haltung zur DDR überprüfen«.[15] Das war mehr als nur eine Drohung. Für Becker war es eine Kraftprobe – er machte es von den Verhandlungen abhängig, ob er in die DDR zurückkehren würde oder nicht. Wie vergeblich dieses Ansinnen war, sollte sich nur zu bald zeigen.

Anfang Oktober 1979 übergab Becker zwei Exemplare des Manuskripts dem Verlagsleiter von Hinstorff.[16] Becker verlangte vom Verlag eine Entscheidung bis zum 2. November 1979, dem Tag, an dem er ein Gespräch im Zentralkomitee habe. Er erklärte, dass sein westdeutscher Verlag Suhrkamp die Weltrechte außer für die DDR und die sozialistischen Staaten besitze – seiner Lektorin bei Suhrkamp, Elisabeth Borchers, liege bereits ein Exemplar des Manuskripts vor.

Bei Hinstorff war man geteilter Meinung. Mindestens drei der Geschichten wurden als inakzeptabel befunden. Die Eingangsstory war ein Dialog zwischen A und B über die schwierige Frage: »Was soll ein Schriftsteller tun, dem unser Land, so wie es ist, nicht gefällt?«[17] Beckers Erörterung bezieht sich ausdrücklich auf Honeckers Behauptung, es »existieren keine Tabus für die Künstler unseres Landes«, wenn man von der festen Position des Sozialismus ausgehe. B (= Becker) sprach sich für eine Freiheit des Ausdrucks aus, selbst wenn der gewählte Ausdruck »falsch« sei. Der Dialog endet mit der Erklärung, der Autor »arbeitet, wie er arbeitet. Jetzt weiß er keinen Rat mehr. Er lebt, man muss auch das einmal erwähnen, von seinen Büchern, doch die druckt man nicht.« Neben diese Bemerkung schrieb Becker an den Rand des Manuskripts: »nicht überzeugend«. Niemand mochte den Eingangsdialog. Simon in der DDR wie Borchers in der BRD fanden ihn »zu ostdeutsch«, aber aus unterschiedlichen Gründen. Im endgültigen Band setzte Becker eine Kurzgeschichte über das Geschichtenerzählen *(Großvater)* an den Anfang des Buches. In dieser Geschichte belehrt ein Großvater seine Enkel über die Schwierigkeiten des Erzählens, kommt aber eigentlich nie dazu, ihnen eine Geschichte zu erzählen. Max Beckers ständiges Wiederholen formelhafter Berichte über die Vergangenheit und sein Beharren darauf, dass Becker lernen solle, Geschichten zu erzählen, findet in dieser Geschichte seinen literarischen Niederschlag.

Auch andere Texte im Manuskript hielt man für problematisch. Da gab es eine sehr kurze Geschichte über Pinguine und die Frage, warum sie in der »reinen« Atmosphäre eines Zoos nicht überleben können. Dass dies eine Anspielung auf das schwierige Leben des Schriftstellers in der DDR war, war jedem klar, der das Manuskript las. Eine gezielte Provokation für seinen DDR-Verlag war das Zitat eines Biermann-Gedichts über eine Plastik von Fritz Cremer (»Der Aufsteigende«). Es fiel Becker ein, als er die Vereinten Nationen in New York besuchte (und darüber in seiner Wochenchronik über die Stadt berichtete) und eine Plastik gleichen Namens von Fritz Cremer erblickte. Cremer war eine der Schlüsselfiguren in der Kampagne zur Widerrufung von Biermanns Ausweisung gewesen, hatte aber seinen Namen von der Petition zurückgezogen. Die letzte Geschichte im Manuskript war *Der Verdächtige*. Sie schien »zu direkt«, auf einen Kommentar über die unterwürfige Rolle der Intellektuellen in der DDR anzuspielen.[18]

Die Gutachterin von Hinstorff, Anneliese Löffler, ebenso wie Cheflektor Horst Simon wollten noch einige weitere Striche, damit sich der »vorherrschende Eindruck des Gestückelten, willkürlich Zusammengefügten« verliere. Nachdem sie mit Becker gesprochen hatten, glaubten sie, dies wäre kein unüberwindliches Problem.[19] Auch Elisabeth Borchers hatte Bedenken wegen des Eingangsdialogs und der Schlussstory gehabt – sie wollte, dass Becker die letzte Geschichte umschrieb. Es sollte klar werden, dass es sich um eine Geschichte über die DDR und nicht über die BRD handelt. Die Bandbreite anderer Geschichten im Band, etwa Beckers einzige Ich-Erzählung über die Erlebnisse eines Kindes während des Holocaust *(Die Mauer)*, schien über jeden Vorwurf erhaben. Sie war in der Tat atemberaubend. Die doppelte Ebene von jüdischen Erzählungen und DDR-Erzählungen als sich gegenseitig ausschließende Kategorien blieb erhalten. Becker hatte auch seine erste Geschichte über Westberlin ins Manuskript aufgenommen. Es war ein besonders einfühlsames Porträt eines so genannten »Gastarbeiters« *(Romeo)*, der eine Freundin in Ostberlin findet. Dieser innere Monolog aus dem Westberlin der siebziger Jahre war zugleich eine Studie über die verführerische Macht der Westwährung über die Seele einer ostdeutschen Frau.[22]

Am 9. November traf sich Becker mit Harry Fauth und Horst Simon.[21] Er war praktisch mit allen gewünschten Änderungen einverstanden. Alle waren über Beckers Nachgiebigkeit überrascht. Er weigerte sich nur, die letzte Geschichte zu ändern, sie entweder weniger »DDR-konkret« zu machen (wie die Ostdeutschen wollten) oder mehr »DDR-konkret« (wie die Westdeutschen wollten). Beide Seiten einigten sich auf die endgültige Form des Bandes. Löfflers Gutachten war die Grundlage für die Anfrage von Hinstorff am 12. Dezember 1979, das Erscheinen des Buches zu genehmigen, wenn Becker die Änderungen bis Januar 1980 vorlegte. Zu dieser Zeit lagen allerdings dem Ministerium zwei Berichte der Stasi über die »Übergabe eines Manuskriptes mit negativ-feindlichem Inhalt« vor, das »stark provokante Elemente« enthalte und daher von den Berichterstattern abgelehnt wurde.[22] Einer davon war der Inoffizielle Mitarbeiter »Schönberg« – Horst Simon, wie sich später herausstellte. Er hatte der Stasi oft Berichte geliefert, die seinen offiziellen Darlegungen ans Ministerium für Kultur widersprachen.

Becker glaubte, dass das Buch tatsächlich in der DDR erscheinen würde. Dann, so hoffte er, würde er zurückkehren und vom Schreiben leben können. Aber die endgültige Erlaubnis, den Band zu verlegen, wurde nicht erteilt, und nur die Suhrkamp-Ausgabe kam im Herbst 1980, rechtzeitig zur Frankfurter Buchmesse, auf den Markt.

Becker schrieb die Zurückhaltung des Ministeriums dem Interview zu, das er im März 1980 dem *Spiegel* gegeben und in dem er »kontra DDR wieder auf den Putz gehauen hatte«.[23] Aber es ist klar, dass hinter der Weigerung, das Buch zu verlegen, der Wunsch der Regierung stand, ihn für seine kritische Einstellung zu bestrafen. Der Band fand große Beachtung bei der Kritik, denn er war sein erstes »Westbuch« nach dem Erscheinen von *Schlaflose Tage*. In einem Rundfunkinterview vom 25. September 1980 mit Becker stellte Klaus Sauer das Buch vor. Er verwies auf Beckers Polemik gegen die westdeutsche Literaturkritik im Jahre 1973 und ging dann auf die Bedeutung von *Schlaflose Tage* ein. Die Texte in Beckers neuem Buch waren für Sauer »Miniaturfassungen« der »jüdischen« und der »sozialistischen« Romane.[24]

1979 war es Becker gelungen, die Filmrechte für *Der Boxer* ans westdeutsche Zweite Fernsehen (ZDF) zu verkaufen. Der Roman wurde von dem jüdischen Regisseur Karl Fruchtmann (einem Überlebenden der Konzentrationslager) verfilmt, der auch das Drehbuch schrieb. Der Film wurde am 3. März 1980 ausgestrahlt. Der in Berlin gedrehte Film war eine relativ getreue Umsetzung des Romans, löste allerdings seine Ambivalenz großenteils auf. Indem er ein für das Publikum eindeutig autobiographisches Werk auf den Bildschirm brachte, verstärkte es die Vorstellung, dass Becker ein »jüdischer« Schriftsteller war. Becker, der alle Änderungen am Drehbuch verfolgte und mit ihnen einverstanden war, war oft bei den Dreharbeiten dabei.

Der Romanautor/Berichterstatter (gespielt von Rüdiger Kirschstein) ist der ideale Zuhörer der Erzählungen von Aron Blank (gespielt von Norbert Kappen). Der Bericht über Arons Leben beginnt chronologisch im Nachkriegsberlin mit Arons Suche nach einer Bleibe. Der Film endet mit der Aussage, mit der der Roman beginnt, nämlich dass die Darstellung, die der Berichterstatter geschrieben hat, seine Wahrheit über Arons Leben enthalte, nicht die Arons.

Alle Anspielungen Beckers auf die Probleme einer jüdischen Identität in Deutschland nach der Shoah hat Fruchtmann getilgt. So fehlt auch Arons pathetische Frage, was Mark (gespielt von Patrick Estrada-Pox) zum Juden gemacht habe. Seine weitere Lebensgeschichte und sein mutmaßlicher Tod in Israel werden beiläufig am Ende des Films nachgereicht. Wie Mark war Fruchtmann der Meinung, man solle über solche Themen »nicht vor den Deutschen« sprechen, um Max Beckers Formulierung zu gebrauchen. Und doch verstand die Kritik den Film als Autobiographie und nicht als Kunstwerk. Hartwig Maack wiederholte zwar Beckers Aussage, er habe mit dem Roman (wie mit dem Film) keine »persönliche Vergangenheitsbewältigung« betrieben, gelangte aber zu der Schlussfolgerung, dass »autobiographische Züge unverkennbar« seien.[25] Die Verfilmung von *Der Boxer* war in der BRD ein Erfolg. Beckers Vorschlag, ihn im DDR-Fernsehen zu zeigen, wurden kaum realistische Chancen eingeräumt, ungeachtet der Tatsache, dass sein Roman noch immer »offiziell« in der DDR verkauft wurde.

Am 11. November 1979 traf er sich erneut mit Erika Hinckel in Kurt Hagers Büro. Er machte ihr klar, dass er zwar bereit sei, das Manuskript seines Erzählbandes zu überarbeiten, aber er würde »das Büro für Urheberrechte ignorieren« und »niemanden fragen …, wann er Interviews geben oder sich sonst zu westlichen Pressevertretern äußern wolle«.[26] Becker spielte eindeutig mit höherem Einsatz. Früher hatte ihm die DDR beweisen müssen, dass er noch immer als Schriftsteller leben konnte, indem man das nächste Manuskript akzeptierte. Nun musste man ihm das Recht einräumen, über westliche Mittel verfügen zu dürfen, und ihm eine Redefreiheit garantieren, die man seinen Kollegen verweigerte. Zu diesem Zeitpunkt hörte er auf vorzugeben, er wolle in die DDR zurückkehren. Am 28. November brachte er diese Gedanken zu Papier und schrieb an Klaus Höpcke: »Es haben für mich die Schwierigkeiten, hier zu leben, während der vergangenen zwei Jahre nicht abgenommen, sondern sie sind, wie mir scheint, erheblich angewachsen. Es gibt Gesetze inzwischen, die mich zu einem Straftäter stempeln ... In der DDR zu leben, würde für mich bedeuten, genau diese erwähnten Schwierigkeiten zu einem Gegenstand meiner literarischen Arbeit zu machen ...«[27] Er betonte, dass er seine DDR-Staatsbürgerschaft nicht aufgeben wolle, und bat um eine Verlängerung seines Visums um zehn Jahre. Das war unerhört, denn schon sein erstes Visum war zum damaligen Zeitpunkt ein Präzedenzfall gewesen. Es war erstmals für ihn, den »jüdischen« und international bekannten Schriftsteller, den loyalen Sohn der DDR ausgestellt worden. Und nun wollte er ein weiteres Jahrzehnt im Ausland verbringen!

Höpcke trug Beckers Wunsch auf höchster Parteiebene vor. Er bat Hager, Erich Honecker zu fragen, ob überhaupt eine Verlängerung von Beckers Visum um drei bis zehn Jahre möglich sei.[28] Honecker war einverstanden, Becker das gewünschte Visum zu gewähren. Am 11. Dezember 1979 schaffte Becker das Unmögliche. Er erhielt ein Visum in seinem Pass, »gültig zur mehrmaligen Ausreise nach allen Staaten und Westberlin für 10 Jahre«. Es sollte am 11. Dezember 1989 enden.

Warum gewährte man Becker eine so außergewöhnliche Vergünstigung? Wollte man damit seinen Status im Westen unterminieren? Verdankte er es der Tatsache, dass er der bekannteste Autor und KZ-Überlebende in der DDR war? Auch Becker spekulierte darüber und meinte, er habe dieses Visum bekommen, weil er in den zurückliegenden zwei Jahren im Westen »hübsch ruhig« gewesen sei und »nichts anderes getan [habe], als über einem Manuskript zu sitzen. Es konnte der Eindruck entstehen, dass all die Probleme, die einmal für so viel Aufregung gesorgt haben, mich inzwischen nicht mehr interessieren. Und vielleicht ist das Privileg ... eine Art Honorar für diese Zurückhaltung.«

Zehn Jahre kamen ihm ungewöhnlich lange vor – warum nicht gleich hundert? Offenbar, so spekulierte er, bedeute die Zahl zehn »nichts anderes, als dass man die gegenwärtigen Standpunkte und Überzeugungen noch auf lange Sicht für gültig hält. Auch die meinen.«[29]

2. Das Leben in Westberlin und *Aller Welt Freund*

Während der letzten beiden Jahre, seit er das Land 1978 verlassen hatte, war Becker auf dieser merkwürdigen Insel des Westens mitten in der DDR, in Westberlin, eine etablierte Figur des kulturellen Lebens geworden. Aber seine Prominenz war entweder mit seiner Funktion als jüdischer Intellektueller oder mit seiner Präsenz als DDR-Dissident verbunden. Anfang 1980 sprach er darüber in einer Reihe von öffentlichen Interviews. Er betonte seine Unabhängigkeit vom Standardimage des Dissidentenautors – er sei und bleibe ein Sozialist ebenso wie ein Bürger der DDR, sein Ziel im Leben sei es, seine Bücher zu schreiben (kein Wort über seine Filme), und er habe absolut nicht die Absicht, sich in die westdeutsche Parteipolitik einzumischen. Das war eine wichtige Erklärung, denn die intellektuelle Linke in der BRD sah in Dissidentenautoren aus der DDR Verbündete in ihrem Kampf gegen die oft repressive westdeutsche Reaktion auf den linken Terrorismus der späten sechziger und frühen siebziger Jahre. Becker erklärte, er sei überhaupt nicht daran interessiert, sich in solche Diskussionen verwickeln zu lassen, und noch weniger habe er die Absicht, sich einer politischen Partei in Westberlin anzuschließen.[30] Er sei nicht in den Westen gekommen, um sich öffentlich über die DDR zu äußern, denn darüber sollte man nur unter Freunden reden. Privat erklärte er, er habe »ausgemachten Schiss«, in die DDR zurückzukehren, da »er es nicht lassen könnte, sein Maul aufzureißen, und dann müsste man ihn einsperren«.[31] Er wolle ein privates Leben im Westen als Schriftsteller führen, dessen Bücher, hoffe er, im Osten ebenso wie im Westen erscheinen würden.

Doch hätte Becker tatsächlich ein ruhiges Leben geführt, hätte ihn das der zentralen Position als »ehrlicher Makler« zwischen West und Ost beraubt, die er jetzt innehaben konnte. Für ihn war der Akt des Schreibens durchaus ein politischer Akt, der Ost und West umspannte. Jeden Vormittag schrieb er drei oder vier Stunden, schien aber nichts von Wert zu produzieren. Doch erzählerische Werke zu schreiben war notwendig für seine Neuorientierung als »gesamtdeutscher« Autor. Im April 1981 wurde er von der Westberliner Akademie der Künste zu einer Podiumsdiskussion eingeladen. Zusammen mit einer Reihe wichtiger Persönlichkeiten der Westberliner Kulturszene wie Günter Grass und dem Kritiker Fritz J. Raddatz sollte er sich mit der Frage befassen, ob Deutschland (Ost und West) eine »Kulturnation« darstelle.[32] Gleich zu Beginn der Diskussion stellte Becker fest, für ihn als Bürger der DDR stelle sich gar nicht die Frage nach der Kulturnation. »Ich schreibe«, erklärte er später, »aus meinem Verständnis, und ob das Nationalverständnis ist, darüber denke ich gar nicht nach. Ich schreibe, wie sich ein Schriftsteller verpflichtet fühlt und wie er darüber denkt, und ich bin in keiner Weise beeindruckt, mit einem nationalen Gefühl zu schreiben.«[33] Für ihn war die Trennung in zwei deutsche Literaturen unsinnig: »Ich sehe Autoren in der DDR und in der Bundesrepublik, die ich als viel mehr zusammengehörig empfinde und die viel mehr einer Literatur zuzuordnen sind als Autoren in der DDR untereinander und als Autoren in der Bundesrepublik untereinander.«[34] Bei Beckers allmählich sich entwickelnden neuen Selbstdefinition als Autor spielten also Ideologiekritik wie öffentliches Auftreten eine entscheidende Rolle, denn er konnte es eben doch nicht lassen, sich in die Fragen der politischen Szene Westberlins einzumischen. So ließ er sich denn auf ein schon älteres Projekt ein, das westliche Autoren während der Radikalisierung der westdeutschen Gesellschaft in den späten sechziger Jahren begonnen hatten. Ende 1981 griffen der Künstler Klaus Staeck und seine Gruppe »Aktion für mehr Demokratie« die einstigen Attacken gegen die Springerpresse wieder auf. Becker sprach auf ihrer großen Zusammenkunft am 27. November 1981 in der Technischen Universität von Berlin zusammen mit führenden politischen Persönlichkeiten wie dem ehemaligen Bürgermeister Pastor Heinrich Albertz. Er unterzeichnete auch den Aufruf der Autoren, in dem es unter anderem hieß: »Wir schreiben nicht für Springer, weil er die Leser betrügt, wenn er behauptet, überparteilich und unabhängig zu sein ... Wir geben auch keine Interviews und stellen unsere Arbeiten nicht für Vorabdrucke zur Verfügung.«[35] Dass es DDR-Autoren verboten war, westlichen Medien Interviews ohne öffentliche Genehmigung zu geben, verlieh diesem Aufruf für Becker mehr als nur einen Hauch von Ironie.

In den achtziger Jahren begann Jurek Becker ein systematisches Programm der intellektuellen Selbsterziehung. Da er sich seinerzeit dafür entschieden hatte, nicht Germanistik, sondern Philosophie zu studieren, hatte er das Gefühl, bestimmte Lücken schließen zu müssen. Als er Anfang der achtziger Jahre von einer DDR-Kulturzeitschrift in einem Interview gefragt wurde, welches Buch er für das interessanteste halte, das in jüngster Zeit in der DDR erschienen sei, nannte er das Bilderbuch *Mit der Sowjetunion auf ewig freundschaftlich verbunden*. Das Interview erschien – doch die Frage und seine Antwort fehlten. Als er sich danach erkundigte, erfuhr er, dass man keine ironischen Antworten drucken würde. Er dachte, es sei doch bemerkenswert, dass selbst offizielle Kulturverantwortliche ihre eigene Propaganda nicht ernst nähmen.[36]

In den achtziger Jahren hatte der Kalte Krieg seine Endphase im doppelten Sinn erreicht. Angesichts der gewaltigen atomaren Waffenarsenale in Ost und West drohte eine Katastrophe geradezu apokalyptischen Ausmaßes. Deutschland – Ost wie West – würde natürlich im Zentrum jedes Konflikts stehen. Die verschiedenen weltweiten Abrüstungsbewegungen, die für eine kernwaffenfreie Welt eintraten, boten ein wirres und oft widersprüchliches Bild. Manche Gruppen waren für eine totale Abrüstung, andere nur für eine Kernwaffenabrüstung, wieder andere nutzten die Gelegenheit, den Westen oder Osten als einzige Quelle einer wahrhaften Destabilisierung anzugreifen. In der DDR etablierte sich zu dieser Zeit eine Friedensbewegung in der evangelischen Kirche. Am 9. Februar 1982 rief Pastor Rainer Eppelmann zur Beseitigung aller Kernwaffen aus beiden deutschen Staaten auf. Dieser »Berliner Appell« war von führenden Oppositionellen wie Robert Havemann unterzeichnet. Für den 14. Dezember 1982 wurde in Ostberlin eine »Berliner Begegnung zur Friedensförderung« von Stephan Hermlin einberufen.[37] Hermlin gelang es, linke Schriftsteller wie Günter Grass und Peter Schneider aus Westberlin einzuladen. Außerdem waren einige der Schriftsteller dabei, die sich wie Becker und Thomas Brasch nach der Biermann-Affäre in Westberlin niedergelassen hatten. Ursprünglich wollten die Behörden in der DDR dieses Treffen dazu benutzen, den Westen als alleinigen Urheber des nuklearen Patts anzuschwärzen. Offiziell vertrat man die Linie, dass die Friedensbewegung im Westen eine gute Sache sei, im Osten aber nicht erforderlich wäre, da hier die Regierungen die Interessen der Friedensbewegung vertraten. Auf dem Treffen hielt sich der Historiker Jürgen Kuczynski buchstäblich an die »Parteilinie«, als er behauptete, die Parteipolitik der SED sei in der DDR das Gegenstück zur Friedensbewegung. Weder Becker noch irgendeiner der aus dem »Ausland« eingeladenen Redner akzeptierte dies.[38]

Als Becker sich zu Wort meldete, erklärte er, als er in den

Westen gegangen sei, habe er »fast mit niemandem über meine DDR-Sorgen sprechen« können. Da er sich nicht gegen die DDR habe instrumentalisieren lassen wollen, habe er es sich zur Regel gemacht, »nur mit solchen Leuten zu sprechen, von denen ich glaubte, dass sie auch an einer Demokratisierung in ihrem eigenen Lande interessiert und beteiligt sind«. Im Übrigen teile er Hermann Kants Ansicht, »es komme ja nicht darauf an, selbst zu wissen, dass man den Frieden will, sondern das Problem bestehe darin, die Gegenseite von seiner Interessiertheit am Frieden zu überzeugen«. Nur zu leicht sei der Frieden für Parteiinteressen zu benutzen. Becker stellte sich damit über die politische Auseinandersetzung, während er zugleich an ihr beteiligt war. Er beanspruchte für sich die Rolle des die verschiedenen Kulturen überspannenden Schriftstellers, der durchaus etwas bewegen könne: Wir »Schriftsteller sind doch Multiplikatoren. Unsere Ansichten sind einigen nicht gleichgültig. Wir können in unseren Büchern, auf Versammlungen, bei Lesungen, bei Interviews die Menschen aufhetzen, gegen Krieg und Rüstung zu kämpfen.« Becker spielte die Rolle des Kommentators, aber es war auch klar, dass er für eine neue und sehr westliche Freiheit der Rede eintrat. So bemerkte er abschließend, es gebe »auf die Frage, warum es hier keine Friedensdemonstrationen gibt, keine andere wahre Antwort als die, dass sie verboten sind, als die, dass ihre Teilnehmer mit Nachteilen zu rechnen hätten«. Die positive Reaktion, die Becker zuteil geworden war, verkehrte sich ins Gegenteil, als er auf die reale Situation in der DDR zu sprechen kam. Auf einmal gab es Zwischenrufe: »Das ist doch die Unwahrheit! Das ist unwahr!« Woraufhin Becker zurückrief: »Dann sprich darüber, was daran die Unwahrheit ist!«[39] Stephan Hermlin saß hinter Becker und sagte das »schöne Wort«: »Es hat etwas angefangen. Ich weiß nicht, was angefangen hat, aber etwas hat sich verändert.«[40] In Wahrheit hatte sich kaum etwas verändert. Selbst bei dieser höchst dringlichen Frage gab es keinen Konsens. Nach der Biermann-Affäre war die DDR-Opposition zersplittert, und man konnte sich auf kein gemeinsames Statement einigen. Die Organisatoren versuchten, alle Anwesenden dazu zu bewegen, ein Kommuniqué zu unterzeichnen, in dem beide Seiten zur Abrüstung aufriefen. Nur die Hälfte war dazu bereit.[41]

Am Heiligen Abend wurde Becker vom Sender RIAS im Zusammenhang mit dieser Friedensdiskussion interviewt. Er verurteilte zwar die Berichterstattung über die Begegnung im DDR-Fernsehen – sie sei »von beschämender Einäugigkeit« gewesen –, war aber sicher, dass dieses Ereignis in Ostberlin die westdeutsche Friedensbewegung stärke, auch wenn es »im Vorhinein von vielen als eine Art kommunistischer Propaganda-Show diffamiert und diskreditiert wurde«.[42] Ende Mai hielt die Gruppe ein zweites Treffen ab, diesmal im Westen, in Den Haag. Auch Becker ergriff dort das Wort und verurteilte »jenes verfluchte militärische Denken«, das es auf beiden Seiten des Eisernen Vorhangs gebe.[43] Fast ein Jahr später, im Februar 1983, gingen in Dresden über 100 000 Menschen auf die Straße – es war die größte Friedensdemonstration in der Geschichte der DDR. Im Westen wurde sie als Opposition in der DDR interpretiert. Ende April 1983 wurde ein weiteres Treffen in Westberlin unter dem Motto »Erklärung für den Frieden« organisiert. Weder Becker und schon gar nicht Biermann noch irgendein anderer DDR-Autor im Westen wurde als Redner eingeladen, um die DDR nicht vor den Kopf zu stoßen. Obwohl Stefan Heym und Ulrich Plenzdorf aus Ostberlin kamen, um die Medienberichterstattung der DDR über die Friedensbewegung in der DDR zu kritisieren, sahen viele im Ausschluss von Becker und den anderen Schriftstellern einen westlichen Propagandacoup. Im Kalten Krieg war eben alles politisch, auch die Dinge, die als über jede Politik erhaben ausgegeben wurden.

Am kritischsten hat Becker den Zorn und die Trauer, die er in der DDR empfand, in *Schlaflose Tage* zum Ausdruck gebracht. Ende 1979 hatte Becker einen lukrativen Vertrag zur Verfilmung von *Schlaflose Tage* abgeschlossen. Er sollte Tantiemen plus ein Honorar für das Drehbuch bekommen. Der Film wurde für das Erste Programm des westdeutschen Fernsehens (ARD) in Bayern gedreht, unter der Regie von Diethard Klante, und erstmals im September 1981 und dann erneut im August 1982 vom Bayerischen Fernsehen ausgestrahlt.[44] Das war der vierte Fernsehfilm einer Reihe von Problemfilmen, die produziert worden waren, um dem westdeutschen Fernsehpublikum die interne Diskussion über das Leben in der DDR nahe zu bringen (der erste Film basierte auf Ulrich Plenzdorfs Roman *Die neuen Leiden des jungen W.*). Der Film, mit Hans-Peter Hallwachs als Simrock, wurde mit dem Hinweis vorgestellt, die politische Welt der DDR sei der Hintergrund für eine private Krise und nicht untrennbar damit verbunden. Die Reaktion in der DDR auf den Film war gemischt. Man stellte fest, dass die Filmfassung nicht Beckers Beziehung zur DDR widerspiegle, sondern eher eine für den Kalten Krieg typische Umarbeitung des Romans sei.

Zu dieser Zeit begann Becker an einem neuen Roman zu arbeiten, dem ersten, den er im Westen schrieb. Er griff den Namen des Protagonisten eines Fragment gebliebenen Sportromans auf, ein Projekt, das Becker noch in Ostberlin aufgegeben hatte. Dieser Roman sollte die »Insidergeschichte« einer deutschen Fußballmannschaft sein und die Abenteuer des Spielers Kilian erzählen. (Der Name verweist auf den Schauspieler Siegfried Kilian, der in Beckers allererstem Film mitgespielt hatte.) Becker brach dieses Projekt ab, als ihm klar wurde, dass er keine Ahnung von der Welt des Profisports hatte.[45] Nun wurde aus Kilian eine Gestalt aus der Welt des Journalismus. Sein neues Buch sollte weder »oppositionell« wie *Schlaflose Tage* noch ein »jüdischer« Roman wie *Der Boxer* sein – er sollte ein gesamtdeutscher Roman werden.

Aller Welt Freund [46] war eine Geschichte, die sich nahtlos in Beckers Werk einfügte und ohne weiteres in der DDR hätte erscheinen können, selbst nachdem seine letzten beiden Manuskripte nicht veröffentlicht worden waren. Am 4. Mai 1982 schickte Becker das Manuskript nach Rostock, wo es sofort von der Lektorin Ingrid Prignitz gelesen wurde, die sich positiv äußerte. Verlagsdirektor, Cheflektor und Lektorin waren von diesem »von humanistischen Positionen geschriebenen Stück Literatur« so angetan, dass sie es »übereinstimmend für veröffentlichungsreif in der DDR hielten«.[47]

Aber am 11. Oktober 1982 erhielt der Verlag von der Hauptverwaltung Kultur eine sehr negative Einschätzung des Manuskripts. Es wurde zwar festgestellt: »Direkte Angriffe auf den sozialistischen Staat werden nicht unternommen«, weil der Roman »faktisch überall spielen« könne. Doch dann holte der anonyme Gutachter zum Rundumschlag aus: »Das Manuskript entspricht aber weder vom Inhalt noch von der sprachlichen Gestaltung den Mindest-Anforderungen an eine evtl. Buchpublikation.« Es gebe »keinerlei Veranlassung, dieses durchaus minderwertige Manuskript zu veröffentlichen« – falls nicht, schränkte der Gutachter ein, »ausgesprochen politische Erwägungen im Zusammenhang mit der Person J. Beckers eine andere Entscheidung anraten«.[48]

Längst hatte Becker das Manuskript an Elisabeth Borchers bei Suhrkamp geschickt. Er erwartete ebenso wie Suhrkamp, dass der Roman ein Erfolg würde. Becker sah in diesem Roman darüber hinaus das Potenzial für einen Film und wollte die Filmrechte für sich behalten – schließlich waren ja auch *Der Boxer* und *Schlaflose Tage* fürs Fernsehen verfilmt worden. Erneut bat er den Verlag, ihm die Rechte für alle Publikationen in der DDR und anderen sozialistischen

Ländern zu überlassen.[49] Er hatte noch immer das Bedürfnis, dass sein Werk in der DDR veröffentlicht wurde.

Die Handlung von *Aller Welt Freund* ist schlicht. Der dreißigjährige Journalist Kilian trifft alle Vorbereitungen, um Selbstmord zu begehen. Als er in der Küche seiner Vermieterin den Gashahn aufdrehen will, stürzt er zu Boden und bricht sich den Arm. Die Komödie der Irrungen und Wirrungen geht weiter, als seine Vermieterin, die wegen Nebels am Flughafen nicht verreisen kann, unerwartet zurückkehrt. Sie entdeckt ihn, ruft einen Krankenwagen. Im Krankenhaus wird er von einem Arzt abgekanzelt – er will sich lieber um jemanden kümmern, der wirklich krank ist. Er wird auch von einem anonymen Agenten des Staates bedroht, der möglicherweise bewaffnet ist und ihm mysteriöse Fragen stellt, etwa ob er tatsächlich bereit sei, sein Leben zu riskieren.

Wir erfahren, dass Kilian ein eineiiger Zwilling ist und dass seine Mutter die Kinder mit sechzehn bekam. Die Großmutter hat ihn und seinen Bruder aufgezogen, seine Mutter war für ihn immer die große Schwester. Nach zwei Tagen wird er aus dem Krankenhaus entlassen. Er kehrt in seine Wohnung zurück, wo ihm seine Vermieterin einen Brief hinterlassen hat, in dem sie ihn bittet auszuziehen, da er für sie wie für sich selbst eine Gefahr darstelle. Seine Mutter sucht ihn auf und möchte herausfinden, was ihn zu dem Selbstmordversuch veranlasst hat. Sie begleitet ihn zu seiner Verabredung mit seiner Freundin Sarah, die nur weiß, dass er sich den Arm gebrochen hat. Sie beendet die Beziehung, weil er völlig unfähig sei, sich emotional an sie oder sonst jemanden zu binden.

Eine Woche später taucht sein Bruder Manfred auf. Er ist ein Mathematiker, der gern Schriftsteller wäre, und versteht Kilian genauso wenig wie alle anderen. Sie ziehen durch die Kneipen und betrinken sich. Am nächsten Tag geht Kilian wieder in seine Zeitungsredaktion, wo ihm sein

Chef mitteilt, dass er ins Sportressort zurückversetzt worden sei. Nach vier Jahren in der Nachrichtenredaktion, meint er, sei man ausgebrannt. Er habe schon einmal erlebt, dass »jemand von Nachrichten regelrecht krank geworden ist … Jede Neuigkeit hat er wie einen Trauerfall in der Familie aufgenommen …« Kilian, der sogar wieder Lust aufs Leben verspürt, will der Einsamkeit des Wochenendes entfliehen und die Kneipe aufsuchen, in der er sich mit Manfred am Abend zuvor betrunken hat – und hofft, die Kellnerin wiederzusehen, zu der er sich hingezogen fühlte.

Der Roman kreist um ein Thema, das schon Romane wie Nathaniel Wests *Miss Lonelyhearts* (1933) behandelt hatten: Was geschieht, wenn (wie im Falle Wests) ein Zeitungsschreiber alles Herzeleid zu verinnerlichen beginnt, von dem er aus den Briefen an seine Ratgeberecke erfährt? Er begeht Selbstmord. Das deutsche Vorbild für diese Art von Handlungsidee ist Erich Kästners Satire auf den Journalismus in Berlin, *Fabian. Die Geschichte eines Moralisten* (1931). Becker wandelte das Thema ab: Wie können Journalisten ständig über die Schrecken dieser Welt schreiben, ohne von ihrem Schreiben zerstört zu werden? In den achtziger Jahren beklagte Becker sich genau darüber, nämlich dass Schriftsteller wie er, wenn sie in der DDR blieben, aufhörten, Schriftsteller zu sein und Vertreter des Widerstands würden.[50] Die einzige Möglichkeit, behauptete Becker, bestehe darin, dass man bei seinem Leisten bleibe und aus einer Perspektive jenseits des Systems schreibe. Stilistisch hieß das, die Ironie als Mittel der Distanz zu verwenden. Ironischerweise wünscht sich Kilian nichts Sehnlicher, als so »hartgesotten« zu sein wie Marlowe. Mit dem etwas unbeholfenen Hinweis auf Raymond Chandler versuchte Becker, den Roman in einer Welt jenseits der Parteipolitik der BRD und der DDR anzusiedeln.

Die in *Aller Welt Freund* enthaltenen autobiographischen

Momente sind unübersehbar. Der Zwillingsbruder Manfred, »ein Schauspieler zum Steinerweichen«, war mit Tilly verheiratet – so wie Beckers bester Freund und Ersatzbruder Manfred Krug mit Ottilie verheiratet ist. Manfred lässt sich von Tilly scheiden, obwohl er gar nicht genau weiß, warum. Ähnlich empfand Becker, als er sich von Rieke scheiden ließ. Geradezu zwanghaft erzählt Kilian im Roman ständig erfundene Geschichten, erstens, weil er ein guter Geschichtenerzähler ist und zweitens, weil sie die Wirklichkeit der Welt leugnen. Im Roman bilden die Geschichten, die Kilian erzählt, ein Gegengewicht zu den Geschichten, die er als Redakteur zu schreiben hat. Zu viele Kriege, zu viel Tod, zu viel Entsetzen – aber im Roman selbst wird davon wenig dargestellt. Da er die Geschichte an keinem spezifischen Ort ansiedelte, nahm Becker Kilians Job das spezifisch Lokale. Weder die interne Zensur von Nachrichten in der DDR noch die kapitalistische Ausbeutung der Medien in der BRD sind als Motive der Figuren erkennbar. *Aller Welt Freund* erschien 1982 bei Suhrkamp und 1983 bei Hinstorff. Es war klar, warum Hinstorff den Roman herausbrachte: um Becker wieder zurückzuholen oder ihn davon abzuhalten, sich zu weit zu entfernen. Niemand in der DDR würde an diesem Roman Anstoß nehmen. Beckers ältere Romane, die noch immer lieferbar waren, hatten Auflagen von zwischen 10 000 und 15 000 erreicht. Die DDR konnte davon nur profitieren.

3. Eine neue Familie – *Bronsteins Kinder*

Jurek Becker hatte schon einige Literaturpreise bekommen, aber 1982 erhielt er einen der originellsten Literaturpreise in Deutschland – er wurde zum neunten Stadtschreiber von Bergen-Enkheim ernannt.[51] Ein Jahr lang durfte er im Stadtschreiberhäuschen von Bergen-Enkheim, einem Vorort von

Frankfurt, wohnen und bekam überdies DM 2 000,– im Monat. Er war der Nachfolger von Peter Bichsel und wurde am 3. September 1982 von Adolf Muschg in sein »Amt« eingeführt.

Als Becker dort eintraf, fand er über zweihundert Einladungen für Veranstaltungen vor, auf denen er reden oder lesen sollte. Er war zwar überwältigt, hielt es aber für seine Pflicht, sowohl seiner sozialen Rolle als Stadtschreiber gerecht zu werden wie zu schreiben. Dies wurde um so schwieriger, als er zwischen Berlin und Bergen-Enkheim zu pendeln begann, obgleich sich zwischen Hannah und ihm eine zunehmende Entfremdung bemerkbar gemacht hatte.

Am 28. März 1983 gab Becker eine öffentliche Lesung an der Deutschen Buchhändlerschule in Seckbach bei Frankfurt, die von einer jüngeren Frau besucht wurde, die ihm sofort auffiel. Christine Harsch-Niemeyer war die Tochter eines bekannten Wissenschaftsverlegers. Auch sie fühlte sich sofort zu Becker hingezogen. Christine war gebildet, kultiviert und gehörte einem Kreis von Intellektuellen an. Als sich Beckers Stipendiatszeit dem Ende zuneigte, beschloss er, Hannah zu bitten, am Ende des Sommers ihre gemeinsame Wohnung zu verlassen, damit er und Christine in Berlin zusammenziehen konnten.

Becker legte sich seine Gründe sorgfältig zurecht und trug sie Hannah auf einer Fahrt nach Berlin vor. Hannahs Enttäuschung war groß. Sie hatte ihr Studium aufgegeben, ihr Land, ihre Sprache und ihre Familie, um ihm nach Berlin zu folgen, doch im Laufe des Herbstes 1983 zog Hannah aus und Becker unterstützte sie noch eine zeitlang, damit sie sich in einem Leben getrennt von ihm einrichten konnte.

Christine nahm im September ihr Studium in Berlin auf und zog nach einiger Zeit in die Kreuzberger Wohnung ein. Drei Jahre später, am 7. März 1986, heirateten sie und Becker auf dem örtlichen Standesamt. Becker versuchte die

Erlaubnis zu erhalten, die er von den Behörden in Ostberlin brauchte, um »im Ausland« zu heiraten. Sein Antrag wurde ignoriert, bis er drohte, dann werde er eben ohne Erlaubnis heiraten. Da die Wände in ihrer Wohnung buchstäblich Ohren hatten, traf die Erlaubnis zwei Tage später ein. Einer von Beckers »Freunden« aus Ostberlin, Günter Fischer, stand mit seiner Frau Petra plötzlich vor seiner Haustür, und behauptete, sie hätten eine Besuchserlaubnis bekommen. Spontan wurden sie zur Hochzeitsfeier eingeladen. Tatsächlich war Fischer von der Stasi geschickt worden, um zu berichten, wer die Anwesenden waren und worüber sie gesprochen hätten.

Nach seiner Rückkehr aus Bergen-Enkheim nach Berlin ging Jurek Beckers Leben als öffentliche Person weiter.

Am 35. Jahrestag der »Kristallnacht«, am 8. November 1983, wurde Becker eingeladen, in einer kleinen Kirche am Rande von Ostberlin zu sprechen. Er lehnte die Einladung für diese Veranstaltung ab, nahm aber eine andere Einladung der Kirche für eine Lesung am 16. November 1983 anlässlich der »Friedensdekade der evangelischen Kirche« an. Nicht ein jüdisches, sondern ein politisches Ereignis erschien ihm als angemessen für seine inoffizielle Anwesenheit in der DDR. Während die Friedensbewegung zum Standardprogramm der ostdeutschen Parteipolitik gehörte, war es der Regierung oft nicht möglich, die Vorgänge in den Kirchen zu kontrollieren. Etwa vierhundert Menschen kamen in die Kirche von Neuenhagen, um Becker aus seinem Erzählband *Nach der ersten Zukunft* lesen zu hören, der nicht in der DDR erschienen war. In seiner Einführung sprach der örtliche Pfarrer Dietmar Linke davon, dass das Versprechen der Vätergeneration, keine Waffen mehr anzufassen, nicht eingelöst sei, eine ironische Anspielung darauf, dass Honeckers Generation die meisten Verheißungen des Sozialismus, mit denen Becker aufgewachsen war, nicht verwirklicht hatte.

Nach der Lesung wurde Becker gefragt, warum er die DDR verlassen habe. Er gab seine Version der Biermann-Affäre wieder. Das Publikum reagierte sehr emotional auf das Eingeständnis, es seien Fehler auf beiden Seiten begangen worden. Becker engagierte sich immer mehr, als ihm klar wurde, dass das Publikum nicht nur an der Friedensfrage interessiert war, sondern diese Frage als Teil einer umfassenderen Kritik am real existierenden sozialistischen Staat verstand. Die Veranstaltung dauerte so lange, dass sie abgebrochen werden musste, als sie die offiziell zugestandene Zeit überschritt.[52] Becker kam immer klarer zu Bewusstsein, dass er, wäre er in der DDR geblieben, als Schriftsteller nicht hätte existieren können.[53] In Westberlin konnte er leben, ohne sich von den westlichen Medien zu einer gegen die DDR und den Sozialismus gerichteten Kampagne vereinnahmen lassen zu müssen – er konnte also in erster Linie Schriftsteller sein, aber auch seine Bekanntheit dazu benutzen, die politischen Fragen anzusprechen, die für ihn wichtig waren.

1983, das Jahr, in dem er mit Christine zusammenzog, war für Becker Anlass, über sich selbst nachzudenken. Er hatte eine Wohnung mit all seinen Möbeln in Westberlin, mit Rieke verband ihn eine enge Freundschaft, seine Söhne sah er oft, aber sie waren ohne ihn erwachsen geworden. Im November schrieb er einen langen Brief an Lonni, der die Unterschrift »Ein seltsamer Vater mit Namen Jurek« trug.[54] Als er sich über die Zukunft seiner Söhne Gedanken machte, dachte er zugleich darüber nach, wie seine Konflikte mit seinem Vater seine Einstellung zum Leben geformt hatten. Er riet seinen Söhnen, ihr Leben selbst in die Hand zu nehmen. Denn als er über seine eigenen Möglichkeiten nachdachte, kam ihm zu Bewusstsein, wie begrenzt diese doch waren.

In jener Zeit wandte sich Becker erneut dem Thema der Shoah und den Erinnerungen an seinen Vater zu. Beides war für ihn eng miteinander verbunden, glaubte er doch, dass Max Beckers Schwäche eine unmittelbare Folge der Beschädigungen war, die er in der Shoah erlitten hatte. Er begann sich intensiv mit den Nazi-Verbrechen zu befassen und las die Protokolle der Prozesse gegen die Nazi-Kriegsverbrecher.[55] Gemeinsam mit seinem Kollegen Thomas Brasch schrieb er einen Film über ein »jüdisches« Thema: *Der Passagier – Welcome to Germany*. Brasch, der auch Regie führte, war 1945 in England als Sohn von Horst Brasch geboren, einem Funktionär der Kommunistischen Partei, der 1945 mit seiner Frau in die Sowjetzone zurückkehrte und später Stellvertretender Minister für Kultur der DDR wurde. 1968 wurde Thomas Brasch als aktives Mitglied der Opposition in der DDR zu über zwei Jahren Gefängnis verurteilt (und 1969 auf Bewährung entlassen), weil er Flugblätter gegen den Einmarsch der Warschauer-Pakt-Truppen in die Tschechoslowakei verteilt hatte. Er begann sich gerade einen Namen als Theaterautor zu machen, als er – anders als Becker – nach der Biermann-Affäre 1976 die DDR verlassen musste.

Die Dreharbeiten waren 1987 abgeschlossen. 1988 erlebte der Film mit seiner experimentellen Auseinandersetzung mit der Shoah seine Premiere bei den Filmfestspielen von Cannes. In diesem im Westberlin der Gegenwart spielenden Film, der den Arbeitstitel *Last Call, Mr. Cornfield* trug, trat Tony Curtis in der Rolle eines Mannes auf, in der er über seine eigene Vergangenheit ebenso wie über die Probleme der Kunst als Spiegel von Geschichte und Identität reflektiert. Curtis spielt Mr. Cornfield, einen erfolgreichen amerikanischen Regisseur von Fernsehserien über Hunde und Pferde, der nach Berlin kommt, um einen Film über die Entstehung eines Films aus dem Dritten Reich zu drehen. Für diesen 1942 entstandenen Film im Film wurden Juden aus Auschwitz als Schauspieler eingesetzt. Man hatte ihnen zwar versprochen, dass sie nach Beendigung der Dreharbeiten in die Schweiz emigrieren dürften, aber bis auf einen wurden alle ermordet.

Die Verwendung »echter« Juden stellte eine Parallele zur Verwendung von Juden aus den deutschen »Ghettos« bei den Dreharbeiten des antisemitischen pseudodokumentarischen Films *Der ewige Jude* von Fritz Hippler (1940) ebenso wie zum Einsatz von Zigeunern in Leni Riefenstahls unvollendetem letztem Film *Tiefland* dar. Für Becker hatte dies auch einen persönlichen Bezug. In Joseph Wulfs Anthologie über die Filme der Nazis las er über die Arbeit am infamsten Nazifilm, Veit Harlans *Jud Süß* von 1940.[56] Harlan, so Wulfs Quellen, war nach Polen gefahren, um »verschiedene jüdische Typen« zu studieren, die er im Film verwenden wollte. Sie sollten von Werner Krauss gespielt werden, der in dem Film mehrere jüdische Rollen übernahm. Keine Rolle im Film, so stand es in einer Fußnote einer Nazi-Quelle, wurde mit Juden besetzt. Im Buch gewährt ein Faksimile einer aufschlussreichen Kritik der Filmpremiere in Litzmannstadt im Januar 1941 einen tieferen Einblick: »Denn hier in Litzmannstadt, dem früheren polnischen Łodz, wurde ja ein großer Teil dieses Bildstreifens gedreht. Hier im Ghetto fing die Kamera jene Typen des Judentums ein, die das Weltjudentum am sichtbarsten zu verkörpern vermögen.«[57] Man kann sich vorstellen, was in Becker vorgegangen sein muss. Waren vielleicht seine Eltern im Film, irgendwo im Hintergrund zu sehen? Für Brasch stellte der Film die Frage nach der Grenze zwischen Opfer und Täter – für Becker war der Film möglicherweise Teil seiner verlorenen Biographie.

Im Laufe der Geschichte erfahren wir, dass Cornfield der junge Ungar Janko Kornfeld war, der zusammen mit seinem Freund Baruch (gespielt von dem türkisch-deutschen Schauspieler Birol Ünel) für den Film abgestellt worden war. Baruch versuchte zu fliehen, weil er dem Naziversprechen, dass die jüdischen Schauspieler freigelassen würden, nicht glaubte. Am Ende stellt sich heraus, dass Baruch während der Flucht ermordet wurde, weil Kornfeld zu lange gezögert hatte. Selbst die Personen im Film, den Cornfield dreht, erkennen, dass das »Therapie und kein Film« ist, wie eine dieser Figuren bemerkt. Diese Therapie sollte, etwa wie in *Der Boxer,* das Trauma der Shoah »heilen«. Doch anders als in *Der Boxer* ist Cornfield der Schuldige, nicht der SS-Mann, der Baruch erschoss. Brasch bemerkte im Zusammenhang damit, es gebe eine Tendenz, von Opfern nur »in ihrer Rolle als Opfer, als Juden oder Türken oder Frauen oder Homosexuellen« zu sprechen. Dass das Opfer auch schuldig sein könnte, sei heute unvorstellbar, obwohl es doch »einen Kampf zwischen Ost- und Westjuden in den Lagern, zwischen den Reichen und den Armen« gegeben habe.[58] Den Opfern die Verantwortung zuzuschieben, war, wie Becker nur zu gut wusste, eine der in Westdeutschland gängigen Antworten auf die Frage nach der Schuld.

Ein wichtiges Motiv des Films im Film war der Wunsch des Naziregisseurs Körner (gespielt von Matthias Habich), die Juden von »echten« Juden spielen zu lassen. Dieses Problem, ob nur Juden Juden darstellen können, wurde später von zentraler Bedeutung für Beckers Verständnis dieses Films. Im Film engagiert Cornfield einen französischen Schauspieler (gespielt von Charles Regnier) anstelle eines jüdischen Schauspielers, der den jüdischen Bankier in seinem Remake des historischen Originals spielen soll. Ja, der einzige Schauspieler, der behauptete, Jude zu sein, und erklärte, er sei einer von den dreizehn Juden gewesen, die die Nazis engagiert hatten, war in Wirklichkeit ein deutscher Kleindarsteller, der zwar beim Originalfilm nicht genommen worden war, aber »immer gewünscht hatte, Jude zu sein«. Cornfield selbst war eine Ausnahmeerscheinung: »ein Jude mit blauen Augen«, wie eine der Figuren bemerkt.

Die Definition im fertigen Film, was »jüdisch« bedeute (»Juden sind ein Volk ohne Land«), war für Becker problematisch. Er distanzierte sich von dem Film. Mit Sicherheit müssen ihm auch die offenkundig christlichen Bilder in Braschs Film unangenehm gewesen sein: Baruch als gekreuzigter Christus; die Szene, dem Gemälde Leonardo da Vincis nachempfunden, in der sich die jüdischen Schauspieler zum letzten Abendmahl versammeln mit Cornfield als Judas. Im Abspann hieß es, Becker habe »am Drehbuch mitgearbeitet«. Auf sein Exemplar der vorletzten Drehbuchfassung schrieb er, er habe nur wenig mit dieser Fassung, und auf dem endgültigen Drehbuch vermerkte er, mit dieser Fassung habe er absolut nichts zu tun. Dennoch war dieser Film für ihn insofern von Bedeutung, als er ihm das Material für den nächsten Roman lieferte.

1983 machte er sich an die Recherchen. *Jakob der Lügner* hatte sich mit der Ermordung der Juden befasst, erzählt aus der Sicht eines Überlebenden in der DDR. *Der Boxer* erzählte vom Leben zweier Überlebender, Vater und Sohn, in der DDR. Der dritte Band sollte sich mit den Überlebenden und ihrem in der DDR geborenen Kind befassen, das »die Gnade der späten Geburt« hatte, was aber nicht hieß: »Von jetzt an dürfen wir die Vergangenheit ungestraft unterdrücken.«[59] Das war sicher nicht Beckers Absicht. Wie aber sollten sich die Nachgeborenen, wie seine eigenen Söhne, den Holocaust vorstellen?

In dem Jahr, in dem er seinen Roman begann, wurde Becker als Mitglied in die Deutsche Akademie für Sprache und Dichtung in Darmstadt aufgenommen – ein Zeichen dafür, dass er nun der Schriftstellerelite der BRD angehörte. In seiner Antrittsrede kam er darauf zu sprechen, wie er als Kind Deutsch hatte lernen müssen, indem er nämlich zunächst sein Polnisch vergaß. Er sei ein »echter« deutscher Schriftsteller, gerade weil er in der deutschen Sprache nicht »zu Hause«, sondern immer auf der Suche nach einem Zuhause sei.

Im Frühjahr 1984 folgte Becker erneut einer Einladung in die USA an die Cornell University in Ithaca, im Staat New York. Anschließend reisten Christine und er vom 29. August bis zum 18. September 1984 zum ersten Mal ohne offizielle Einladung, nur als ganz normale Touristen, nach Israel. Becker fand es äußerst schwierig, dort mit den Menschen ins Gespräch zu kommen, und verstand sich als Beobachter in einem Land voller Juden. Als er Juden kennen lernte, die sich als solche verstanden, und die Vielfalt ihrer Identitäten erkannte, wurde es für Becker immer komplizierter, jüdisch zu sein.

Er begann seinen neuen Roman nach der Rückkehr aus Israel zu schreiben. Systematisch schrieb er täglich eineinhalb Seiten an diesem Roman mit dem vorläufigen Titel *Wie ich ein Deutscher wurde*.[60] Es ist die Geschichte eines jungen Mannes, der lange nach der Shoah geboren wurde und der darüber nur das weiß, was er in der DDR erfahren hat. Der Roman spielt zwischen August 1973 und August 1974 und schildert das Leben von Überlebenden und ihren Kindern in der DDR zu der Zeit, als der ehemalige Parteivorsitzende Walter Ulbricht in Ostberlin erkrankt und stirbt.[61] Im Roman steht Walter Ulbricht für die Weigerung der DDR, die Verantwortung für die Shoah zu übernehmen. Im Gegensatz dazu war Brandts Kniefall vor dem Denkmal des Warschauer Ghettoaufstands am 9. Dezember 1970 ein überwältigendes Symbol der Anerkennung der deutschen Schuld. 1973/74 kam der Augenblick, da die Veränderungen im real existierenden Sozialismus, wie Ulbrichts Nachfolger Erich Honecker 1971 verheißen hatte, hätten realisiert werden können, aber dies geschah nicht. In dieser Zeit begann auch die konservative Politik in Westdeutschland Brandts moralisches Erbe zu verwässern. Im Roman stellen diese beiden Vorgänge wichtige historische Wegmarken dar.

Auch in dem neuen Roman geht es um das Verhältnis Vater und Sohn. In *Der Boxer* stand seine Auseinandersetzung mit dem Vater noch für den Konflikt zwischen allen Vätern und ihren Söhnen. Im Mittelpunkt des neuen Romans steht das Leben eines Überlebenden des Holocaust, Arno, und seines Sohnes Hans, der 1973 sein Abitur macht. Er ist somit etwas älter als Nicki, Beckers ältester Sohn. Die Handlung setzt in einer Rückblende nach Arnos Tod ein. Erzählt wird, wie der Sohn entdeckt, dass sein Vater und zwei seiner Freunde, Gordon Kwart und Rotstein, Arnold Heppner, einen ehemaligen Aufseher des Konzentrationslagers Neuengamme, gefunden und entführt haben. Zwar war keiner von ihnen in diesem Lager gewesen, aber alle sind Überlebende des Holocaust. Hans muss sogar den Namen »Neuengamme« im Lexikon nachschlagen, um etwas darüber zu erfahren, so fremd ist ihm die Lebensgeschichte seines Vaters. Dieser und seine Freunde haben den ehemaligen KZ-Aufseher entführt, weil sie »sich darin einig seien, in einem minderwertigen Land zu leben, umgeben von würdelosen Menschen, die ein besseres nicht verdienten«. Die DDR also ist für Arno und seine Freunde ein nicht vertrauenswürdiger Ort, nämlich die Welt der Mörder, egal, was der Staat offiziell behauptet.

Hans belauscht seinen Vater und seine Freunde dabei, als sie überlegen, was sie mit Heppner tun sollen, nachdem sie ihn geschlagen und verhört haben. Sie sprechen Jiddisch. »Es war unfassbar, dass Vater sich in dieser Sprache verständigen konnte, ich wollte glauben, dort säße ein Fremder mit Vaters Stimme. Er hatte es bisher nicht nur vermieden, in meiner Gegenwart Jiddisch zu sprechen, er hatte auch nie angedeutet, dass er dazu imstande war.« Die Sprache, und das wird in Beckers erzählerischem Werk nur selten so explizit zum Ausdruck gebracht, die Sprache definiert Identität und Geschichte und steht für die Distanz zwischen Vater und Sohn.

Als Hans zu verstehen versucht, warum sein Vater Heppner entführt, wird er sich über den Konflikt zwischen ihm und seinem Vater klar:

»... Vater fragte: ›Wie soll ich dich nicht behandeln?‹

›Wie einen Feind.‹

›Aber du bist mein Feind.‹«

Hans ist Arnos Feind, weil er nicht die gleichen Erfahrungen wie Arno gemacht hat. Er ist ein »neuer« Deutscher, ein Bürger eines Staats mit Gesetzen und Gerechtigkeit. Hans' Aufgabe ist es, seinen Vater dennoch zu verstehen, und dabei versagt er. Als ihn sein Vater »mit dem Essen kurz hielt«, weil er einmal etwas vom Wirtschaftsgeld »veruntreut« hat, legt Hans sich »wüste Sätze für Vater zurecht. *Du verwechselst mich mit deinem Nazi, warum sonst gibst du mir nichts zu essen?* Oder: *Glaubst du, jeder Jude sollte wenigstens einmal im Leben anständig hungern?*« Hans fühlt sich in die Rolle gedrängt, die seinem Vater von den Deutschen aufgezwungen worden war. Hans möchte nichts weiter als ein »normales Leben« führen, wie seine Freundin Martha feststellt: »Die wirklichen Opfer wollen andauernd Gedenktage feiern und Mahnwachen aufstellen, und du willst, dass geschwiegen wird.« Doch auch Arno besteht auf diesem Schweigen.

Der Sohn spürt, dass Arno der Gedanke an Heppner quält. Die Vorstellung überwältigt ihn, dass er nun der Täter ist, der ein Opfer foltert. Hin und her gerissen zwischen dem Gefühl, das »Richtige« tun zu müssen, und der Loyalität gegenüber dem Vater, kauft Hans schließlich zwei Feilen, um Heppner von seinen Handschellen zu befreien und ihn laufen zu lassen.

Hans weiß, dass Heppner nicht zur Polizei gehen kann, denn damit würde er seine eigene Schuld zugeben. Ihn zu befreien heißt, seinen Vater von seiner Schuld zu befreien und die »Ordnung« in seiner eigenen Welt wiederherzustellen. Als er die Hütte betritt, in der Heppner gefangen gehalten wird, findet er seinen Vater tot auf – er ist an einem Herzschlag gestorben. Heppner, der Angst hat, Hans werde sich an ihm rächen, schreit, er könne nichts dafür, er habe keine Schuld, und das hat er auch immer wieder behauptet, als er nach seinen Taten im Lager befragt wurde. Zuerst versucht Hans, ihm die Handschellen mit der Feile zu lösen, bis ihn Heppner darauf hinweist, dass der tote Vater den Schlüssel bei sich hat. Der Schlüssel kann Heppner befreien, aber Hans wird für immer im Leben und Tod seines Vaters gefangen sein.

Der Roman beginnt ein Jahr nach Arnos Tod, als Hans bei der jüdischen Familie Lepschitz lebt, deren Tochter Martha seine Freundin ist.

Und eine der bezeichnendsten Szenen in dem Roman erinnert an Beckers Zusammenarbeit mit Thomas Brasch an *Der Passagier – Welcome to Germany,* nämlich als Hans bei den Dreharbeiten zu einem Film über die Resistance zuschaut, in dem seine jüdische Freundin die Rolle einer Jüdin spielt.

Minge, der Regisseur, meint, dass die Rolle von einer jüdischen Schauspielerin gespielt werden müsse. Für Hans steht fest, dass es nur einen Grund gibt: weil »sie aussah, wie Herr Minge sich eine hübsche Jüdin vorstellte. Ich konnte seine Not verstehen, junge Jüdinnen sind eine große Seltenheit, und da schneite ihm Martha ins Haus.« Durch die Definition, wer jüdisch aussieht, wird das Dilemma nur noch größer.

Hans fragt sich: »Warum mussten Juden im Film von echten Juden dargestellt werden? Als Martha diese Rolle angeboten worden war, hätte sie antworten müssen: Nur wenn auch die SS-Männer echte SS-Männer sind.« Damit spricht er ein zentrales Problem an im Zusammenhang mit der Definition, wer oder was ein Jude ist. Ist ein Jude etwa bloß jemand, der aus seiner jüdischen Identität Kapital schlägt? Hans findet es »bitter …, eine jüdische Abstammung oder sein jüdisches Gesicht zu Geld zu machen«. Hier klingt Beckers eigenes Problem an, das er damit hatte, ein »Opfer des Faschismus« in der DDR zu sein und deswegen bevorzugt zu werden.

In Beckers Roman scheint das Gefühl, das Hans im Hinblick auf seine, Arnos und Marthas Identität als Juden hat, nur durch ihre gemeinsame Geschichte geprägt zu sein. Denn noch immer gibt es Spuren der biologistischen Vorstellungen vom Judentum in der DDR. So muss Hans im Abitur eine Biologie-Arbeit zum Thema *»Die Zelle als Überträger der Erbanlagen«* schreiben. Ist nicht auch die Geschichte ein Überträger von »Erbanlagen«?

Der vorläufige Titel des Romans war problematisch: *Wie ich ein Deutscher wurde* hörte sich nach einer Art Ratgeber an, statt nach einem Roman über die Identitätssuche.

Der Suhrkamp-Verlag bat dringend darum, sich einen anderen Titel einfallen zu lassen. Jurek hing an seinem Titel und war unglücklich, doch schließlich fanden er und Christine einen Titel, unter dem der Roman im Osten wie im Westen erschien: *Bronsteins Kinder*. Becker widmete den Roman seiner Frau, die die Entstehung des Buches kritisch und einfühlend verfolgt hatte. Wer aber ist Bronstein? Dieser Name taucht nämlich im Roman überhaupt nicht auf. Darüber hat es wilde Spekulationen gegeben, die von Trotzki (dessen wahrer Name Leib Bronstein lautete) bis zum Protagonisten des Romans reichten, dessen Familienname nie erwähnt wird. Becker behauptete, er habe einen für die Ohren seiner deutschen Leser »typisch« jüdischen Namen gewählt. Titel und Name verweisen somit auf das Problem der Identität aller Juden, die in eine Gesellschaft wie die der DDR hineingeboren werden, wo es nicht leicht ist, eine religiöse Identität zu bewahren.

Der Roman wurde genau in dem Augenblick abgeschlossen, da die Frage nach der Bedeutung der Shoah in der westdeutschen Öffentlichkeit auf eine neue und außergewöhnliche Weise gestellt wurde. Bereits 1985 hatte der westdeutsche Historiker Martin Broszat argumentiert, die Geschichte der Shoah solle »normalisiert« werden. Im Erscheinungsjahr des Romans erreicht die Debatte, die sich im Juni 1986 an der Behauptung von Ernst Nolte entzündete, alles, was die Nazis begingen, hätten bereits die Sowjets begangen, dann ihren Höhepunkt.[62] Für Jürgen Habermas stellte dieser »Historikerstreit« eine Revision und damit Relativierung der deutschen Vergangenheit dar. Die zentralen Fragen nach der Einzigartigkeit des Holocaust und der Rolle der Ideologie bei der Produktion von Erinnerung (oder zumindest von Geschichte) waren auch für Beckers Romanprojekt von entscheidender Bedeutung. Beckers Absicht war es gewesen, diesen Streit um die Vergangenheit aus einer deutschen wie aus einer jüdischen Perspektive in der BRD und in der DDR darzustellen.

1986 hatte Becker dem Hinstorff-Verlag einen »neuen« Band mit Erzählungen vorgeschlagen, der auf dem Erzählband *Nach der ersten Zukunft* basierte, der 1980 nur im Westen bei Suhrkamp erschienen war. Auch dieser Band wurde bei Hinstorff sehr empfohlen, wobei Sigurd Schmidt von der Universität Rostock besonders die beiden Geschichten *Die Mauer* und *Die beliebteste Familiengeschichte* hervorhob.[63] Die »neue« Fassung wurde schließlich angenommen. Das, was 1979 als politisch zu schwierig gegolten hatte, erwies sich nun 1986 als nur noch interessant, da es Becker gelungen war, die DDR-Behörden davon zu überzeugen, dass er nicht »gefährlich« war. Gleichwohl waren die Verhandlungen nicht einfach. So beschwerte er sich bei Ingrid Prignitz, die im Oktober 1986 eigens zu einer Lesung nach Bochum kam, »über die nach seiner Auffassung schlechte Zusammenarbeit mit dem Hinstorff-Verlag«.[64] Der Band *Erzählungen* kam noch vor *Bronsteins Kinder* 1986 heraus. Auf einmal war Becker auf dem literarischen Markt in der DDR mit zwei neuen Büchern präsent. Für ihn bedeutete es, dass die Beziehung zu der Welt, in der er groß geworden war, nicht abriss. Es hieß auch, dass er sich (mehr oder weniger streng) an das Versprechen hielt, die DDR im Westen nicht öffentlich zu kritisieren. Ein Kritiker des Systems zu sein war in Ordnung – ein Dissident zu sein erschien ihm selbst im Westen als eine gewisse Undankbarkeit.

4. *Liebling Kreuzberg*

Im Januar 1983 begegnete der Westberliner Fernsehproduzent Otto Meissner dem Programmchef des ZDF, Lothar Loewe, auf einer Geburtstagsparty für den populären Stückeschreiber Curth Flatow. Meissner hatte die Idee zu einer neuen Fernsehserie, die im Berlin der Gegenwart spielen und sich mit dem Alltag eines Rechtsanwalts, seinen Fällen und seinem Privatleben befassen sollte.

Eine geradezu ideale Rolle für Manfred Krug, dachte Loewe spontan. Meissner wollte mit ihm eine Pilotsendung für die neue Serie drehen, die er skizziert hatte. Aber jemand musste die Serie schreiben! Manfred Krug war es, der seinen alten Freund Jurek Becker vorschlug.[65]

Becker fehlte das juristische Fachwissen, um über die Praxis und die Form des Rechts in Westberlin schreiben zu können. Er misstraute auch dem kommerziellen Fernsehen. Die Verfilmung seiner Romane fürs Fernsehen war eines, das Schreiben einer fortlaufenden Serie etwas ganz anderes. Eines Abends setzte sich Jurek Becker mit Krug und Meissner in einem italienischen Restaurant zusammen, um über die Serie zu sprechen. Becker war nur bereit, unter einem Pseudonym zu schreiben, wie er dies schon für einige seiner populäreren DEFA-Filme getan hatte. Meissner verkaufte die Idee an den SFB, aber dort wollte man die Serie nur bringen, wenn Becker unter seinem Namen das Drehbuch schrieb. Man war überzeugt, dass ein »echter« Schriftsteller die Einschaltquoten erhöhen würde. Als Becker nun begann, die ersten sechs Drehbücher für die erste Staffel zu schreiben, wandte er sich für seine juristischen Recherchen an seinen Freund Nicolas Becker, einen Anwalt von der bekannten Kanzlei Schily/ Becker/Geulen. Ihr Seniorpartner, Otto Schily, war einer der prominentesten liberalen Anwälte in den achtziger Jahren. Nicolas Becker war damals sein Juniorpartner. Das ironische Arbeitsverhältnis zwischen Becker und Schily wurde das Vorbild für die humorvolle Beziehung in der Serie zwischen dem Anwalt Robert Liebling, den sich Jurek Becker für Krug ausgedacht hatte, und seinem Assistenten Giselmund Arnold (gespielt von Michael Kausch). Nicolas Becker stellte Listen der Fälle zusammen, die gerade an den Westberliner Gerichten verhandelt wurden, damit Jurek Becker sich als Zuschauer ein Bild vom Prozess, aber vor allem von den daran beteiligten Menschen machen konnte.[66] Die Anwälte in Deutschland waren begeistert von der Genauigkeit und vom Ton in Beckers Drehbüchern – nur selten waren sie in einem besseren Licht im deutschen Fernsehen dargestellt worden.[67]

Bronsteins Kinder war zwar erst nach Abschluss der Arbeit an *Liebling Kreuzberg* fertig geworden, doch der Roman kam zur gleichen Zeit wie die Serie heraus – ein Beweis dafür, dass Becker sowohl fürs Fernsehen als auch für ein ernsthaftes Leserpublikum schreiben konnte. Von zentraler Bedeutung hier wie dort war Beckers wachsende Überzeugung, dass das formale Recht, wie es in Westdeutschland praktiziert wurde, einen Schutz des Individuums gegen die Übergriffe des Staates bot. Dies stand im vollkommenen Gegensatz zur DDR wie zur Nazi-Vergangenheit. Der Nazi-Staat hatte das formale Recht den Launen des Führers unterstellt. So sagt der gefangene Nazi-Aufseher in *Bronsteins Kinder* zu Hans: »Diese Herren wollen nicht wahrhaben, dass damals ein anderes Recht gegolten hat.« Woraufhin ihn Arno anfährt: »Nimm nie wieder in meiner Gegenwart das Wort Recht in den Mund.« Der Anwalt Liebling gewährt Schutz durch das Recht. Ein Anwalt fragt nicht danach, ob sein Klient schuldig ist, er sucht nicht nach der »Wahrheit« – ein Anwalt ist dazu da, der Macht des Staates entgegenzuwirken. Wer schützt denn nun wen gegen was? Die Diskussion über Recht und Gerechtigkeit in Deutschland war stets zugespitzt. Nicolas Beckers eigener Vater, Heinrich Becker, war bei den Nürnberger Prozessen der Verteidiger von Ernst von Weizsäcker gewesen, dem Staatssekretär im Nazi-Außenministerium. Nicolas Becker war zwar nicht immer mit der Haltung seines Vaters einverstanden, sah aber ein, dass es notwendig war, unabhängig von seinen Vergehen, jeden Klienten zu verteidigen. Auf eine leichtere Weise stellte Jurek Becker dieses Problem in der Fernsehserie dar.

Das Kreuzberg von Liebling (und von Jurek Becker) spielte darin eine prominente Rolle.[68] Die Serie ist die klassische Darstellung von Westberlin als in sich geschlossenem Stadtstaat. Ihr Schauplatz, Berlin SO 36, also Kreuzberg, ist definiert durch die Welt der Berliner Eckkneipen, des Türkenmarkts, der heruntergekommenen Wohnblöcke mit ihren Innenhöfen, in die kaum ein Sonnenstrahl fällt. Die Mauer fehlte praktisch in der 1983/84 geschriebenen ersten Staffel ganz. Sie tauchte nur zweimal im Hintergrund auf. In die Handlung integriert wird die Mauer zum ersten Mal in der dritten Folge, *Der Beschützer,* als Liebling an einem Abschnitt der Mauer vorbeikommt, sie tätschelt und ironisch sagt: »Deutsche Wertarbeit!«, eine Bemerkung, die so zu Krug passt, dass anzunehmen ist, er hat sie auch erfunden. Der zweite »Auftritt« ist bedeutungsvoller. In der letzten Folge der ersten Staffel schrieb Becker einen sehr langen Monolog, in dem Liebling seinem Partner seine Rechtsphilosophie erklärt: die Betonung der formalen Aspekte des Rechts und das Fehlen jeglicher moralischer oder ethischer Ansprüche an den Anwalt. Es gehe darum, den Mandanten zu verteidigen und nicht danach zu fragen, ob er unschuldig oder schuldig ist. Während dieses Monologs spazieren Liebling und Arnold durch Kreuzberg. Irgendwann besteigt Arnold die Aussichtsplattform, von der aus man über die Mauer schauen kann. Als Liebling vom absoluten Recht aller Angeklagten auf einen Rechtsbeistand spricht, schwenkt die Kamera über den Todesstreifen, verweilt auf einem Wachturm und nimmt dann den Fernsehturm in Ostberlin ins Visier. Diese Einstellung war eine Idee von Heinz Schirk, der die Regie für die letzte Folge der Serie führte. Die Kombination zweier Einstellungen: des Türkenmarkts in Kreuzberg und des Todesstreifens verweist auf den Gegensatz zwischen den beiden Rechtssystemen. Dieser in Beckers Drehbuch nur implizit angelegte Gegensatz wurde in dieser Folge explizit dargestellt. Als Jurek Becker diese Folge sah, platzte er vor Wut. Dieser plumpe Kommentar zum Mangel an Gerechtigkeit in der DDR war das Letzte, was er den Zuschauern auf der anderen Seite der Mauer zeigen wollte. Diese Schlussfolgerung konnten sie ohne weiteres selber ziehen.

Liebling Kreuzberg war augenblicklich ein Erfolg, die Serie konnte bei der ersten Staffel Einschaltquoten von fast fünfzig Prozent vorweisen. Becker tat jede vordergründige Popularität ab: »Wenn Fernsehen nach Marktforschung wie Seife produziert würde, hätte auf dreien der landläufig fünf zu empfangenden Sender Pornografie die höchsten Einschaltquoten, auf einem wären nur Fußball und Boxen, auf dem letzten ständig Landserfilme zu sehen.«[69]

Jurek Becker gelang es, in *Liebling Kreuzberg* die Poesie von Westberlin und seinen multikulturellen und facettenreichen Bewohnern einzufangen. Um die Mitte der achtziger Jahre war in Westberlin eine gewisse Normalität eingekehrt. Die gegenseitige Anerkennung beider deutscher Staaten bedeutete, dass immer mehr Westberliner in den Osten und immer mehr Ostberliner, zumindest die im so genannten »Reisealter«, mit 60 die Frauen und mit 65 die Männer, in den Westen fahren konnten. In den fünfundzwanzig Jahren seit dem Bau der Mauer hatte Westberlin ein ganz eigenes Flair entwickelt, das sich von der BRD unterschied. In Westberlin fühlte Becker sich inzwischen am meisten zu Hause. »Sie fragen, wo ich zu Hause bin, das klingt wie eine ordnungspolitische Frage. Als sei man verpflichtet, sich einer Umgebung mit Haut und Haaren zuzuordnen, als gehöre man zu einem Zuhause wie eine Glühbirne in die Fassung und müsse das auch laut und deutlich erklären. Wenn es also unbedingt sein muss: Ich fühle mich in West-Berlin zu Hause, kein anderer Ort ist mir zur Zeit näher und vertrauter.«[70]

Immer mehr definierte das »Zuhause« für Jurek Becker sein Freundes- und Familienkreis. Dieses Gefühl der Intimität war der stärkste Eindruck, den die Serie vermittelte. Sie wurde zu einem kulturellen Dokument, weil sie zeigte, wie man sich Westberlin in der westdeutschen Kultur in der Zeit vor und nach der Öffnung der Mauer vorstellte. Jurek Becker hat nie behauptet, dass seine Serie ein »wahrhaftiges« Porträt der Stadt liefere – allenfalls an Sportdirektübertragungen schätze er das »Echte, Wahrhaftige«. In der Serie hingegen gehe es um »Bescheidenes, Proletarisches, Alltägliches«.[71] Es seien keine »großen« Fälle, sondern »Dutzendgeschichten«, die sich mit der multikulturellen Klientel befassen, die Nicolas Becker als Mandanten hatte, mit der großen Stärke: der Liebe zum Detail.

Der Anwalt Liebling wurde die Verkörperung eines antiautoritären Westberlin. Die Ironie, die dahinter steckte, war klar. Manfred Krug, der zum westdeutschen Fernsehstar wurde, greift in dieser Rolle auf die Figur des Hannes Balla zurück, die er in Frank Beyers Film *Spur der Steine* gespielt hatte. Geradezu, schlecht angezogen, aggressiv und stets ironisch, steht Liebling für die Westberliner Spielart eines Nonkonformisten. Becker hat sich bei seinem Protagonisten bewusst für einen vielschichtigen Namen entschieden. In gewissem Sinne ist er der Liebling Kreuzbergs, und seine Anwaltskanzlei ist so etwas wie eine Liebhaberei. Sein Vater hat ihm nämlich eine Immobilienfirma hinterlassen, und er kann es sich leisten, nur die Fälle anzunehmen, die ihn persönlich interessieren.

Lieblings familiäre Verhältnisse sind kompliziert. Er ist geschieden, Vater einer Tochter, die wiederum eine allein erziehende Mutter ist und in der Serie eine immer stärkere Rolle spielt. Das Motiv der Familien mit nur einem Elternteil zieht sich durch die ganze Serie. Jurek Becker meinte, dass »ein Vorzug dieser Serie vielleicht das Abhandensein von Verlogenheit war. Es fehlte ein gewisses Maß an Verlogenheit, wie es im Fernsehen, vor allem in Serien, als alltäglich gilt.«[72] Schriftsteller, erklärte Becker nachdrücklich, in der DDR wie in Westberlin, müssten aufrichtig sein in dem, woran sie glaubten. Daher sei das Schreiben von erzählerischen Werken einfacher als das Filmemachen. Aber Schreiben war, genau wie das Filmemachen, immer auch mit Kompromissen verbunden. Manche waren schwerwiegender als andere. Meist jedoch handelte es sich, wie er in *Irreführung der Behörden* erklärte, um subtile Kompromisse, die man in dem System, in dem man lebte, unbewusst einging.

Als er für das Fernsehen in der BRD schrieb, begegnete er erneut der offenen Zensur. Der SFB, der die Produktion von *Liebling Kreuzberg* in Auftrag gab, wollte die sechste Folge der ersten Staffel nicht akzeptieren, weil sie von der angeblichen Misshandlung eines Verdächtigen durch einen Polizisten handelte. Für den Sender wurde hier eine Unterhaltungssendung zu sehr mit »Gegenwartsproblemen« überfrachtet. Becker gab nach und legte ein neues Drehbuch vor. Und als er versuchte, ein wenig auf die historische Dimension der Rechtsproblematik in Deutschland einzugehen, erklärte ihm ein Redakteur, dies passe nicht in eine populäre Fernsehserie. In der fraglichen Szene der zweiten Folge muss Lieblings Assistent Arnold sich eine Robe fürs Gericht kaufen, und Liebling fragt ihn, warum er nicht einfach die seines Vaters nehme. Arnold erwidert, da sei noch eine Spur des Hakenkreuzes darauf sichtbar.[73]

Unterhalte und predige nicht, lautet das Motto der Serie. Jurek Becker kann beides. 1987 erhielten Becker, Krug und der Regisseur der Serie, Heinz Schirk, den Adolf-Grimme-Preis in Gold für die Folge *Der Beschützer*. 1988 wurden sie mit dem Grimme-Preis in Silber für die ganze erste Staffel von *Liebling Kreuzberg* ausgezeichnet. Die deutschen Fernsehzuschauer erlebten, dass es auch Fernsehunterhaltung von herausragender Qualität geben kann.

Für Otto Meissner und Manfred Krug bedeutete der erhoffte Erfolg der ersten sechs Folgen, dass sie die zweite Staffel planen konnten, die 1987/88 gesendet werden sollte. Doch Becker brauchte eine Pause. Erst als die erste Staffel und der Roman *Bronsteins Kinder* Publikumserfolge wurden, meinte er, die zweite schreiben zu können. Er mochte allerdings Heinz Schirks optische Konzeption der Serie nicht. Schirk, der als guter Regisseur von Werbespots galt, hatte Beckers Westberlin ein glattes Image verpasst. Es war zu adrett und zu vordergründig politisch. Da auch Krug nicht gern mit ihm arbeitete, überredeten er und Becker Otto Meissner, Schirk durch Werner Masten zu ersetzen, mit dem Krug im westdeutschen Fernsehen vor *Liebling Kreuzberg* zusammengearbeitet hatte.[74] Meissner war zunächst dagegen, da Masten sich anfangs eine Serie vorstellte, die noch fragmentarischere Handlungen hatte. Meissner meinte, dass der Erfolg der Serie auf ihrem »Realismus« basiere, und setzte sich schließlich durch. Die Staffel von 1988 wurde noch erfolgreicher als die erste. Sie bestand aus dreizehn Folgen, in denen es darum ging, die Macht des Staates zu definieren. Hierfür bediente sich Becker der Figur des Staatsanwalts, der einen Staat repräsentierte, der machtbewusst und selbstzufrieden seine Ansprüche gegen Lieblings Mandanten durchzusetzen versucht. Diese Repräsentanten der Staatsmacht gossen ihre Blumentöpfe, fütterten ihre Wellensittiche und interessierten sich generell nicht für die Argumente, die die Anwälte im Interesse ihrer Mandanten vortrugen. Liebling verteidigte weiterhin erfolgreich den »kleinen Mann« gegen die Staatsmacht. Oft war dieser »kleine Mann«, wie in der Episode *Ehrengericht*, ein Ausländer, in diesem Fall ein Türke, der kein Arbeitslosengeld bekommt, weil er sich weigert, in einem Schlachthof Schweinedärme zu waschen. Man stelle sich vor, was aus Kafkas Welt geworden wäre, wenn Josef K. einen anständigen Verteidiger gehabt hätte …

Die Serie wurde erneut mit Preisen ausgezeichnet. 1988 wurde Becker der von der Fernsehillustrierten *Gong* gestiftete »Goldene Gong« verliehen. Im selben Jahr bekam er für die Drehbücher den »Tele-Star«. 1989 wurde er von der deutschen Anwaltskammer für die siebte Folge mit dem »Pressepreis« geehrt. 1990 erhielt die Serie den »Bayerischen Fernsehpreis«. Eine dritte Staffel mit weiteren acht Folgen, ebenfalls unter der Regie von Masten, lief 1989. In der letzten Episode dieser dritten Staffel, *Jede Menge Abschied,* die 1990 gesendet wurde, beschließt Giselmund Arnold, dessen Frau ihn verlassen hat, aus Robert Lieblings Kanzlei auszuscheiden und seine eigene zu eröffnen. Eine Serie, die 1986 mit einer komischen Scheidung begonnen hatte, endete drei Jahre später mit einer weiteren Scheidung. Doch da hatte Becker das Gefühl, dass er sich bei dieser Serie »ausgeschrieben« habe – »jetzt fangen die Wiederholungen an«.[75]

5. Das Ende des Kalten Krieges und Martin Walser

Mitte der achtziger Jahre waren die Schlagworte »Glasnost« und »Perestroika«. Im März 1985 war Michail Gorbatschow zum Generalsekretär der Kommunistischen Partei der UdSSR ernannt worden. 1987 wählte ihn das *TIME Magazine* zum »Mann des Jahres«. Für die ostdeutschen

Funktionäre schien es keinen Grund zur Besorgnis zu geben. Als Kurt Hager in diesem Jahr vom *Stern* gefragt wurde, was er von der Perestroika halte, sagte er den vielzitierten Satz: »Würden Sie, nebenbei gesagt, wenn Ihr Nachbar seine Wohnung tapeziert, sich verpflichtet fühlen, Ihre Wohnung ebenfalls zu tapezieren?«[76] Am 9. Juni 1987 gab es vor dem Amtssitz von Honecker in Ostberlin eine Massendemonstration von über 3000 Menschen, die »Gorbatschow!« riefen und die Beseitigung der Mauer forderten.

Im Sommer 1987 verkündete die Bonner Regierung, Erich Honecker werde im Herbst Westdeutschland einen Besuch abstatten. Im Juli stellte Becker sich vor, wie ein solcher Staatsbesuch des Generalsekretärs verlaufen könnte. Würde Honecker ähnliche Forderungen stellen wie Helmut Kohl (oder Ronald Reagan) sie bei einem Besuch in Ostberlin stellen würden? Die Arbeitslosigkeit in Westdeutschland müsse abgebaut, die Unterstützung des Apartheidregimes in Südafrika beendet werden, die Westdeutschen müssten damit aufhören, die amerikanisch-sowjetischen Abrüstungsbemühungen zu sabotieren. Becker stellte sich vor, Kohl würde die Aufhebung des Schießbefehls an der DDR-Grenze, die Aufhebung der Reisebeschränkung und die Einführung der politischen Selbstbestimmung fordern. Honecker, erklärte Becker, werde es »vorziehen, still zu sein, wie einer, der schlafende Hunde nicht wecken möchte. Der Witz aber ist, dass die Hunde längst wach sind und es kaum erwarten können, ihn anzufallen.«[77] Honeckers Reise in den Westen erbrachte keine nennenswerten Ergebnisse. In seiner Rede wich er vom vorbereiteten Text ab und bemerkte, er hoffe, die Grenze zwischen der DDR und der BRD werde die beiden Länder eher vereinen als trennen, genau wie die Grenze zwischen der DDR und Polen. Becker hatte ganz Recht. Es würde einen Weg der Veränderung geben, aber wohin er führen würde, war unbekannt. Als Becker 1988 gefragt wurde, was in zwei Jahren geschehen würde, wenn sein Zehn-Jahres-Visum ablaufe, erwiderte er vorausschauend: »Da hat wohl Herr Gorbatschow noch ein Wort mitzureden.«[78]

Dass Gorbatschow tatsächlich Einfluss auf eine Umwandlung in der DDR nehmen würde, erhoffte sich Becker sehr, aber er vermochte es kaum zu glauben.

Ende Juni und im Juli 1988 unternahm Becker mit seiner Frau und ihren Eltern eine Reise in die Volksrepublik China, wo die Trommeln von Glasnost und Perestroika noch nicht zu vernehmen waren. Als er wieder in Westberlin war, wurde ihm erneut bewusst, dass die Debatten über Politik in der Gegenwart auch eine radikale Neubesinnung auf die Vergangenheit erforderten.

Im Herbst 1988 hielt Martin Walser eine Rede im Rahmen der von den Münchner Kammerspielen veranstalteten Reihe »Reden übers eigene Land«. Sie wurde am 4. November 1988 in der Wochenzeitung *Die Zeit* abgedruckt.[79] Walser beklagte in seiner Rede den gegenwärtigen Zustand der deutschen Moral, das negative Selbstverständnis würde nur den Besatzungsmächten dienen und ihrer Kontrolle über den deutschen Stolz. Das Herumreiten auf den negativen Aspekten der Vergangenheit, wie der Shoah, habe doch nur die Funktion, den Faschismus zu verewigen. Dieses in der deutschen Vergangenheit angesiedelte Phantom Faschismus werde heutzutage, so Walser, benötigt, um eine antifaschistische Haltung zu ermöglichen, eine Haltung, die dann täglich dazu benutzt werde, auf die Deutschen einzudreschen.

Walser stellte die Frage nach den Erinnerungsbildern der eigenen Kindheit im Licht des Wissens von heute: »Die Bilder sind jeder Unterrichtung unzugänglich. Alles, was ich inzwischen erfahren habe, hat diese Bilder nicht verändert. Wenn ich die Bilder umkreise mit den Maßstäben von heute, kommt es mir vor, die Bilder bedürften der Belehrung auch gar nicht.« Im Laufe seiner Rede griff er dann dieje-

Passfotos aus verschiedenen Jahren

Frank Beyer und Jurek Becker bei den Dreharbeiten zu *Jakob der Lügner* 1974, © DEFA-Kroiss

Drehpause während des Films *Jakob der Lügner* 1974 mit Jurek Becker, links, und Frank Beyer, dem Regisseur des Films, rechts

Szenenfoto aus *Jakob der Lügner,* Vlastimil Brodsky als Jakob
© DEFA-Kroiss

Marcel Reich-Ranicki und Jurek Becker im Gespräch
© Isolde Ohlbaum

Jurek Becker und Stefan Heym

Jurek Beckers ältester Freund Helge Braune

Friedensgespräch der Schriftsteller in Berlin/DDR 1981,
unter den Teilnehmern Günter Grass und Jurek Becker
© Ullstein – ADN/ZB

Jurek Becker im Literarischen Colloquium 1990
© Renate von Mangoldt

Christine Harsch-Niemeyer und Jurek Becker 1985

Hochzeit Christine und Jurek Becker 1986

Christine und Jurek Becker im Gespräch mit Siegfried Unseld 1986
© Jürgen F. v. Wille

Jurek Becker mit seinem Sohn Jonathan an der Berliner Mauer 1990

Diskussionsveranstaltung »40 Jahre deutsch-deutsche Literatur – Versuch einer Bilanz« in der Akademie der Künste der DDR 1990
v. l. Wolfgang Emmerich, Christa Wolf, Jurek Becker
© Ullstein – ADN – Bildarchiv

In einer Talkrunde: v. l. Jurek Becker, Manfred Krug, Wolfgang Menge

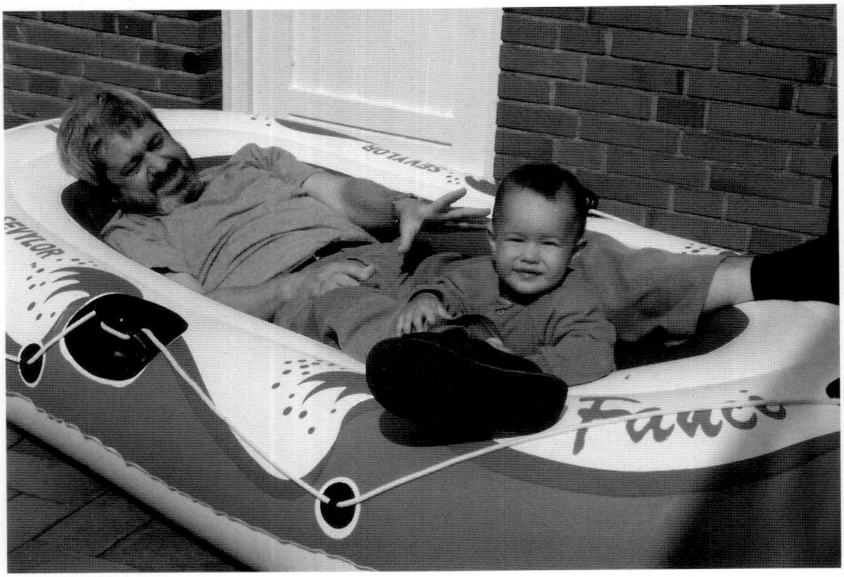

Jurek Becker und Jonathan in einem Schlauchboot 1991

In der Küche in Sieseby: v. l. Lonni, Jonny, Jurek und Christine Becker 1991

Jurek Becker mit seinem Sohn Jonathan 1991

Jurek Beckers Söhne in Sieseby 1991:
v. l. sitzend Lonni, stehend Nicki mit Jonny auf dem Arm

Jurek Becker und Björn Engholm 1992

Jurek Becker vor dem Fernseher mit einer Szene aus *Neuner* mit Manfred Krug in der Hauptrolle

Durchschrift für den Antragsteller

1.1 Name und Vorname des Antragstellers
BECKER, JUREK

1.2 Geburtsdatum oder PKZ
300937430068

Ggf. auch Geburts- und sonstige Namen sowie alle Vornamen
GEORG, JUREK BECKER

1.3 Postleitzahl, Wohnort, Straße und Hausnummer
1000 BERLIN 61, HAGELBERGER STR. 10 C

Antrag

[X] 2.1 **eines Betroffenen**
[ ] 2.2 **eines nahen Angehörigen Vermißter oder Verstorbener**
[ ] 2.3 **eines Mitarbeiters des ehemaligen MfS/AfNS**

[X] **auf Einsichtnahme**
[ ] **auf Auskunft**
[X] 2.4 **auf Herausgabe von Kopien**

2.5 Wurde bereits ein Antrag gestellt?
[X] Nein
[ ] Ja

Falls bekannt: Tgb.-/Reg.-Nr.

3 Nur von Betroffenen oder Mitarbeitern des ehemaligen MfS/AfNS auszufüllen:
Wohnanschrift(en) seit dem 18. Lebensjahr (Postleitzahl, Wohnort, Straße und Hausnummer)

1055 Berlin, Bransberger Str. 16 (später Hans-Otto-Straße)
1058 Berlin, Cantianstr. 22
1055 Berlin, Hufelandstr. 43
1020 Berlin, Karl-Marx-Allee 10
1170 Berlin, Argenauer Str. 18b
1147 Berlin, Wilhelm-Blos-Str. 25
1000 Berlin 31, Kurfürstendamm 59/60
1000 Berlin 61, Hagelberger Str. 10c

4 Nur von nahen Angehörigen Vermißter oder Verstorbener auszufüllen:
Verwandtschaftsverhältnis des Antragstellers zum Vermißten oder Verstorbenen

[ ] Ehegatte
[ ] Sohn/Tochter
Sonstiges Verwandtschaftsverhältnis

Name und Vorname des Vermißten/Verstorbenen

Geburtsdatum oder PKZ

Letzte Wohnanschrift (Postleitzahl, Wohnort, Straße und Hausnummer)

Zweck der Auskunft
[ ] Zur Rehabilitierung Vermißter/Verstorbener
[ ] Zum Schutze des Persönlichkeitsrechtes Vermißter/Verstorbener
[ ] Zur Aufklärung des Schicksals Vermißter/Verstorbener

5.1 Ergänzende Hinweise zum Antrag und zum Auffinden der Unterlagen

Ich bin einer der 12 Unterzeichner des Protestes gegen die Biermann-Ausbürgerung, daher existiert vermutlich eine umfangreiche Akte über mich.

5.2 Gründe für besondere Eilbedürftigkeit der Bearbeitung
[ ] Alter des Antragstellers
[ ] Politische Verurteilung des Antragstellers
[ ] Rehabilitierung/Wiedergutmachung
[ ] Abwehr einer Gefährdung des Persönlichke tsrechts
[ ] Entlastung vom Vorwurf einer Zusammenarbeit mit dem Staatssicherheitsdienst

Sonstige Gründe

Ort, Datum
Berlin, 10. März 1992

[Unterschrift]

(Unterschrift des Antragstellers)

Bundesdruckerei 12. 91

Antrag auf Einsicht in die Stasiakten der Gauck-Behörde 1992

Jurek mit Jonny 1996

Jurek und Christine 1996

Lesung in der Buchhandlung Bittner 1996
© Jürgen F. v. Wille

nigen an, die auf politischer Korrektheit bestünden, indem sie in jedem Deutschen einen Nazi sähen: »Wer diesem polit-masturbatorischen Modeton widerspricht, zieht sich die schlimmste Ahndung zu: der versteht keinen Spaß. Verstehen wir also Spaß, seien wir eben alle Nazis.« Das heutige Deutschland sei von Haus aus anders als das Deutschland Hitlers, und selbst in jenem Deutschland habe es Inseln des Trostes, des Friedens und der Stille gegeben. Wir alle hätten doch eine Vergangenheit: »Es genügt doch zu sagen, was uns trägt: die Vergangenheit ... Jeder Baum, den du siehst, bezieht sich auf einen früheren.« Walser beklagte, das ständige Reden über die Naziverbrechen habe die schönsten Erinnerungen an seine Kindheit im Dritten Reich vergiftet. Wie in Edgar Reitz' Fernsehserie von 1984, *Heimat*, verschwand die Shoah völlig aus solchen Phantasien über eine deutsche Kindheit. In einem auf Englisch geführten Interview erklärte Becker: »Wenn mir die Leute vom Glück ihrer Heimat erzählen, gehen meine Ohren automatisch zu.«[80] Die Ironie dieser Bemerkung wird einem um so deutlicher, wenn man an Ruth Klügers ein paar Jahre später erschienene Erinnerungen an ihr Leben in Theresienstadt und Auschwitz denkt. Denn es war ein ganz junger Martin Walser, der sich unmittelbar nach Kriegsende mit der fünfzehnjährigen Ruth in einem Lager für Displaced Persons anfreundete. Damals muss ihm der Unterschied in ihren Erinnerungen an die Vergangenheit durchaus bewusst gewesen sein. 1988 zielte Walser auf etwas ganz anderes ab. Er sprach sich für eine kollektive Identität für ein neues, mit einer neuen Vergangenheit vereintes Deutschland aus. Die Möglichkeit einer Wiedervereinigung lag für Walser darin, dass man sich mit den positiven Aspekten der deutschen Vergangenheit zufrieden gab.

Becker war empört, dass Walser für sich das Recht auf eine unbelastete Kindheitserinnerung beanspruchte. Zornig attackierte er Walser. Beckers Erinnerungen an seine eigene

Kindheit waren zerstört worden. Und Walsers Hinweis auf die Bäume seiner Kindheit spiegelt den entsetzlichen Beginn von *Jakob der Lügner* wider, wo Bäume in Beziehung zur Ermordung der Frau des Erzählers stehen, nämlich zu jener Zeit und genau durch jene Menschen, an die Walser sich so verharmlosend erinnert. In einem Essay stellte er fest, dass seine Kindheit doch ganz anders gewesen sei als die von Walser: »Tut mir leid, aber von meiner Familie sind an die zwanzig Personen vergast oder erschlagen oder verhungert worden, irgendwie spielt das für mich noch eine Rolle. Ich habe nicht so kuschelige Kindheitserinnerungen wie Walser.«[81] Die Behauptung, der Antifaschismus halte den Faschismus am Leben, wies Becker vor dem Hintergrund des Neonazismus in Deutschland vehement zurück. Das komme ja wohl »dem gesunden Volksempfinden« sehr nahe, nämlich der Vorstellung, »Juden halten mit ihrem jüdischen Getue den Antisemitismus am Leben«. Der Schriftsteller Walser war Becker suspekt geworden: »Nationalistisches Geschwafel wird ja nicht dadurch erträglicher, dass der Redner zuvor einige schöne Bücher geschrieben hat. Umgekehrt: Ich muss mich dagegen wehren, dass mir diese Bücher nicht plötzlich in einem neuen Licht erscheinen.« Becker stellte Walsers Versuch in Frage, die von der jüngsten Geschichte belasteten Begriffe von Familie, Land und Staat wiederzubeleben. Ende der achtziger Jahre spielten diese Kategorien in den westdeutschen Überlegungen über ein möglicherweise wiedervereinigtes Deutschland wieder eine Rolle. Diese Debatte war der Beginn einer langen Reihe von Auseinandersetzungen mit Walser, die sich durch die neunziger Jahre zogen.

In seiner Erwiderung stellte Becker fest, niemand wisse, wo einmal »in einer Zukunft, die wir beide nicht erleben werden, die Grenzen in Europa verlaufen«. Noch aber gab es zwei deutsche Staaten, und die DDR verfolgte aufmerksam die Diskussion in der BRD. Auszüge aus Beckers Essay ebenso wie aus Walsers Rede erschienen im Frühjahr 1989 in der DDR.[82] Plötzlich erkannten die Intellektuellen in der DDR, dass jede Diskussion über die Zukunft Deutschlands, so abstrakt sie auch sein mochte, auch eine Diskussion über die deutsche Vergangenheit einschloss.

1988 wurde Becker zu der »Frankfurter Poetik-Vorlesung« im Sommersemester 1989 eingeladen.[83] Die »Frankfurter Poetik-Vorlesungen«, die 1958 mit Ingeborg Bachmann anfingen, sind die renommiertesten literaturkritischsten Vorlesungen in der Bundesrepublik. Becker hielt drei Vorlesungen, die 1990 unter dem Titel *Warnung vor dem Schriftsteller* erschienen. Darin beklagte er den Niedergang des Schreibens als Kunst und als Handwerk. In der ersten Vorlesung untersuchte er den aktuellen Zustand des Schreibens in der BRD und in der DDR. Ein wahrer Schriftsteller müsse unbequem sein, um ernsthafte Literatur zu produzieren. Oppositionelles Schreiben in der DDR erreichte seine Ziele nur deshalb, weil es die Zensur gab. Ohne die Zensur hätte sich kein Publikum dafür interessiert, zwischen den Zeilen jener Bücher zu lesen, die in der DDR erschienen. Wenn ostdeutsche Schriftsteller in der BRD publizieren wollten, wären sie hingegen nur interessant, wenn sie einen Skandal auslösten. Die Marktkräfte in der BRD benutzten die DDR als eine Form der Vermarktung: War ein Schriftsteller verboten, erhöhte das die Zahl der verkauften Bücher im Westen. Was die Zensur in der DDR war, war der Markt in der BRD. Hier wie dort werde Literatur für die eigenen Zwecke manipuliert.

Beckers Anmerkungen zum Markt im Westen lieferten ihm den Übergang zur zweiten Vorlesung, in der er die westdeutsche Kulturindustrie kritisierte. Die Homogenität sei der Fluch jedes Schriftstellers im Westen, wie etabliert er auch immer sei, denn er habe die Erwartungen des Marktes zu erfüllen. Der Erfolg werde nur am Verkauf gemessen, und um einen Verkaufserfolg zu haben, dürfe man die

Erwartungen des Marktes nicht enttäuschen. Das Thema eines Buches dürfe auch nicht politisch sein – jedes Werk müsse unterhalten. Daher sei die gegenwärtige westdeutsche Literatur meinungs- und somit einflusslos – es fehle ihr an »Auflehnung«, an »Empörung«. So komme es zu einer »akuten Literaturnot«, und wer darunter leide, könne nur in der »Herrlichkeit vergangener Zeiten« versinken – oder sich »verweigern, aufhören zu lesen und eine Existenz als Einschaltquotenpartikel beginnen«.

Die letzte Vorlesung ist ein literarisches Werk für sich: ein Dialog zwischen einem Schriftsteller und einem Freund, der seine Bibliothek in Kartons verpackt und in den Keller geschafft hatte – eine Anspielung auf Walter Benjamins Essay *Ich packe meine Bibliothek aus* (1931). Der Schriftsteller verteidigt die Literatur als lebenswichtig; sein Freund meint, sie werde durch das Fernsehen ersetzt. Je schwächer und flacher eine Kultur werde, desto schwächer und seichter würden auch ihre Produkte. Was eine Literatur ersetzt, die den Leser in das Ringen des Autors einbezog, ist eine Form der billigen Unterhaltung. Die Komplexität der Auseinandersetzung stellt sogar diese Dichotomie (Literatur gegen Fernsehen) in Frage. Alles hat eben mehr als nur zwei Seiten. Literatur bleibt nur so lange interessant, wie sie subversiv bleibt, aber der Schriftsteller ist nie ganz sicher, ob er wirklich subversiv oder nur Teil des Systems ist. Und umgekehrt, heißt das, kann sogar das Fernsehen Teil einer kritischen Literatur sein, während dicke Romane dem Leser nur zur Flucht aus der Wirklichkeit verhelfen.

Achtes Kapitel

Jurek Becker in einem neuen Deutschland (1989–1997)

1. Das Ende der DDR und ein Neubeginn

Im Frühjahr 1989 bereiteten sich die Funktionäre in der DDR auf die Feiern zum 40. Jahrestag der DDR am 7. Oktober 1989 vor, bei denen Michail Gorbatschow als Ehrengast erwartet wurde. An jenem Tag demonstrierten Tausende von Menschen mit ihrem Ruf nach »Gorbi« für eine Liberalisierung in der DDR, wie sie in der Sowjetunion schon eingeläutet worden war.

In diesem Frühjahr 1989 wurde Becker zum ersten Mal seit 1977 offiziell in die DDR eingeladen. Heinz Kamnitzer, der Präsident des ostdeutschen PEN-Clubs, hatte ihn gebeten, eine Lesung zu halten. Becker war überwältigt. Nun stellte sich ihm die Frage, welche seiner Texte sich für eine Lesung eigneten. Doch plötzlich wurde ihm klar, dass er die falsche Frage stellte – er zensierte sich bereits, bevor er wieder in der DDR war.

Am 5. Mai 1989 passierte er die Grenze. Im »Club der Kulturschaffenden Johannes R. Becher«, in der Otto-Nuschke-Straße 2–3 las er aus *Schlaflose Tage,* dem Roman, der in der DDR noch immer verboten war, sowie eine Passage aus seinen *Frankfurter Poetikvorlesungen,* in der er die Zensur in der DDR kritisiert hatte. Unter den Anwesenden befand sich auch sein alter Freund Stefan Heym, der in der anschließenden Diskussion Beckers Behauptung bekräftigte, die Schriftsteller in der DDR müssten mehr Zivilcourage zeigen.[1] Im Publikum waren Vertreter des Hinstorff-Verlags aus Rostock, und als sie ihm vorschlugen, den Text der Vorlesungen an den Verlag zu schicken, soll Becker skeptisch erwidert haben: »Das bringt ihr doch sowieso nicht.«[2] Immerhin waren sich die Lektoren von Hinstorff bewusst, dass Beckers Bücher sich hervorragend verkauften – im Dezember 1989 etwa erschien die sechste DDR-Auflage von *Der Boxer*. Nach der Lesung trat die junge ostdeutsche Schriftstellerin Ina-Kathrin Koutoulas-Schildhauer an Becker heran und forderte ihn auf, ihr den Text der Frankfurter Vorlesungen für einen Abdruck in ihrer Samisdat-Zeitschrift *Bizarre Städte* zur Verfügung zu stellen. Als Becker ablehnte, wurde er von der jungen Frau angegriffen – »einerseits rede er von Zensur und jetzt schlage er Zensur vor«.[3]

Im Juni 1989 fuhr Becker zu einem Schriftstellertreffen nach Budapest. Seine Söhne Nicki und Lonni, die ihren Vater nicht im Westen besuchen durften, kamen nach. Es war die Zeit der Veränderungen durch Glasnost, und in Ungarn brodelte es. Mitte Juli gingen in Berlin Gerüchte um, dass die westdeutsche Botschaft in Budapest Bürgern der DDR Zuflucht gewähre, was viele Menschen dazu veranlasste, besonders dieses Land als Urlaubsland zu wählen. Doch Becker hoffte noch immer auf einen veränderbaren Sozialismus. So wurde diese Reise eine wunderbare Urlaubsreise quer durchs Land, ohne dass sie die Augen vor den sich ankündigenden politischen Veränderungen verschlossen. Die Bundesregierung wie die ungarische Regierung standen unter Druck, irgendetwas zu unternehmen. Auch in der DDR waren die Dinge in Bewegung geraten – eine unvermeidliche Reaktion auf das zunehmende Wissen um die Veränderungen im Ostblock.[4] Am 9. September versammelten sich zahlreiche Menschen vor der Nikolaikirche in Leipzig und forderten politische Veränderungen.

Am 11. September 1989, kurz nach Mitternacht, wurde die Grenze von Ungarn nach Österreich geöffnet und Tausende von Ostdeutschen, die sich in den letzten Wochen nach Ungarn begeben hatten, strömten in den Westen. Innerhalb von drei Tagen waren es über 15 000. Der spontane Fluchtentschluss von Antonia über die ungarische Grenze in *Schlaflose Tage,* der gescheitert war, weil sie nicht schnell genug laufen konnte, war nun Wirklichkeit geworden. Im Eisernen Vorhang gab es plötzlich ein Loch. Becker interpretierte diese Vorfälle im Sinne seines Romans: »Ich bin überzeugt davon, dass viele zum Urlaub nach Ungarn gefahren sind ohne die Spur eines Gedankens an Flucht. Die Lücke in der Mauer war unversehens da, und die Leute haben alles und sich vergessen und sind auf und davon.«[5] Becker war sich zwar darüber im Klaren, dass es Gründe für diese Menschen gab wegzugehen, aber seine Vorstellung von der Spontaneität entsprach wohl kaum dem zunehmenden Strom derer, die nach Ungarn fuhren, um die DDR zu verlassen.

Die DDR hatte noch immer nicht damit begonnen, sich zu erneuern. Becker war überzeugt, dass es schließlich zu Reformen kommen würde, allerdings werde es »vorher eine Lawine von Repressalien und Zwängen geben«. Becker war sich bewusst, dass er selbst mit seiner Geduld gegenüber den Verantwortlichen in der DDR am Ende war: »Wohin führt es denn, immer wieder den Psychiater zu spielen, das verhaltensgestörte Politbüro auf die Couch zu legen und immer wieder nach Motiven für sein seltsames Tun zu forschen?«[6] Genau das hatte man natürlich mit ihm getan, man hatte versucht, ihn aufgrund der Erkenntnisse, die man über ihn gewonnen hatte, zu manipulieren. Sein privilegierter Status mit dem 10-Jahres-Visum (wie er das in den späten achtziger Jahren ausdrückte) diente als Mittel, ihn zu kontrollieren. Es funktionierte nur so lange, wie er glaubte, er würde sie kontrollieren.

Am 9. Oktober 1989 weigerte sich die Parteiführung in Leipzig, gegen rund 12 000 Demonstranten, die immer wieder riefen »Wir sind das Volk – keine Gewalt«, mit Waffengewalt vorzugehen. Reformgruppen wie »Demokratie jetzt« und das »Neue Forum« begannen, die Opposition gegen die Regierung der DDR zu organisieren. Nachdem klar geworden war, dass die Regierung die Dinge nicht mehr im Griff hatte, wurde Erich Honecker am 18. Oktober 1989 von seinem »Kronprinzen« Egon Krenz abgelöst. In seiner Rücktrittserklärung legte Honecker dem Politbüro nahe, Egon Krenz als seinen Nachfolger zu unterstützen. Damit war Krenz als ein weiterer getreuer Gefolgsmann der Partei gebrandmarkt, und er war sich dieser prekären Position durchaus bewusst.

Becker versuchte die Motive der Demonstranten zu interpretieren. Viele Vertreter der Linken erklärten rundweg, all diese Menschen wollten nichts weiter als eine vordergründige Verbesserung ihres Lebensstandards. Becker akzeptierte die Anziehungskraft der materiellen Güter des Westens auf die Menschen, die in der DDR und in Osteuropa demonstrierten. Für ihn und andere war die Eröffnung der Filiale von McDonald's in Moskau ein Symbol für den Zusammenbruch des Kommunismus. War die ideologische Basis seines Engagements für den Sozialismus ein Irrtum, ein Fehler in seiner Erziehung als Deutscher? Oder war die Tatsache, dass die materiellen Güter die Massen zu motivieren schienen, ein Beweis für die immanent utopische Natur des Sozialismus? War der Sozialismus also eine Theorie, die sich nie verwirklichen ließ? Für Becker durfte kein *künftiger* Sozialismus die materiellen Schwierigkeiten der Gegenwart ignorieren und nur der Vergangenheit die Schuld an seinen Problemen geben: »Auf die Sozialisten wartet also eine Aufgabe, die von den meisten für unlösbar gehalten wird. Das ist keine grundlegend neue Situation für sie.«[7] Je mehr die DDR ins Wanken geriet, desto mehr wurde der Sozialismus ein utopisches Ideal für ihn.

Jurek Becker wollte das Innenleben der Bürger der DDR verstehen, die in den Westen flohen. Für ihn reagierten sie auf das Image ihrer Väter, die nach der Unterdrückung ihrer innersten Wünsche »hässlich, gebrochen, unsympathisch, bitter« geworden waren.[8] Dabei spielte es keine Rolle, ob diese Unterdrückung auf Loyalität oder Feigheit basierte. Die Väter hatten ihre »kleine Karriere« gemacht und dafür den Mund gehalten. Ihre Kinder wollten natürlich nicht so enden. Aber wer waren die Väter, die versagt hatten? Standen sie für die Generation der Erbauer der DDR, wie Honecker, oder waren sie die echten Väter, die gegenüber ihren eigenen Söhnen versagt hatten? Für Becker war es 1989 der Staat, der versagt hatte! Sein in Kürze ablaufendes Dauervisum habe ihm fälschlicherweise als »Grundlage für eine Existenz gedient« – damit, meinte er, »vernebelt es eine Scheidung. Man will nicht offen zeigen, dass eine Beziehung zu Ende ist, dass man nichts mehr miteinander zu schaffen hat.«[9]

Dennoch schrieb Becker am 2. Oktober 1989 einen ausführlichen Brief an den Stellvertretenden Minister für Kultur Klaus Höpcke, in dem er ihn um eine weitere Verlängerung seines Visums ersuchte.[10] Er hatte sich bereits vor einem halben Jahr an Höpcke gewandt, ohne aber eine Reaktion zu erhalten. Er bat um Reiseerleichterungen für sich und seine Frau bei Fahrten in und durch die DDR. Und er wünschte sich, »dass meine beiden Söhne, die seit nunmehr zwölf Jahren mich nicht besucht haben, dies einmal tun können«.

Eben in jener Zeit wurde Christine schwanger und die Beckers erwarteten im kommenden Jahr ein Kind. In welche Welt würde dieses Kind hineingeboren?

Der Zusammenbruch der DDR und eine Volksbewegung hin zur deutschen Wiedervereinigung hatten eingesetzt. Die Versammlungen der Reformer wurden immer größer.

Anfang November wurde Beckers Visum mit Wirkung vom 1. Januar 1990 um weitere vier Jahre verlängert, und Nicki und Lonni wurde (welch eine Ironie der Geschichte!) das unbegrenzte Recht zu Reisen in den Westen eingeräumt. Das geschah stillschweigend, denn Jurek hatte nie eine Antwort auf seinen Antrag bekommen. Erst als er drohte, seinen DDR-Pass abzugeben, wurde sein Visum mit der Erlaubnis für seine Söhne, in den Westen zu reisen, verlängert. Auch darüber gab es nie eine Mitteilung.[11] Höpcke hatte noch ein Treffen am 17. November 1989 vorgeschlagen, aber dieses Treffen fand, so, wie die Dinge sich entwickelten, nicht mehr statt.

Am 3. November 1989 wurden viele der älteren Führungskader, etwa Erich Mielke, der Leiter des Ministeriums für Staatssicherheit, sowie Beckers ehemaliger Lehrer Kurt Hager, aus dem Politbüro ausgeschlossen. Hager verlor jegliche Machtbefugnis, als er am 17. November ganz unfeierlich seines Amtes im Staatsrat entbunden wurde.

Am 4. November organisierten führende Künstler und Schriftsteller eine Demonstration in Ostberlin. Stefan Heym, Christoph Hein und Christa Wolf befanden sich unter den über zwei Dutzend Rednern, die auf dem Alexanderplatz in Ostberlin vor Hunderttausenden von Menschen zu einer Reform des Systems aufriefen und forderten, dass man dem Verlangen des Volkes nach Veränderung Gehör schenken solle. Christa Wolf begann ihre Rede mit den bemerkenswerten Worten »Jede Revolution befreit die Sprache«. Aber die Menschen wollten nicht nur Redefreiheit, sondern die Aufhebung aller Beschränkungen im real existierenden sozialistischen Staat.

Am 7. November wurde Becker in der westdeutschen Fernsehmagazinsendung »Panorama« zu den Ereignissen in der DDR befragt. Für ihn war das, was sich dort abspielte, ein völliges Versagen der Regierung, die nicht mehr wisse, wie sie handeln solle. Seiner Meinung nach lag das Fehlen jeder Richtung und zentralen Steuerung auf der Hand. Doch er war auch überzeugt, dass die SED niemals freiwillig auf die Macht verzichten würde. Sie würde so lange an der Macht bleiben, bis genügend Menschen die DDR verlassen hätten und der Staat einfach zusammenbräche, wie dies schon 1961 gedroht hatte. Beckers Gefühl, die Führung wolle an der Macht unbeirrt festhalten, beruhte auf seiner eigenen langjährigen Erfahrung in den siebziger und achtziger Jahren. Doch 1989 irrte er sich – mit Gorbatschow hatte sich alles verändert.

Die neue Führung der DDR wusste, dass irgendeine Form des geregelten Reisens in den Westen sofort als eine Art Sicherheitsventil eingeführt werden musste. Am 8. November 1989 begann die 10. Sitzung des Zentralkomitees der SED in Ostberlin. Der Reformflügel der SED erhielt unter Hans Modrow eine Mehrheit. Am nächsten Tag verkündete der Informationsminister Günter Schabowski gegen 19 Uhr die sofortige Öffnung aller Grenzen nach Westdeutschland und Westberlin.

Jurek und Christine Becker verfolgten diese Ankündigung vor dem Fernseher in Riekes Wohnzimmer in Ostberlin. Als sie noch vor Mitternacht nach Westberlin zurückkehren wollten, fiel ihnen die lange Schlange Ostberliner Fahrzeuge am Grenzübergang auf. Ohne weiter darüber nachzudenken, fuhren sie nach Hause.

Jureks Sohn Nicki war auf der Pressekonferenz gewesen, auf der Schabowski auf die Frage eines westdeutschen Journalisten, wann die Ostdeutschen in den Westen dürften, geantwortet hatte: »Ich glaube, sofort.« Nicki fuhr zurück nach Mahlsdorf, nahm einen Faltplan von Westberlin, rief seine Freundin an und seine Mutter, um ihr zu sagen, er führe jetzt rüber. Ob sie mitkommen wolle, aber wie viele glaubte Rieke nicht an die Wahrheit der Nachricht. Doch morgens um drei oder vier begegnete Nicki auf dem Ku-Damm seiner Mutter Rieke und seinem Bruder Lonni, die sich ebenfalls auf den Weg gemacht hatten. Welch ein Zufall! Dem Vater und Christine gaben sie noch eine Karenzzeit, besorgten morgens die teuersten Brötchen ihres Lebens, denn zum Kurs von 1:5 kamen sie auf ungefähr 30 Mark, im Gegensatz zu dem sonst gewohnten Brötchenpreis von 5 Pfennig. Gegen halb zehn klingelten sie an der Wohnungstür der Beckers. Als Becker, verärgert wegen der frühen Störung, aufmachte, traute er seinen Augen nicht. Dass die Grenze nicht nur getrennt, sondern auch bewahrt habe, hat Becker einmal in einem Interview geäußert. Genau das kann ihm an diesem Morgen durch den Kopf gegangen sein.

Am 13. November versuchte die neue Regierung unter dem Dresdner Politiker Hans Modrow als Ministerpräsident und Egon Krenz als Staatspräsident eine Reformbewegung innerhalb der SED einzuleiten. Sie schien wenig Unterstützung bei den Massen zu finden. Jahrzehnte zuvor war unter Modrows Führung der Club geschlossen worden, in dem sich Jurek Becker und Manfred Krug kennen gelernt hatten. Um die Intellektuellen für eine neue DDR zu gewinnen, gab sich die Regierung den Anschein von Reformfreudigkeit. Am 26. Oktober hatten die neu gewählten Mitglieder des Ostberliner PEN-Zentrums die Umstrukturierung des Staates wie anderer Bereiche der Gesellschaft und der Kultur gefordert. Heinz Kamnitzer, der PEN-Präsident, der Jurek Becker noch vor wenigen Monaten in einer Geste der Liberalisierung eingeladen hatte, musste zurücktreten. Am 16. November wurden Robert Havemann und der Philosoph Ernst Bloch posthum wieder in die Akademie der Wissenschaften aufgenommen, aus der sie Jahrzehnte zuvor wegen ihrer politischen Ansichten ausgeschlossen worden waren.

Am 23. November beschloss die Regierung, Frank Beyers Film *Spur der Steine* im DEFA-Uraufführungskino »International« in Ostberlin in Gegenwart von Egon Krenz erstmals wieder öffentlich aufführen zu lassen.[12] Beyer lud Mitwirkende und Freunde ein, die inzwischen im Westen lebten, auch Manfred Krug und Jurek Becker. Die Aufführung, ein eindeutig politischer Akt, sollte eine Geste der Versöhnung für jene sein, die sich in den sechziger und siebziger Jahren wie Becker und Krug um eine konstruktive Kritik in der DDR bemüht hatten.

Kurz vor der Premiere erschien plötzlich der Dichter Volker Braun. Er kam gerade von einer Sitzung des Schriftstellerverbandes und rief all denen zu, die 1979 ausgeschlossen worden waren: »Ihr seid alle wieder aufgenommen.« Becker sagte leise: »Ich nicht. Ich bin damals ausgetreten, ich wurde nicht ausgeschlossen.« Für Becker war die schicksalhafte Sitzung vom 7. Juni 1979, in der Heym, Klaus Poche, Joachim Seyppel und andere im Anschluss an eine Debatte über ausländische Einkünfte ausgeschlossen worden waren, »legal«, wenn auch unmoralisch. Seine Empörung darüber, dass die DDR ihre Vorschriften bewusst dazu eingesetzt hatte, um ihn loszuwerden, hielt noch nach dem Zusammenbruch der DDR an. Die DDR war nach wie vor alles andere als ein Rechtsstaat. Er konnte nicht »wieder aufgenommen« werden, da er nie ausgeschlossen war.

Jurek Becker hatte die Politik des ostdeutschen Regimes unablässig und beharrlich von innen her kritisiert. Er war aber auch ein entschiedener Gegner all derer im Osten gewesen, die sich vom Westen zu Angriffen gegen die DDR hatten benutzen lassen. Im Zuge der Veränderungen in der DDR im Herbst 1989 hatte Becker momentan das Gefühl, es könnte eine neue Form von sozialistischem Staat geben. In Wahrheit allerdings hielt er sich mit politischen Äußerungen relativ zurück. Noch nie sei es ihm so schwer gefallen wie 1989, »zu Ansichten zu kommen. Ich habe mir die Kontrahenten jener Auseinandersetzung [um Christa

Wolf und die DDR-Literatur] angehört, und andauernd fand ich, dass sie alle Recht hatten.«[13]

Am 29. November beteiligten sich einige Intellektuelle in der DDR wie Volker Braun, Stefan Heym und Christa Wolf zusammen mit Krenz und Modrow an dem Aufruf »Unser Land. Zur Erhaltung der Unabhängigkeit der DDR«. Nach den langen Diskussionen mit der Regierung Kohl und aufgrund des allgemeinen Gefühls, dass das DDR-Regime niemanden mehr repräsentierte, erschien es ihnen notwendig, die DDR zu verteidigen. Man war gegen die Auflösung der DDR und eine Wiedervereinigung beider deutscher Staaten. Die Intellektuellen erklärten, in einer unabhängigen DDR könne sich eine Gesellschaft entwickeln, die die Interessen der Bürger wahrhaft vertrete. Andernfalls wären die Bürger der DDR dem wirtschaftlichen Druck des Westens ausgesetzt und würden einen moralischen Zusammenbruch erleben.[14] Einen Augenblick lang hatte es den Anschein, als würden die Schriftsteller und Intellektuellen, die die innere Opposition zur repressiven Gesellschaft in der DDR gebildet hatten, die politischen Führer eines neuen, reformierten Staates werden. Ja, es hieß sogar, Christa Wolf würde seine erste Präsidentin werden. Wie so oft waren die prominenten und privilegierten Intellektuellen weit entfernt von den konkreten Wünschen der Bevölkerung und den Belangen der politischen Führung viel zu nahe.[15]

Am Tag nach der Öffnung der Mauer erhielt Becker einen Anruf von Jürgen Keil, dem Direktor des Goethe-Instituts in Tel Aviv, der die im Februar ausgesprochene Einladung zu einer Konferenz über das Thema »Deutschland nach 1945« bestätigte.[16]

Nach dem 10. November 1989 bekam dieses Thema plötzlich eine neue Bedeutung. Becker nahm die Einladung an und traf am 26. November in Israel ein. Es war seine erste Reise nach Israel seit 1984, als er dort fast einen Monat privat mit Christine verbracht hatte. Er hielt Vorträge in Jerusalem und Tel Aviv über das literarische Problem der Sprache und der sprachlichen Verwirrung. Doch sein israelisches Publikum wollte unbedingt etwas über die deutsche Wiedervereinigung und ihre Folgen erfahren. Er wurde gefragt, ob seine Verbundenheit mit der DDR ideologisch oder emotional sei. »Rein ideologisch«, erwiderte er. Er empfinde sich als einer, der die DDR mit aufgebaut habe und später von vielen Konflikten unmittelbar betroffen gewesen sei. Er spüre indes keinerlei Nostalgie gegenüber ihrer Landschaft. Was ihn, erklärte er, von den Israelis unterscheide, die ihr Land lieben, aber ihre (konservative) Regierung verabscheuen.[17] Für Becker war die DDR ein politisches System und kein Symbol – und Systeme konnten verändert werden, wie sich nun zeigte. 1977 hatte er sich auf die andere Seite der Mauer begeben. Nach eigener Einschätzung habe er in Wahrheit die DDR nie ganz verlassen. »Ich selbst habe 1977 die DDR verlassen und lebe seitdem im Westen; man kann mich als gut integriert bezeichnen. Noch heute, nach immerhin sechzehn Jahren«, schrieb er 1993, »handelt kein einziges meiner Bücher vom Westen, noch heute spielen alle Texte, die ich seitdem veröffentlicht habe, in jenem Land, das es nicht mehr gibt, in der DDR. Das kommt mir selbst merkwürdig vor, wie ein Fall für den Psychiater, und Sie können sicher sein, dass ich mich bemüht habe, etwas dagegen zu tun. Aber alle meine Versuche, die neue, fremde Heimat zum Gegenstand eines Buches zu machen, sind gescheitert.«[18] Allein in *Liebling Kreuzberg* versuchte Becker, das Lebensgefühl von Westberlin abzubilden, einer Stadt, die die Betreiber des Kalten Kriegs als »Fenster zur Freiheit« errichtetet hatten.

Gerade wegen der künstlichen Frontbildung fühlte sich Becker dort zu Hause. »Wenn ich in anderen Städten länger als eine Woche bin, dann überfällt mich das Gefühl von Öde. Durch welche Umstände immer, dazu gehört sicher die

Ost-West-Konstellation, kommt mir Berlin wacher vor als andere Städte. Hier nimmt man etwas wahr, das woanders leicht verschlafen wird.«[19]

Am 16. Dezember erreichte Becker ein persönliches Schreiben von Klaus Höpcke, in dem es hieß: »Es liegt in Ihrem und in meinem Interesse, dass Sie kein normaler westdeutscher oder Westberliner Bürger werden müssen.«[20] Das schrieb Höpcke zu einem Zeitpunkt, als es die DDR praktisch nicht mehr gab. Becker entging diese Ironie nicht: »Ich dachte, lässt du jetzt das Visum verlängern oder löst du die DDR auf. Sie wissen, wie ich entschieden habe.«[21]

Die Teilung Deutschlands hatte Becker für naturgegeben gehalten. Er war in der DDR aufgewachsen, und die Teilung Deutschlands hatte für ihn existiert, seit er ein politisches Bewusstsein entwickelt hatte. Für ihn hing die DDR auch mit dem Gefühl der Sicherheit, das sein Vater empfunden hatte, zusammen.[22] Nun erblicke er das Erbe der DDR nicht in ihrer Wirklichkeit, schrieb er, sondern in ihrem Versprechen. Dieses Versprechen auf einen besseren deutschen Staat würde enden, sobald die DDR die materiellen Güter (und damit auch den Müll) und die Freiheit des Denkens (begleitet vom Verzicht aufs Denken) akzeptierte, die den Westen definierte. Er war überzeugt, dass die Ostdeutschen all dies mit der Inbrunst des Konvertiten übernehmen und damit jede Hoffnung auf die Erfüllung der Versprechen des Sozialismus zerstören würden. Aber auch er war überzeugt, dass sich diese Versprechen nicht mehr einlösen ließen. Am 18. März 1990 wurden die ersten freien Wahlen in der DDR abgehalten, und das Ende des Staats war in der entschiedenen Befürwortung der Vereinigung mit dem Westen besiegelt.

Plötzlich wurde ein neues Deutschland geboren, und Becker saß in einem wiedervereinten Berlin und schaute zu, wie die Mauer Stück für Stück abgerissen wurde. Mit dem Fall der Mauer verschwand auch das, was einmal Westberlin definiert hatte und dessen vielschichtiger Sonderstatus so schön in *Liebling Kreuzberg* zum Ausdruck gekommen war.

Schon bevor die Mauer fiel, hatte Becker seine Mitarbeit an *Liebling Kreuzberg* beendet. Der Erfolg der Serie und Krugs zunehmende Berühmtheit riefen nach einer Fortsetzung selbst nach der letzten Episode, in der Becker Lieblings Kanzlei geschlossen hatte.

Doch wer sollte die Folgen schreiben: Mit Krugs Hilfe engagierte Meissner Beckers alten DEFA-Kollegen Ulrich Plenzdorf, der die Serie in das Ostberliner Gegenstück zu Kreuzberg verlegte – in den Prenzlauer Berg, ein grober Fehler, wie sich bald herausstellte. Die vierte Staffel mit ihren dreizehn Episoden, die 1992/93 unter der Ägide von Plenzdorf und dem Regisseur Werner Masten ausgestrahlt wurde, war weit weniger erfolgreich als die Folgen, die Becker geschrieben hatte. Es fehlte ganz und gar dessen subtiler Humor. Man versuchte zwar, das neue Berlin in den Mittelpunkt zu rücken, reduzierte aber die ironische Figur Liebling zum Sprachrohr parteipolitischer Predigten. Das war schwerfällige DEFA-Drehbuchschreiberei.

Nach der letzten Folge der dritten Staffel von *Liebling Kreuzberg* hatten Becker, Krug und Masten beschlossen, ihren Fernseherfolg auf der großen Leinwand zu wiederholen: Der Film sollte eine Komödie mit politischen Untertönen werden, ähnlich wie *Liebling Kreuzberg*.[23] Im Kern handelt *Neuner* vom Zerbrechen einer Ehe, doch anders als in frühen Werken Beckers, gelang es hier nicht, eine Analogie auf die politisch-gesellschaftlichen Verhältnisse herzustellen.

Der Film beginnt mit dem Begräbnis der viel jüngeren Geliebten Irma Linde des reichen Geschäftsmannes Theo Neuner (gespielt von Krug). Seine Frau (gespielt von Claudia Wedekind) war ihm auf die Schliche gekommen, als sie ein Video von der Urlaubsreise des Pärchens entdeckte. Beim Begräbnis lernt Neuner Irmas jüngere Schwester kennen, die er wiederzusehen hofft, wenn er nach Berlin kommt. Die Reise des Ehepaares nach Berlin von der Kleinstadt, in der die Neuners leben, erweist sich als Sprengstoff für die Beziehung, Neuners erwachsener Sohn lebt dort mit seiner Freundin. Sohn und Vater sind einander entfremdet, und der Sohn versucht im Laufe des Filmes immer wieder, von seinem Vater Geld für einen ungenannten Zweck zu bekommen. Neuners Frau trennt sich von ihm, als sie glaubt, dass Irmas Schwester ein Verhältnis mit ihrem Mann anfängt. Doch die Schwester hat kein Interesse daran, Irma in Neuners Leben zu ersetzen. Als die Neuners wieder zu Hause sind, nimmt seine Frau eine Pistole und versucht Neuner zu erschießen. Doch die Waffe ist nicht entsichert. Neuner nimmt sie seiner Frau weg und murmelt im Abgehen, eine verrückte Frau hätte ihm gerade in seinem Leben noch gefehlt.

Das Private dominiert im Film, auch wenn es gewisse politische Reflexionen gibt. So fährt Neuner aus zwei Gründen nach Berlin. Vor allem möchte er einer Freundin die Hälfte eines Wohnhauses abluchsen, das ihnen beiden gehört, weil er glaubt, dass die Wohnungspreise nach der Öffnung der Mauer steigen werden. Dass die Freundin an Krebs stirbt, scheint Neuner kaum zu interessieren, er wittert einzig den Profit. Dieser Teil des Films spielt in Westberlin. Der zweite Grund, der Neuner nach Westberlin führt, ist die Planung des Joint Venture mit einer Ostberliner Firma. Die chronische Vernachlässigung der Menschen in Ostdeutschland und die psychischen Folgen sind das Thema dieses Teils. Gemeinsam mit dem Direktor der Straßenbaufirma inspiziert er das heruntergekommene Gelände der Firma. Sie betreten es inmitten einer Schar westdeutscher Spekulanten, die alles im Osten aufkaufen wollen. Das Fabrikgelände fällt buchstäblich auseinander. Anschließend hält

Neuner im Auto des Ostdeutschen eine lange Predigt über die Notwendigkeit, die Schwäche des Systems und das »Naturgesetz« des Wettbewerbs zu akzeptieren.

Am Ende stellt sich heraus, dass beide Gesellschaftsformen keine Werte haben.

Der Film bekam vernichtende Kritiken, obwohl er 1995 den »Bayerischen Fernsehpreis« sowie das »Filmband in Gold des Bundesfilmpreises« erhielt, das der Innenminister der Bundesregierung überreichte.[24] Die unsympathischen Figuren und die dick aufgetragene Kritik an westdeutscher Habgier wie an ostdeutscher Inkompetenz schienen selbst beim anspruchlosesten Publikum nicht anzukommen.[25] Nur wenige Menschen waren bereit, Beckers Vorstellung von der »neuen« DDR und danach den neuen Bundesländern zu akzeptieren.

In den Debatten über das neue Deutschland spielte Becker nur eine Nebenrolle. So nahm er an einer »Deutsch-deutschen Schriftstellerkonferenz« teil, die vom 22. bis 25. Februar 1990 in Westberlin stattfand. (Dies war die Fortsetzung einer langen Reihe solcher Konferenzen, die in den frühen achtziger Jahren im Rahmen der Abrüstungsbewegung stattgefunden hatten. Die DDR-Funktionäre, allen voran Hermann Kant, hatten Becker davon möglichst fern halten wollen.[26]) Im Literarischen Colloquium kamen Schriftsteller von Sascha Anderson, der später als der Stasi-Spitzel enttarnt wurde, der Wolf Biermann verriet, bis zu Martin Walser zusammen.

Welcher »Deutsche« war Becker auf dieser »deutsch-deutschen« Konferenz?

Vom 15. bis 23. März 1990 reiste Becker nach St. Louis an die Washington University, wo er schon im Herbst 1987 aus *Bronsteins Kinder* gelesen hatte. Auf einer Konferenz über die »Literatur der achtziger Jahre« in St. Louis, auf der er reden sollte, sprach er über »Die Wiedervereinigung der deutschen Literatur«. Die Literatur in der DDR habe eine besonders behütete Existenz gehabt, sagte er. Dieser Literatur sei eine Form von Aufmerksamkeit zuteil geworden, die sie nicht verdient habe, und darum würde ihr das Schlimmste passieren: Sie würde verschwinden, und ihre Autoren würden sich so rasch wie ihre Leser wandeln, in »deutsche« Schriftsteller. Die Literatur, die sich im Mittelpunkt des kulturellen Lebens der DDR befunden hatte, sei nun dazu verdammt, in Vergessenheit zu geraten. Er schloss seinen Vortrag mit einer ironischen Anspielung auf die Beschwichtigungsversuche »eines bestimmten deutschen Politikers«: »Vor einer Wiedervereinigung der beiden deutschen Literaturen braucht sich die Welt gewiss nicht zu fürchten.«[27]

Beckers Position in dieser neuen Literatur war festgelegt. Er gehörte der neuen Mehrheit und nicht der alten und nun in Misskredit geratenen DDR-Tradition an. Als es 1990 zu einem massiven Angriff auf den »Gesinnungskitsch« (Karl Heinz Bohrer) beziehungsweise die »Gesinnungsästhetik« (Ulrich Greiner) der Literatur der DDR kam, hatte Becker auf andere Weise diese Art von »Parteiliteratur« ebenso wie die innerhalb der Grenzen der DDR-Ästhetik produzierte »oppositionelle« Literatur in den Frankfurter Vorlesungen wegen ihrer »Meinungslosigkeit« kritisiert.

Jurek Becker war zwar nicht völlig davon überzeugt, dass die Wiedervereinigung wünschenswert sei, wurde aber einer ihrer ersten Chronisten. Bewusst nahm er eine neutrale Haltung ein. Christa Wolf zufolge war Becker im Herbst und Winter 1989/90 praktisch nirgendwo in Ostberlin öffentlich in Erscheinung getreten.[28]

Er hielt sich zurück, wartete ab, weil er mit der Schnelligkeit, mit der sich seine Welt veränderte, nicht zurechtkam.

Am 1. Juli 1990 vereinten sich die beiden Staaten in einer Währungsunion. Mit Zustimmung der vier Mächte wurde die Wiedervereinigung am 3. Oktober 1990 Wirklichkeit. Tatsächlich absorbierte die Bundesrepublik Deutschland die DDR als »neue Bundesländer«. Die Folge waren »Minderwertigkeitsgefühle auf der einen Seite und Selbstgefälligkeit auf der anderen«.[29] Becker versuchte eine dritte Position einzunehmen, die von seiner Wahrnehmung als jüdischer Schriftsteller in Deutschland geprägt war.

Im Oktober nahm er an der ersten Deutsch-Israelischen Schriftstellerkonferenz teil. Er wurde einer der Stammgäste dieser alljährlich stattfindenden Veranstaltungen, so wie andere jüdische Schriftsteller in Deutschland, etwa Katja Behrens, und viele nichtjüdische Schriftsteller. Hier trafen sich bedeutende Autoren (wie Amoz Oz und Hans Magnus Enzensberger) und diskutierten über Literatur und Politik. Becker war einer der deutschen Schriftsteller bei dieser Konferenz. Doch die Grenze zwischen deutsch und israelisch war fast genauso unscharf wie zwischen deutsch und deutsch: Becker war ein deutscher Autor, der in Polen geboren war, während Aharon Appelfeld und Yehuda Amachai, beide in Deutschland geboren, israelische Schriftsteller waren. Alle waren in Wirklichkeit Juden, wie auch immer sie den Begriff definierten. Sie unterschieden sich nur nach ihrer Nationalität und ihrer zweiten Sprache.

Am 16. November attackierte Becker Martin Walser direkt im Literarischen Colloquium. Beckers vor ein paar Jahren erschienener offener Brief gegen Walser war allen noch gut in Erinnerung. Walser war zunehmend ein Sprecher der deutschen Rechten geworden. Unter der Moderation von Hajo Steinert sprach Walser vom wirtschaftlichen Druck, dem die Bürger der DDR ausgesetzt seien. Man dürfe sie nicht verurteilen, weil sie materielle Güter begehrten – sie sehnten sich vielmehr nach einem guten Leben, und das dürfe man nicht einfach mit materiellen Gütern gleichsetzen. Die Menschen im Westen, die bereits alles hätten, und die Menschen aus dem Osten, die privilegiert gewesen seien und in den Westen hätten reisen dürfen, sollten sich doch nicht über diese Menschen im Osten erheben, die nun auch ihr Los verbessern wollten. Dies war ein unüberhörbarer Seitenhieb gegen Becker, der in seiner Erwiderung darauf hinwies, »wie schwer es zur Zeit Leute in Deutschland haben, die möglichst genau sein wollen«. Die Aufregung über die Wiedervereinigung habe eine Euphorie erzeugt, die ihre potenziellen Probleme verdecke. »Die kleinen Zufriedenheiten«, schloss er, »die wir genießen können, sind Resultate anderer Unzufriedenheiten in der Welt. Dies bewusst zu machen, ist auch das Problem von Intellektuellen.«[30] Becker nahm seine Aufgabe als deutsch-deutscher Autor ernst.

Als Jurek Becker im Dezember 1990 den Hans-Fallada-Preis der Stadt Neumünster für sein Lebenswerk erhielt,[31] schickte Klaus Höpcke ihm ein Glückwunschtelegramm.[32] Becker entging die Ironie des Schicksals nicht. Er hatte schon ein Schreiben von Höpcke bekommen, als er im Sommer 1990 in die Westberliner Akademie der Künste aufgenommen worden war.[33] Auf dem Briefpapier der PDS brachte Höpcke trotz aller persönlichen und öffentlichen Differenzen seine warmherzigen Gefühle gegenüber Becker zum Ausdruck.[34]

Mitten in diesem Jahr der einschneidenden politischen Veränderungen kam am 23. Juni 1990 Beckers dritter Sohn Jonathan Samuel zur Welt. Bevor er geboren wurde, nannte ihn sein Vater Johnny, und es blieb dabei. Er begrüßte seinen Sohn mit einer Feier, zu der er Freunde einlud, und Essen aus dem Restaurant der Jüdischen Gemeinde bestellte.

Die Welt hatte sich auch für Jurek Becker verändert.

Unmittelbar nach der Wiedervereinigung wurde die DDR zu einer Welt umdefiniert, in der praktisch alle Bürger »Opfer« gewesen waren: der Stasi, der Sowjets, der Führung. Ein Opfer zu sein, war für Becker stets problematisch gewesen. Er machte kein Hehl aus seiner Einstellung zu seinem Status als »Opfer des Faschismus« in der DDR und zu den Vor- und Nachteilen, die dieser mit sich brachte. Das galt auch für das damit verbundene Stigma. 1992, bei einer Lesung im Berliner Literarischen Colloquium antwortete er auf eine entsprechende Frage, er sei nie ein Opfer des SED-Regimes gewesen. »Im Gegenteil, je weiter ich das Maul aufgerissen habe, umso mehr Vorteile hatte ich …«[35] Das konnte nur jemand sagen, der geglaubt hatte, er hätte einen Einfluss auf die politische Entscheidungsfindung gehabt.

Als das Ausmaß der Stasi-Infiltration bekannt wurde, da wurde die Stasi die Verkörperung des Täters, der das Opfer definiert. Im Juli 1990 schrieb Becker einen Essay über das Problem, ein Opfer in der DDR zu sein, aus seiner doppelten Perspektive, nämlich dessen, der sowohl das Dritte Reich wie die Stasi erlebt hatte.[36] Für ihn war die Nazizeit der historische Ausgangspunkt für das Verständnis der DDR. Die Deutschen im Dritten Reich hätten sich stärker mit den Nazis identifiziert als die Ostdeutschen mit dem kommunistischen System. »Ich kann mir nicht vorstellen, dass bei freien Wahlen die NSDAP sich eine ähnliche Abfuhr geholt hätte wie vor kurzem die SED, auch unmittelbar nach dem Krieg nicht.«[37] Um sich nach 1945 aus der Verantwortung zu stehlen, hätten die Deutschen einfach alles der Führung in die Schuhe geschoben. »Es ist eine wunderbare Art von Absolution, Hitler für alles verantwortlich gewesen sein zu lassen, was die Deutschen im Krieg und in den sechs Jahren davor verbrochen haben, für jede Denunziation, für jeden Rechtsbruch, für jeden Genickschuss.«[38]

Für Becker hatten sich die Ostdeutschen genau wie die Deutschen im Dritten Reich freiwillig an einem System der Unterdrückung beteiligt. Der Eifer, mit der der Stasi die Schuld an allem Schlechtem im Osten gegeben wurde, war ein Zeichen der willigen Unterwürfigkeit der DDR-Bürger. Um dies zu veranschaulichen, erzählte Becker zwei Geschichten. Mitte der sechziger Jahre habe er einen ehemaligen Schulkameraden getroffen, von dem er gehört hatte, dass er für die Stasi arbeite. Sie tranken ein paar Schnäpse miteinander, und der andere erzählte von den Vorteilen seiner Tätigkeit: ein gutes Gehalt, eine neue Wohnung; als er immer betrunkener wurde, tat er so, als hätte Becker ihm Vorwürfe wegen seiner Spitzeltätigkeit gemacht – dabei würde er gar nicht begreifen, dass manche Leute überwacht werden müssten. Würde er einen Hauch von Sympathie für sie empfinden, würde er sich sofort einen anderen Beruf suchen. »Wir kontrollieren, und sie *lassen* sich kontrollieren. Zum Bespitzeln gehören immer zwei.«[39] Diese Ansicht über das Wesen der Deutschen stimmte größtenteils überein mit der Einstellung von Beckers Vater, wie sie in *Der Boxer* und in *Bronsteins Kinder* zum Ausdruck kommt.

In der zweiten Geschichte ging es um einen Autor, der einen Roman geschrieben hatte, der niemals in der DDR erscheinen würde. Becker habe ihn in den siebziger Jahren gelesen und dem Autor vorgeschlagen, ihn einem westdeutschen Verlag anzubieten. Das habe er auch vor, erwiderte der Autor, doch im Augenblick ginge dies nicht – er müsse darauf Rücksicht nehmen, dass seine Tochter gerade ihr Abitur mache. Immer, wenn Becker sich nach dem Roman erkundigte, hörte er eine neue Ausrede: der andere wolle sich ein Haus kaufen und sei auf das Wohlwollen der Behörden angewiesen; die Tochter warte auf die Zulassung zum Studium; der Autor und seine Frau hätten eine Reise nach Ägypten beantragt und so weiter. Nach dem Fall der Mauer habe er endlich das Manuskript einem westdeutschen Verlag angeboten – aber nun interessierte sich niemand mehr dafür.

Becker betrachtete den ostdeutschen Staat durch die Linse einer kollektiven deutschen Erfahrung. Er entwarf das Bild eines hypothetischen Deutschland nach 1945, das im Norden von den Westalliierten und im Süden von der Sowjetarmee besetzt worden war. Wäre die Stasi, fragte er, in Bayern weniger effektiv gewesen oder hätten die Schwaben »gegen den Bau der Mauer einen Generalstreik angezettelt«?[40] Die DDR war ein Unglück in der Geschichte, und die Rolle des Schriftstellers in der DDR stellte einen Reflex dieses Unglücks dar. Becker hob sich von den beiden Modellen des ostdeutschen Schriftstellers ab, die im Westen akzeptabel gewesen waren: den Oppositionellen, und denjenigen, deren Opposition sich darauf beschränkt hatte, für die Schublade zu schreiben. Er schrieb über die Themen, an die er glaubte, während er sich ständig bewusst war, dass seine Glaubensvorstellungen von der Welt um ihn herum geprägt wurden. Seiner Meinung nach waren sein Zorn und seine Wut gesund, da sie von Haus aus anders waren, als wenn sie durch Unterdrückung hervorgerufen worden wären. Er hatte eine andere Einstellung als Kollegen wie Wolf Biermann, die außer sich waren, als sie entdeckten, dass ihre »Freunde« sie an die Stasi verraten hatten. Auch er wusste, dass es eines der Verbrechen der DDR gewesen war, Freunde gegeneinander auszuspielen, aber er fand es nicht in Ordnung, dass das den Spitzeln jetzt »wie einer Kuh in den Bauch« eingebrannt werde.[41] Aus seiner Sicht war sein Zorn auf den Staat ein ehrlicher Zorn, nicht bloß Ressentiment, weil er nur privat ein Ventil suchte.

1990 veröffentlichte Christa Wolf einen Bericht über ihre

eigenen Erfahrungen mit der Stasi im Jahre 1979, *Was bleibt*.[42] Plötzlich wurde Beckers Anekdote vom Schriftsteller, der die Veröffentlichung seines Romans auf einen opportunen Zeitpunkt verschiebt, ein Testfall für das Schreiben in der DDR. Christa Wolf hatte diesen Bericht von ihrer Konfrontation mit dem Regime über ein Jahrzehnt lang nicht veröffentlicht. Anscheinend konnte sie ihn nur herausbringen, nachdem die DDR verschwunden war. Ihr Status als Ikone einer neuen literarischen Richtung in der ehemaligen DDR wurde weiter beschädigt, als herauskam, dass sie zwischen 1959 und 1962 zumindest inoffizielle Beziehungen zur Stasi unterhalten hatte. Ähnliche Vorwürfe tauchten plötzlich auch gegenüber dem berühmtesten oppositionellen Dramatiker in der DDR, Heiner Müller, auf. Becker hielt sich absolut zurück mit Äußerungen über diese Skandale. Er begründete sein Schweigen damit, dass »ich Leute nicht sehr mag, die nach der Ehescheidung ihren früheren Partner beschimpfen«.[43]

Mit Beckers Verunsicherung ging einher, dass er sich zunehmend ins Private zurückzog. Das Schreiben war zwar schon immer für ihn oberstes Gebot gewesen, jetzt bekam es noch mehr Gewicht, ebenso wie die Familie, der er große Aufmerksamkeit schenkte. Das äußerte sich auch darin, dass er, der sich als junger Vater von Nicki und Lonni ungern beim Schreiben hatte stören lassen, sich bei Johnny anders verhielt. Wenn er sein Zimmer zum Tabu erklärte, könne es sein, dass Johnny auf einmal erwachsen wäre, sagte er einmal zu jemandem, der sich über seine Toleranz wunderte.

Grundsätzlich, erklärte er, spiele das Schreiben sich bei ihm folgendermaßen ab: »Ich schreibe einen Roman, ich habe eine Vorstellung von etwas und sperre mich damit für zwei Jahre in ein Zimmer ein. Dazu brauche ich die Überzeugung, dass es ein Verlust für die Menschheit wäre, wenn ich es nicht täte. In meinen lichten Momenten ahne ich, dass das Größenwahn ist. Aber diese Selbstüberschätzung halte ich für ein wichtiges Handwerkszeug.«[44]

Schon in der Zeit von Christines Schwangerschaft hatten sich die Beckers mit dem Gedanken getragen, sich aus der Großstadt zurückzuziehen. Jurek und Christine Becker fanden schließlich ein Haus an der Ostseeküste, dass sie rund drei Wochen nach der Geburt von Johnny in der Kleinstadt Sieseby kauften – so weit wie möglich von der ehemaligen DDR entfernt.

Sein Freund, der Maler Max Neumann, ließ sich später auch in dieser Gegend nieder.

Nach dem Fall der Mauer gab es andere offensichtliche Gründe, der DDR zu entfliehen. Nach der Wiedervereinigung bekam das neue Berlin, zumindest eine lange Zeit lang, etwas Lähmendes, als es seinen Status als Inselstadt verlor. Becker bemerkte dazu: »Ich bin zutiefst überzeugt, dass Berlin derzeit die provinziellste Stadt Deutschlands ist.« [45] Die Langeweile, die er verspürte, resultierte daraus, dass Westberlin seine Identität verloren hatte. Nach 1991, als das deutsche Parlament beschloss, die Hauptstadt (oder zumindest den Regierungssitz) von Bonn nach Berlin zu verlegen, wurde ein körperlich vereintes West- und Ostberlin als Hauptstadt der neuen »Berliner Republik« definiert.

Kurz nach der Öffnung der Mauer, hatten die Dreharbeiten zu *Bronsteins Kinder* begonnen. Der Film kam unter der Regie von Jerzy Kawalerowiczs am 26. Juni 1992 in die Kinos. Im Abspann wurde Becker zwar nur als Autor der Dialoge genannt, die größtenteils aus dem Roman übernommen waren, doch der Film beruhte eindeutig auf seinem Ruf als Autor. Kawalerowicz zerstörte die Rückblendenstruktur des Romans, die dem Film eine unerlässliche Ironie vermittelt hätte. Er begann mit Arnos Beerdigung im zugewachsenen jüdischen Friedhof in Weißensee in Ostberlin. Am Anfang des Romans wird zwar kurz auf

Arnos Beerdigung hingewiesen, aber wir werden nicht Zeuge, wie er auf demselben Friedhof beerdigt wird, auf dem 1972 Max Becker bestattet wurde, ein Jahr bevor Beckers Roman spielt.

In der Eingangsszene des Films betonte der Regisseur Jerzy Kawalerosicz, ein polnischer Jude und Überlebender der Shoa, die erbärmliche Existenz der Juden in der DDR.

Der Film wurde eine Klage über die Verworrenheit der jüdischen Identität unter dem Kommunismus. Die Funktion des Films im Film – die Produktion eines Films über die Nazis in der DDR – verliert ihren ganzen kritischen Biss. Kawalerowicz benutzte sie für eine seltene visuelle Ironie. Als Hans (gespielt von Matthias Paul) von seinem Vater zu hören bekommt, er könne sich doch gar nicht vorstellen, wie es in den Lagern gewesen sei, wird zu einer Szene geblendet, in der Männer und Frauen mit dem gelben Stern auf einen Lastwagen gepfercht werden. Es stellt sich heraus, dass dies eine Szene für den Film im Film ist und nicht eine aktuelle Erfahrung während der Shoah darstellt, die sich Hans wirklich nicht vorstellen kann.

Der Schluss des Romans mit seiner offenen Struktur wird entscheidend verändert. Als Arno (gespielt von Armin Mueller-Stahl), stirbt, durchsucht Hans nicht etwa seine Taschen nach dem Schlüssel, um den KZ-Aufseher zu befreien. Vielmehr endet der Film damit, dass Hans sich mit der Feile an den Handschellen zu schaffen macht – ein Bild der Vergeblichkeit.

Die Kritik mochte den Film nicht – er sei ein »Potpourri von Meinungen und Positionen«.[46] Ja, das Mitleid erregende Auftreten von Rolf Hoppe als Aufseher Arnold Heppner ließ die wahren Opfer, Arno und seine Freunde, schlicht als Täter erscheinen. Der Film vereinfachte Beckers komplexe Frage, was denn einen Deutschen ausmache, indem er sie nur Hans, nicht seinen Vater, seine Schwester oder den Aufseher stellen ließ. Als der Film am 9. Mai 1993 im ZDF gezeigt wurde, fiel die Resonanz etwas besser aus. Beckers Stärke als »jüdischer« Schriftsteller wurde von der Schwäche des Films nicht beeinträchtigt.

3. *Amanda herzlos*

1990 hatte Sabine Gölz, eine ehemalige Studentin, die er während seines Aufenthaltes 1984 an der Cornell University kennen gelernt hatte und die inzwischen an der University of Iowa lehrte, ihre Seminararbeit über die verschwundene Frau in Beckers Kurzgeschichte *Parkverbot* veröffentlicht und Christine Becker einen Sonderdruck geschickt.[47] Diese Geschichte handelte von der gedankenlosen Autoritätsgläubigkeit, wie sie so häufig in der DDR existierte. Sie beginnt damit, dass ein Mann mit seiner Frau zum Einkaufen fährt. Da kein Parkplatz mehr frei ist, hält er im Parkverbot. Die Frau »verschwindet« für den Rest der Geschichte, und in dieser Zeit kommt es zu einem Zusammentreffen zwischen dem Ehemann und einem Mann, der sich in seinem Wagen verstecken will. Das Thema verweist zurück auf eine Szene in einer von Beckers frühen Filmkomödien *Komm mit nach Montevideo* (1963).[48]

Der Protagonist Siegmund Markgraf (gespielt von Rolf Herricht) wird darin plötzlich ins Ministerium für Außenhandel befohlen. Dort erfährt er, dass er drei Wochen Zeit hat, um zu heiraten, damit er einen neuen Posten in Uruguay antreten kann. Er hat seinen Wagen vor dem Ministerium im Parkverbot abgestellt, und als er zurückkommt, wird er von einer Polizistin erwartet. Als er sich mit ihr zu einem Rendezvous verabreden will (schließlich braucht er ja dringend eine Frau), verdreifacht sie das Bußgeld. Nach mancherlei Umwegen begegnet er der Frau seines Lebens gerade dort, wo er am wenigsten sucht: in unmittelbarer Nachbarschaft.

Für Becker stellte sich nach der Lektüre von Sabine Gölz' Aufsatz die Frage, ob die fehlende Figur eine Frau hätte sein müssen. Beim Wiederlesen wurde ihm das Muster der fehlenden Frau in seinen erzählerischen Werken bewusst. Diese feministische Interpretation seiner Werke veranlasste ihn, einige seiner Grundprämissen zu überdenken. Christine Becker schlug ihm vor, einige der klassischen deutschen Studien zur Theorie des Feminismus zu lesen, etwa das Werk von Alice Schwarzer oder Werke über feministische Sprache und Linguistik, wie das Buch von Luise Pusch.[49] Noch vor Johnnys Geburt begann er einen Roman zu skizzieren, der davon handeln sollte, wie Männer sich Frauen vorstellen. Er schrieb die erste Fassung in fünfzehn Monaten, brauchte drei weitere Monate für die zweite und schließlich noch drei Monate für die dritte und letzte Fassung.[50] Er sollte, wie alle seiner Romane, in der DDR spielen und von ihr handeln, die aber nun mehr als zuvor ein historischer Schauplatz war – es ging um das letzte Jahrzehnt in der Geschichte der DDR, das Becker in Westberlin verbracht hatte. Der Roman endete im Januar 1989, also zu einer Zeit, da es noch so schien, als würde die DDR ewig weiter existieren.

Amanda herzlos – erschienen im Juli 1992 – ist ein Musterbeispiel dafür, dass Becker ein genialer Dialogschreiber ist. Der Roman besteht aus drei Abschnitten, die jeweils aus der Sicht von einem der drei Männer erzählt werden, die im Leben der Titelfigur Amanda Zobel eine Rolle spielen. Amanda tritt nur in den Erzählungen dieser Männer auf. Becker zeigt, dass sie immer dann verschwindet, wenn diese Männer sie als Projektion ihrer eigenen Bedürfnisse betrachten. Aus diesen Fragmenten können wir uns als Leser ein Bild von Amanda machen, das getrennt von dem Konstrukt existiert, das ihre drei Liebhaber entwerfen.

Herzlos soll sie sein. Amanda: herzlos? Zwei der drei Männer, mit denen sie zusammenlebte, müssen wohl dieser Ansicht sein. Das Fazit liegt nahe; da sie die beiden für den dritten verlassen hat. Ein Männerurteil, wer wird schon gern verlassen. Der erste ist Ludwig Weniger, eine Variante von Georg Bienek am Ende von Beckers Roman *Irreführung der Behörden.* Er ist ein relativ erfolgloser Sportreporter, der gegenüber der DDR äußerst loyal ist. Der ihm gewidmete Abschnitt trägt die Überschrift »Die Scheidung« und ist ein Monolog, in dem Ludwig Weniger sich gegenüber seinem Anwalt erklärt und »Amanda« definiert.

Im Mittelpunkt steht Wenigers Behauptung, er wolle das Sorgerecht für ihren Sohn Sebastian nicht haben. Viel lieber möchte er den Wagen behalten; Amanda soll das Wochenendhaus bekommen.

Von Weniger erfahren wir eine Menge über Amandas Familie: ihr Vater Thilo ist Zahnarzt und ihre Mutter Violetta SED-Funktionärin. Ferner hören wir von ihrem Vater, dass ihr Onkel Amanda sexuell missbraucht hat, als sie ein Kind war. Weniger erklärt zwar, dass er eine Frau wollte, die schön und klug sei, aber eine intelligente Frau zu haben ist gefährlich in einem Staat wie der DDR. Denn dort muss man so clever sein können, den Mund zu halten. Nach ihrer Heirat tritt ein Kollege und Stasi-Mitarbeiter an Weniger heran, der über die Aktivitäten in seiner Zeitung berichtet. Dieser Stasi-Mann teilt ihm mit, dass Amanda Kontakte zu einem westlichen Verlag aufgenommen habe. Außerdem habe sie einen Vorschuss angenommen und damit gegen die Gesetze der DDR verstoßen, zumal sie noch ein Konto im Westen unterhalte. Weniger lädt den Mann sogar zum Abendessen ein und hofft, damit sowohl Amanda zu erschrecken wie den Spitzel zu beeindrucken, aber keines von beidem geschieht. Nach einem heftigen Streit verlässt sie ihn wegen Fritz Hetmann, einem prominenten, älteren Dissidentenautor.

Der zweite Monolog stellt Fritz Hetmanns Versuch dar, seine Beziehung mit Amanda nachzuerzählen, indem er seine Novelle mit dem Titel »Der Feminist« rekonstruiert (so lautete auch der Arbeitstitel des Romans!), die Sebastian seiner Meinung nach vorsätzlich in seinem Computer gelöscht hat. Hetmann ist viel älter als Amanda und blickt auf eine einigermaßen erfolgreiche Karriere als Schriftsteller in der DDR zurück. Seine Bücher wurden verlegt und gelobt, bis er sich immer weniger für das interessierte, was die Verlage von ihm wollten. Als er nicht mehr damit rechnen kann, in der DDR verlegt zu werden, schickt er ein Romanmanuskript an einen Verlag in München. Es wird abgefangen, er wird zu einer »Aussprache« in den Schriftstellerverband zitiert, und sein Werk wird in der DDR verboten. Hetmann wird somit ein berühmter Autor, weil er ein verbotener Autor ist. Er beginnt die Zensur dafür zu benutzen, um seinen Ruhm im Ausland und damit auch zu Hause zu mehren. Ein Dissident zu sein, ist für Hetmann harte Arbeit.

Amanda und Hetmann lernen sich bei einer illegalen Lesung in einer Wohnung kennen, wo er der Star ist. Er gewinnt Amanda für sich, weil er anders ist als ihr beflissener Ehemann. Er bietet ihr an, ihren Roman zu lesen, und damit macht er ihr Schreiben zu einem Teil seiner Verführungsstrategie. Als Hetmann Amanda auffordert, sich von Weniger scheiden zu lassen, versucht Weniger sie zu erpressen, ihr etwas von ihrem Westgeldvorschuss auf den Roman abzugeben. Dann arrangiert Hetmann für sie beide eine Reise nach Amerika, wohin er als »berühmter« DDR-Dissident eingeladen wurde. Als sie ablehnt, kann er sich einfach nicht vorstellen, »dass ein normaler Mensch freiwillig auf solch eine Reise verzichtet«. Ist ihre Beziehung zu Ende? Hetmann (oder zumindest sein fiktives Alter Ego in seiner Novelle) wünscht sich ein Kind mit Amanda, um ihre Beziehung zu festigen. Doch die Vaterschaft ist für Weniger wie für Hetmann nur etwas Marginales. Im Rahmen seiner Rolle als Dissident stimmte Hetmann einem Interview mit dem Hamburger Rundfunkreporter Stanislaus Doll zu, unter der Bedingung, dass Doll Amanda eine Bluse zu ihrem dreißigsten Geburtstag mitbringt. Damit wird der dritte Mann in Amandas Leben eingeführt.

Der dritte Abschnitt des Romans besteht aus Tagebucheinträgen von Stanislaus Doll, die im September 1987 einsetzen. Er lebt in Westberlin, um über die DDR zu berichten, und lernt Amanda kennen, als er das Geschenk mitbringt. Dolls Perspektive ist die eines Westdeutschen in der DDR, der das System »versteht«. Ein Kollege wettet mit ihm, dass es an der Grenze Infrarotsensoren gebe, die auf die Körperwärme von Flüchtlingen reagieren, die sich in Autos verstecken. In der komischsten Szene des Romans legen sie heiße Brathähnchen in Alufolie wie die Umrisse eines Menschen in den Kofferraum und fahren zur Grenze, um zu sehen, ob die Sensoren reagieren. Doch der Grenzoffizier winkt sie durch – »wenn er wieder geboren würde, würde er Korrespondent werden«.

Doll ist kein brillanter Korrespondent, und Amanda beginnt seine Kommentare für ihn zu schreiben – besser, als er sie selbst je schreiben könnte.

Als Doll seinen Job verliert, weil sein Redaktionsleiter den vermeintlichen SPD-Sympathisanten Doll durch einen »Rechten« ersetzen will, wird er Berlin bald verlassen müssen und sieht nur zwei Möglichkeiten, um mit Amanda zusammenzubleiben: Er muss ihr zur Flucht verhelfen oder sie heiraten und hoffen, dass sie gemeinsam ausreisen dürfen. Eine dritte Möglichkeit – bei ihr in der DDR zu bleiben – sei ihm gar nicht in den Sinn gekommen, stellt Amanda fest. Sie beschließen zu heiraten, und Doll und Amanda wenden sich um juristischen Rat an die Colombiers – einen älteren jüdischen Anwalt und seine Frau, die in die DDR emigriert sind.

Colombier ist als ostdeutscher Anwalt der Gegentypus zu Liebling. Seinem realen Vorbild Wolfgang Vogel entsprechend, ist er ein »unabhängiger« Anwalt, der als Unterhändler für Menschen innerhalb und außerhalb der DDR mit der Regierung zusammenarbeitet.[51] Hier sind nicht die formalen Aspekte des Rechts, sondern persönliche Beziehungen von entscheidender Bedeutung.

Eine neue Hürde baut sich auf, als die Stasi an Doll herantritt. Amanda dürfe ausreisen, wenn er bereit sei, inoffiziell mit ihnen zusammenzuarbeiten. Natürlich nicht als Spion, sondern bloß als jemand, der ihnen helfen könnte. Doll trifft sich mit dem Agenten, der ihn zu erpressen versucht, und behauptet später, das Gespräch heimlich mitgeschnitten zu haben. Er werde das Band senden, wenn er und Amanda nicht ausreisen dürfen.

Als alles arrangiert zu sein scheint, taucht plötzlich Ludwig Weniger wieder auf und droht, den gemeinsamen Sohn Sebastian für sich zu beanspruchen – er wolle nicht, dass er im Westen aufwachse, doch er muss unverrichteter Dinge wieder abziehen. Amanda und Doll bekommen die Heiratserlaubnis und gehen aufs Standesamt. Die letzte Tagebucheintragung weist das Datum 3. Januar 1989 auf. Der Umzugswagen wird am nächsten Morgen kommen, und Doll, Amanda und Sebastian bereiten sich auf den Umzug in den Westen vor. Der Westen sei doch nicht so schlecht, beruhigt Amanda Sebastian – man spricht die gleiche Sprache, und »weißt du, dass es an jeder Ecke Bananen zu kaufen gibt? So ein Unglück ist das ja auch nicht«. Der Roman endet mit der Verheißung eines neuen Lebens im Westen für Amanda, aber was für ein Leben ist das? Die DDR steht kurz vor der Auflösung im Jahre 1989, wie wir 1992 wissen, dem Jahr, in dem der Roman erscheint. Und was wissen wir über Amanda, das über unsere beschränkte Perspektive aus der Sicht von Weniger, Hetmann und Doll hinausgeht?

Amanda ist Schriftstellerin. Laut Weniger fängt sie als Journalistin an, die genau die provozierenden Fragen stellt, die in der DDR nicht akzeptabel waren. Das hat zur Folge, dass sie immer weniger Aufträge als freiberufliche Journalistin bekommt. Sie nimmt Kontakt zu einem westdeutschen Verlag auf, dessen Lektorin, genau wie Elisabeth Borchers, ihr Werk sorgfältig liest und kommentiert. Ihr erstes Manuskript handelt von einer Kindheit – ihrer Kindheit, wie Weniger vermutet, der diese Geschichten belanglos findet.

Fritz Hetmann, dem sie das Manuskript ihres Romans zu lesen gibt, das er zwar für »kaum der Rede wert« hält, erkennt darin doch »eine gewisse Veranlagung zum Sätzekomponieren … wie ein beträchtliches Maß an Intelligenz; aber es fehlte ihm jede Frechheit und fast alle Originalität. Es war auf dem Weg, eines jener Bücher zu werden, wie sie zu Tausenden die Regale der Buchläden füllen und von niemandem begehrt werden.« Ihr Text sei wegen seiner gespreizten Ausdrucksweise »krank an Sprachlosigkeit«, und offenbar glaube sie, »der Banalität vieler beschriebener Vorgänge mit Ausführlichkeit beikommen zu können«.

Als Amanda mit Doll zusammen ist, fängt sie an, als »richtige« Reporterin zu arbeiten. Sie hat die Gabe, genau die richtigen Formulierungen zu finden – wenn sie etwa über die DDR schreibt, erklärt sie, eine Gesellschaft könne kaum »konkurrenzfähige Computer produzieren, solange es verboten ist zu sagen, dass zwei mal zwei vier ist«. Als sie einen Kommentar von ihm überarbeitet, stellt er fest: »Ihr Text ist weniger streitsüchtig als meiner und dennoch aggressiver, sie trifft die wunderen Punkte, sie findet die genaueren Worte. Vielleicht liegt das ganze Geheimnis darin, dass sie besser schreibt als ich.« Amandas Reportage über den »Kampftag der Werktätigen« am 1. Mai 1988 handelt »von müden Leuten auf der Tribüne, die keinen sehnlicheren Wunsch haben, als in Ruhe gelassen zu werden, und von den Leuten unten auf der Straße, die vorbeidefilieren, damit man sie in Ruhe lässt«.

Für Doll schreibt sie den Text zu einer Sendung über einen Zwischenfall an der Mauer – und weist darauf hin, dass die

Amerikaner einige Wochen zuvor ein iranisches Verkehrsflugzeug abgeschossen hätten, und dabei habe es mehr Tote gegeben, »als die Mauer seit ihrem Bau verursacht hat«. Doll wird vom Programmdirektor gerügt – es sei nicht die Aufgabe der Ostkorrespondenten, »antiamerikanische Gefühle hervorzulocken«. Am Ende seiner Tagebucheinträge äußert Doll sich erstaunt darüber, dass Amanda wieder an einem neuen Roman schreibt. Sie hat ihn zur Hälfte in ihrem Computer – und er hatte keine Ahnung davon.

Das Bild Amandas als Schriftstellerin war zum Teil eine Projektion von Beckers Vorstellung dessen, was 1990 für die Intellektuellen der DDR generell wichtig war. Aber in der Figur der Amanda verarbeitete Becker auch seine komplizierten Beziehungen zu den Frauen, die er gekannt hatte. Einige der Fragmente aus der Vergangenheit lösten konkrete Erinnerungen bei seinen Leserinnen aus.[52] Renate Kubitza, die behauptete, eine alte Freundin aus den fünfziger Jahren zu sein, erkannte in den Tanzszenen im ersten Abschnitt des Romans die Zeit wieder, in der sie sich mit Jurek im Tanzclub »Melody« in Ostberlin getroffen hatte. Hinter Amanda stand für Becker aber vor allem Irene Dische, die Schriftstellerin, mit der er eine intensive, intellektuelle Beziehung im Hinblick auf ihr Schreiben gehabt hatte. Seine Bearbeitung von Disches Erzählungen, seine Ansicht, dass sie nicht gut genug wären, um sie einem wichtigen westdeutschen Verlag zu empfehlen, sein Gefühl, dass sie (oder zumindest ihr Surrogat Amanda) den »richtigen Stoff« haben könnte – sind in die Figur der Amanda eingeflossen. Amanda sei, erklärte er, »eigentlich eine erfolglose und eher etwas altmodische Frau«. Er hatte »ein vorgefasstes Bild von einer Frau, über die ich schreiben wollte«, aber dieses Bild wurde dann von Amandas Rolle als Schriftstellerin um Nuancen bereichert, an die er »vorher nicht gedacht habe«.[53]

Selbstbewusst baute Becker autobiographische Facetten

in den Roman ein. Wie mit Hetmann, dessen Alter und Status an Becker in den achtziger Jahren verweisen, verwob er Aspekte des Privaten in diese Welt, die nur an der äußersten Oberfläche eine politische Welt ist. Hier war die DDR präsent: im unterwürfigen Charakter von Schriftstellern wie Weniger, in der Prominenz von Dissidenten wie Hetmann, in der Rolle, die Stasi und Schriftstellerverband bei der Produktion von Kultur spielen. Im Innersten allerdings handelt der Roman vom Schreibenlernen. Hier wurde sich Becker letztlich seiner Mission als Schriftsteller im neuen Deutschland bewusst – in einem gut geschriebenen Roman über die Probleme des Schreibens in der DDR.

Die Reaktion auf diesen Roman, in dem Jurek Becker erzählt, erzählen lässt, lieben lässt, gewinnen, scheitern, verlieren und ein Happy End gestattet, auch wenn zwischen den Zeilen, so scheint es, noch nicht das letzte Wort gesprochen ist, war gespalten. Das Publikum mochte ihn. Er kam auf die Bestsellerlisten und blieb dort ein halbes Jahr, was keinem von Beckers Romanen je zuvor gelungen war. Die Kritiker verrissen ihn, von wenigen Ausnahmen abgesehen. Beckers engagiertester Leser, Marcel Reich-Ranicki, verabscheute ihn.[54] Er betonte, das wahre Bild der DDR sei darin unterdrückt und abgemildert worden. Alles in allem sei dies ein harmloser, leichter, schwacher Roman, der oft an einem beliebigen Ort zu spielen scheine, nur nicht in der DDR. Im Prinzip stelle dieser Roman eine private Welt mit ein bisschen geschönter DDR-Wirklichkeit dar.[55] Iris Radisch tat den Roman ab – er überschreite als erster Roman von Becker die Grenze zur Unterhaltungsliteratur.[56] Doch alle Kritiker übersahen etwas ganz Entscheidendes. Becker glaubte, es sei möglich, einen Roman zu schreiben, der unterhaltsam und zugleich gut geschrieben sei, der sich mit moralischen Fragen auseinandersetze, der sich geschickt mit den kritischen Anmerkungen von Intellektuellen wie Sabine Gölz befasse und auch für ein Massenpublikum akzeptabel sei. »Der Ton, bei dem ich mich am ehesten zu Hause fühle«, erklärte er in einem Interview, »hat wohl etwas mit Ironie, mit Komik, möglicherweise auch mit Unterhaltsamkeit zu tun.«[57] Das war ihm bei *Liebling Kreuzberg* gelungen, der Fernsehserie, die Marcel Reich-Ranicki gelobt hatte – warum nicht auch bei einem Roman?

Becker war sich durchaus bewusst, was er mit diesem Roman erreichen wollte: »Ich wünsche mir, Bücher zu schreiben, nach deren Lektüre man nicht sagt: ›Ganz nett, aber was soll's.‹ Das ›Ganz nett‹ könnte ich noch ertragen, aber das ›Was soll's‹ würde mich hart treffen.«[58] Dieser Roman sollte keine Abrechnung mit der DDR sein: »Ich schreibe nicht Bücher, um Zunder in ohnehin schon lodernde Feuer zu werfen.«[59] Er scheute sich, die DDR nach ihrem Niedergang selbst in fiktiver Form anzugreifen: »Hätte ich mehr Grimm, Verve oder Empörung in *Amanda* einfließen lassen, hätte das leicht etwas mit Leichenfledderei zu tun gehabt.«[60] Der Roman stand für seine Wende vom Politischen zum Privaten. Seine »Scheidung« von der DDR floss in die Geschichte der Scheidung im Roman ein. 1992 meinte er, mit seiner Kritik an der DDR hätte er »noch ein Gewichtlein zusätzlich auf die Waagschale drauflegen können, ... ohne sehr befriedigende Gefühle dabei zu haben«.[61] War das zu harmlos? Gewiss teilte Becker nicht den Zorn von Menschen wie Wolf Biermann gegenüber der DDR, aber er war nicht unkritisch. 1992 war jede nostalgische Sehnsucht nach der DDR von seinem Gefühl für die wachsende Wirklichkeit des neuen Deutschland relativiert. Er wandte sich nach innen, um sich mit den komplexen menschlichen Folgen des historischen Prozesses zu befassen – ein entscheidender Faktor in praktisch all seinen erzählerischen Werken seit den sechziger Jahren.

4. Die Neonazis und (noch einmal) Martin Walser

Nach dem Ende der DDR nahm die Gewalt gegen Ausländer und »Asylanten« im Osten erheblich zu. In Hoyerswerda belagerten Neonazis 1991 einen Wohnblock, in dem Asylbewerber untergebracht waren. Im November 1992 gab es drei Tote und viele Verletzte, als Rechtsextreme in Mölln bei Hamburg ein von türkischen Einwanderern bewohntes Haus niederbrannten. Schon immer hatte es in beiden Teilen Deutschlands gewaltsame Übergriffe gegen Menschen gegeben, die als anders empfunden wurden, aber über derartige Vorfälle wurde kaum berichtet. Nach der Wiedervereinigung hatte man offenbar den Geist aus der Flasche herausgelassen. Immer mehr artikulierten die Medien die gleiche Angst, die schon Arno in *Der Boxer* empfunden hatte. Nur die massive Präsenz des Staates hatte die Fremdenfeindlichkeit in Ostdeutschland in Schach gehalten. Der Glaube, dass es in der DDR derartige Gefühle nicht gegeben hätte, erwies sich als Irrtum.

Mit der Zunahme der fremdenfeindlichen Gewalt fühlten sich die Juden im neuen Deutschland immer bedrohter. Tatsächlich äußerte sich diese gegen Juden gerichtete Gewalt meist in der Verwüstung von Friedhöfen und Denkmälern – 1991 wurde an den wieder errichteten Baracken des Konzentrationslagers Sachsenhausen, die als Museum dienten, Brandstiftung verübt. 1992 erklärte der Schriftsteller Ralph Giordano, dessen autobiographischer Roman *Die Bertinis* 1988 ein Bestseller war und die Vorlage für einen der erfolgreichsten deutschen Fernsehfilme über den Holocaust wurde, wenn der Staat ihn nicht beschützen würde, werde er eine Waffe tragen, um sich gegen die Neonazis zu verteidigen. Befragt zu Giordanos Aufruf an die Juden, es ihm nachzutun, erklärte Becker, der Staat bagatellisiere den rechten Terrorismus. Die Polizeiaktionen würden ins Leere gehen, und die Gerichte nähmen derartige

Verbrechen nicht ernst: »Ich habe Angst, ich verlange, beschützt zu werden. Und wenn dieser Staat mir seinen Schutz verweigert, muss ich woanders leben.«[62] Aber wohin konnte er gehen?

Der einzige Ort war für ihn die Vergangenheit. Um seine Erfahrung mit rechter Gewalt und seine Einstellung zu ihr zu veranschaulichen, erzählte er eine Geschichte aus seiner Jugend, die von einem Rabauken in seiner Klasse handelte. Eines Tages habe er beobachtet, wie dieser große, aggressive Junge, vor dem sogar die Lehrer Angst zu haben schienen, einen anderen, schwächeren Jungen blutig schlug. Weil er nicht eingegriffen hatte, begann der 13-jährige Jurek Becker sich selbst zu hassen. Gemeinsam hätten sie gegen den Stärkeren vielleicht auch keine Chance gehabt, aber sie hätten es versuchen sollen. Becker verglich sein damaliges Verhalten mit dem Nichteingreifen von Zeugen rechten Terrors. Der Staat müsse diesen bekämpfen, gewiss, aber immer mehr Menschen müssten sich gegen die wachsende Flut der Gewalt stemmen – Gewalt gegen jene, die sich nicht selbst verteidigen können.[63]

Becker bestritt, dass die Fremdenfeindlichkeit allein das Produkt der Erziehungspolitik in der DDR sei, die die faschistische Vergangenheit heruntergespielt oder gar ignoriert hatte. In der BRD habe die extreme Rechte in vierzig Jahren Demokratie lediglich einen Zivilisationsprozess durchlaufen, während sie im Osten »schneller die Sau raus« lasse, wie die Nationalisten in Serbien. Die ostdeutsche Jugend greife rasch alles Verbotene auf, wie Nazislogans und -gesten. Becker führte diese Gewaltausbrüche auf den in den neuen Ländern herrschenden Pessimismus und die Niedergeschlagenheit während der frühen neunziger Jahre zurück. Die hohe Arbeitslosigkeit, die immer größer werdende Drogenszene, das Gefühl, dass ihre Eltern versagt hatten – all das sei typisch für diese neue Generation. »Als ich 16 war, war die Zukunft etwas Gutes. Diese Ur-Überzeugung habe ich lange behalten. Die Jugendlichen in Ostdeutschland heute fühlen sich überflüssig. Keiner will sie haben. Die Zukunft ist wie eine schwarze Wand.«[64]

Schuld daran war nicht allein der westliche Materialismus. Die DDR hatte ihre Bürger »verkrüppelt«, indem sie sie auf Denkweisen einengte, die ihnen ihre Menschlichkeit nahmen: »Die DDR hat ihre Bürger zu Verrenkungen gezwungen, nach denen viele sehr hässlich ausgesehen haben.«[65] Es wäre heuchlerisch, sie deswegen zu kritisieren. Hätten die »arroganten Westdeutschen« in der gleichen Zwangsjacke gesteckt, dann hätten sie genauso gehandelt. Denn das Dritte Reich sei der letzte »gesamtdeutsche« Staat gewesen und habe die Weichen für die Deformationen im gegenwärtigen Deutschland gestellt. Genau diese Ansicht hatte Becker seine jüdischen Figuren in *Der Boxer* und in *Bronsteins Kinder* artikulieren lassen. Vor der BRD und der DDR gab es das Dritte Reich. Die gegenwärtige Gewalt dürfe nicht allein der DDR zur Last gelegt werden, stellte Becker 1992 fest, sondern der gemeinsamen Geschichte beider Teile des neuen Deutschland. Sie sei ein weiteres Symptom der Nazivergangenheit.

Er stellte fest, dass die DDR von Anfang an mit einer »Existenzlüge« gelebt habe: »Von den 10 000 Antifaschisten, die es in Nazi-Deutschland gegeben haben mag, lebten acht Millionen in der DDR.«[66] Becker erkannte, dass das Selbstverständnis der DDR sie daran gehindert habe, sich mit der faschistischen Vergangenheit zu befassen. Plötzlich stellte er fest, dass es im Alltag eine Reihe von Dingen gegeben hatte, die ihn an den Faschismus erinnerten: die umfassende Kontrolle der Partei, die Allgegenwärtigkeit von Spitzeln, die Eroberung der Privatsphäre durch den Staat, der ständige Druck der Heuchelei. Becker sah nun in der rechten Gewalt einen Reflex der Teilung Deutschlands und der Geschichte der DDR. Einen Augenblick lang hatte er das Gefühl: »Es ist wie nach einem

Fußballspiel, bei dem die falsche Mannschaft gewonnen hat.«[67]

Zu diesem Zeitpunkt setzte Becker seine Debatte mit Martin Walser fort. Er sah seine Erinnerungen an seine eigene Jugend in der DDR in Frage gestellt. Walsers frühere Behauptung, das Gedenken an die Shoah würde sich auf seine positiven Erinnerungen an seine Kindheit auswirken, schien nun eine Parallele in Beckers utopischer Erinnerung an die DDR zu haben. Aber es war doch etwas anderes, ein Kind in Nazideutschland gewesen zu sein, als ein Teenager in der DDR. Kindheitserinnerungen können die politischen Realitäten der Welt verschleiern, in der man aufgewachsen ist, wie in Walsers Fall, oder sie können den Wunsch widerspiegeln, sich eine heile Welt zu erschaffen, wie es sich Becker von der DDR erhoffte.

1994 behauptete Walser, die Neonaziaktivitäten nach der Wiedervereinigung seien das Ergebnis eines fehlenden starken Nationalbewusstseins bei allen Deutschen. Hätte es je eine derartige Identität gegeben, meinte Walser, dann gäbe es nach der Wiedervereinigung auch keine Skinheadumtriebe und ausländerfeindlichen Gefühle.[68] Becker, der nunmehr überzeugt war, dass der rechten Gewalt eine unterschiedliche politische Kultur zugrunde lag, tat Walsers Ansichten erneut als Ressentiments ab. Er erklärte, Walser komme immer wieder auf *seine* Rolle als Opfer zurück und versuche, das Maß der Welt aus dieser Position zu definieren. Wenn die Deutschen, so Walser, nach dem Krieg auf sich stolz hätten sein können, wäre die Gewalt in keinem System endemisch geworden. Für Becker war eine solche Erklärung für den Zustand des neuen Deutschland inakzeptabel. Die Rolle des Schriftstellers bestand für ihn darin, gegenüber den Ansprüchen der Vergangenheit kritische Distanz zu wahren, und nicht, ihnen Vorschub zu leisten.

Becker hatte »Mike« Lützeler erklärt, dass er im Frühjahr 1993 wieder nach St. Louis als Max-Kade-Writer-in-Residence kommen werde.[69] Für ihn und sein Gefühl der Zugehörigkeit wäre das eine wichtige Reise. Amerika hatte ihn seit seiner ersten Reise nach Oberlin warmherzig willkommen geheißen. Amerikanische Germanisten erblickten in Becker den perfekten deutschen Schriftsteller: einen Juden, einen Überlebenden, einen Dissidenten und einen Autor erfolgreicher Bücher, die nationale Grenzen überschritten. Für Schriftsteller wie Jurek Becker bot Amerika eine kritische Rezeption, die sich stets sehr von der in Deutschland unterschied. Sie war nie respektlos, auch wenn sie an seine Werke mit geschärften, neuen methodischen Ansätzen heranging. Auch Christa Wolf hatte dies erlebt. Der Kommentarband zu ihrem Roman *Kassandra* (1983) hielt fest, was sie amerikanischen feministischen Kritikerinnen bei der Gestaltung dieses Werks verdankte.[70]

In diesen zweieinhalb Monaten (5. März bis 15. Mai) wurde er nicht nur von seiner Frau Christine und Johnny – inzwischen zwei Jahre alt – begleitet, sondern zum ersten Mal kamen auch Rieke, Nikki und Lonni als seine Gäste nach Amerika. Sie besuchten ihn in St. Louis und machten eine Reise durch die USA. In St. Louis hielt Becker ein Seminar über die neuesten Romane zur Wiedervereinigung ab – F. C. Delius, Günter Grass und Monika Maron waren die Autoren. Höhepunkt dieses Seminars war sicher sein Roman *Amanda herzlos*.

1995 kamen die Beckers wieder nach St. Louis, zu einem dreiwöchigen Urlaub bei ihrem Freund, dem Berliner Autor Peter Schneider, der gerade Writer in Residence war.[71]

Lützeler organisierte in dieser Zeit ein Symposium über Multikulturalismus, bei dem Becker über die Schwierigkeiten und Probleme des Autors beim Sprechen über das eigene Werk sprach.[72] Becker distanzierte sich in diesen Anmerkungen von der Rolle des Kritikers, aber natürlich wurden seine Aussagen sofort als Erklärungen über sein Rollenverständnis als Schriftsteller im neuen Deutschland verstanden.

»Es war mir klar, dass mit der DDR auch etwas von mir untergegangen war«, erklärte er später in einem Interview mit Günter Gaus. »Ich fühlte mich nicht wohl dabei.«[73] Sein Schweigen nach der Öffnung der Mauer begründete er mit einer gewissen Redundanz (alle anderen hätten gesagt, was er schon sagen wollte) wie mit einem Gefühl des Verlusts. Aber man ließ ihn nicht länger schweigen. Im Frühjahr 1993 wurde er von Wolfgang Thierse, einem führenden Vertreter der ehemaligen Bürgerrechtsbewegung in der DDR und nun SPD-Mitglied im Bundestag, eingeladen, auf der 35. Sitzung der Enquete-Kommission »Aufarbeitung von Geschichte und Folgen der SED-Diktatur in Deutschland« zu sprechen. Thierse richtete an Becker die Frage: »Wie folgenreich war eigentlich Kulturpolitik in der DDR im Positiven wie im Negativen?« Becker erwiderte, Zensur habe auch Selbstzensur bedeutet, und Erfolg habe den Zugang zur Öffentlichkeit immer stärker eingeengt. Er verwies dabei auf seine eigenen Erfahrungen – seine Entwicklung vom Fernseh- und Filmautor zum Romanautor sei eine Hinwendung zu einem immer elitäreren Publikum gewesen.[74] Wäre er in der DDR geblieben, wäre er schließlich gezwungen gewesen, Lyriker zu werden! Dieser Dialog zwischen einem neuen Mitglied des politischen Establishment, Thierse, und Jurek Becker, dessen Bekanntheit in Westdeutschland ihn nun definierte, wurde in einem gemeinsamen Interview fortgesetzt, in dem Becker scharf mit der gegenwärtigen politischen Kultur ins Gericht ging: »Wir leben gerade jetzt in einer Zeit, da die Hauptrollen in der Politik miserabel besetzt sind. Es gab andere Zeiten und andere Besetzungen. Willy Brandts Zeit zum Beispiel. Die Mitwirkung von

Künstlern war damals von Bedeutung. Gerade da hatten die Intellektuellen Lust und fühlten sich angezogen.«[75] Thierse warf ihm vor, die Brandt-Zeit nachträglich schön zu reden, denn es habe die Notstandsgesetze *und* die Studentenbewegung gegeben, das seien »sehr scharfe Auseinandersetzungen« gewesen. Diese Suche nach der Bedeutung der Vergangenheit in der Gegenwart verdichtete sich in einem der wichtigsten Versuche Beckers, die deutsch-deutsche Spannung einzufangen, die es unmittelbar nach der Wiedervereinigung gab. Er nahm wieder den Kontakt zum *Liebling-Kreuzberg*-Team und zum Fernsehen auf, dem Medium, das ihm das größtmögliche Publikum verschafft hatte. Er wollte aufklären und zugleich unterhalten. Er wollte die Probleme der Wiedervereinigung darstellen, die auf den Erlebnissen zweier Gruppen basierten. Das Schlagwort wäre der »Opportunismus« als »Menschenrecht« für die Menschen auf beiden Seiten der neuen »Mauer im Kopf«, um Peter Schneiders Formulierung zu zitieren.

Was Becker von dem neuen Deutschland hielt, stellte er 1994 in der neunteiligen Fernsehserie *Wir sind auch nur ein Volk* dar.[76] Eines der Hauptelemente der Serie war wie in *Bronsteins Kinder* die Rahmenhandlung der Entstehung eines Films. Der prominente westdeutsche Autor Anton Steinheim (gespielt von Dietrich Mattausch), der eine Fernsehserie über die Probleme der neuen Bundesländer schreiben soll, will mit der Familie Grimm im Berliner Viertel Prenzlauer Berg einen Film über ihren Alltag nach der Wiedervereinigung drehen. Mit Hilfe dieses erzählerischen Rahmens macht Becker die komplexen Fragen der Unterschiede zwischen Ost und West und ihre Widerspiegelung in der Sprache sichtbar. So sprechen Steinheim und Benno Grimm (Manfred Krug) zwar scheinbar die gleiche Sprache, doch jeder glaubt, dass seine Sprache am authentischsten ist, da sie seine eigenen Erfahrungen widerspiegle.

Das Verhältnis zwischen dem Neuen und dem Alten, zwischen West und Ost spiegelte sich zwar auch in der Welt von Beckers beiden Familien wider, aber er wusste auch, dass keine Familie das bieten konnte, was die Medien haben wollten: eine »typische« DDR-Familie im Sinne der westlichen Medien. Daher schrieb Becker eine Szene, in der die Grimms »lernen«, eine Familie zu sein, indem sie sich eine westdeutsche Soap Opera anschauen. Die Serie, die Steinheim schreiben soll, wird abgesetzt, bevor sie gedreht wird, und die Grimms werden in der Vorhölle ihres neuen Lebens sitzen gelassen.

Die Testzuschauer der Voraufführung von *Wir sind auch nur ein Volk,* die im Osten stattfand, mochten es ganz und gar nicht, als korrupt und komisch dargestellt zu werden. Sie wollten wissen, warum die Küche in der Wohnung der Grimms stets so schmuddelig sei, »wo sich die ostdeutsche Küche doch gerade durch penible Sauberkeit ausgezeichnet« habe. Und wieso habe Becker die Serie wieder in den Prenzlauer Berg verlegt, mit dessen literarischen Assoziationen an die DDR-Avantgarde und an Plenzdorfs *Liebling Kreuzberg,* statt in die wirklich armen Viertel von Ostberlin wie dem sozialen Brennpunkt Marzahn mit seinem hohen Maß an Neonazigewalt?[77] Nach der Ausstrahlung fielen die Kritiker über die Serie her. Es sei ihr völlig misslungen, die Welt des vereinten Berlin einzufangen, von den Schwierigkeiten des Lebens in den neuen Ländern ganz zu schweigen. Wie schon in *Amanda herzlos* und *Neuner* sprach Beckers Vorstellung vom »Osten« weder östliche noch westliche Kritiker mehr an. Reinhard Mohr, der Fernsehkritiker der *Frankfurter Allgemeinen Zeitung,* gibt seinen Eindruck mit einem Zitat des Serienautors Steinheim wieder: »›Ich muss ja wohl einen Knall gehabt haben, mich auf so eine dämliche Fernsehserie einzulassen‹, brummt er später in der kalten Morgenluft, und man ist geneigt, dies für einen autobiographischen Hinweis von Jurek Becker zu halten.«[78] Das Publikum teilte diese Meinung, denn die Zuschauerquote ging während der Ausstrahlung der Serie stetig zurück und betrug nie viel mehr als 15 Prozent.

1993 schrieb Becker ein weitaus erfolgreicheres Filmdrehbuch, das auf seiner Erzählung *Die Mauer* basierte, die 1980 in seinem Erzählband *Nach der ersten Zukunft* erschienen war.[79] *Wenn alle Deutschen schlafen* wurde für das ZDF von Frank Beyer gedreht, der schon *Jakob der Lügner* verfilmt hatte. Beyer begründete die Titeländerung damit, dass *Die Mauer* 1994, als der Film gesendet wurde, nicht mehr wie in der Erzählung für die Mauer um ein Konzentrationslager stand, sondern »für ein unmenschliches Bauwerk quer durch Deutschland«.

Die Erzählung stellte Beckers einzigen Versuch dar, die Shoah aus der Perspektive eines Kindes zu erzählen, eines Fünfjährigen in einem namenlosen Ghetto und dann in einem Konzentrationslager im Osten. Die Darstellung des Lagers fügte sich ein in Beckers eigene komplizierte Darstellung seiner fehlenden Erinnerungen, denn jedes Nacherzählen ergänzte sie um ein weiteres – erinnertes oder erfundenes – Detail. Der kleine Erzähler »kann nicht still sein. Die Worte springen mir aus dem Mund heraus, ich kann ihn nicht geschlossen halten, ich habe es versucht. Sie stoßen von innen gegen die Backen, sie vermehren sich rasend schnell und tun weh im Mund, bis ich den Käfig öffne.« Er ist voller Geschichten, und eine davon werden wir im Laufe der Erzählung hören. Er weiß, dass seine Geschichten Macht haben. Als er erfährt, dass der Kaufmann Tenzer einen Kaktus besitzt, erzählt er allen Leuten davon, obwohl ihn Tenzer um Stillschweigen gebeten hat. Schließlich wird Tenzer deportiert, weil er diese Pflanze hat.

Das Kind und seine Eltern werden in ein Lager mitten im Ghetto verlegt, um sie auf den Transport vorzubereiten. »Jeden Morgen ist Appell, ich lerne das Wort als erstes in der fremden Sprache.« So wie Jurek Becker die Lagersprache lernte, die Sprache des Ghettos und der Konzentrationslager, lernt auch das namenlose Kind in der Erzählung Deutsch. In der Geschichte ist das Lager ein Ort von unendlicher Langeweile: »Schon am zweiten Tag plagt mich die Langeweile.«

Als der Kleine den Vater bittet, ihm beim Appell seine Zahl zuzuflüstern, da er ja noch nicht zählen könne, erwidert der Vater: »Hör zu, mein Lieber, das ist kein Spiel.« Als Kind im Lager wird man von den Erwachsenen beschützt. Als er sich im Lager umsieht und dabei von jemanden erwischt wird, der glaubt, er versuche zu stehlen, mischt sich ein anderer ein: »Lass ihn laufen, er ist das Kind von einem, den ich kenne.«[80]

Der Erzähler und seine Freunde Julian und Itzek beschließen, sich in dem verlassenen Ghetto umzusehen und die Spielsachen zu holen, die sie zurücklassen mussten. Dazu müssten sie über die Ghettomauer klettern, die von den Deutschen bewacht wird. Julian, der älteste und schlauste von den Dreien, behauptet, nachts gäbe es da keine Deutschen: »Wo siehst du hier denn Deutsche? Außerdem schlafen sie nachts.« Julian und der Erzähler schleichen sich aus dem Lager, steigen über die Mauer und begeben sich ins dunkle Ghetto. Der Erzähler möchte seinen Stoffball und die Taschenlampe seines Vaters mitnehmen. Auf dem Rückweg gelingt es ihnen nicht, wieder über die Mauer zu kommen. Sie werden von einem »Riesen« angehalten, einem deutschen Soldaten, der etwas Polnisch spricht und der ihnen schließlich dabei hilft, wieder über die Mauer ins Ghetto zurückzuklettern – wie ein Christophorus rettet dieser namenlose »gute« Deutsche die Kinder.

In Frank Beyers Film stehen nicht mehr die Kinder und ihre »Abenteuer« im Mittelpunkt, sondern die Beziehungen zwischen Eltern und Kindern im Ghetto wie im Lager. Wie das Drehbuch zu *Neuner* vom Erfolg von *Liebling Kreuzberg* profitieren wollte, so griff das neue Drehbuch auf den anhaltenden Erfolg von *Jakob der Lügner* zurück. *Wenn alle Deutschen schlafen* ist ein Film ohne offene Gewalt: Der einzige Schuss wird von einem deutschen Soldaten in die Luft abgefeuert.[81] Was für eine Ironie, dass Beckers Erinnerung an die DDR in den neunziger Jahren immer mehr als unangemessen galt, während seine nicht existierenden Erinnerungen an die Shoah offenbar Klassiker hervorbrachten, mit denen man über den Holocaust aufklären konnte.[82]

Die emotionalen Spuren, die Becker noch von der DDR geblieben waren, hingen mit seinen Alltagserfahrungen aus der Zeit vor 1977 zusammen. Ihm fehlte einfach jede emotionale Beziehung zur DDR der achtziger Jahre und zu den neuen Ländern der neunziger.

Die starken Gefühle, die die Shoah und sein späteres Leben als »Opfer des Faschismus« in der DDR ausgelöst hatten, ließen seine erzählerischen Werke und Filme so anschaulich wirken. Sicher wirkten sie auf seine deutschsprachigen Leser und Zuschauer realer als seine eher privaten Vorstellungen von der DDR und den neuen Bundesländern. In seiner Darstellung der Shoah bot Becker seinem Publikum eine biographische und emotionale Authentizität, die überzeugte.

In dieser Zeit suchte Becker, der zwischen Berlin und Schleswig-Holstein hin und her pendelte, eine neue Wohnung. Für sein Schreiben zu Hause brauchte er Ruhe. Es war immer sein Traum gewesen, eine Arbeitswohnung über der Familienwohnung zu haben. Morgens aus dem Haus zu gehen wie jeder Berufstätige und abends erst wiederzukommen, das schien ihm das Ideal. Durch Zufall erfuhr er von so einer Wohnung, die in Steglitz zum Verkauf angeboten war. Obgleich die Wohnung bei der Besichtigung alles andere als einladend erschien, erkannte er sofort, dass hier genau das angeboten wurde, was er gesucht hatte. »Hier bleibe ich«, war sein Gefühl.

6. Letzte Episoden

Vom 26. Oktober bis zum 19. November 1995 war Becker auf Einladung des Goethe-Instituts in Südamerika unterwegs. Er besuchte Chile, Bolivien, Peru, Ecuador, Kolumbien, Venezuela, Costa Rica und Mexiko. Nach seiner Rückkehr fühlte er sich krank. Nur die übliche Reisekrankheit, dachte er. Er suchte seinen Arzt auf, der ihn ausgiebig untersuchte. Am 28. Dezember 1995 wurde eine fortgeschrittene Form von Darmkrebs diagnostiziert. Am 7. Januar ließ er sich operieren, und der Chirurg entdeckte, dass der Krebs bereits Metastasen in der Leber gebildet hatte.[83] Im Februar unterzog er sich einer Chemotherapie, zu der er sich alle drei Wochen für fünf Tage ins Krankenhaus begeben musste. Der einzige Mensch, den er außer Christine Becker um sich haben wollte, war sein alter Freund Helge Braune. Sie verbrachten jeden Tag mit plaudern und spielten Backgammon.

Im Sommer 1995 hatte Becker auf Drängen von Otto Meissner mit der Arbeit an der vierten Staffel von *Liebling Kreuzberg* begonnen. Diese neue Staffel würde Krugs Figur wiederbeleben und die Serie auf ihr früheres Qualitäts- und Erfolgsniveau zurückführen. Becker musste nun die letzten vierzehn Folgen der Serie vollenden, die jetzt im neuen, vereinten Berlin angesiedelt waren. Die ersten vier Episoden waren vor seiner Krankheit geschrieben worden, die letzten Folgen, während er gegen den Krebs ankämpfte. In dieser ganzen Zeit war er überzeugt, dass er die Krankheit besiegen oder mindestens noch fünf Jahre leben würde. Ja, er machte sich schon Gedanken über weitere literarische Projekte, etwa einen Roman mit dem Arbeitstitel *Der Bücherdieb*.

Becker verlegte die Serie wieder nach Kreuzberg, und zwar in die ärmere Ecke, Nähe Schlesisches Tor und Warschauer Brücke, die an das ehemalige Ostberlin grenzte. Die Serie war sein letzter Versuch, die Veränderungen zu verstehen, die im neuen Deutschland stattfanden.

Die Folgen befassten sich mit einer Vielzahl von Fällen, die im engen Zusammenhang mit der Öffnung der Mauer standen. Die Folge »Unter uns Machos« handelt von der Berichtigung einer Lüge, die die Stasi-Akte eines Mannes belastet, nämlich die Behauptung, dass er eine Beziehung zu einer anderen Frau gehabt habe. Als er seine Akte von der Gauck-Behörde erhält, erfährt seine Frau von seiner Affäre und will sich scheiden lassen. Lieblings neuer Mitarbeiter Bruno Pelzer (gespielt von Stefan Reck) überredet den früheren Stasi-Spitzel, der den Bericht geschrieben hat, diese Behauptung gegenüber der Frau des Mannes zurückzunehmen – andernfalls würde er seinem gegenwärtigen Arbeitgeber enthüllen, dass er ein Stasi-Agent war.

Eine andere Folge *(Hirngespinste)* handelte von einem älteren jüdischen Ehepaar, das vor den Nazis nach Amerika geflohen war. Nach der Wiedervereinigung kehrte es zurück, um seine Ansprüche auf ein Grundstück in Ostberlin geltend zu machen, das zuerst von den Nazis und dann vom kommunistischen Staat enteignet worden war. Ein Anwalt betrog sie um ihr Geld, und sie suchten Liebling auf, damit er diesen Anwalt verklagte. Im Laufe dieses Falles verliebte er sich in die schon mehrmals verheiratete Tochter dieses Ehepaars, ein Motiv, das sich durch die restlichen Folgen zog. Im Bild des Juden in der letzten Staffel spiegelte sich die Beschäftigung mit dem Holocaust und seiner Bedeutung in der neuen »Berliner Republik« wider.

1995 gab es einen Wettbewerb für ein »Holocaust-Denkmal« für die ermordeten Juden von Europa. Die öffentlichen Debatten darüber zogen sich bis nach Beckers Tod hin. Und nach 1989 war die jüdische Gemeinde in Berlin erheblich größer geworden. Nachdem zehntausende von Juden aus der ehemaligen Sowjetunion emigriert waren, hatte der Umstand, dass jemand in Berlin aus religiösen, weltlichen oder politischen Gründen »jüdisch« war, Mitte der neunziger Jahre eine völlig neue Bedeutung gewonnen. Die Rückkehr von Lieblings neuer Freundin aus San Francisco nach Deutschland in Beckers Serie steht zugleich für die Rückkehr der Juden in die Stadt.

Ihr akzentfreies Deutsch wies sie als Heimkehrerin aus. Becker konzentrierte sich weiter auf den Holocaust und seine Folgen, als Ostjuden, die oft wie Max Becker ein Deutsch mit starkem Akzent sprachen, den Alltag in Berlin wiederzubeleben begannen.

Gleichwohl blieb Beckers Bild von Berlin eher privat als öffentlich. Lieblings Fälle behandelten nur am Rand die »großen« Fragen der Wiedervereinigung. Die Besetzung blieb multikulturell – Juden, Russen, Afrikaner, Polen, Türken bevölkerten diese letzten Folgen, und gedreht wurden sie im Unterschied zu den früheren Episoden in ganz Berlin, im Osten und im Westen. Das Image des Ostens war grau, aber für jeden Hinterhof im Osten wurde parallel einer im Westen gezeigt.

In der Serie verschmolz Lieblings Privatleben mit dem seines Mitarbeiters Pelzer, als dieser sich mit Lieblings Tochter verlobte. In der Schlussepisode weigerte sie sich plötzlich, ihm vor dem Altar das Ja-Wort zu geben und ließ ihn stehen. Kein Happy End wurde in Lieblings Leben in Aussicht gestellt, nur noch größere Komplikationen. Doch diese letzte Staffel hatte kein offenes Ende. Jede Folge war in sich geschlossen, und jede löste die darin aufgeworfenen Probleme. Diese Episoden waren in ihrer Struktur konservativer als die früheren Staffeln. Becker änderte nichts an der Figur Liebling – er blieb ironisch distanziert und doch engagiert in seiner Welt.

Er schrieb Folge um Folge. Doch alle Beteiligten wussten, dass die Serie mit Beckers schwindenden Kräften ein Ende nehmen würde. Die Erfahrungen mit Plenzdorf hatten gezeigt, dass Beckers Drehbücher das Herz der Serie waren.[84] Die letzte Staffel der Serie wurde vom 7. Oktober 1997 an ausgestrahlt und erreichte erneut hohe Einschaltquoten.[85]

Im Oktober 1996 musste sich Becker erneut einer intensiven Chemotherapie unterziehen. Er begab sich nun jede Woche für einen Tag ins Krankenhaus. Die zweite Behandlung hatte ihn zwar erschöpft, aber er beschloss, für seine Freunde eine Party zu geben. Er bereitete für sie Cholent, das typischste Sabbatgericht der osteuropäischen Juden, und erzählte bis zum frühen Morgen Geschichten. Es war ein letztes Lebewohl, und die meisten Anwesenden wussten es.

Im Januar 1997 stand fest, dass die Behandlung keine Besserung herbeiführte – die Tumore blieben und vermehrten sich. Sein Arzt beschloss, die Behandlung einzustellen, während er Christine Becker vertraulich erklärte, dass jede weitere Therapie sinnlos wäre. Doch er wollte Becker nicht die letzte Hoffnung nehmen. Ihm sagte er nichts davon. Seinen wunderbaren Humor verlor Becker jedoch auch nicht in dieser schweren Zeit.

Er schrieb Dutzende von Postkarten an Christine, eine Tradition, die er Jahrzehnte zuvor mit den Krugs und vielen anderen begonnen hatte und die er auch mit Christine fortführte. Er stellte sich vor, dass er eine letzte Episode für *Liebling Kreuzberg* schreiben würde, in der bei Liebling Krebs diagnostiziert wird und er die Krankheit besiegt. Oder er schrieb so ironische Postkarten wie:

»15. 1. 97
seit Tagen beschäftigt mich eine fundamentale Frage, deren Beantwortung von beinah existentieller Bedeutung ist. Man weiß: Wes Brot ich eß', des Lied ich sing. Das stimmt, das ist Marxismus, das haut voll rein. Nun esse ich also, wie Du weißt, seit einiger Zeit kein Brot mehr. Was jetzt?
Dein verunsicherter J

P. S. Wes Nudelsuppe ich eß', des Lied ich sing, klingt einfach zu blöd.«[86]

Im Februar 1997 gab Becker sein letztes Interview für den *Spiegel*. Die Fotografin Herlinde Koelbl bat ihn um Erlaubnis, ihn in seiner Berliner Wohnung fotografieren zu dürfen.[87] Sie verwickelte ihn in ein ausführliches Gespräch, das nach seinem Tod veröffentlicht wurde. Darin äußerte er sich freimütig darüber, wie er Deutscher geworden sei und was das für ihn bedeute. Er erkannte, dass *Jakob der Lügner* sein großes Erbe wäre, aber er war sich auch der Stärken und Schwächen des Buches bewusst, das ihn zum Schriftsteller gemacht hatte. Auf die Frage, inwiefern ihn seine Kindheit im Ghetto beeinflusst habe, erwiderte er, er habe zwar keine Erinnerung mehr daran (»so als wäre es nie gewesen«), aber sicher finde dieser Einfluss im Unbewussten statt, in seiner Aggressivität und in seinem obsessiven Verlangen, die Vergangenheit zu rekonstruieren. Er dachte noch einmal darüber nach, was sein Judentum eigentlich für sein Leben bedeutete – nun sah er es untrennbar mit allem verbunden, was er war und tat. Er erkannte, welche neue Bedeutung die Familie für sein Schreiben hatte. Er stellte sich eine ideale DDR-Vergangenheit vor, in der der Antisemitismus undenkbar und das Leben positiv war, zumindest bis 1968. Kein Wort der Trauer darüber, dass die DDR, die nach 1968 existiert hatte, verschwunden war. Alles in allem definierte er sich als Deutscher – mit einer multikulturellen Vergangenheit als Ausländer, Jude, Überlebender, Sozialist, Dissident, Ostdeutscher, Westberliner und nun eben als Deutscher. Sein eigenes Leben verstand er als eine Summe widersprüchlicher Erfahrungen von der Art, wie er sie sich als Modell für die »Multikulturalität« der neuen Berliner Republik wünschte. Im neuen Deutschland, in seinem Berlin, entstehe »unmerklich und unforciert etwas …, was das Gegenteil von provinziell und kleingeistig ist«.[88] Und er war der beste Beweis dafür.

Er hatte noch eine Verpflichtung. Anfang Februar hielt er zum letzten Mal eine Lesung an der deutschen Buchhändler-Akademie in Seckbach. Dort hatte er 1983 seine Frau Christine kennen gelernt.

Am 14. März 1997 starb Jurek Becker friedlich in seinem Landhaus in Sieseby. Wie er es gewünscht hatte, wurde er auf dem Friedhof der dortigen evangelischen Kirche beigesetzt. Nur die Familie und eine kleine Gruppe von Freunden waren anwesend. Der Dichter Joachim Satorius hielt eine Rede. Manfred Krug las aus *Jakob der Lügner*.

Auf seinem schlichten Grabstein steht: «Jurek Becker, 1937–1997«.

Heute liegt ein Häufchen kleiner Steine, das Zeichen des Gedenkens in der jüdischer Tradition, auf dem Grabstein eines neuen Deutschen in einem neuen Deutschland.

Anmerkungen

Wird ein Werk von Jurek Becker im Kontext seiner Interpretation wiederholt zitiert, stehen die entsprechenden Seitenzahlen dieses Werkes in Klammern hinter dem Zitat.

Einleitung

1 Jurek Becker: »Der Tausendfüßler«, in: Paul Michael Lützeler (Hrsg.): *Schreiben zwischen den Kulturen*. Frankfurt a. M. 1996, S. 55–64; nachgedruckt in Becker, Ende, S. 216–330, hier S. 221 f.

2 Heinz Ludwig Arnold: »Aus den Stasi-Akten über Jurek Becker«, in: Text+Kritik, 120, 1993, S.15–25, hier S.16.

3 Siehe Sander L. Gilman: »Bertolt Brecht and the F. B. I.«, in: *The Nation,* 210, 1974, S. 560–562.

4 Richard A. Zipser: »Jurek Becker: A Writer With a Cause«, in: *Dimension*, 11, 1978, S.213–243.

5 Jurek Becker: *Ende des Größenwahns*, Frankfurt a.M. 1996, S.213–243.

6 Siehe Sander L. Gilman: »An Interview with Isaac Bashevis Singer«, in: *Diacritics*, 4, 1974, S.30–33.

Erstes Kapitel

1 Das Ummodeln der Identität sowohl durch den Vater wie durch den Sohn, durch Mieczysław und durch Jerzy, ist ein zentraler Bestandteil dieser Geschichte. Sogar die Geburtsdaten werden problematisch. Nach den frühesten Aufzeichnungen über Jerzy, die aus dem Ghetto erhalten sind, wurde er am 10. September 1937

geboren. Aber sobald sein Vater seine Geburt in offiziellen Dokumenten am 10. Oktober angab, wurde sein Geburtsdatum der 30. September 1937. (Siehe Becker-Papiere)

2 Es gibt etliche gute historische Darstellungen von Łodz. Doch die beste jüdische Schilderung der Stadt und ihrer Probleme in der modernen Welt aus den 1930er Jahren ist und bleibt Israel Joschua Singers meisterhafter Roman von 1933, *Die Brüder Aschkenasi (Di brider Askenazi)*; zitiert nach der deutschen Ausgabe, München, Wien 1986. Um 1937 war das Leben der polnisch-jüdischen Mittelschicht in Łodz bereits mythologisiert worden, wie I. J. Singer in seinem Roman zeigt. Die Juden von Łodz waren keine sentimentalisierten »Ostjuden« mit ihren Pejes und ihrer Klezmermusik, sondern Angehörige einer vergessenen jüdischen Mittelschicht – in ihren sozialen und kulturellen Beziehungen ihren polnischen Nachbarn näher als den ultraorthodoxen Juden, wie sie I. J. Singers Bruder Isaac Bashevis Singer in seiner Autobiographie *Mein Vater der Rabbi* (*Mayn tatn's beys-din shtub,* 1966) dargestellt hat.

3 Becker-Papiere: »Anmeldung: Der Älteste der Juden im Litzmannstadt-Ghetto«, 1. Februar 1940.

4 Becker-Papiere: »Aufnahmeantrag: Humboldt-Universität« (17. Juli 1957), abgedruckt in Holger Jens Karlson: »Jurek Becker. Bausteine zu einer Schriftstellerbiographie«, in: *Berliner Hefte zur Geschichte des literarischen Lebens* 3, 2000, S. 5–80, hier S. 72–74. Ich verweise hier und anderswo auf die veröffentlichte Fassung der Becker-Papiere, da sie leichter erhältlich ist. Ursprünglich habe ich die Originalquellen herangezogen. Ich bin Karlson dankbar dafür, dass er mir seine Magisterarbeit vor der Veröffentlichung zugänglich gemacht hat. Siehe auch Angela Schmidt: *Jurek Becker. Annäherungen an eine Biographie* (Diplomarbeit Humboldt-Universität, Berlin 1987).

5 Laut den Ghetto-Aufzeichnungen wurde »Mordeha« am 9. November 1900 in Łodz geboren. In »Max'« Aufnahmeformular für die jüdische Gemeinde Berlin vom 8. Januar 1946 wurde er am 11. März 1906 in Fürth geboren. Die Schreibweise des Familiennamens wechselte auch vom polnischen Bekker zu Beker und schließlich zu Becker. »Chana« wurde nach den Ghetto-Aufzeichnungen am 28. März 1902 geboren. In ihrem Totenschein in Ravensbrück wird »Hanias« Geburtsdatum mit 30. April 1902 angegeben.

6 Marianna D. Birnbaum: »Ein Interview mit Jurek Becker«, in: *Cross Currents,* 8,1989, S. 153–170, hier S. 155.

7 Jurek Becker: *Ende des Größenwahns*, a. a. O., S. 12. Seine essayistischen Schriften hat Jurek Becker für diesen Band selbst zusammengestellt und herausgegeben. Ich zitiere aus dieser Quelle, da sie am leichtesten zugänglich ist und widerspiegelt, welche Versionen seines Lebens er in einen Zusammenhang bringen wollte.

8 Jurek Becker: *Nach der ersten Zukunft. Erzählungen*, Frankfurt a. M. 1980, S. 40–61. Nachgedruckt in Jurek Becker: *Die beliebteste Familiengeschichte und andere Erzählungen*, Frankfurt a. M. 1995.

9 Singer, a. a. O., S. 53.

10 Siehe François Guesnet: *Łodz der Juden im 19. Jahrhundert. Ihr Ort in einer multikulturellen Stadtgesellschaft*. Leipzig 1997 sowie Ders.: *Polnische Juden im 19. Jahrhundert. Lebensbedingungen, Rechtsnormen und Organisation im Wandel*. Köln 1998 und Jürgen Hensel (Hrsg.): *Polen, Deutsche und Juden in Łodz 1820–1939. Eine schwierige Nachbarschaft*. Osnabrück 1999.

11 Singer a. a. O. S. 450.

12 Singer, a. a. O., S. 369.

13 Pawel Korzec: »Antisemitism in Poland as an Intellectual, Social and Political Movement«, in: Joshua A. Fishman (Hrsg.): *Studies on Polish Jewry 1919–1939*. New York 1974, S. 12–104.

14 Korzec, a. a. O., S. 83.

15 Lillian Kranitz-Sander (Hrsg.): Twelve Who Survived: An Oral History of the Jews of Łodz, Poland, 1930–1954, New York, hier S. 125.

16 YIVO-Archives, New York: *American Jewish Congress Report*, 13. Januar 1937.

17 *Les »bancs de ghetto« dans les Universités de Pologne: Appel aux Universitaires Polonais*, Paris 1938, S. 5.

Zweites Kapitel

1 Jurek Becker: *Ende des Größenwahns*, a. a. O. S. 12.

2 Nach 1930 war Litzmann Mitglied der NSDAP, und von 1932 bis zu seinem Tod war er der älteste Abgeordnete im deutschen Reichstag.

3 Laut dem Melderegister des Ghettos (heute im Yad Vashem, Jerusalem) und dem Ummeldeformular von Jerzy Becker vom 13. November 1940 (Becker-Papiere).

4 Nach dem Krieg in ulica W. Bytomskiej umbenannt. Siehe Becker-Papiere: »Aufnahmeantrag: Humboldt-Universität«, 25. Februar 1955.

5 Gute Darstellungen von Rumkowski und seinem Ruf bieten der frühe Essay von Shmuel Huppert: »King of the Ghetto: Mordecai Haim Rumkowski, the Elder of the Łodz Ghetto«, in: Yad Vashem Studies, 15, 1983, S.125–157, und das Buch von Lucille Eichengreen: Rumkowski and the Orphans of Łodz, San Francisco 2000.

6 Tamar Bermann: Produktivierungsmythen und Antisemitismus. Eine soziologische Studie, Wien 1973, und Derek J. Penslar: Shylock's Children: Economics and Jewish Identity in Modern Europe, Berkeley 2001. Siehe auch Christopher R. Browning: Nazi Policy, Jewish Workers, German Killers, Cambridge 2000, S. 58–88 – die beste Untersuchung des Problems der Arbeit in den polnischen Ghettos.

7 Debórah Dwork: *Children with a Star: Jewish Youth in Nazi Europe,* New Haven 1991, S. 191; siehe auch George Eisen: *Children and Play in the Holocaust: Games Among the Shadows,* Amherst 1988; Maria Hochberg-Marianska und Noe Gruss (Hrsg.): *The Children Accuse,* Portland, OR, 1996; Judith Kestenberg und Charlotte Kahn (Hrsg.): *Children Surviving Persecution: An International Study of Trauma and Healing,* Westport, Conn., 1998; Wiktoria Sliwowska (Hrsg.): *The Last Eyewitnesses: Children of the Holocaust Speak,* Evanston, Ill., 1998.

8 Dwork, a. a. O., S. 204.

9 Janusz Gumkowski, Adam Rukowski und Arnfried Astel (Hrsg.): *Briefe aus Litzmannstadt,* Köln 1967, S. 126.

10 *Spuren aus dem Getto Łodz. Dokumente der Sammlung Wolfgang Haney, Berlin,* Berlin 2000, S. 55.

11 *Briefe aus Litzmannstadt,* a. a. O., S. 32.

12 Becker: *Ende,* a. a. O., S. 116.

13 Oskar Rosenfeld: *Wozu noch Welt. Aufzeichnungen aus dem Getto Łodz,* hrsg. v. Hanno Loewy, Berlin 1994, S. 23.

14 Lucjan Dobroszycki (Hrsg.): *Chronicle of the Łodz Ghetto, 1941–1944,* New Haven 1984, S. 250 f. Weitere Untersuchungen und Texte, die für dieses Kapitel herangezogen wurden: Hanno Loewy und Andrzej Bodek (Hrsg.): *»Les Vrais Riches« – Notizen am Rand. Ein Tagebuch aus dem Ghetto Łodz (Mai bis August 1944),* Leipzig 1997; Martin Gilbert: *The Holocaust: A History of the Jews of Europe during the Second World War,* New York

1970, S. 430–440; Sarah Bick Berkowitz: *Where Are My Brothers? From the Ghetto to the Gas Chambers,* New York 1965. Ein zentraler Text ist Hanno Loewy und Gerhard Schoenberner (Hrsg.): »*Unser einziger Weg ist Arbeit*«. *Das Getto in Łodz. 1940–1944,* Wien 1990 – er enthält Jurek Beckers Kommentar »Die unsichtbare Stadt«, S. 10 f.

15 Josef Wulf: *Łodz. Das letzte Ghetto auf polnischem Boden,* Bonn 1961, S. 29.

16 Isaiah Kuperstein: »Rumors: A Social-Historical Phenomenon in the Ghetto of Łodz«, in: *The Polish Review,* 18, 1973. S. 63–83. Siehe auch Wolfgang Sofsky: *Die Ordnung des Terrors. Das Konzentrationslager,* Frankfurt a. M. 1993, S. 109–112.

17 Aus einem handschriftlichen Bericht aus dem Ghetto Litzmannstadt unter dem Pseudonym »Leon Hurwitz«, zitiert nach Kuperstein, a. a. O., S. 50.

18 Tamotsu Shibutai: *Improvised News: A Sociological Study of Rumor,* Indianapolis 1966, S. 40.

19 *Briefe aus Litzmannstadt,* a. a. O., S. 18 f.

20 Isaiah Trunk: *Ghetto Łodz,* New York 1962, S. 392.

21 Ebda., S. 293.

22 Stefan Korbónski: *Warsaw in Chains,* New York 1959, S. 110.

23 *Briefe aus Litzmannstadt,* a. a. O., S. 30, 58 usw.

24 *Chronicle of the Łodz Ghetto,* a. a. O., S. 504.

25 Zeit- und Ortsangaben sind unklar. Jurek Beckers Universitäts-Lebensläufe von 1955 und 1957 lassen sich mehr oder weniger identisch aus über die Information, die Max der Jüdischen Gemeinde 1946 über seine Befreiung aus Sachsenhausen und die seines Sohns aus Ravensbrück gegeben hatte. Nach diesen Erklärungen wurden Chana und Jerzy 1943 nach Ravensbrück transportiert. Laut der Liste der Sonderzüge aus Litzmannstadt befanden sich jedoch Manja (geboren 26. Juli 1920) und Jerzy (geboren 30. Oktober 1937) Becker im Zug 111 nach Ravensbrück am 22. Oktober 1944. Nach ihren Namen stehen die Worte »politisch« und »Jude«. Es ist möglich, dass dies eine andere Familie gleichen Namens ist; es gibt allerdings keine früheren Berichte über eine Mutter und einen Sohn »Becker« auf den Zügen von Litzmannstadt nach Ravensbrück. Dies teilte mir das Archiv in Ravensbrück am 18. Juli 1998 mit. Zudem wird das Lager Königswusterhausen ein einziges Mal in den Becker-Papieren (»Aufnahmeantrag: Humboldt-Universität«, 25. Februar 1955) erwähnt, im Anschluss an die Erwähnung von Ravensbrück und

Sachsenhausen. Möglicherweise war Becker dort irgendwann Ende 1945 zur medizinischen Behandlung.

26 Reinhard Kaiser und Margarete Holzmann: *»Das Kind soll leben«. Die Aufzeichnungen der Helene Holzmann 1941–1944*, Frankfurt a. M. 2000. Über das Ghetto Łodz siehe S. 315–320, hier S. 320[1].

27 Auch hier gibt es wieder mehrere mögliche Antworten: In seiner Erklärung von 1946 stellt Max fest, dass er 1945 aus dem Konzentrationslager Sachsenhausen befreit wurde. In Jurek Beckers autobiographischer Erklärung von 1955 steht, er habe später erfahren, dass sein Vater ins KZ Oranienburg bei Berlin gesteckt und dann aus einem Konzentrationslager bei Schwerin befreit wurde. In einem Interview 1978 erklärte er, sein Vater sei aus Auschwitz befreit worden. (Richard A. Zipser, a. a. O., S. 407.) Dass Max in Auschwitz war, könnte ein Brief vom 16. März 1950 bestätigen, in dem Herbert Rosenberg vom Auschwitz-Komitee der DDR schrieb, er wisse persönlich, dass Max aus Sachsenhausen befreit worden war (Becker-Papiere). Es könnte durchaus sein, dass er sich auf einem Transport von Auschwitz nach Sachsenhausen befand und dort befreit wurde. So steht es allerdings nicht in der Erklärung von Rosenberg. Siehe die Stasi-Akten: Brief vom 18. März 1950, 10.14.4, sowie das Rentenformular A.30.626.

28 Jurek Becker: *Warnung vor dem Schriftsteller*, a. a. O., S. 10.

29 Kiryl Sosnowski: *The Tragedy of Children under Nazi Rule*, Poznan 1962, S. 99.

30 Simone Erpel: »Kriegsende und Befreiung«, in: *Forschungsschwerpunkt Ravensbrück. Beiträge zur Geschichte des Frauen-Konzentrationslagers*, hrsg. v. Sigrid Jacobeit und Grit Philipp, Berlin 1997, S. 47–59.

31 Becker-Papiere: Totenschein der Gemeinde Sachsenhausen vom 29. April 1968.

32 Aus dem Interview mit Marianna Birnbaum von 1988, nachgedruckt in Irene Heidelberger-Leonhard (Hrsg.): *Jurek Becker*. Frankfurt a. M. 1992, S. 89–107, hier S. 96.

33 Becker: *Ende des Größenwahns*, a. a. O., S. 57.

34 »Werkstattgespräche mit Jurek Becker«, in: *Jurek Becker. Werkheft Literatur*, hrsg. v. Karin Graf und Ulrich Konietzny. München 1991, S. 56–74, hier S. 57, und »Ein Mann, der sich nicht in Schablonen packen lässt«, in: Günter Gaus: *Zur Person*, Berlin 1988, S. 6–27, hier S. 14.

35 Becker: *Ende des Größenwahns,* a. a. O., S. 114.

36 Wie Sabine Gölz elegant nachgewiesen hat (in: »Where Did the Wife Go? Reading Jurek Becker's ›Parkverbot‹«, in: *The Germanic Review,* 62, 1987, S. 10–19). Siehe auch Ricarda Schmidt: »The Gender of Thought«. Recollection, Imagination, and Eroticism in Fictional Conceptions of East and West German Identity, in: *»Whose Story?« Continuities in Contemporary German-Language Literature,* hrsg. von Arthur Williams, Stuart Parkes und Julian Preece, Bern 1998, S. 219–247.

37 Heinz Ludwig Arnold: Gespräche mit Jurek Becker, in: *Text und Kritik,* 116, 1992, S. 4–15, hier S. 4.

Drittes Kapitel

1 Yehuda Bauer: *Out of the Ashes: The Impact of American Jews on Post-Holocaust European Jews,* Oxford 1989, S. 36.

2 Erica Burgauer: *Zwischen Erinnerung und Verdrängung. Juden in Deutschland nach 1945,* Reinbek 1993, S. 19.

3 Wolfgang Jacobmeyer: »Jüdische Überlebende als ›Displaced Persons‹«, in: *Geschichte und Gesellschaft* 3, 1983, S. 421–452.

4 Michael Brenner: *Nach dem Holocaust. Juden in Deutschland. 1945–1950,* München 1995.

5 Yehuda Bauer: *Flight and Rescue: Brichah,* New York 1970.

6 Becker-Papiere: In seinem Rentenantrag (13–194-BY) vom 3. Juni 1953 und in seinem Aufnahmeantrag für die Humboldt-Universität 1955.

7 Siehe dazu vor allem Angelika Königseder: *Flucht nach Berlin. Jüdische Displaced Persons 1945–1948,* Berlin 1998.

8 Königseder, a. a. O., S. 154.

9 Burgauer, a. a. O., S. 20. Die Zahlen für Berlin sind weniger eindeutig. Bauer (*Out of the Ashes,* S. 56) behauptet, in Berlin habe es 1945 etwa 7000 Juden gegeben, von denen rund 1600 aus den Lagern zurückgekehrt seien. Frank Stern (*Im Anfang,* S. 73) spricht nur von 5000 Juden und von etwa 1000 Rückkehrern aus den Lagern.

10 Richard Zipser, a. a. O., S. 407.

11 Das Radio und die mündliche Propaganda werden in dem Formular erwähnt, das Max für die Jüdische Gemeinde Berlin am 1. August 1946 ausfüllte. Die Geschichte vom Radio findet sich auch in Jurek Beckers beiden Universitäts-Lebensläufen vom

13. Februar 1955 und vom 9. Februar 1957, nachgedruckt in Holger Jens Karlson: *Jurek Becker. Bausteine zu einer Schriftstellerbiographie,* in: *Berliner Hefte zur Geschichte des literarischen Lebens* 3, 2000, S. 5–80, hier S. 72 ff. Ebenfalls in den Becker-Papieren.

12 In einer Fernsehdiskussion des Kabelkanals *arte* vom Januar 1995; zitiert nach Michael Wildt: Unüberbrückbare Erinnerungen, in: *Werkstätte Geschichte,* 13, 1996, S. 49–59, hier S. 53

13 Becker-Papiere: Schreiben des Magistrats der Stadt Berlin vom 28. Dezember 1945.

14 Becker-Papiere: Beglaubigte Erklärung von Max Becker und Georg Becker vom 19. Oktober 1952.

15 Brenner, a. a. O., S. 45.

16 Werkstattgespräche mit Jurek Becker, a. a. O., S. 62.

17 Becker-Papiere: Was heißt hier Liebling? Porträt Jurek Becker (Inez Jakob, WDR 1996).

18 Becker: *Ende,* a. a. O., S. 11 f.

19 Königseder, a. a. O., S. 36.

20 Becker-Papiere: Was heißt hier Liebling? Porträt Jurek Becker (Inez Jakob, WDR 1996).

21 Ebda.

22 Frank Stern: *Im Anfang war Auschwitz. Antisemitismus und Philosemitismus im deutschen Nachkrieg,* Gerlingen 1991. S. 110.

23 Becker: *Ende,* a. a. O., S. 50.

24 *Werkstattgespräche,* a. a. O., S. 57.

25 Ebda.

26 Becker-Papiere: Lebenslauf 13. Februar 1955, abgedruckt in Holger Jens Karlson, a. a. O., S. 72 f.

27 Brenner, a. a. O., S. 49.

28 Becker: *Ende,* a. a. O., S. 98.

29 Victor Klemperer: *LTI. Notizbuch eines Philologen,* Berlin 1947. Siehe auch Karl-Heinz Hartmann: »Das Dritte Reich in der DDR-Literatur. Stationen erzählter Vergangenheit«, in: Hans Wagner (Hrsg.): *Gegenwartsliteratur und Drittes Reich,* Stuttgart 1977, S. 306–328; Cathy Gelbin: »Die NS-›Vergangenheitsbewältigung‹ in der DDR und ihre Widerspiegelung im narrativen Prozess«, in: *Menora,* 1998, S. 224–244.

30 Becker-Papiere: Rede und Gegenrede, geschrieben für den WDR.

31 Becker: *Warnung,* a. a. O., S. 12.

32 Siehe meine Studie *Jewish Self-Hatred: Anti-Semitism and the Hidden Language of the Jews,* Baltimore 1987.

33 Helmut Pfeiffer: *Deutsche Autoren heute. Jurek Becker und Günter Kunert werden in Gespräch und Lesung vorgestellt,* Bonn 1984, S. 3–23, hier S. 6 f.

34 Becker: *Warnung,* a. a. O., S. 12.

35 Zipser, a. a. O., S. 409.

36 Stasi-Akten: Kopien des Briefs vom 18. März 1950, 10.14.4, sowie der Rentenantrag A.30.626.

37 Siehe Malgorzata Dubrowska: »›Überleben heißt erinnern‹. Erinnerung als Weg zur Selbstfindung ostdeutscher Autoren jüdischer Herkunft«, in: Maria Katarzyna Lasatowicz und Jürgen Joachimsthaler (Hrsg.): *Nationale Identität aus germanistischer Perspektive,* Opole 1998, S. 271–279.

38 Becker: *Ende,* a. a. O., S. 63.

Viertes Kapitel

1 Becker-Papiere: »Lebenslauf« vom 9. Februar 1957, Humboldt-Universitätsarchiv S. 7. Nachgedruckt in: Karlson, a. a. O., S. 73 f.

2 Frauke Meyer-Gosau: »Fortschritt kann auch in Ernüchterung bestehen«, in: Irene Heidelberger-Leonhard (Hrsg.): *Jurek Becker. Materialien,* a. a. O., S. 109.

3 Volker Hage: »Jurek Becker. Hinter dem Rücken des Vaters. Interview«, a. a. O., S. 336.

4 Käthe-Kollwitz-Schule: Zeugnis für Jurek Becker, Klasse 11b, Schuljahr 1953/54. Humboldt-Universitätsarchiv, S. 22 (Becker-Papiere).

5 Becker-Papiere: »Begründung der Berufswahl«, 9. Februar 1957, nachgedruckt in Karlson, a. a. O., S. 75–77.

6 Becker-Papiere: »Lebenslauf«, 13. Februar 1955, nachgedruckt in Karlson, a. a. O., S. 72 f.

7 Becker-Papiere: »Käthe-Kollwitz-Schule: Beurteilung des Abiturienten Georg Becker, Klasse 12b, vom 22. Februar 1955«, Humboldt-Universitätsarchiv S. 24.

8 Über das Bild der Juden und das Leben der Juden in der DDR siehe: Mario Keßler: *Die SED und die Juden. Zwischen Repression und Toleranz. Politische Entwicklung bis 1967,* Berlin 1995; Lothar Mertens: *Davidstern und Hammer und Zirkel. Die jüdischen Gemeinden in der SBZ/DDR und ihre Behandlung durch Partei und Staat 1945–1990,* Hildesheim/New York 1997; Ulrike Offenberg: *Seid vorsichtig gegen die Machthaber. Die jü-*

dischen Gemeinden in der SBZ und der DDR 1945–1990, Berlin 1998.

9 Angelika Timm: *Hammer, Zirkel, Davidstern. Das gestörte Verhältnis der DDR zu Zionismus und Staat Israel,* Bonn 1997. Timm legt dar, dass der seit den fünfziger Jahren praktizierte offizielle Antizionismus in der DDR es verkappten Antisemiten ermöglichte, ihre antijüdischen Vorurteile unter dem Vorwand des politischen Protestes zu artikulieren. Die erklärte Einstellung der SED-Regierung gegenüber dem Zionismus, der jüdischen Frage und Israel sorgte für das Weiterbestehen eines latenten Antisemitismus.

10 Leonid Luks (Hrsg.): *Der Spätstalinismus und die »jüdische Frage«. Zur antisemitischen Wendung des Kommunismus,* Köln 1998, und Joshua Rubenstein und Vladimir P. Naumov (Hrsg. und Einleitung): *Stalin's Secret Pogrom: The Postwar Inquisition of the Jewish Anti-Fascist Committee,* New Haven 2001.

11 Siehe Jeffrey Herf: *Divided Memory: The Nazi Past in the Two Germanys,* Cambridge, Mass., 1997, S. 106–162.

12 Eric D. Weitz: *Creating German Communism 1890–1990,* Princeton 1997.

13 Keßler, a. a. O., S. 105. Interviews mit Ostberliner Juden: siehe Wolfgang Herzberg (Hrsg.): *Überleben heißt Erinnern. Lebensgeschichten deutscher Juden,* Berlin 1990; Vincent von Wroblewsky: *Zwischen Thora und Trabant. Juden in der DDR,* Berlin 1993, und die Fortsetzung *Eine unheimliche Liebe. Juden und die DDR,* Berlin 2001; John Borneman und Jeffrey M. Peck (Hrsg.): *Sojourners. The Return of German Jews and the Question of Identity,* Lincoln, Ne., 1995; Robin Ostow: *Juden aus der DDR und die deutsche Wiedervereinigung. Elf Gespräche,* Berlin 1996. Eine merkwürdige Mischung von Fakten und Phantasie über die Juden in der DDR bietet der konservative deutsch-jüdische Historiker Michael Wolffsohn: *Die Deutschland-Akte. Deutsche und Juden in Ost und West. Tatsache und Legenden,* München 1995.

14 Keßler, a. a. O., S. 106.

15 Jurek Becker: *Ende des Größenwahns,* a. a. O., S. 19. Diese Ansicht vertraten auch andere nichtreligiöse Juden in der DDR wie Fred Wander (*Das gute Leben*, Frankfurt a. M. 1999, S. 122), der behauptet, in all den Jahrzehnten, die er in der DDR verbrachte, habe er nie eine antisemitische Bemerkung gehört.

16 Vergleiche hierzu Sonja Miltenberg: »Kommunist-Deutscher-Jude. Eine politische Biographie«, in: Cathy Gelbin u. a. (Hrsg.):

Archiv der Erinnerung. Interviews mit Überlebenden der Shoah, Potsdam 1998, S. 213–264.

17 Stasi-Akten II/4-C »Ermittlungsbericht«, 2. Februar 1961.

18 Becker-Papiere: »Lebenslauf 1955«, S. 16 f.; Karlson, a. a. O., S. 72 f.

19 Becker-Papiere: »Lebenslauf 1957«, S. 7; Karlson, a. a. O., S. 73 f.

20 Becker: *Ende des Größenwahns,* a. a. O., S. 180.

21 Ebda.

22 Jurek Becker: *Jakob der Lügner,* Frankfurt a. M. 1982, S. 80.

23 Jurek Becker: *Amanda Herzlos,* Frankfurt a. M. 1992, S. 326.

24 Als Jurek Becker mir beim Frühstück in einem Café am Kurfürstendamm eine Kopie des Manuskripts seines letzten Romans gab, zwinkerte er mir zu und sagte: »Du wirst sogar etwas darin finden, was dich interessiert!« Und dieser Aspekt seines Werkes interessiert mich tatsächlich, da es der Schlüssel zu seinem übrigen Werk ebenso wie zu seinem Selbstverständnis ist.

25 Becker-Papiere: Tagebuch der Reise nach Portugal, 1986. Das ist das einzige Tagebuch, das Becker geführt hat. Er begann es während der Lektüre von Franz Kafkas Tagebüchern im Urlaub in Portugal; es besteht aus etwa 15 Seiten in einem Schulheft.

26 Becker, *Ende des Größenwahns,* a. a. O., S. 13 f.

27 Sigmund Freud: *Gesammelte Werke. Chronologisch geordnet,* Bd. 17, S. 49–54.

28 Becker-Papiere: »Was heißt hier Liebling? Porträt Jurek Becker«, Inez Jaco 1996 (WDR).

29 Herlinde Koelbl: »Das ist wie ein Gewitter«, in: *Der Spiegel,* 13, 1997, S. 210–215, hier S. 215.

30 Becker-Papiere: »Aufnahmeantrag für die Humboldt-Universität«, Berlin, 25. Februar 1955, S. 3.

31 Becker-Papiere: »Lebenslauf 1955«, S. 17.

32 Becker-Papiere: »Lebenslauf 1957«, S. 8.

33 Zipser, a. a. O., S. 409.

34 Becker-Papiere: »Parteiorganisation beim ZK der SED. Betr.: Aufnahme des Universitätsstudiums im September 1957 durch den Gen. Becker«, Universitätsarchiv, S. 9.

35 Becker-Papiere: »Lebenslauf 1957«, S. 8; Karlson, S. 73 f.

36 Wilhelm Schwarz: *Protokolle. Gespräche mit Schriftstellern,* Frankfurt a. M. 1990, S. 115 f. (Aus einem Interview von 1977)

37 Stasi-Akten II/4-C: »Ermittlungsbericht«, 2. Februar 1961.

38 Jurek Becker: »Betroffen sein aus Liebe. Max Frisch zu seinem 70. Geburtstag«, in: *Der Tagesspiegel,* 15. Mai 1981.

39 Aus dem Interview von 1988 mit Marianna Birnbaum, a. a. O., S. 102.

40 Kafkas Rolle als kulturelle Ikone im Prager Frühling von 1968 konnte von Ostberlin nach der eifrigen Beteiligung der DDR an der Niederschlagung der Reformbewegung nicht ignoriert den. Becker: *Ende des Größenwahns,* a. a. O., S. 37.

41 Joachim Köhler und Sven Michaelsen: »›Das Fernsehen ist außer Kontrolle‹«, in: *Stern,* 19. Dezember 1994, S. 210.

42 Manfred Krug: *Jurek Beckers Neuigkeiten an Manfred Krug & Otti,* Düsseldorf 1997, S. 11.

43 Jurek Becker: *Schlaflose Tage,* Frankfurt a. M. 1978, S. 70.

44 Ein detaillierter Stasi-Bericht läßt sich darüber aus. Siehe Beckers Stasi-Akte II/4-C: »Ermittlungsbericht«, 2. Februar 1961.

45 Stasi-AkteII/4-C: «Ermittlungsbericht«, 2. Februar 1961.

46 Becker: *Ende des Größenwahns,* a. a. O., S. 110.

47 Sander L. Gilman, Unterhaltung mit Wolf Biermann am 3. Juli 1998.

48 Zipser, a. a. O., S. 409.

49 Ders., a. a. O., S. 410.

50 Becker-Papiere: »Mit welchen Methoden kann die Produktion von Mehrwert im Kapitalismus gesteigert werden?« (7 Seiten); »Der marxistische Begriff der Kausalität und des Determinismus« (15 Seiten); »Marx über die Bedeutung der hegelschen Rechtsphilosophie« (5 Seiten); Aufsatz ohne Titel über den Kartesianismus, 2. Semester (12 Seiten); »Das Wesen des physikalischen Idealismus« (23 Seiten); »Der reaktionäre Gehalt der platonischen Staatstheorie« (10 Seiten).

51 Siehe das Interview mit einem von Georgs Kommilitonen in: Holger Jens Karlson, a. a. O., S. 31 f., Fußnote 137.

52 Jurek Becker: *Irreführung der Behörden,* Frankfurt a. M. 1982, S. 51.

53 In einer Mappe mit der Aufschrift »Kabarett-Texte« sammelte Becker die folgenden Sketche: »Affenkundig« (2 Seiten); »Der Kabarettplan« (14 Seiten, eine Satire auf das Kabarett in der DDR); »Sonntagsidee« (2 Seiten); »Zu spät« (3 Seiten Verse); »Et jibt ...« (5 Seiten, Dialektgedicht); »Umweg zum Erfolg« (4 Seiten); »Happy end« (3 Seiten); »Undank« (4 Seiten); »Tendenz fallend« (5 Seiten); »Schluß damit« (2 Seiten); »Bundesratssitzung morgen« (4 Seiten); »Die aktuelle Umfrage« (5 Seiten); »Garnituren« (5 Seiten); »Vorderansicht eines Versicherungspalastes« (3 Seiten); »Erziehung mit Gefühl« (3 Seiten); »Begegnung im All« (1 Seite);

»Männer machen Mist. Exposé« (6 Seiten); »Opfer für die Sicherheit« (5 Seiten). Siehe Angela Schmidt: »Jurek Becker. Annäherungen an eine Biographie« (Diplomarbeit im Fach Germanistik, Humboldt-Universität 1987), S. 20–23.

54 Hermann Kant: *Abspann. Erinnerung an meine Gegenwart,* Berlin 1991, S. 433. Siehe auch Karl Corino (Hrsg.): *Die Akte Kant. IM »Martin«, die Stasi und die Literatur in Ost und West,* Reinbek 1995.

55 Zipser, a. a. O., S. 410.

56 Becker: *Irreführung der Behörden,* a. a. O., S. 30–35.

57 »Lola Ramon«: »Groll mit nichts im Magen«, in: *tua res* 3, 1959, S. 39–41. Außerdem schrieb er in diesem Heft »Prädikatenlogik«, S. 7 f. und »Die Schlacht von Zelluloiden«, S. 37–39.

58 »Groll mit nichts im Magen«, a. a. O., S. 40.

59 Eduard Stapel: »Interview mit Jurek Becker«, in: *Der neue Weg,* Halle, 26. Januar 1976.

60 Siehe Schmidt, a. a. O., S. 10, die davon schreibt, dass Becker fünfmal von der Partei zensiert worden sei. Georgs Bericht dieses Ereignisses ist festgehalten in Becker-Papiere: »Der Tatbestand und wie ich heute darüber denke«, Universitätsarchiv S. 42 f.; Karlson S. 78.

61 Meyer-Gosau, a. a. O., S. 110.

62 Becker-Papiere: »Welche Überlegungen veranlassen einen Einzelbauern zum Eintritt in die LPG?« (17 Seiten).

63 »Protokoll der Delegiertenkonferenz vom 19./20. April 1958«, Stiftung Archiv und Massenorganisationen im Bundesarchiv (künftig SAPMO), BPA IV 4/12–6, auch zitiert von Karlson, a. a. O., S. 40, Fußnote 187.

64 Becker-Papiere: »Brief von Dr. Pracht«, 2. Juli 1960.

65 Becker-Papiere: »Universitäts-Aufzeichnungen« S. 47; Karlson, a. a. O., S. 75.

66 Birnbaum, a. a. O., S. 408.

Fünftes Kapitel

1 Becker-Papiere: Brief von Georg Becker mit der Überschrift »Exmatrikulationsantrag«, 3. Juni 1960, mit einer von Pracht abgezeichneten Bemerkung vom 29. Juni 1960 versehen.

2 Becker-Papiere: Brief von Dr. Pracht, dem stellvertretenden Institutsdirektor des Instituts für Philosophie, vom 2. Juli 1960.

3 Carl Paschek (Hrsg.): *Jurek Becker. Begleitheft zur Ausstellung*

der Stadt- und Universitätsbibliothek Frankfurt am Main (24. Mai bis 30. Juni 1989), Frankfurt a. M. 1989, S. 8, und »Jurek Becker über sich«, in: *Wochenpost* 20, 27. April 1973, S. 15.

4 Günter Kunert: *Erwachsenenspiele. Erinnerungen*, München 1997, S. 358 ff. Zur Rolle der Opposition siehe Ehrhart Neubert: *Geschichte der Opposition in der DDR 1949–1989*, Bonn 1997; Alison Lewis: »Power, Opposition, and Subcultures: The Prenzlauer Berg ›Scene‹ in East Berlin and the Stasi«, in: *UTS Review: Cultural Studies and New Writing* 3, 1997, S. 122–141; Stefan Wolle: *Die heile Welt der Diktatur. Alltag und Herrschaft in der DDR 1971–1989*, Berlin 1998; »Widerstand und Opposition in der DDR«, in: *Schriften des Hannah-Arendt-Instituts für Totalitarismusforschung*, Bd. 9, Köln 1999.

5 Sybille Eberlein: »Ein Filmmann, der Romane schreibt«, in: *Wochenpost* 20, 27. April 1973, S. 15.

6 »Autor Jurek Becker über Liebling Kreuzberg«, in: *Programm extra. Erstes Deutsches Fernsehen/ARD*, September 1988.

7 Aus dem Interview von 1988 mit Marianna Birnbaum, abgedruckt in Irene Heidelberger-Leonhard, a. a. O. S. 67.

8 Wilhelm Schwarz: *Protokolle. Gespräche mit Schriftstellern*, Frankfurt a. M. 1990, S. 120. (Aus einem Interview von 1977)

9 Birnbaum, a. a. O., S. 67.

10 »Jurek Becker über sich«, in: *Wochenpost* 20, a. a. O., S. 15.

11 Volker Hage: »Jurek Becker. Hinter dem Rücken des Vaters«, a. a. O. S. 333.

12 *Irreführung der Behörden*, a. a. O., S. 165.

13 Honigmann, ein engagierter Kommunist, der nach dem Krieg mit seiner Frau aus England zurückgekehrt war, hatte für die DEFA geschrieben und die *Berliner Zeitung* herausgegeben. Auf Druck seitens der Partei trat er aus der Jüdischen Gemeinde aus. Seine Tochter Barbara verließ 1984 mit ihrem Mann Peter die DDR und ging nach Straßburg, um ein Leben als orthodoxe Jüdin zu führen. Eine religiöse Identität wurde in den achtziger Jahren für die Juden in der DDR ein Alternativmodell. Barbara Honigmanns Roman *Alles, alles Liebe* (2000) stellt auf komplexe Weise das Leben der Juden in der DDR Mitte der siebziger Jahre dar.

14 Günter Schulz: *Produktionsgruppe Stacheltier im Studio für Wochenschau und Dokumentarfilme 1953–54 und Studio für Spielfilme 1955–1964. Filmographie*, Berlin 2000, S. 158 f. Siehe auch Gisela Lieven: »Gezähmter Igel«, in: *Der Tagesspiegel*, 25. August 1991.

15 Becker-Papiere: »Also sprach das Stacheltier. Filmspiegel – Cohn«
16 Brief von Voigt, Bundesarchiv – Filmarchiv, 22. Februar 2001.
17 Stasi-Akten II/4-C: »Ermittlungsbericht«, 2. Februar 1961.
18 Siehe Sonia Combe: *Une société sous surveillance. Les intellectuels et la Stasi*, Paris 2000, S. 40, 84, 88, 181, und Siegfried Mampel: *Das Ministerium für Staatssicherheit der ehemaligen DDR als Ideologiepolizei*, Berlin 1996.
19 Stasi-Akten: VIII/I/164/3199/61, 24. April 1961.
20 Stasi-Akten: »Information« vom 16. 5. 1962, in: JAIZJA 6364: über Sex 36/164.
21 Stasi-Akte Bstu 000133.
22 Heinrich Küntzel: »Der Faschismus. Seine Theorie, seine Darstellung in der Literatur«, in: Hans-Jürgen Schmitt (Hrsg.): *Die Literatur der DDR. Hansers Sozialgeschichte der deutschen Literatur,* 11, München 1983, S. 435–467.
23 Max Thomas Mehr: »Eine nicht ganz vollzogene Scheidung«, in: *taz,* 25. September 1989.
24 Aussage vor dem Deutschen Bundestag auf der 35. Sitzung der Enquete-Kommission »Aufarbeitung von Geschichte und Folgen der SED-Diktatur in Deutschland« am 4. Mai 1993, S. 135.
25 Siehe Edgar Hilsenrath: *Zibulsky oder Antenne im Bauch,* Düsseldorf 1983, S. 11 f.
26 1961: *Mit der NATO durch die Wand* (Regie Peter Ulbrich; Stacheltier); 1962: *Wenn ein Marquis schon Pläne macht* (Regie Peter Hagen, DDR-Fernsehen); *Komm mit nach Montevideo* (Regie Fred Mahr, DDR-Fernsehen); *Guten Morgen heißt Glückauf* (Regie Hugo Hartmann, DDR-Fernsehen); 1963: *Gäste im Haus* (Regie Fred Mahr, DDR-Fernsehen); 1963/64: *Zu viele Kreuze* (Regie Ralph J. Boettner, DDR-Fernsehen); 1964/65: *Ohne Pass in fremden Betten* (Regie Vladimir Brebera, DEFA); 1967: *Immer um den März herum* (Pseudonym Georg Nikolaus; Regie Fred Mahr, DDR-Fernsehen); *Mit 70 hat man noch Träume* (Pseudonym Georg Nikolaus; Regie Fred Mahr, DDR-Fernsehen); 1967/68: *Urlaub* (Pseudonym Georg Nikolaus; Regie Manfred Mosblech, DDR-Fernsehen); 1968: *Jungfer, Sie gefällt mir* (Regie Günter Reisch, DEFA); 1969/70: *Meine Stunde Null* (Regie Joachim Hasler, DEFA); 1974: *Jakob der Lügner* (Regie Frank Beyer, DEFA/DDR-Fernsehen); 1976/77: *Das Versteck* (Regie Frank Beyer, DEFA).
27 Fernsehdienst. Information des Deutschen Fernsehfunks für die 34. Sendewoche vom 20. August bis 26. August 1967, Berlin 1967, S. 2.

28 Margot Franz: »Immer um den März herum«, in: *Freiheit,* 25. August 1967.

29 Helmut Ulrich: »Ein Riesenrad spielt Zufall«, in: *Neue Zeit,* 16. November 1965.

30 Constanze Pollatschek: »Ein Besuch bei Autor Jurek Becker«, in: *Filmspiegel* 9, 1970, S. 9.

31 »Kleist – sträflich frei verwendet«, in: *National-Zeitung,* 18. März 1969.

32 Günter Sobe: »Kleist als Klamotte«, in: *Berliner Zeitung,* 25. März 1969.

33 Die Kritik reagierte gemischt. Die meisten Rezensenten bemängelten die oberflächliche Darstellung der privaten Welt der Bergarbeiter. J. H.: »Zu viele Kreuze«, in: *Neue Zeit,* 12. März 1964; H.: »Mahnung«, in: *Volksstimme Magdeburg,* 12. März 1964; »Zu viele Kreuze«, in: *Filmspiegel,* 5. April 1964.

34 Fernsehdienst. Information des Deutschen Fernsehfunks für die 11. Sendewoche vom 8. März bis 14. März 1964, Berlin 1967, S. 12 f.

35 Karl Corino: »Deprimieren ist für mich kein Schreibmotiv«, in: *Deutsche Zeitung,* 15. März 1974, S. 13. Hier ist nicht vom Mut seines Vaters, sondern von einem neutralen ›Helden‹ die Rede.

36 Karin Graf und Ulrich Konietzky (Hrsg.): *Jurek Becker,* München 1991, S. 59.

37 Helen L. Cafferty: »Survival under Fascism: Deception in Apitz' *Nackt unter Wölfen,* Becker's *Jakob der Lügner,* and Kohlhaase's ›Erfindung einer Sprache‹«, in: *West Virginia University Philological Papers* 30, 1984, S. 90–96.

38 Bundesarchiv: Akten des Ministeriums für Kultur/DEFA: DR 117: exp. 39. Über den Film und seine Varianten siehe Thomas Jung: *»Widerstandskämpfer oder Schriftsteller sein ...« Jurek Becker – Schreiben zwischen Sozialismus und Judentum,* Frankfurt a. M. 1998, S. 89–180.

39 Ralf Schenk (Hrsg.): *Regie: Frank Beyer,* Berlin 1995, S. 72.

40 Bundesarchiv: Akten des Ministeriums für Kultur/DEFA: I 811. Siehe auch: Frank Beyer: *Wenn der Wind sich dreht. Meine Filme, mein Leben,* München 2001, S. 183.

41 Bundesarchiv: Akten des Ministeriums für Kultur/DEFA: DR 117 2998: Brief von Maaß.

42 Bundesarchiv: Akten des Ministeriums für Kultur/DEFA: DR 1–4266: Stellungnahme von Jahrow, 3. Februar 1966.

43 Bundesarchiv: Akten des Ministeriums für Kultur/DEFA: DR 1–4266: Stellungnahme von Jahrow, 21. Februar 1966.

44 Bundesarchiv: Akten des Ministeriums für Kultur/DEFA: DR 1–4266: Inhalt des Drehbuchs, am 4. Februar 1956 an Maaß geschickt.

45 Aufgrund des Wandels in der Kulturpolitik wurden elf Filme zensiert. Zwei davon – *Der Frühling braucht Zeit* (Günter Stahnke, 1965) und *Spur der Steine* (Frank Beyer, 1966) – hatten ihre Premiere gehabt, bevor sie verboten wurden. Mindestens ein weiterer Film, *Denk bloß nicht, ich heule* (Frank Vogel, 1965), wurde gezeigt, um ihn bei den Zuschauern zu testen. Die übrigen Filme wurden seinerzeit nur im Studio oder vor Funktionären vorgeführt. Viele wurden gar nicht mehr nachbearbeitet. Dies waren folgende Filme: *Berlin um die Ecke* (Gerhard Klein, 1966), *Denk bloß nicht, ich heule, Jahrgang '45* (Jürgen Böttcher, 1966), *Das Kaninchen bin ich, Karla* (Hermann Zschoche, 1966), *Der verlorene Engel* (Ralf Kirsten, 1966), *Wenn du groß bist, lieber Adam* (Egon Günther, 1966), *Fräulein Schmetterling* (Kurt Barthel, 1966), *Hände hoch oder ich schieße* (Hans-Joachim Kasprzik, 1966). Siehe Joshua Feinstein: »The Triumph of the Ordinary. Depictions of Ordinary Life in the East German Cinema, 1956–1966«, Diss. Stanford University 1995.

46 Wolfgang Jakobsen, Anton Kaes und Hans Helmut Prinzler (Hrsg.): *Geschichte des deutschen Films,* Stuttgart 1993, S. 344–357. Siehe auch »Gespräch mit Frank Beyer«, Interview von Ralf Schenk, in: *Regie: Frank Beyer,* a. a. O., S. 8 bis S. 105, insbesondere S. 52–61, sowie VEB Berliner Filmtheater, Abt. Filmeinsatz/Presse/Werbung, 29. Juni 1966, und Abt. Kultur, »Aktennotiz« vom 14. Juli 1966, beide Stiftung Archiv und Massenorganisationen im Bundesarchiv DY30/IV2/2024/36 (Büro Hager).

47 Jurek Becker: *Schlaflose Tage,* Frankfurt a. M. 1978, S. 33 f. Berichte aus erster Hand bieten Stefan Heym: *Der Winter unseres Mißvergnügens. Aus den Aufzeichnungen des OV Diversant,* München 1996, S. 67, und Frank Beyer: *Wenn der Wind sich dreht,* a. a. O., S. 126–153.

48 Die Frage, wie Menschen auf traumatische Erfahrungen reagieren, wurde in den letzten Jahrzehnten ausgiebig diskutiert. Dieses Interesse geht zumindest in jüngster Zeit auf die Folgen der Shoah und die damit verbundenen massenhaften Traumatisierungen zurück. Manche Menschen werden mit den Wirkungen des Traumas, auch der Shoah, besser fertig, andere sind fortan darauf fixiert. Wieder andere sind darauf fixiert, jede Beschwörung des Traumas zu vermeiden, außer in strukturierter Form,

und Schreiben ist eine strukturierte Form, bei der sie glauben, die Dinge im Griff zu haben. Bessel A. van der Kolk, der einen Überblick über die frühere Literatur bietet, weist darauf hin, dass es gegensätzliche Reaktionen auf das Trauma geben kann, wie Übererregung und Betäubung. Das Bedürfnis, das Trauma zu wiederholen (wie Sigmund Freud es sah), um es in den Griff zu bekommen, scheint bei manchen Menschen mit einer echten Verweigerung jeder emotionalen Reaktion einherzugehen (Anhedonie). Dies führt oft zur Dissoziation, aber auch zu einer wachsenden Unfähigkeit, die Aggression zu mäßigen. Viele Traumaopfer meinen, ihre Unfähigkeit, den Zorn zu dämpfen, sei ihr zentrales Symptom. Damit soll nicht gesagt sein, dass jeder Zorn traumatischer Natur wäre, aber ein Zornmuster, bei dem das Gefühl eines Mangels an Kontrolle der zentrale Auslöser ist, scheint die Folge eines Traumas zu sein. Ich will damit Jurek Beckers Zorn nicht auf ein (oder das) Symptom des Traumas reduzieren, das er als Kind erlitt, und doch spielt der Zorn eindeutig eine erhebliche Rolle bei der Bildung seiner erwachsenen Persönlichkeit und in seinem literarischen Werk. Siehe Bessel A. van der Kolk: *Psychological Trauma,* Washington 1987, sowie Bessel A. van der Kolk, Alexander C. McFarlane und Lars Weisaeth (Hrsg.): *Traumatic Stress,* New York 1996.

49 Wilhelm Schwarz: *Protokolle,* a. a. O., S. 114.

50 Bundesarchiv: Akten des Ministeriums für Kultur/DEFA: DR 1–4266: Mitteilung von Bruk (DEFA) an Maaß: 2. August 1966 mit einer detaillierten Darstellung der Chronologie der Diskussion mit den polnischen Behörden und dem Filmstudio.

51 Schenk, a. a. O., S. 62.

52 Zum Text siehe: Martin Kane: »Tales and the Telling: The Novels of Jurek Becker«, in: Martine Kane (Hrsg.): *Socialism and the - Literary Imagination: Essays on East German Writers,* New York 1991, S. 163–178; Jürgen Egyptien: »Die Riten des Erzählens und das Stigma der Identität. Anmerkungen zum Verhältnis von Poetologie und Judentum in Erzählungen Jurek Beckers«, in: Irene Heidelberger-Leonhard (Hrsg.): *Jurek Becker,* a. a. O., S. 279–287; Robert Clinton Rockwell: »Jurek Becker's Three Character Types: The Schlemiel, Picaro und Willenloser«, Diss. Washington University 1998; Claudia Mauelshagen: »Zur Erzählkonzeption in Texten Jurek Beckers«, in: *Literatur für Leser,* 22, 1999, S. 73–91; Hans-Joachim Neubauer: *Fama. Eine Geschichte des Gerüchts,* Berlin 1998.

53 Marianne Wambutt und Ehrentraud Novotny: »Ich habe die Absicht …«, in: *Berliner Zeitung,* 17. März 1974.

54 Inez Jakob: »Was heißt hier Liebling? Porträt Jurek Becker«. WDR (Becker-Papiere).

55 Alle Seitenhinweise im Text beziehen sich auf die Ausgabe Jurek Becker, *Jakob der Lügner,* Frankfurt a. M. Hier S. 7 f.

56 Heinz Ludwig Arnold: »Gespräche mit Jurek Becker«, a. a. O., S. 9.

57 Stasi-Akten: XX/R16, 26. August 1968.

58 Stasi-Akten: XX/1: »Betr.: Vorstand des Schriftstellerverbandes«, 31. August 1968.

59 Stasi-Akten: XX/1: »Operative Information 908/68«; Hauptabteilung XX/R16; Au XX/1; HAXX/5; XX/1, 3. August 1968. Siehe auch Stephan Hermlin: *In den Kämpfen dieser Zeit,* Berlin 1995; Stephan Hermlin: »Was wissen die Jüngeren von unseren schweren Kämpfen? Ein ZEIT-Gespräch von Fritz J. Raddatz«, in: *Die Zeit,* 21. April 1995, S. 14. Über das Problem von Hermlins Unterdrückung seiner »jüdischen« Identität, dem er sich als Rückkehrer stellte, siehe Henryk M. Broder: »Im Dickicht der Lügen«, in: *Der Spiegel,* 11. November 1996, S. 196, 199, und Heinrich Detering: »›Die Stimme im Dornbusch‹. Jüdische Motive und Traditionen in den Exilgedichten Stephan Hermlins«, in: Itta Shedletzky und Hans Otto Horch (Hrsg.): *Deutsch-jüdische Exil- und Emigrationsliteratur im 20. Jahrhundert,* Tübingen 1993, S. 253–269. Hermlin »erfand« nach dem Krieg, dass er 1934 in Sachsenhausen eingesperrt worden sei, um sich den zusätzlichen Status als »Opfer des Faschismus« zu verschaffen. Siehe Karl Corino: *Außen Marmor, innen Gips. Die Legenden des Stephan Hermlin,* Düsseldorf 1996.

60 Becker-Papiere: Stadtbezirksgericht Lichtenberg: 510 S 403.73/221–415–73–17, vom 15./16. August 1973.

61 Im Sommer 1969 war ich in Berlin und bat einen Freund an der Ostberliner Akademie der Wissenschaften, mir einige der neuen Bücher als Lektüre vorzuschlagen. Er bemerkte, es gebe da eine wunderbare neue Übersetzung aus dem Polnischen, die gerade erschienen sei – und so kaufte und las ich Jurek Beckers ersten Roman. Das war nicht nur nicht eine »Übersetzung« aus dem Polnischen, sondern eines der authentischsten deutschen Werke, die ich je über die Erlebnisse der Juden in der Shoah gelesen hatte. Beckers Stimme und seine Begabung als Geschichtenerzähler nahmen mich gefangen. Es war auch die erste selbstbewusste jüdische

Stimme, die ich in der DDR über die Shoah vernommen hatte, und der allererste komische Text. Der satirische Shoah-Roman *Der Nazi und der Friseur* des überlebenden Autors Edgar Hilsenrath erschien 1971 zuerst auf Englisch. Auf Deutsch kam er in einer bereinigten Fassung für den deutschen Leser 1977 heraus. Leslie Epsteins außergewöhnlicher Roman über das Ghetto von Łodz, *King of the Jews,* ist der erste komische Roman über die Shoah, der auf Englisch geschrieben wurde. Er erschien 1979.

62 Becker, *Ende des Größenwahns,* a. a. O., S. 147.

63 Werner Neubert: »Wahrheitserpichter Lügner«, in: *Neues Deutschland,* 14. Mai 1969.

64 Siehe die Rezension von Rolf Michaelis: »Der andere Hiob«, in: *Frankfurter Allgemeine Zeitung,* 30. März 1971, über die Reihe.

65 Stasi-Akten: Brief von Borchers an Becker vom 7. September 1970.

66 Marcel Reich-Ranicki: »Das Prinzip Radio«, in: *Die Zeit,* 20. November 1970.

67 Becker-Papiere: Brief an Wolfdietrich Schnurre, 14. Januar 1971.

68 Becker-Papiere: Brief an Wolfdietrich Schnurre, 14. Januar 1971

69 Becker-Papiere: Brief an Wolfdietrich Schnurre, 30. Januar 1970

70 Becker-Papiere: Brief an Schröder, 14. Oktober 1973.

71 Stiftung Archiv der Akademie der Künste ZAA 1895: Brief von Abusch vom 19. Februar 1971 an Helmut Baierl, den Leiter der Sektion Literatur und Sprachpflege.

72 Stiftung Archiv der Akademie der Künste ZAA 1895: »Dankrede von Jurek Becker«, undatiert.

73 Becker-Papiere: Brief an Otto F. Walter von Jurek Becker, 28. September 1971, und von Otto F. Walter an Jurek Becker, 8. Oktober 1971.

74 Becker-Papiere: Brief an Professor Hans Richter (über Miles Davis und die Beatles), 15. Mai 1973, und Brief an Selbmann, 15. Februar 1973.

75 Renate Holland-Moritz: »Kino-Eule«, in: *Eulenspiegel,* 17/25, 1970, Nr. 23, S. 6.

76 Klaus Meyer: »Film«, in: Sonntag, 24, 1970, S. 12

77 Renate Holland-Moritz: »Kino-Eule«, in: *Eulenspiegel,* 17/25, 1970, Nr. 23, S. 6.

78 Klaus Meyer: »Film«, in: *Sonntag,* 24, 1970, S. 12.

79 Christoph Funke: »Der gestohlene Major«, in: *Der Morgen,* 15. Mai 1970.

80 Stasi-Akten: 1569, 18. Mai 1970.

81 Becker-Papiere: Brief an Elisabeth Borchers, 7. Mai 1970.

82 Stasi-Akten: 1569, 18. Mai 1970.

83 *Bericht über die Ergebnisse der Gruppengespräche, die im Dezember 1972 und Januar 1973 im Bezirksverband Berlin des Schriftstellerverbandes der DDR durchgeführt worden sind.* SAPMO-Barch, BPA IV C-2/15/687.

84 *Zu einigen Fragen der Partei- und Verbandsarbeit in der Bezirksorganisation Berlin des Schriftstellerverbandes der DDR vom 27. Juni 1973.* SAPMO-Barch, BPA IV C – 2/15/686.

85 Stasi-Akten: XX/7/II, 28. Juni 1971, Unterschrift »Kant«.

86 Jurek Becker: *Irreführung der Behörden,* Rostock 1973. Alle Zitate (in Klammern die Seitenzahl) nach der Suhrkamp-Ausgabe (Frankfurt a. M. 1973). Siehe auch Reinhild Köhler-Hausmann: *Literaturbetrieb in der DDR. Schriftsteller und Literaturinstanzen,* Stuttgart 1984, S. 47–66, mit einer ausführlichen Darstellung des Kontexts, in dem der Roman steht.

87 Karl Corino: »Deprimieren ist für mich kein Schreibmotiv«, a. a. O.

88 Ehrhart Neubert, a. a. O., S. 215.

89 Sybille Eberlein, a. a. O.

90 Stasi-Akten: XX/7/II, 28. Juni 1971, unterzeichnet mit »Kant«.

91 Eberlein, a. a. O.

92 Wambutt und Novotny, a. a. O.

93 Corino, a. a. O.

94 Becker-Papiere: Brief an Professor Hans Richter, 15. Mai 1973.

95 Eberlein, a. a. O.

96 Brief von Gerd Gericke, 6. Dezember 1971 im Archiv des Aufbau-Verlags, Staatsbibliothek Berlin, Nr. 1605. Siehe auch Gerd Gericke: »Für Jurek Becker«, in: *Film und Fernsehen,* 2, 1997, S. 50 f. sowie Joachim Seyppel: *Ich bin ein kaputter Typ. Bericht über Autoren in der DDR,* Wiesbaden 1982, S. 54 und 236.

97 Becker-Papiere: Brief von Voigt an *Jurek Becker,* 9. Oktober 1972, in dem ihm mitgeteilt wird, dass der Vorschuss für den Roman nun mit den Honoraren verrechnet werden müsse.

98 Becker-Papiere: Brief an Elisabeth Borchers, 8. Juni 1972.

99 Hans Joachim Bernhard, Gutachten Jurek Becker, Irreführung der Behörden, 27. März 1972, Archiv des Hinstorff-Verlags.

100 Walter Waldmann: »Gregor der Lügner«, in: *Ostsee-Zeitung,* 13./14. Oktober 1973. Werner Neubert, der Jurek Beckers ersten Roman gelobt hatte, lobte zwar auch die Qualitäten des neuen Buches, merkte aber an, dass die »erzählerische Begabung des Autors nicht voll genutzt« sei. Werner Neubert: »Nachdem

sich's ›weggelesen‹ hat ...«, in: *Berliner Zeitung,* 8. September 1973.

101 Bundesarchiv: Staatliches Komitee für Rundfunk, Abteilung Monitor, 23. Januar 1974.

102 Siehe Eberhard Lämmert: »Beherrschte Literatur. Vom Elend des Schreibens unter Diktaturen«, in: Günther Rühle (Hrsg.): *Literatur in der Diktatur. Schreiben in Nationalsozialismus und DDR-Sozialismus,* Paderborn 1997, S. 15–37.

103 Becker-Papiere: Briefe an Schnurre, 14. Januar 1971, und Böll, 31. Oktober 1972.

104 Becker-Papiere: Brief an Professor Hans Richter, 15. Mai 1973.

105 Becker-Papiere: »Gute zwei Wochen«, in: *Kölner Stadtanzeiger,* November 1970.

106 Stasi-Akten: VIII/4. 1388/76.

107 Becker-Papiere: »Rede in Belgrad zum jugoslawischen Schriftstellerkongreß, Oktober 1973«.

108 Becker-Papiere: Brief von Günter Schulz, 16. Dezember 1972.

109 Siehe auch Wolfgang Emmerich (Hrsg.): *Der Bremer Literaturpreis 1954–1987,* Bremerhaven 1988, S. 72–88.

110 Information Gerhard Henningers in der Sekretariatssitzung des Schriftstellerverbandes am 19. 12. 1973. Protokoll vom 20. Dezember 1973. SAPMA-Barch, BPA IV C-2/15/688.268/55 (1974)

111 Stasi-Akten: XX/7: 20. Februar 1974, gezeichnet Ponig.

112 Jürgen Beckelmann: »Ich nehme einen ausländischen Literaturpreis an«, in: *Frankfurter Rundschau,* 25. Januar 1974.

113 Jurek Becker: »Über verschiedene Resonanzen auf unsere Literatur«, in: *Neue deutsche Literatur,* 22, 1973, S. 59–66. Siehe auch Stasi-Akten: XX/7, 14. November 1974.

114 Heym spielt auf Solschenizyns Roman *Ein Tag im Leben des Iwan Denissowitsch* an, der 1962 in der führenden sowjetischen Literaturzeitschrift *Nowy Mir* veröffentlicht worden war. Als 1974 der erste Band von *Der Archipel Gulag* erschien, wurde Solschenizyn sofort in der Sowjetpresse angegriffen, verhaftet und am 12. Februar 1974 wegen Hochverrats verurteilt. Am nächsten Tag wurde er ausgewiesen; im Dezember nahm er den Nobelpreis in Empfang, mit dem er 1970 in Abwesenheit ausgezeichnet worden war.

115 Frank Beyer: *Wenn der Wind sich dreht,* München 2001.

116 Schenk, a. a. O., S. 72.

117 Becker-Papiere: Brief von Walter Nowjowski an Jurek Becker, 10. Februar 1972.

118 Becker-Papiere: Brief von Jurek Becker an Walter Nowjowski, 22. Februar 1972.
119 Bundesarchiv: Akten des Ministeriums für Kultur/DEFA: DR117/RD56.
120 Bundesarchiv: Akten des Ministeriums für Kultur/DEFA: DR117/2998.
121 Endgültige Drehbuchfassung von *Jakob der Lügner,* 7. Juli 1974, in der Bibliothek der Filmhochschule Konrad Wolf (Babelsberg).
122 Frank Beyer: »Traum vom besseren Leben. Zum Film ›Jakob der Lügner‹«, in: *Neues Deutschland,* 17. Dezember 1974.
123 Jurek Becker: »Über die Historie hinaus«, in: *Berliner Zeitung,* 20. Dezember 1974.
124 Becker-Papiere: Telegramm von Heinz Rühmann, 16. März 1972. Vergleiche Frank Beyers jüngste Darstellung, in der er sich eine Szene ausdenkt, in der Becker zu dem Remake des Films von Peter Kassovitz Stellung nimmt, das nach seinem Tod herauskam. Siehe Beyer: *Wenn der Wind sich dreht,* a. a. O., S. 180–198 und 368.
125 Bundesarchiv: Akten des Ministeriums für Kultur/DEFA: Siehe den Briefwechsel in DR117/3188/5 (369).
126 Bundesarchiv: Akten des Ministeriums für Kultur/DEFA: DR117/2998.
127 Bundesarchiv: Akten des Ministeriums für Kultur/DEFA: Heinz Kosten: »Jakob der Lügner«, in: *RIAS,* 23. Dezember 1974.
128 Klaus Schüler: »Unzerstörbar die Würde des Menschen«, in: *Neues Deutschland,* 24./25. Dezember 1974.
129 Jutta Voigt: »Lust auf Leben. ›Jakob der Lügner‹ eröffnet den Monat des antiimperialistischen Films. Gespräch mit Jurek Becker«, in: *Der Sonntag,* 20. April 1974, S. 3.
130 Beyer in: *Neues Deutschland,* a. a. O.
131 Stasi-Akten: XX: »Information zum auftretenden Schriftsteller Jurek Becker am 16. und 17. 11. 76 in Jena«, Tonbandabschrift vom 20. November 1976, S. 3.
132 Irma Zimm: »Vom kleinen Helden Jakob«, a. a. O., und Marianne Wambutt und Ehrentraud Novotny: »Ich habe die Absicht ...«, a. a. O.
133 Becker: *Ende des Größenwahns,* a. a. O., S. 120.
134 Ebda.
135 Zur Kulturpolitik der DDR siehe Richard A. Zipser (Hrsg.): »Literary Censorship in the German Democratic Republic, II: The Authors Speak«, in: *The Germanic Review,* 65, 1990, S. 118–129; David Bathrick: *The Powers of Speech: The Politics*

of Culture in the GDR, Lincoln 1995; Wolfgang Jäger: *Die Intellektuellen und die deutsche Einheit*, Freiburg i.Br. 1997.

Sechstes Kapitel

1 Stasi-Akten: XX/7: XV/4618/76, gez. Holm.

2 Stasi-Akten: XX/7/1076/84: »Hinweise aus dem Bereich des gegnerischen Verfassungsschutzes«.

3 Roger Woods: *Opposition in the GDR under Honecker, 1971 bis 1985: An Introduction and Documentation*, Houndmills, Basingstoke, Hampshire 1986.

4 Carlotta von Maltzan: »Das Schweigen des Juden als Überlebender. Jurek Beckers Romane *Der Boxer* und *Bronsteins Kinder*«, in: *Acta Germanica. Jahrbuch des Germanistenverbandes im Südlichen Afrika*, 23, 1995, S. 79–91.

5 Volker Hage: »Jurek Becker: Hinter dem Rücken des Vaters«, a. a. O., S. 40.

6 Jean-Paul Sartre: *Réflexions sur la question juive*, Paris 1946 (deutsch *Betrachtungen zur Judenfrage*, übersetzt von Hedi Wurzian, Zürich 1948) und Max Frisch: *Andorra. Stück in 12 Bildern*, Frankfurt a. M. 1961.

7 Zur Aufnahme des Krieges in der DDR aus der Erinnerung eines jüdischen Schriftstellers siehe Fred Wander: *Das gute Leben*, Frankfurt a. M. 1999, S. 194 ff.

8 Burgauer, a. a. O., S. 191 ff.

9 Stasi-Akten: Operative Information Nr. 264 1730/74, 11. Oktober 1974.

10 »Nachdenken über die Opfer«, in: *Leipziger Volkszeitung*, 26. November 1975.

11 Richard A. Zipser, *DDR-Literatur im Tauwetter*, a. a. O., Bd. 3, S. 125 (über Becker); Nancy A. Lauckner: »Stefan Heym's Revolutionary Wandering Jew: A Warning and a Hope for the Future«, in: Margy Gerber (Hrsg.): *Studies in GDR Culture and Society, 4: Selected Papers from the Ninth New Hampshire Symposium on the German Democratic Republic*, Lanham 1984, S. 65–78, und Hannah Liron Frei: *Das Selbstbildnis des Juden, entwickelt am Beispiel von Stefan Heym und Jurek Becker*, Diss. Zürich 1992.

12 Gespräch mit Stefan Heym und Inge Wüste vom 17. Juli 1998. Ja, rückblickend wurde die Frage, ob dies überhaupt ein DDR-

Roman gewesen sei, von Beckers DDR-Zeitgenossen gestellt wie Fritz-Jochen Kopka: »Von der Unübertrefflichkeit des ersten Buches. Jurek Becker: ›Jakob der Lügner‹«, in: Karl Deiritz und Hannes Krauss: *Verrat an der Kunst? Rückblicke auf die DDR-Literatur,* Berlin 1993, S. 156–160.

13 Eduard Stapel: »Sprache als Abenteuer«, in: *Der neue Weg,* 28. Januar 1976.

14 Archiv der Akademie der Künste: Svneu 549, Brief von Kunze an den Schriftstellerverband, 20. Oktober 1976. Siehe auch Reiner Kunze: *Deckname »Lyrik«. Eine Dokumentation,* Frankfurt a. M. 1990.

15 Robert von Hallberg (Hrsg.): *Literary Intellectuals and the Dissolution of the State: Professionalism and Conformity in the GDR,* Chicago 1996, S. 231.

16 Becker-Papiere: Brief von Peter Kirchner an Becker, 27. Oktober 1976. Siehe auch die Interviews mit Peter Kirchner in Wolfgang Herzberg (Hrsg.): *Überleben heißt Erinnern,* a. a. O. S. 352–424 und Robin Ostow (Hrsg.): *Juden aus der DDR und die deutsche Wiedervereinigung,* Berlin 1996, S. 18–31.

17 Stasi-Akten: XX: 321/77, 26. April 1977.

18 Stasi-Akten: OvD-Bericht vom 6. November 1976, 19.50 Uhr, Anruf eines Mitglieds der Jüdischen Gemeinde, Ernst Engelmann, einem Mitarbeiter des Stromversorgers BEWAG; Hauptabteilung XX/7: Bericht vom 10. November 1976.

19 Becker hatte von der Gauck-Behörde eine teilweise Aufschlüsselung der Namen erhalten. Becker-Papiere: Brief von Iburg, Der Bundesbeauftragte für die Unterlagen des Staatssicherheitsdienstes, 2. August 1996.

20 Stasi-Akten: BstU 121: Abschrift.

21 Stasi-Akten: 64/322.

22 Stasi-Akten: XX/7, 16. November 1976.

23 Siehe auch Roland Berbig u. a. (Hrsg.): *In Sachen Biermann. Protokolle, Berichte und Briefe zu den Folgen einer Ausbürgerung,* Berlin 1994; Oliver Schwarzkopf und Beate Rusch (Hrsg.): *Wolf Biermann: ausgebürgert,* Berlin 1996; Hermann-Josef Rupieper und Lothar Tautz (Hrsg.): *»Warte nicht auf bessere Zeiten ...« Oskar Brüsewitz, Wolf Biermann und die Protestbewegung in der DDR 1976–77,* Halle/Saale 1999.

24 Klaus Höpcke: »Der nichts so fürchtet wie Verantwortung«, in: *Neues Deutschland,* 5. Dezember 1965.

25 Gespräch mit Wolf Biermann, Freitag, 3. Juli 1998.

26 John Flores: *Poetry in East Germany: Adjustments, Visions, Provocations, 1945–1970,* New Haven 1971. Diese aufschlussreiche Studie erschien während der Auseinandersetzung um Biermann und ist ihm gewidmet.

27 Biermann wird in dem Artikel »Zum Vorsingen« zitiert (*Der Spiegel,* 15. Dezember 1965, S. 144). Darin ist auch ein langer Auszug aus der ersten und vernichtendsten Kritik an Biermann im *Neuen Deutschland* abgedruckt.

28 Stasi-Akten: XX, 4. Juni 1974. Siehe den »Treffbericht« von Hermann Kant zu dieser Angelegenheit vom 11. Juni 1974. Karl Corino (Hrsg.): *Die Akte Kant. IM »Martin«, die Stasi und die Literatur in Ost und West,* Reinbek 1995, S. 312–315.

29 »Information vom 12. Juni 1974. Parteileitung des Bezirksverbandes des Schriftstellerverbandes der DDR«, SAPMO, BPA IV C-2/15/686.

30 Stasi-Akten: »Operative Information«, 11. Oktober 1974.

31 »Information vom 12. Juni 1974. Parteileitung des Bezirksverbandes des Schriftstellerverbandes der DDR«, SAPMO-Barch, BPA IV C-2/15/686.

32 Brief von Gerhard Henninger an Kurt Hager, 5. April 1973, und Peter Heldt an Hager, 17. April 1973. SAPMO-Barch, BNPA IV B 2/906/63.

33 Stasi-Akten: XX/7, 6. Juni 1974; 10. Juni 1974; 3. Juli 1974.

34 Robert F. Goeckel: *The Legacy of Protestant Opposition in the GDR and the Stasi Revelations,* Washington, D. C., 1992.

35 Wolf Biermann und andere Autoren, *Die Ausbürgerung. Anfang vom Ende der DDR*, München 2001.

36 Becker-Papiere: Briefe der Volksbuchhandlung Jena an Becker vom 17. und 27. September 1976.

37 Siehe Udo Scheer: *Vision und Wirklichkeit. Die Opposition in Jena in den siebziger und achtziger Jahren*, Berlin 1999.

38 Stasi-Akten: XV, 17. 11. 76.

39 Stasi-Akten: »Objektdienststelle Zeiss, Jena«, 17. November 1976.

40 Ebda.

41 Stasi-Akten: XX, »Information 521/76.

42 Stasi-Akten: Abschrift eines Fernschreibens von Reuter am Mittwoch, 17. November 1976; zu diesem Zeitpunkt nicht von Becker unterzeichnet. Der Text lautet: »Wolf Biermann war und ist ein unbequemer Dichter – das hat er mit vielen Dichtern der Vergangenheit gemein. Unser sozialistischer Staat, eingedenk des

Wortes aus Marxens '18. Brumaire', demzufolge die proletarische Revolution sich unablässig selber kritisiert, müßte im Gegensatz zu anarchistischen Gesellschaftsformen eine solche Unbequemlichkeit gelassen nachdenkend ertragen können. Wir identifizieren uns nicht mit jedem Wort und jeder Handlung Biermanns und distanzieren uns von Versuchen, die Vorgänge um Biermann gegen die DDR zu mißbrauchen. Biermann selbst hat nie, auch nicht in Köln, Zweifel daran gelassen, für welchen der beiden deutschen Staaten er bei aller Kritik eintritt. Wir protestieren gegen seine Ausbürgerung und bitten darum, die beschlossenen Maßnahmen zu überdenken.«

43 Stasi-Akten: XX/Aig 92 »Tonbandabschrift«, 11. November 1976, und 20. November 1976.

44 Stasi-Akten: XX/7/2994/76, Eingangsstempel 18. November 1976.

45 Interview mit Stefan Heym und Inge Wüste am Freitag, 17. Juli 1998.

46 Ausführlich dazu Stefan Heym: *Der Winter unsers Mißvergnügens. Aus den Aufzeichnungen des OV Diversant,* München 1996. Über Biermann und Becker siehe S. 90–95. Die Stasi hatte eine komplette Liste von Beckers Telefongesprächen in dieser Zeit, die Roland Bauer erhielt, der Becker damit einschüchtern wollte.

47 Roland Bauer: Gesprächsmitschnitt vom 14. Dezember 1976. SAPMO-Barch, Tonarchiv, Tonband V 2 C – 2/5/240.

48 Stasi-Akten: XX/134, »Bericht«, 24. November 1976.

49 In Sachen Biermann, Christoph Links Verlag, Berlin 1994, S. 85–90, 93.

50 Stasi-Akten: XX/7: »Operative Information. Parteiversammlung des Berliner Schriftstellerverbandes am 23. 11. 76, gez. Holm.

51 Stasi-Akten: XX/7: 12.76: 7.

52 Stasi-Akten: XX/7: »Operative Information Nr./76«, 27. November 1976.

53 »Aktennotiz über die Berichterstattung im Sekretariat des ZK am 24. November 1976 über die Ergebnisse der Parteiversammlung des Schriftstellerverbandes am 23. November 1976«. SAPMO-Barch BPA IV C – 2/15/688.

54 Manfred Krug: *Abgehauen. Ein Mitschnitt und ein Tagebuch,* Düsseldorf 1996, S. 30, 38, 42, 45, 60, 82 f., 99, 102. Krug versprach, seine Tonbandabschrift nicht herauszugeben, wenn er im Gegenzug Visa für Besuche seiner Familie bei Verwandten in der DDR erhielt. Werner Lamberz sagte ihm dies zu, und die Abschrift wurde erst nach dem Verschwinden der DDR veröffent-

licht. Siehe Frank Beyer: *Wenn der Wind sich dreht. Meine Filme, mein Leben,* München 2001, S. 373.

55 Stefan Heyms Version siehe *Der Winter unsers Mißvergnügens,* a. a. O., S. 64 ff.

56 Ebda., S. 125 f.

57 Unterhaltung von Roland Bauer mit Jurek Becker, 6. Dezember 1976. Tonbandabschrift. SAPMO-Barch. BPA IV C – 2/15/ 688.

58 Stasi-Akten: XX/7: »Information. Parteiversammlung des Bezirksverbandes Berlin des DSV am 7. 12. 1976«, 8. Dezember 1976.

59 Wolf Biermann und andere Autoren, *Die Ausbürgerung. Anfang vom Ende der DDR*, München 2001.

60 Stefan Heym hat ein ausführliches Tagebuch über die Ereignisse um die Biermann-Affäre geschrieben, auch über Jurek Beckers Rolle darin. Siehe *Der Winter unsers Mißvergnügens,* a. a. O., S. 143–147.

61 Joachim Seyppel: *Ich bin ein kaputter Typ. Bericht über Autoren in der DDR,* Wiesbaden 1982, S. 146–148.

62 *In Sachen Biermann*, Christoph Links Verlag, Berlin 1994, S. 298.

63 Stasi-Akten: XX/3: Berlin: »Ergänzung«, 4. April 1977, 7. April 1977, »IM-Bericht der KD Wss.«

64 Stasi-Akten: XX/11: 689/77 »Information. Haltung des Schriftstellers Jurek Becker zur ›Ausreiseproblematik‹«, 30. August 1977.

65 Interview mit Stefan Heym und Inge Wüste am Freitag, 17. Juli 1998.

66 Bericht der Abteilung Volksbildung und Wissenschaften der SED Bezirksabteilung, über die Behandlung von »Unterzeichnerkindern« in Schulen, Zitat nach: In Sachen Biermann, Christoph Links Verlag, Berlin 1994.

67 Becker-Papiere: »Stadtbez.-Gericht Berlin-Lichtenberg. Aktenzeichen 554 F 280/77.«

68 Stasi-Akten: »Pädagogisches Gutachten für Nikolaus Becker. Abschrift«, 20. Oktober 1977.

79 Stasi-Akten: XX/7: »Vermerk OV Lügner: Absprache mit Abt. VIII über einzuleitende Beobachtungen am 30. 9. und 4. 10. 1977«, 28. November 1977, gez. Pahl.

70 Interview mit Stefan Heym und Inge Wüste am Freitag, 17. Juli 1998. Inge Wüste brachte dies während unserer Unterhaltung zur Sprache; Heym schien darüber überrascht zu sein.

71 Charles S. Maier: *Dissolution: The Crisis of Communism and the End of East Germany,* Princeton 1997, S. 48.

72 Stasi-Akten: XX/3: Berlin, 6. April 1977, »Ergänzung«, 7. April 1977, »IM-Bericht der KD Wss.« Becker, heißt es dort, habe einer Kontaktperson des IM gegenüber erklärt, »nach seiner Scheidung keine Lust mehr an der DDR zu haben und [dass er] ebenfalls rübergehen möchte«.

73 Alfred Wellm: *Pause für Wanzka oder Die Reise nach Descansar,* Berlin 1968. Siehe die Darstellung mit Beckers Kommentaren in Karl Corino (Hrsg.): *Die Akte Kant,* a. a. O., S. 330 f.

74 Stasi-Akten: »Information über die durchgeführte Lesung des Schriftstellers Jurek Becker am 16. 6. 1977 in der Kirche von Berlin-Bohnsdorf.«

75 Stasi-Akten: Brief von Klaus Höpcke: »Information über die Behandlung des Manuskriptes ›Leben in der Luft‹ von Jurek Becker durch den Hinstorff-Verlag«, 8. Juli 1977. Das Manuskript war von Becker am 13. Juni 1977 übergeben worden.

76 Stasi-Akten: XX: »Information«, 14. Juli 1977.

77 Stasi-Akten: Abschrift/Ap 30. 6. 1977: »Gutachten zu einem Manuskript ohne Titel (169 S.)«, gezeichnet »Monika«, 29. Juni 1977.

78 »Ich glaube, ich war ein guter Genosse«, in: *Der Spiegel,* 18. Juli 1977, S. 128.

79 Stasi-Akten: »Bericht über eine Schriftstellerlesung mit Fragestellung und Diskussion«, 17. Juni 1977; »Information über die durchgeführte Lesung des Schriftstellers Jurek Becker am 16. 6. 1977 in der Kirche von Berlin-Bohnsdorf«; »Bericht: Buchlesung des Schriftstellers Jurek Becker«, 21. Juni 1977 (Kreisdienststelle Treptow).

80 Becker-Papiere: Brief von Pettelkau an den Superintendenten des Kirchenkreises Oberspree, 20. Juli 1977.

81 Stasi-Akten: Brief von Klaus Höpcke: »Information über die Behandlung des Manuskriptes ›Leben in der Luft‹ von Jurek Becker durch den Hinstorff-Verlag«, 8. Juli 1977.

82 Becker-Papiere: Brief des Bundesbeauftragten für die Unterlagen des Staatssicherheitsdienstes vom 2. August 1996, gez. Iburg.

83 Stasi-Akten: Information, Rostock 18. Juli 1977, gez. »Buch«.

84 »Ich glaube, ich war ein guter Genosse«, in: *Der Spiegel,* 18. Juli 1977, S. 128–132.

85 »Ich fühle mich nicht im Exil«, in: *Lutherische Monatshefte,* März 1981, S. 133.

86 »Ich glaube, ich war ein guter Genosse«, a. a. O., S. 131.

87 Joachim Seyppel: »›Austritt:Jurek Becker, Bezirksverband Berlin‹ (DDR)«, in: *Frankfurter Rundschau,* 19. Juli 1977. Siehe auch Seyppel: *Ich bin ein kaputter Typ,* a. a. O. S. 154 f.

88 »Mit dem Weggang der Künstler schwindet die moralische Legitimation«, in: *Frankfurter Rundschau*, 5. August 1977.
89 Stasi-Akten: XV: »Information: Jurek Becker«, 22. Juli 1977, gez. Major Regorius.
90 Stasi-Akten: XX/7: 30. August 1977, gez. »Gabriele«.
91 Stasi-Akten: »Information über den Schriftsteller JB: Diskussion mit Klaus Poche«, Berlin, 26. August 1977.
92 Heinz Kluncker: »Abschiede von der DDR. Verlorene Identität«, in: *Deutsches Allgemeines Sonntagsblatt*, 7. August 1977.
93 Wolfram Schütte: »Die Bevölkerung muß endlich so behandelt werden wie die Künstler. FR-Gespräch mit dem Schriftsteller Jurek Becker (DDR)«, in: *Frankfurter Rundschau*, 6. September 1977.
94 Stasi-Akten: XX/7: »Vermerk«, Treffen mit Höpcke am 13. September 1977.
95 Stasi-Akten: Brief an Becker, 13. September 1977.
96 Stasi-Akten: Brief von Becker an Höpcke, 19. September 1977.
97 Stasi-Akten: Brief von Höpcke an Becker, 26. September 1977.
98 Stasi-Akten: »Aktennotiz: Gespräch mit Jurek Becker am 26. 9. 1977 in Berlin, gez. Fauth«.
99 Stasi-Akten: XX/7: »Vermerk: Buchprojekt Jurek Beckers beim Hinstorff-Verlag Rostock«, 28. September 1977.
100 Jurek Becker: *Ende des Größenwahns*, a. a. O., S. 123.
101 Manfred Krug: *Abgehauen*, a. a. O., S. 127 f., und Frank Beyer: *Wenn der Wind sich dreht*, a. a. O., S. 209 f.
102 Stasi-Akten: Brief von Becker an Pehnert, 19. September 1977.
103 Stasi-Akten: Brief von Pehnert an Becker, 5. Oktober 1977.
104 »Ich war ein guter Genosse«, a. a. O., S. 132.
105 Frank Beyer: *Wenn der Wind sich dreht*, a. a. O., S. 399–408.
106 Stasi-Akten: Note, 26. September 1977.
107 Stiftung Archiv der Akademie der Künste ZAA 1895: »Bericht und Zusammenfassung zum Gespräch über den Film ›Das Versteck‹ von Frank Beyer am 28. 11. 77«, S. 5.
108 Stiftung Archiv der Akademie der Künste ZAA 1895: Brief von Wolf an Hoffmann, 7. Oktober 1977, und von Hoffmann an Wolf, 31. Januar 1978.
109 Bundesarchiv: Akten des Ministeriums für Kultur/DEFA: DB/643.
110 Stasi-Akten: Bericht von IMS »Günther« über ein Gespräch mit Becker nach der Vorführung des Films, 9. November 1978.
111 Fred Gehler: »Das Versteck«, in: *Sonntag*, Berlin, 3. Dezember 1978, und Günter Agde: »Versteckspielen mit Augenzwinkern«, in: *Filmspiegel* 26, 1978.

112 Becker-Papiere: Brief von Krug an den Rat des Stadtbezirks Pankow, 16. April 1977.
113 Becker-Papiere: Brief vom 7. November 1977.
114 Wolfgang Werth: »Ein Unbotmäßiger auf Urlaub«, in: *Süddeutsche Zeitung,* 20. Dezember 1977.
115 Stasi-Akten: Polizeibericht, 4. November 1978, zu »Becker, Leonard«.
116 Stasi-Akten: Brief von H. Otto, 20. November 1979, an Werner Neugebauer, mit einer Kopie der Hausarbeit.
117 Stasi-Akten: XX/7: Vermerk, 9. 2. 1982.
118 Stasi-Akten: XX: 2. Oktober 1978.
119 Stasi-Akten: »Kurzprotokoll über ein Gespräch mit Frau Becker, Mutter von Nikolaus Becker«, undatiert.
120 Stasi-Akten: XI/1404: »Information«, 18. April 1978.
121 Stiftung Archiv der Akademie der Künster: Jurek Becker: Staatliches Komitee für Rundfunk 2582: FS III/SFB 20.15, 13. 2. 78.
122 »Für Offenheit in der SED«, in: *Frankfurter Rundschau,* 8. Februar 1978. Die Frage nach dem Berufsverbot wird von Joachmi Seyppel: *Ich bin ein kaputter Typ,* a. a. O., S. 220 f. angesprochen.
123 Stasi-Akten: XX: »Information«, 13. 1. 1978, und »Notiz über ein Gespräch mit Jurek Becker am 12. 1. 1978«, gez. Hinckel, 13. Januar 1978.
124 »Ich glaube, ich war ein guter Genosse«, a. a. O., S. 133.
125 Stasi-Akten: XX/7: Berlin, 31. Januar 1978, S. 3.
126 Becker-Papiere: Briefe von Richard Zipser an Becker, 14. Oktober 1975 und 11. Oktober 1976.
127 Becker-Papiere: Brief von Schultz, 15. August 1977.
128 Hans Jürgen Schultz: *Mein Judentum,* Stuttgart 1978, S. 10–18. Den westdeutschen Kontext lieferte Stephan Braese: *Die andere Erinnerung. Jüdische Autoren in der westdeutschen Nachkriegsliteratur,* Berlin 2001, S. 485–516, der auf Wolfgang Hildesheimers Beitrag zu diesem Buch basiert.
129 Becker: *Ende des Größenwahns,* a. a. O., S. 17.
130 Ebda.
131 Diese Skizzen sind in seinen gesammelten Erzählungen enthalten: Jurek Becker: »New Yorker Woche« und »Ohio bei Nacht«, in: *Nach der ersten Zukunft,* Frankfurt am Main 1980, S. 145–164.
132 Becker-Papiere: Brief an seinen Verleger Siegfried Unseld, 27. Februar 1978.
133 »Urlaub von der DDR«, in: *Stern,* 29, 13. Juli 1978, S. 116 bis S. 120.
134 Jurek Becker: *Nach der ersten Zukunft,* a. a. O., S. 165–174.

135 Becker-Papiere: Brief an Willi Moese, 3. März 1978.

Siebtes Kapitel

1 Stasi-Akten: Brief von Höpcke, 17. Juli 1978.
2 Stasi-Akten: XX: »Information«, 29. Juli 1978.
3 Stasi-Akten: XX: »Operative Information«, 17. Oktober 1978.
4 M. K.: »Autoren aus Ost und West berichten über ihre Arbeit«, in: *Westdeutsche Allgemeine Zeitung,* 24. Oktober 1978.
5 Marcel Reich-Ranicki: »Denk ich an Deutschland in der Nacht. Sieben Schriftsteller, deren Heimat die DDR war, beantworten unsere Fragen«, in: *Frankfurter Allgemeine Zeitung,* 18. Oktober 1980.
6 Stasi-Akten: »Staatl. Komitee für Rundfunk, Abteilung Monitor«, 2. November 1978.
7 Jörg Hafkemeyer: »Wenn Literatur zu wichtig wird«, in: *konkret,* September 1979, S. 36.
8 Stasi-Akten: HA/BV »Sonnenallee Berlin. Fahndungsergebnis«, 30. Juli 1981.
9 Hafkemeyer: a. a. O., S. 37.
10 Joel König: *Den Netzen entronnen,* Göttingen 1967, nachgedruckt unter dem Titel *David. Aufzeichnungen eines Überlebenden,* Frankfurt a. M. 1979.
11 »David. Ein junger Jude will überleben. Filmsensation auf der Berlinale«, in: *Hamburger Abendblatt,* 1. März 1979; Karena Niehoff: »Einer, der übrig bleibt«, in: *Der Tagesspiegel,* 6. April 1979.
12 Archiv der Akademie der Künste: SV alt 1255. Brief von Kurt Bartsch, Jurek Becker u. a. an Erich Honecker, 16. Mai 1975. Über den Kontext siehe Joachim Walther u. a. (Hrsg.): *Protokoll eines Tribunals. Die Ausschlüsse aus dem DDR-Schriftstellerverband 1979,* Reinbek 1991.
13 Peter Hutchinson: *Stefan Heym: The Perpetual Dissident,* Cambridge 1992, S. 185.
14 Joachim Seyppel: *Ich bin ein kaputter Typ,* a. a. O., S. 188 f.
15 Stasi-Akten: »Information«, 2. Oktober 1979.
16 Stasi-Akten: »Aktennotiz«, 4. Oktober 1979.
17 Becker-Papiere: Zwei Fassungen von »Protokoll eines Gesprächs, für das sich kein Partner findet«, die zweite mit handschriftlichen Korrekturen.
18 Claus Altmayer: »›Der Mythos von der allgegenwärtigen Kralle‹.

Die Rolle der Stasi in Jurek Beckers *Der Verdächtige* und Günter Kunerts *Lovestory – made in DDR*«, in: *Literatur für Leser,* 20, 1997, S. 196–213.

19 Hinstorff-Archiv: Anneliese Löffler: »Zum Manuskript von Jurek Becker: Nach der ersten Zukunft«, 31. Oktober 1979, und Horst Simon und Andreas Zecher: »Verlagsgutachten: Jurek Becker, Nach der ersten Zukunft«, 21. Dezember 1979.

20 1990 verfilmte Andreas Dresen diese Geschichte unter dem Titel *So schnell geht es nach Istanbul.* Er siedelte sie in der neuen DDR kurz vor ihrem Verschwinden an. Die Hauptrollen wurden von Yolcu Yüksel und Janet Mattukat gespielt.

21 Stasi-Akten: Harry Fauth und Horst Simon: »Aktennotiz über das Autorengespräch mit Jurek Becker am 9. November 1979«.

22 Stasi-Akten: XX/7, 19. Oktober 1979, und IME »Schönberg«, 30. Oktober 1979, »Einschätzung des vorgelegten Manuskriptes von Jurek Becker«.

23 »Jurek Becker und die Politik. ›Die DDR hat kein Repressions-Monopol‹«, in: *Fellbacher Zeitung,* 29. Mai 1981.

24 Archiv der Akademie der Künste: Ordner Jurek Becker, keine Regalnummer: »Staatliches Komitee für Rundfunk. Redaktion Monitor. Klaus Sauer: Zu Jurek Becker und seinem neuen Prosaband ›Nach der ersten Zukunft‹«, DLF, 25. 9. 1980, 10.05 Uhr.

25 Hartwick Maack: »Selbstzerstörerische Melancholie«, in: *Der Tagesspiegel,* 2. März 1980.

26 Stasi-Akten: »Aktennotiz zu einem Gespräch mit Jurek Becker am 16. 11. 79 in Berlin«.

27 Becker-Papiere: 28. November 1979: Brief an Höpcke.

28 Stasi-Akten: XX: »Vermerk«, 1. Dezember 1979.

29 Ulrich Schwarz und Rolf Becker: »›Ja, wenn Stalin ein großer Mann war ...‹. Schriftsteller Jurek Becker über seine Existenz zwischen Ost und West«, in: *Der Spiegel* 19, 1980, 3. März 1980, S. 205.

30 Reinhard Hübsch: »Politisches Verhalten gehört zu meinem Stoffwechsel«, in: *Stuttgarter Zeitung,* 15. Januar 1980.

31 Stasi-Akten: XX/7: 2. März 1981: »Operative Information. Hinweise auf das Verhalten einiger DDR-Künstler, die zeitweilig im Ausland leben«.

32 Jurek Beckers Briefe an Raddatz befinden sich im Deutschen Literaturarchiv in Marbach.

33 Stasi-Akten: XX/5: 14. Mai 1981.

34 »Ich fühle mich nicht im Exil«, a. a. O., S. 132.

35 Stasi-Akten: XX/5: »Information 1072/81«, 20. November 1981.
36 »Jurek Becker und die Politik«, a. a. O.
37 Ehrhart Neubert: Geschichte der Opposition in der DDR 1949–1989, Bonn 1997, S. 419–421.
38 »Jurek Becker am Telefon: Etwas hat sich verändert«, in: *taz,* 17. Dezember 1982.
39 Stasi-Akten: »Ausführungen von Jurek Becker während der ›Berliner Begegnung‹ am 14. 12. 1981«.
40 »Jurek Becker am Telefon«, a. a. O.
41 Ebda.
42 »›In dieser Stunde‹. Hanno Kremer im Gespräch mit Jurek Becker«, in: *RIAS,* 24. Dezember 1981.
43 Becker-Papiere: Kopie der Einladung zum Treffen in Den Haag, undatiert; Stasi-Akten: XX: »Information«, 26. Mai 1982.
44 Becker-Papiere: Briefe von Harald Müller an Becker vom 16. Januar 1980 und vom 29. September 1981; Brief von Peter Hoheisel vom Bayerischen Rundfunk vom 3. Februar 1982.
45 Becker-Papiere: Manuskriptfragment eines Sportromans, der mit dem Satz beginnt: »Der Trainer, außer sich über den Verlauf des Spiels, rief Kilian an den Spielfeldrand.«
46 Jurek Becker: *Aller Welt Freund,* Frankfurt a. M. 1982.
47 Stasi-Akten: »Aktennotiz. Gespräch mit Jurek Becker am 4. 6. 1982 in Berlin«.
48 Stasi-Akten: XX/7: »Einschätzung des Manuskripts ›Aller Welt Freund‹ von Jurek Becker«.
49 Becker-Papiere: Brief an Helene Ritzerfeld bei Suhrkamp, 5. Juni 1982, und von Unseld an Becker, 30. Juni 1982.
50 »Jurek Becker«, in: *Forum. Mainzer Texte,* a. a. O., S. 36.
51 »Jurek Becker wird der neue Stadtschreiber«, in: *Frankfurter Rundschau,* 26. Mai 1982.
52 Stasi-Akten: 8928/91: »Lesung und Diskussion mit Jurek Becker in der Dorfkirche Neuenhagen/b. Berlin am 16. 11. 1983« gez. »Werner« und »Information über die Veranstaltung am 16. 11. 1983 in der evangelischen Kirche anlässlich der Friedensdekade«; XX/7: 7. Dezember 1983, »Lesung und Diskussion mit Jurek Becker in der Dorfkirche Neuenhagen am 16. 11. 1983; XX/4: »Vermerk« (mit Hinweis auf die Kristallnacht), 18. Oktober 1983.
53 »Jurek Becker, Stadtschreiber in Bergen-Enkheim 1982/83«, in: *Forum. Mainzer Texte,* a. a. O., S. 36.
54 Becker-Papiere: Brief an Lonni, 7. November 1983.

55 Suhrkamp-Archiv: Notiz von Burgel Zeeh bei Suhrkamp für Becker, 7. Februar 1983.

56 Joseph Wulf (Hrsg.): *Theater und Film im Dritten Reich,* Berlin 1966, S. 453–458. Siehe auch David Welch: *Propaganda and the German Cinema 1933–45,* Oxford 1983, und Yizhak Ahren, Stig Hornshoj-Moller, Christoph B. Melchers: *»Der ewige Jude« – wie Goebbels hetzte. Untersuchungen zum nationalsozialistischen Propagandafilm,* Aachen 1990.

57 Wulf, a. a. O., S. 458.

58 Karsten Witte: *Der Passagier – das Passagere. Gedanken über Filmarbeit,* Frankfurt a. M. 1988, S. 7.

59 Marianna D. Birnbaum: »An Interview with Jurek Becker«, in: *Cross Currents* 9, 1989, S. 160. (Übersetzung des Zitats MS).

60 Hildegard Nabbe: »›Wie ich ein Deutscher wurde‹. Das Problem der Identität in Jurek Beckers *Bronsteins Kinder*«, in: Friedrich Gaede u. a. (Hrsg.): *Hinter dem schwarzen Vorhang. Die Katastrophe und die epische Tradition,* Tübingen 1994, S. 256–267, und Susan G. Figge und Jennifer K. Ward: »›(Sich) Ein genaues Bild machen‹: Jurek Becker's *Bronsteins Kinder* as Novel and Film«, in: *The Germanic Review* 70, 1995, S. 90–98.

61 Jurek Becker: *Bronsteins Kinder,* Frankfurt a. M. 1986. Auf diese Ausgabe beziehen sich sämtliche Zitatnachweise

62 Wolfgang Wippermann: *Wessen Schuld? Vom Historikerstreit zur Goldhagen-Kontroverse,* Berlin 1997.

63 Hinstorff-Archiv: »Verlagsgutachten Jurek Becker, Bronsteins Kinder«.

64 Ebda.

65 Becker-Papiere: Eine detaillierte Darstellung von Otto Meissner, die er am 14. Oktober 1991 an Becker schickte, skizziert den Background der Serie.

66 Becker-Papiere: Brief von Nicolas Becker an Jurek Becker, 19. Januar 1984. Siehe auch Nicolas Becker: »Anwalts Liebling: Jurek Becker und die Justiz«, in: *Frankfurter Allgemeine Zeitung,* 17. März 1997.

67 David Rock: »Jurek Becker as TV Scriptwriter: A Former Communist Engages with Market Forces?«, in: Arthur Williams, Stuart Parkes, and Julian Preece (Hrsg.): *Literature, Markets, and Media in Germany and Austria Today,* Oxford 2000, S. 115–126.

68 Siehe Manfred Durzak: »Erfolge im anderen Medium. Jurek Becker als Fernseh-Autor. Überlegungen zur Fernsehserie *Lieb-*

ling Kreuzberg«, in: Irene Heidelberger-Leonhard (Hrsg.): *Jurek Becker,* a. a. O., S 312–331, und David Rock, a. a. O.

69 Uwe Schmitt: »Vom Schreiben wie man's spricht«, in: *Frankfurter Allgemeine Zeitung,* 4. April 1987.

70 Max Thomas Mehr: »Eine nicht ganz vollzogene Scheidung«, in: *taz Magazin,* 25. September 1989.

71 Uwe Schmitt, a. a. O.

72 »Werkstattgespräche mit Jurek Becker«, a. a. O., S. 68

73 Jurek Becker: *Ende des Größenwahns,* a. a. O., S. 204.

74 »Bisschen mächtig«, in: *Der Spiegel,* 9, 1988, S. 179.

75 »Geschichte über Geschichten«, in: *BuchJournal* 3, 1992, S. 20.

76 Charles S. Maier: *Dissolution: The Crisis of Communism and the End of East Germany,* Princeton 1997, S. 155.

77 Jurek Becker: »Er kommt«, in: *Die Zeit,* 24. Juli 1987.

78 Uwe Schmidt, »Vom Schreiben wie man's spricht«, a. a. O.

79 Martin Walser: »Über Deutschlands Reden«, in: *Die Zeit,* 4. November 1988.

80 Marianna D. Birnbaum: »An Interview with Jurek Becker«, a. a. O., S. 157.

81 Jurek Becker: »Gedächtnis verloren – Verstand verloren«, in: *Die Zeit,* 18. November 1988, nachgedruckt in Becker: *Ende des Größenwahns,* a. a. O., S. 82.

82 Jurek Becker: »Gedächtnis verloren – Verstand verloren«, in: *Neue Deutsche Literatur* 35, 1989, S. 164–170. Stasi-Akten: XX/7: »Information zur derzeitigen Situation des Schriftstellers Jurek Becker«, 23. März 1989.

83 Jurek Becker: *Warnung vor dem Schriftsteller,* Frankfurt a. M. 1990, Siehe auch Rhys W. Williams: »German Literature and Its Discontents: Jurek Becker's Warnung vor dem Schriftsteller«, in: Colin Riordan (Hrsg.): Jurek Becker, Cardiff 1998, S. 85–93.

Achtes Kapitel

1 Stasi-Akten: XX/7/2261/89: »Information. Buchlesung des Schriftstellers Jurek Becker am 9.5.19898 im Club der Kulturschaffenden in Berlin«.

2 Stasi-Akten: XX/7: »Jurek Becker, Lesung am 9. 5. 1989«, gez. Klawun.

3 Stasi-Akten: »Über eine Lesung des Schriftstellers Jurek Becker am 9. 5. 1989 in Berlin, Hauptstadt der DDR«, 10. Juni 1989.

4 Hier zwei historische Standardwerke über die Übergangszeit: Konrad H. Jarausch: *Die unverhoffte Einheit 1989–1990*, Frankfurt a. M. 1995, und Charles S. Maier: *Dissolution: The Crisis of Communism and the End of East Germany*, Princeton 1997.

5 Max Thomas Mehr, »Eine nicht ganz vollzogene Scheidung«, in: *taz*, 25. September 1989.

6 Ebda.

7 Jurek Becker: »Die Suppe ist eingebrockt«, in: *Ist der Sozialismus am Ende? Die ZEIT-Umfrage, dritte Folge*, in: *Die Zeit*, 41, 6. Oktober 1989.

8 Julia Hell: *Post-Fascist Fantasies: Psychoanalysis, History, and the Literature of East Germany*, Durham 1997, S. 50 ff.

9 Mehr, a. a. O.

10 Becker-Papiere: Brief an Klaus Höpcke, 2. Oktober 1989.

11 Becker-Papiere: Offizieller Brief von Klaus Höpcke an Becker (undatiert), mit dem Vermerk III/6 und als Antwort auf seinen Brief vom 2. Oktober 1989 ausgewiesen.

12 Siehe zur nichtöffentlichen Wiederaufführung am 28. Oktober 1989 Klaus Wischnewski: »Spuren eines Films«, in: *Die Weltbühne* 47, 21. November 1989, und Frank Beyer: *Wenn der Wind sich dreht*, a. a. O. S. 338 ff.

13 Rainer Traub und Rolf Becker »Wunsch nach etwas Obsessivem«, in: *Spiegel Spezial* 3, 1992, S. 107.

14 Christa Wolf: *Reden im Herbst*, Berlin 1990, S. 119.

15 Siehe Wolfgang Jäger: *Die Intellektuellen und die deutsche Einheit*, Freiburg i.Br. 1997; Ursula Bredel: *Erzählen im Umbruch. Studie zur narrativen Verarbeitung der »Wende«*, Tübingen 1999; Stephen M. Brockman: *Literature and German Reunification*, Cambridge 1999.

16 Becker-Papiere: Brief von Keil an Becker, 12. Februar 1989.

17 Anne Ponger: »Reden übers eigene Land«, in: *Süddeutsche Zeitung*, 6. Dezember 1989.

18 Jurek Becker: *Ende des Größenwahns*, a. a. O., S. 173.

19 Mehr: »Eine nicht ganz vollzogene Scheidung«, a. a. O.

20 Becker-Papiere: Inoffizieller Brief von Klaus Höpcke an Becker vom 16. Dezember 1989.

21 Rainer Traub und Rolf Becker: »Wunsch nach etwas Obsessivem«, a. a. O., S. 104.

22 Jurek Becker: *Ende des Größenwahns*, a. a. O., S. 183.

23 Ebda.

24 Becker-Papiere: Brief von Flotho an Minister Wolfgang Schäuble vom 19. April 1991.

25 Siehe das Interview mit Becker zum Film: »Das ist meine Art von Bankraub«, in: *Brandenburgische Neueste Nachrichten,* 10./11. November 1990, in dem er davon spricht, dass er »ein zu Bosheiten und zu Scharfzüngigkeiten neigender Mensch« sei.

26 Karl Corino (Hrsg.): *Die Akte Kant. IM »Martin«, die Stasi und die Literatur in Ost und West,* Reinbek 1995, S. 472–484.

27 Jurek Becker: »Die Wiedervereinigung der deutschen Literatur«, in: Paul Michael Lützeler (Hrsg.): *Spätmoderne und Postmoderne. Beiträge zur deutschen Gegenwartsliteratur,* Frankfurt a. M. 1991, S. 23–34; abgedruckt in Becker: *Ende des Größenwahns,* a. a. O. S. 118–135.

28 So Gerhard Wolf in einem persönlichen Gespräch am 10. Februar 2001.

29 Maier, a. a. O. S. 165.

30 Becker-Papiere: Brief vom Literarischen Colloquium vom 5. November 1990 und »Meist freundlich, aber auch heftig. Martin Walser und Jurek Becker im Literarischen Colloquium zu Gast«, in: *Der Morgen,* 17./18. November 1990.

31 Becker-Papiere: Brief von Dr. Sadek vom 5. November 1990.

32 Becker-Papiere: Telegramm von Höpcke vom 30. November 1990.

33 Becker-Papiere: Brief von Walter Jens vom 3. August 1990.

34 Becker-Papiere: Brief von Klaus Höpcke vom 9. August 1990.

35 Becker-Papiere: dpa-Meldung vom 22. Juli 1992.

36 Jurek Becker: »Zum Bespitzeln gehören zwei«, in: *Die Zeit,* 3. August 1990.

37 Ebda.

38 Ebda.

39 Ebda.

40 Jurek Becker: »Der Defekt ist der Normalfall«, in: *Der Spiegel* 36, 1993, S. 86.

41 Becker-Papiere: dpa-Meldung vom 22. Juli 1992

42 Christa Wolf: *Was bleibt. Erzählung,* Frankfurt a. M. 1990. Vergleiche dazu Bernd Wittek: *Der Literaturstreit im sich vereinigenden Deutschland. Eine Analyse des Streits um Christa Wolf und die deutsch-deutsche Gegenwartsliteratur in Zeitungen und Zeitschriften,* Marburg 1997.

43 Rainer Traub und Rolf Becker: »Wunsch nach etwas Obsessivem«, a. a. O., S. 107.

44 Brenner: »Comeback des Boxers«, a. a. O.

45 Beyer, *Wenn der Wind sich dreht*, S. 314–15.

46 Becker-Papiere: Brief von Arthur Brauner vom 29. Juli 1991.

47 Sabine Gölz: »Where Did the Wife Go? Reading Jurek Becker's ›Parkverbot‹«, in: *The Germanic Review* 62, 1987, S. 10–19.

48 Siehe dazu die sehr negative Kritik von Hans Gärber: »Komm mit nach Montevideo«, in: *Schweriner Volkszeitung*, 19. Januar 1963.

49 Alice Schwarzer: *Der »kleine Unterschied« und seine großen Folgen*, Frankfurt a. M. 1977, und Luise Pusch: *Das Deutsche als Männersprache. Aufsätze und Glossen zur feministischen Linguistik*, Frankfurt a. M. 1984. Becker las auch Bücher von Ursula Scheu, Marilyn French und Simone de Beauvoir.

50 *BuchJournal* 3/1992, a. a. O. S. 24.

51 Vergleiche Gunilla-Fiederike Budde »Der Körper der ›sozialistischen Frauenpersönlichkeit‹ Weiblichkeitsvorstellungen in der SBZ und früheren DDR«, in: *Geschichte und Gesellschaft* 26, 2000, S. 602–628.

52 Becker-Papiere: Brief von Renate Kragel, geborene Kubitza, vom 20. Januar 1993.

53 »Geschichte über Geschichte«, a. a. O. S. 24.

54 Reich-Ranickis Leben – geboren in Polen, aufgewachsen in Berlin, ein Überlebender des Warschauer Ghetto-Aufstands – weist etliche Parallelen zu Beckers Leben auf. Zu Becker siehe Marcel Reich-Ranicki: *Mein Leben* (Stuttgart 1999), S. 444. Während er sich entschieden für *Jakob der Lügner* einsetzte, äußerte er sich sehr kühl über Beckers Romane, sobald Becker im Westen war. Ja, 1986 gab es einen sehr unangenehmen Vorfall, als Becker glaubte, Reich-Ranicki stehe hinter einer anonymen und beinahe verleumderischen Rezension von *Bronsteins Kinder*. Als Becker ihm deswegen schrieb, schickte Reich-Ranicki diesen Brief mit einem Dementi an Beckers Verleger. (Becker-Papiere) 1990 trat Becker in Reich-Ranickis Fernsehsendung *Das literarische Quartett* auf, wo auch über Umberto Ecos Roman *Das Foucaultsche Pendel* diskutiert wurde, den zu lesen er sich weigerte. Siehe Stephan Reichenberger (Hrsg.): *... und alle Fragen offen. Das Beste aus dem Literarischen Quartett*, München 2000, S. 97–114. Trotz all ihrer öffentlichen und privaten Auseinandersetzungen verband beide ein tiefer Respekt. Siehe Jochen Hieber (Hrsg.): *»Lieber Marcel«. Briefe an Reich-Ranicki*, Stuttgart 1995, S. 13–17, mit einer Auswahl positiver Briefe von 1977 bis 1988.

55 Marcel Reich-Ranicki: »Drei Idioten«, in: *Frankfurter Allgemeine Zeitung,* 19. September 1992.
56 Iris Radisch: »Irene trostlos«, in: *Die Zeit,* 7. August 1992.
57 Rainer Traub und Rolf Becker: »Wunsch nach etwas Obsessivem«, a.a.O. S. 111.
58 »Amanda Seltsam«, in: *München Journal,* Dezember 1992, S. 81.
59 Sven Michaelsen: »Seufzen aus der Seele«, in: *Stern* 31, 1992, S. 32.
60 Reich-Ranicki, a.a.O.
61 Rainer Traub und Rolf Becker: »Wunsch nach etwas Obsessivem«, a.a.O. S. 107.
62 Jurek Becker: »Ich verlange, beschützt zu werden«, in: *Süddeutsche Zeitung,* 28./29. November 1992, S. 19.
63 Jurek Becker: *Ende des Größenwahns,* a.a.O. S. 158–162.
64 Martin Ebel: »›Der Staat tut seine Pflicht nicht.‹ Ein Gespräch mit dem Autor Jurek Becker über das neue gewalttätige Deutschland«, in: *Badische Zeitung,* 6. November 1992.
65 Ebda.
66 Martin Doerry und Volker Hage: »Zurück auf den Teppich!«, in: *Der Spiegel* 50, 1994, S. 200. Das Versprechen einer guten Zukunft, dass es noch in seiner Kindheit in der DDR gegeben habe, war ein Thema, das Becker bereits 1981 anklingen ließ. Siehe Werth: »... dass Fortschritt auch in Ernüchterung bestehen kann. Über Jurek Becker«, in *WDR*, 7. Dezember 1982.
67 Jürgen Leinemann: *Der gemütliche Moloch,* a.a.O., S. 28.
68 Martin Walser: »Deutsche Sorgen«, in: *Der Spiegel* 26, 1993, S. 45–47.
69 Paul Michael Lützeler: »Jurek Becker starb am 14. März 1997. Versuch eines Nachrufs«, in GDR Bulletin 24, 1997, S. 85–88. Siehe auch das Interview, das Gregory Baer in dieser Zeit mit Becker führte: »On Track? Jurek Becker on Reunification and German Literature«; in GDR Bulletin 20, 1994, S. 18–20.
70 Christa Wolf: *Voraussetzungen einer Erzählung. Kassandra,* Darmstadt 1983.
71 Siehe Peter Schneiders posthume Erinnerungen an Jurek Becker in Berlin, »Jurek im Café«, in Peter Schneider: *Die Diktatur der Geschwindigkeit,* Berlin 2000, S. 127–132.
72 Jurek Becker: »Der Tausendfüßler«, in: Paul Michael Lützeler (Hrsg.): *Schreiben zwischen den Kulturen,* a.a.O., S. 55–64; abgedruckt in Becker: *Ende des Größenwahns,* a.a.O. S. 216–230.
73 In einem langen Fernsehinterview am 21. Januar 1993, abgedruckt in Günter Gaus: *Zur Person,* Berlin 1998, S. 23.

74 Aussage vor dem Deutschen Bundestag. Öffentliche Anhörung zu dem Thema »Kunst und Kultur in der DDR«, 1. Teil, S. 132 bis S. 138.

75 »Kein Dauergeschwätz«, in: *Wochenpost*, 19. Juni 1994, S. 28 f.

76 Jurek Becker: *Wir sind auch nur ein Volk*, 3 Bände, Frankfurt a. M. 1994. Siehe auch Moray McGowan: »Zoo Story? Jurek Becker's Television Script *Wir sind auch nur ein Volk*«, in: Colin Riordan (Hrsg.): *Jurek Becker*, Cardiff 1998, S. 94–105.

77 Klaudia Brunst: »Saubere Küche Ost«, in: *taz*, 17. Dezember 1994, S. 16.

78 Reinhard Mohr: »Welch ein Fluch der Einheit!«, in: *Frankfurter Allgemeine Zeitung*, 20. Dezember 1994, S. 30.

79 Jurek Becker: *Nach der ersten Zukunft*, a. a. O., S. 62–102. Siehe auch Beyer: *Wenn der Wind sich dreht*, a. a. O. S. 359 f.

80 Jurek Becker: *Nach der ersten Zukunft*, a. a. O., S. 71.

81 Uwe Jens Deecke betonte, das Fehlen von Gewalt mache diesen Film zu einem guten Familienfilm. »Leben mit der Angst«, in: *Berliner Zeitung*, 31. Juli 1995.

82 Siehe z. B. Wolfgang Pasche: *Lektürehilfen Jurek Becker* Bronsteins Kinder, Stuttgart 1994.

83 Becker-Papiere: Brief von Dr. D. Huhn, Virchow-Krankenhaus, 22. August 1996.

84 Kurz nach Beckers Tod hatte Manfred Krug einen leichten Schlaganfall. In Interviews, die Krug anschließend gab, äußerte er sich über Beckers Krankheit, ihre Zusammenarbeit und ihre Freundschaft. Rolf Rietzler: »Ein Schuss vor den Bug«, in: *Der Spiegel* 34, 18. August 1997, S. 188–191, und Joachim Wehnelt und Adriano Sack: »Liebling Deutschland«, in: *Die Woche*, 8. September 2000, S. 44 f.

85 Ulf Teichert: »Manfred Krug in Bestform – und ›Liebling Kreuzberg‹ geht zurück zu seinen Wurzeln«, in: *Berlin Kurier*, 4. März 1997; »Liebling ist zurück«, in: *Hamburger Morgenpost*, 7. Oktober 1997.

86 Becker-Papiere: Postkarte an Christine Becker, 15. Januar 1997.

87 Herlinde Koelbl: »Das ist wie ein Gewitter«, in: *Der Spiegel* 13, 1997, S. 210–216.

88 Jurek Becker: *Ende des Größenwahns*, a. a. O. S. 241 f.